中國輔導學會　主編

作者簡介

（依內文出現順序排列）

吳武典	台灣師範大學特殊教育學系教授
	中國輔導學會理事長
張植珊	救國團總團部副主任
吳正勝	彰化師範大學輔導學系教授
彭駕騂	世新傳播學院退休教授
馮觀富	中國課程發展學會秘書長
金樹人	台灣師範大學教育心理與輔導系教授
楊瑞珠	高雄師範大學輔導研究所教授
蕭　文	彰化師範大學輔導學系教授
陳秉華	台灣師範大學教育心理與輔導系教授
蔡秀玲	台灣師範大學教育心理與輔導所博士班研究生
黃德祥	彰化師範大學教育研究所教授
魏麗敏	台中師範學院初等教育系副教授
田秀蘭	屏東師範學院初等教育系副教授
王文秀	新竹師範學院初等教育系副教授
林美珠	花蓮師範學院教學心理與輔導學系副教授
王麗斐	台中師範學院初等教育系副教授
張德聰	財團法人「張老師」基金會執行長
劉焜輝	文化大學兒童福利研究所所長
陳金燕	彰化師範大學輔導學系副教授
林香君	台灣師範大學教育心理與輔導研究所博士
林家興	台灣師範大學教育心理與輔導系副教授

林幸台	台灣師範大學特殊教育學系教授
許文耀	政治大學心理系副教授
吳英璋	台灣大學心理系教授
郭麗安	彰化師範大學輔導學系副教授
修慧蘭	政治大學心理系副教授
鍾思嘉	政治大學心理系教授
王智弘	彰化師範大學輔導學系講師
楊淳斐	台中商專學生輔導中心專任講師
潘正德	中原大學心理系副教授
林清文	彰化師範大學輔導學系副教授
林山太	省立板橋高級中學校長
王川玉	省立板橋高中輔導教師
劉淑慧	彰化師範大學輔導學系副教授
趙梅如	新竹師範學院初等教育系兼任講師

序

　　為了慶祝中國輔導學會成立四十週年,「輔導學大趨勢」這一本鉅著,在本會常務理事鍾思嘉教授的策劃、編輯和我「輔導家族」眾仁人「智」士響應下,終於在最短時間內,隆重推出,實在不易,實在可貴,也實在可喜!

　　猶記得二十年前(民國六十七年)值本會弱冠之齡,宗亮東老師擔任理事長,我擔任總幹事(即今日的秘書長),曾與劉焜輝教授共同策劃編輯「輔導學的回顧與展望」一書(幼獅文化事業公司出版),以為慶祝。其中不乏經典之作,許多輔導志士,奉為圭臬,各種考試,凡涉輔導,必擁在懷。其書已舊,宗師也已作古,然猶令人感念不已也。

　　今日,輔導人才輩出,時見讜論佳作,這本口氣不小的「大趨勢」論文,來自老、中、青三代,顯示出我「輔導家族」的興旺和氣勢。不管我看二十年,或你看四十年,本會實在有長進,也應該有長進。輔導應該與時俱進,不斷求新、求變、求進,不是嗎?

　　輔導永遠被需求,也永遠不能滿足需求。這是我們的痛苦,我們的挑戰,也是我們的驕傲。我們珍惜歷史傳承,我們勇於接受現實考驗,我們也永遠擁抱未來!

　　感謝鍾教授的辛勞,感謝各位學者的獻稿,感謝心理出版社替我們出書,最後就要感謝大家來拜讀和指教了。

中國輔導學會理事長　　吳武典

民國 87 年 11 月 18 日

目　錄

回顧與展望

理論與實務

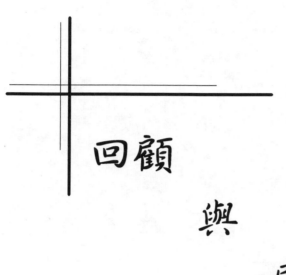

回顧

與

展望

中國輔導學會早期的功能與貢獻
—兼論八十年來我國的輔導運動

張植珊、吳正勝

壹、創立背景與過程

　　中國輔導學會創立於民國四十七年，至今已屆四十週年。二十年前當慶祝成立二十週年時，本會亦曾出版專書：「輔導學的回顧與展望」。時光倏忽二十年，展讀二十年前的專書，回顧之作不多，而當以宗亮東教授的「中國輔導學會二十年來的回顧與今後的展望」最具代表性。宗老師親自參與本會之初創，而且自第二十一屆（民國六十七年），也就是創會二十週年那一年擔任常務理事兼理事長，對於本會二十年來種種知之甚詳，所以只要展讀該文，即能對本會前段二十年的會史完全了解。本文的寫作意旨並不在重溫那段篳路藍縷以啓山林的過往，而是在本會投入教育改革中，從輔導運動這個角度，檢視本會在當時所扮演的角色與貢獻。

貳、輔導運動的萌芽與實驗

　　回顧文獻，論者有將我國輔導運動的發展史分為萌芽、試驗、建立等三階段，而後者所謂「建立階段」事實上已是被界定在民國七十五年的國民中學之創立，於國民中學建立輔導設施開始。如是觀之，本會早期的二十年間已超前到這個階段，則本會之創立的因緣和我國輔導運動的開展有何相關呢？

一、大陸時期的職業輔導發展受挫

　　根據政府在大陸時期的重要文獻－「教育雜誌」的記載，早在民國六年即有職業輔導的設施，依據「教育雜誌」十七卷一期沈逢時先生的論述，認為民國初年職業輔導的發展，雖受西洋教育思潮的影響，但實與我國當時之社會背景有關。（沈逢時，民17）

　　民國十一年學制改革，新學制實抄自美國六三三制，確立職業教育地位，但卻與我國當時社會價值不盡相符，職業輔導乃應運而起，自民國十三年即有多所中學實施職業輔導，並於學科教學中寓職業訓練於其中。從此一史實觀點，民國初年的職業輔導確與社會背景、新學制以及西洋教育思想之引入有關。如果進一步了解整體性的學校輔導工作，則可溯至民國二十二年七月教育部頒訂之「各省市縣教育行政機關暨中小學施行升學暨職業指導辦法大綱」，所以論者亦以此為萌芽期之終了。此後，至政府遷台，並無學校教育輔導之切確資料可稽，唯當時正逢八年抗戰，後來國共對抗，輔導工作被迫中輟，應可理會。

二、台灣地區之輔導運動的緣起

　　政府播遷台灣，自民國三十九年起陸續頒行各種教育改革辦法。民國四十年代中期，國民學校（國小）惡性補習開始猖獗，到五十年代初已成為學童及家長的惡夢，那時的解決之道竟然是升初中「免試常試」，且當時輿論竟未察覺這僅是鋸箭法而已，

如當時最普及的教育類刊物「台灣教育輔導月刊」便爲文稱揚，認爲是解決惡補的明智決定。（台灣教育輔導月刊，民 49 ）民國五十學年度開始實施，學童專攻國、算二科，惡補益形慘烈。在這樣的窘狀下，並無輔導設施引入初等教育領域。如果勉強視爲生活輔導的萌芽，或可從生活中心教育的實驗窺見一、二。宗亮東、陳梅生、柯維俊等人編著的「國民學校指導活動的理論與實際」乙書於民國四十七年出版，帶動了新的教育輔導氣息。此後的兒童衛生工作逐漸展開，本會亦於民國四十七年底成立，台灣地區學校輔導運動方步上軌道。

三、僑敎爲台灣地區輔導工作的另一起跑點

　　考察旣有文獻，我們推知台灣地區輔導運動確系爲因應民國四十年代的僑生教育而引自外國。本會首任理事長蔣建白博士的一些行誼可以得到佐證，他在本會於民國五十年代初期出版的「輔導小叢書」序文中指出：「輔導是一種進步的教育方法。他的產生是生物學、心理學、社會學、文化學、生理解剖學、精神分析學等諸學術應用到教育上之後的一種必然結果。」又說：「…故歐美各新進國家，各級學校莫不借助於輔導工作。即以亞洲而論，日本、菲律賓、印度等國，亦均迎頭趕上；各級學校對輔導工作已形成與教育設施有不可分割之勢，良以一種進步的教育方法，能以適應時代需要，故爲各國所歡迎。」（蔣建白，民 53 ）由此可知當時似已從新認識輔導工作之於學校的重要性。而蔣氏當時正擔任教育部要職，接觸僑敎而益覺輔導之重要，前述序文又言：「時余先後承乏教育部普通司司長及僑敎委員會主任委員，因輔導僑生，乃決定實施輔導工作。」所以民國四十年代的輔導工作緣於僑生教育之需殆無疑義。自於輔導理論自外國引進，亦可從蔣氏之序文中得知：「…其後僑敎會諸君子繼續努力，遂成立輔導學會，此時留學各國研究輔導工作諸先生亦先後返

國,參加輔導學會,陣容爲之一壯。」輔導學界前輩諸如宗亮東、孫邦正、張慶凱、程法泌、路君約、王亞權、唐守謙、吳鼎、龍書祁、李煥、高梓、郁漢良等政教兩界通力合作,蔚爲風氣,本會創會之初可謂風雲際會,國內外學成歸國學者日衆,這眞可說是我國台灣地區輔導工作的起跑點。

參、本會前二十年的發展狀況

　　根據旣有資料,到民國六十七年的二十週年,個人會員超過一千人,團體會員也超過兩百,這二十年間,根據宗亮東教授的說法,其發展可分爲四期,每期均可見其功能與貢獻。(宗亮東,民 67)

一、介紹期

　　從民國四十年到五十一年,教育部就美援計劃項下,選派大專教師與教育行政人員赴美研究進修,回國之後協助推動各級學校的輔導工作。自民國四十六年起先後舉辦六次暑期研習,培訓大、中學教師近三百人,出版「輔導研究」期刊（後來改爲「輔導月刊」）二十六期,編輯「輔導小叢書」五十種。結合培訓之大、中學教師、教育行政人員及返國之留學人員於民國四十七年底成立本會。這一時期是我國將歐美日本的輔導理論與實務向國內介紹的時期。本會首任理事長蔣建白先生在此時期聯繫政、教兩界促進政府的政策,將輔導的觀念引進我國教育界,觀念的改變足以影響行爲,教育工作者開始有了輔導的觀念,在教育的態度跟方法上有了重大的進步,這是本期的特色,也是本會的重大貢獻。

二、實驗期

　　民國四十九年三月,教育部指定國立華僑中學和省立台北第

二女中（今中山女高）實驗輔導制度與實施方法，展開了實驗與試辦的工作。民國五十一學年度起，台灣省教育廳與本會合作，由本會提供專家人力，進行「中等學校輔導工作實驗計劃」第一年有省立桃園高中等七所學校，至民國五十四學年度參加實驗的學校有三十一所，包含大學、專科、高初中及國小。實驗期中本會派員指導並於寒暑假協助各校辦理研討會，推廣輔導理論跟技術，延續介紹期所開發的成果，以「輔導研究小叢書」及「輔導研究專刊」等為媒介，加強實驗效果，尤其在此期間，教育與心理測驗的應用更強化了輔導的科學依據，宗亮東教授此時自美返國投入本會擔任理事，受蔣建白先生倚重投入繁重的實驗工作，凡教育部、廳有關輔導工作實驗方案，多由宗師擘畫。輔導學界前輩諸如吳鼎、張慶凱、王亞權、彭震球、侯潘、唐守謙…諸先生亦先後加入本會理事之列，對輔導學術推廣貢獻良多。教育行政的配合亦甚為重要，如龍書祁先生在行政院、王亞權女士長教育部中等教育司，葉楚生女士長國民教育司，他們在支援、推動輔導實驗是不可或缺的推手。

三、推廣期

　　經過相當時間的實驗，證明已具相當成效後，政府當局鑒於推廣輔導工作時機成熟，即展開推廣工作。民國五十四年夏，教育部延聘聯合國教科文組織的專家，來華協助設計職業輔導計劃，本會同仁亦同時受邀配合協助，編印心理衛生叢書及職業教育叢書。此項職業輔導計劃開創了我國職業輔導的新頁。救國團推行青年輔導工作，台灣省社會處國民就業輔導中心舉辦就業輔導，本會同仁均投入其中，參與設計推動，舉辦職業調查，協助編印各種職業資料，使得國民就業輔導中心的就業輔導工作順利推進。在教育與心理測驗方面，本會於五十四年協助台灣大學、政治大學、台灣師大等學校實施輔導與測驗計劃，逐漸在高等教

育機構推廣測驗與輔導的設施。由於本會初創時期，學界、政界密切合作，加以世界潮流所趨，政府亦已體認青年輔導工作的重要性。行政院遂於民國五十五年設置青年輔導委員會，綜理青年輔導工作的業務。本會即經常接受委託，從事各項青年輔導工作的策劃與推行。為了實現實驗期在各級學校的實驗成果普遍實施於中等學校，本會於民國五十五年建議教育部召集國內專家學者，成立有關委員會研擬中等學校實施輔導制度的各項設施。本會在民國五十七年政府實施九年國教前夕，推廣中等學校輔導設施不遺餘力，於是在初創國民中學課程中增加「指導活動」及「職業簡介」等課程及設置「指導工作推行委員會」的行政設施。使國民中學之教育性質明顯有別於初級中學可以得到證明。

　　另外值得一提的是本會在推廣方面，早於民國五十三年冬，接受教育部的委託，舉辦第三國訓練計劃，為越南政府派來之教育人員實施為期六週之輔導專業訓練，為他國提供教育訓練的服務，是為首例。民國五十五年秋，宗亮東教授以本會常務理事的身分，於其任教之台灣師範大學教育系主持「指導組」之課務，輔導學術之教學與研究開始引入大學校園。

四、發展期

　　民國五十七年國民中學正式開學，九年國教展開新頁。自民國五十六年政府宣示實施九年國教政策始，本會即戮力推展輔導制度於新制國民中學教育體系中。囿於當時傳統觀念，又誤將輔導與訓育視為一物之西洋與本國之不同稱謂而遭受阻力。幸賴本會同仁從各個層面開闢言論空間，宣導輔導的理念，終使教育部接受本會的建議，在國民中學課程標準中設置「指導活動」一科，在行政體系中設置「指導工作推行委員會」，並置「執行秘書」一職，以掌理學生輔導事務。民國六十一學年度，台灣省教育廳為適應國中畢業生升學高級中等學校之需，率先於台灣省高級中

等學校頒行「指導活動實施綱要」及分年工作項目。教育部亦於民國六十二學年度公佈「高級中學學生學習評量與輔導實施要點」，次年更進一步頒訂「高級中學輔導工作實施方案」，聘本會同仁多位擔任指導委員，先後指定五十多所高中先行試辦，並於六十八學年度全面實施。

　　高等教育方面本會亦承教育部委託研擬實施方案，加以部分大學係本會同仁任教之所，協助各該校成立輔導體制自屬當然。民國六十一學年度起，教育部頒訂「大專學校學生輔導中心設置辦法」與「學生輔導委員會組織準則」以利各校實施。

　　國民小學部分，則較遲發展，至民國六十四年修訂國小課程標準，教育部似乎理所當然地將「輔導活動」列為課程中新增的一項，並由國立編譯館編印「輔導活動教師手冊」以供國小教師應用。這些新的設施，本會同仁均曾分別應邀參加籌畫推行工作。

　　這段期間，正值本會成立的第二個十年，亦即第十一屆至第二十一屆之間。我國實施九年國教，在教育體系上有了重大變革，輔導工作應勢得以開展，一方面自然是時代趨勢使然，更重要的是應與本會所提供專業人力協助有關。在此期間，本會歷經蔣建白（首任至第十四屆）、楊寶乾（十五屆至第二十屆）、宗亮東（第二十一屆至第二十九屆）三位理事長的努力，尤其宗教授在此期間曾代表本會出席各項決策會議，面對層層阻力，甚至以「曲線妥協」以達目的，精神令人感動。九年國教之初何以捨「輔導」而就「指導」，直到六十四年國小修訂課程標準時，方正名為「輔導」，都是一段鮮為人知的艱辛歷程。所幸在此期間，本會理監事均是一時俊彥。一方面由學界提供學術奧援，一方面由教育行政及政府決策人士促其實現，所以能在短短十年不到的時間裡，將我國各級各類學校完備地建立了輔導制度跟設施，雖然不能說已燦然大備，但自民國七十年代迄今日的二十年之重大

發展，當時已殿下堅實的基礎。

肆、本會早期的重要貢獻

　　本會於民國四十年代創立，當時國內教育學術團體屈指可數，教育學術研究的園地尚待開發。政府遷台不久，百廢待興，教育改革雖然亦為施政重點，但多成效不彰，其中如社會中心教育的實驗，生活中心教育的實驗等，率都無疾而終，而國小兒童升學初中所引發的惡性補習，慘烈情況令人不敢回首。而在那個時代，保守思想瀰漫，從教育思想和觀念來改革並非易事，所以常在形式上移殖西洋產物，終至方鑿圓枘而未竟全功。就在民國四十年代初期，當僑生教育成為國家重要政策時，有識之士終於找到了從思想觀念著手，再及於技術方法的全盤變革的契機，那就是引進輔導的原理和實務，一方面解決迫在眉前的僑生輔導問題，另一方面則在全面思索如何實施民主的、人性化的教育，民國四十年代就是這樣充滿挑戰的年代。本會自民國四十七年底成立以後，立刻在教育改革領域中扮演重要角色，前文已分別作了簡略的敘述，就其具體的貢獻而言，尚可分別舉其重要者加以回顧跟緬懷。

一、學術研究與傳播

　　大凡一項專業工作要能成為政策上的要素，其專業條件必須俱足而且符合時空之要求。本會既以輔導專業來改革教育自許，自應以專業之充足條件來說服政府跟民眾。而專業之首要條件即為學術研究與理論依據。本會創會之先輩學者，原係教育學、心理學、社會學各領域之學者專家，部分並赴美日等國進修，學成返國，結合國內學者及實務工作者組成學術團體，其最重要的工作莫過於從事輔導學術研究與傳播了。是以本會立即展開學術刊物之發行，首先出版「輔導研究」，是以刊物之型式問世，但尚

難以月刊之定期刊出而成為常態刊物。「輔導研究」內容主要在引介輔導原理與方法，同時作為本會內部之通訊，一共出刊二十八冊。至民國五十四年，本會成員人數日益壯大，相關領域學者專家相競投入，如臨床心理學界、教育與心理測驗、心理衛生、青少年犯罪防治…等，使得輔導學術研究更見多元化，於是改組為「輔導月刊」，以定期刊物型式問世，並於台北市金門街七十一巷一號會址擴大編務，一面繼續傳播輔導理論，一面刊登輔導工作實務以為經驗交流，另闢「輔導消息」傳播國內外有關輔導研究與實務之資訊。至民國六十年代末，在這二十年間，「輔導研究」、「輔導月刊」以及本會同仁為教育部編、譯的五十冊「輔導小叢書」合計，據宗亮東教授的估計應在一千萬字以上。（宗亮東，民 67 ）此一成就不能不說是「成績斐然」吧！在第二個十年，本會出版專書有「輔導之理論基礎」、「輔導學原理」、「精神分析基本原理」、「輔導研究」、「指導活動理論與實施」、「職業輔導與職業資訊」、「職業輔導手冊」、「學生資料編製與應用」、「如何實施職業輔導」…等書。這些專書多屬於同仁合作編著，寫作動機多為推廣輔導理論與實務時之應用所需，於今觀之，皆屬基礎著作，在諮商、團體工作或專業理論則尚少出書，甚至連專有名詞都未有統一譯名。最普遍的 Counseling 一詞，宗亮東教授早在民國五十五年出版的「教育輔導」（正中版，與張慶凱合著）即譯為「諮商」，但學界卻有不同的「說法」，如「導談」（許天威，民 59 ）、「輔諮」（賈馥茗，民 56 ）均有人主張。甚至保留更寬的討論空間而稱之為「商談會晤法」（吳盛木，民 57 ）。而「輔導」一詞，原本就應可與「 Guidance 」中、英各自表述而不必計較譯名，但政府當局以及訓育界人士認為「輔導」為「 Guidance 」之譯名，無須在既有「訓導」之外引用外來的制度，使得官方雖認可輔導工作之必要卻妥協為「指導」之名。所以在民國六十年以前仍有許多輔導原理與實務的著

作卻以「指導」名之，如唐守謙的「教育指導」（東海大學出版，民 53 ）即是。而民國五十七年國民中學新課程的輔導設施亦以「指導活動」為名，直到民國七十三年修訂課程方才正名。但在國民小學方面，民國六十四年修訂課程標準，增列「輔導」為新課程時，亦於課程修訂會議中，因為本會同仁在會議中倡議與堅持而正名為「輔導活動」。這些努力都是積沙成塔而造成今日的局面。

　　另外，由於測驗是輔導工作的重要工具，測驗學者專家亦多投入本會共同努力。如「歐迪思智力測驗」、「中學綜合性向測驗」等亦為本會同仁所發展的成果。為指導各校有效的運用測驗工具，本會亦出版「測驗技術及應用」專書，對各校實施輔導工作極有益處。

　　為有效推廣輔導的方法，本會並於民國五十六年製作「輔導教師的任務」教育影片一種。由編寫劇本、導演、演出、攝製等工作，都由本會同仁擔任，此片的發行，對輔導工作專業人員的培訓很有幫助。

二、協助各級學校建立輔導制度

　　民國五十年代是我國教育改革重要契機年代，至六十年代前期國民小學輔導制度建立完成，我國各級學校輔導制度體系於焉底定。這一重大的貢獻，在前文分別敘述中已大略論及，茲以全力促成國民中小學的輔導制度這一重要貢獻再予討論：

　　民國五十六年政府決定延長九年國教之時，正值本會推展「輔導員教育」的時機，也是大力引入輔導理論的時候，台灣師大教育學系首開輔導組（時稱「指導組」）。本會於民國五十六年全國教育學術年會公開建議師大增設教育心理系。此時政府宣佈次年延長國教為九年，初中、初職將改制為國民中學，本會立即把握時機，一方面擴大專業輔導師資之培訓，以應國民中學開

學以後之需，一方面則強化本會組織，應用本會同仁在學、政各
界的影響力，力倡國民中學建立輔導制度之重要性。本會同仁多
人任職教育部，尤以執掌中教司長之王亞權理事用力最深。本會
同仁參贊延長國教年限之規劃與設計甚多，當時文獻多在陳論國
民中學為普通教育，兼重升學與就業功能，與初級中學之菁英教
育之預備不同，並主張透過輔導設施，強化國民中學的試探與分
化功能。其實早在民國五十四年政府政府正在籌備國校畢業生免
試升學之際（行政院已通過於民國五十九學年度全面實施，後因
提早於五十七年實施九年國教而終止是項方案），學者專家以注
意到非菁英教育的中等學校建立輔導制度的必要。（孫邦正，民
54）。正當民國五十六年下半年，亦即國民中學的教育性質與課
程進入爭論時，以國民中學必須建立「輔導制度」為主旨的論述
特別多，本會同仁多加入討論。

　　本會所鼓吹輔導工作於構想中的「國民中學」者可分為兩個
途徑：一為國民中學課程標準之訂定；一為國民中學行政體制之
建立。前者教育部聘本會理事多人，如宗亮東、吳鼎、張慶凱..
等，以宗亮東理事為召集人，成立「指導活動」課程組，頒訂「國
民中學指導活動課程標準」，創設「指導活動」時間，採設科方
式來推動輔導。並闡明「指導活動」一科之設科旨趣為：「指導
活動在了解學生各種能力、性向興趣，輔導學生充分發揮個人能
力，促進社會進步，以達成因材施教、人盡其才、才盡其用的目
的。」（教育部）；後者亦多由本會同仁協助教育部配合國民中
學課程訂定支配套措施，擬定「國民中學指導工作委員會」之設
置等。並應國立編譯館邀聘編纂「指導活動」學生手冊與教師手
冊，初期並由蔣建白先生主持其事，延請宗亮東、楊寶乾、張慶
凱、張植珊、王作榮...等為編纂委員，並擔任撰寫工作。在緊鑼
密鼓中，全力以赴，終於在民國五十七年如期推出「指導活動學
生手冊」及「教師手冊」供師生使用，而「指導工作執行秘書」

一職也安置就緒，各校同步實施，國中之輔導設施終底於成。至於高級中等學校及大專學校之輔導設施大都在此前後成立。尤值一書者，本會於民國五十三年參贊台大學生輔導中心之設置。是年三月該輔導中心開幕時，本會理事長蔣建白先生蒞臨與會，並贈以刻有「從跟做起」四字的銀盾以爲相互勉勵。（蘇薇雨，民54），以此爲起始、政大、台灣師大亦陸續成立，期間，本會多有同仁參予。至於國民小學方面，則於民國六十四年修訂課程標準時，增列「輔導活動」課程，其他配套設施，亦在逐漸成熟的制度中順利建立，本會同仁的參與旣深且廣。

至於社會團體的輔導機構，本會貢獻智慧亦不遺餘力。其中救國團「張老師」的「青少年輔導中心—張老師」的成立與本會的關係最爲密切。

民國五十年代由於經濟的不斷成長，工商迅速發達，都市人口集中，社會發生劇烈變化，青少年的成長過程因而受到影響，普遍發生生活適應困難，其日常生活問題層出不窮，急需得到適當的協助。救國團爲因應社會及青少年的需要，乃於民國五十八年十一月十一日創辦「青少年輔導中心—張老師」，並設置「張老師電話」。中心設置指導委員會，由總團部聘請師大、台大、政大等學校的學者專家以及教育、社會、治安、宗敎、慈善界有關的人士共同組成，協助策劃、督導全盤工作實施。（宗亮東，民71）這就是今天大家耳熟能詳的「張老師」！

其實，早在民國四十九年四月，救國團總團部主任蔣經國先生即指示成立「青少年問題研究輔導中心」，經過十年的辛勤耕耘，發揮了輔導青少年的效果，例如民國五十一年台北市成立「金馬俱樂部」於青年服務社，台北縣成立「第一俱樂部」，高雄市成立「泰山俱樂部」，到民國五十三年，各縣市均成立「青少年俱樂部」，由各縣市團委會主持。而集中輔導青少年的營隊，如五十年的「墾丁育樂營」，五十一年的「霧社育樂營」，乃至五

十二年的「合歡山育樂營」均給予適應不良的青少年最好的輔導與協助。到五十四年改在宜蘭礁溪，這就是為大家所熟悉的「蘭陽育樂營」，以至五十八年正式成立的「張老師」，這十年左右是「張老師」的「創始期」。（宗亮東，民 71 ）我們在此介紹「張老師」的誕生經過，就是要說明本會在這十年乃至以後的時間裡，「張老師」的發展，其絕大部分的人力即是來自本會。本會當時擔任常任理事長的宗亮東教授即為催生「張老師」的靈魂人物，而本會全體理監事幾乎全體投入。這段期間內也是本會的第一個十年期間，兩個「民間社團」互相合作，由本會提供學術專業支援，救國團為主幹，有豐富的人力資源。民國五十八年至第六十八年這第二個十年，是「張老師」建制期，「張老師電話」南下全省各地區，如彰化縣「張老師」即於民國六十二年成立邀請省立教育學院（今彰化師大）辦理，由時任該院輔導系主任本會常務理事的張植珊主持。

　　由於社會的變遷，青少年輔導工作的急劇需求，「張老師」的原始制度已不敷所需，民國六十八年修訂輔導中心的人事組織編制，總團部設北、中、南三區指導委員會。除宗亮東先生坐鎮北區外，中、南部兩區亦委由本會同仁主持。民國六十八年以後的發展就更為多元化，這已不是本文所涵蓋的部分。那麼，誰是「張老師」？「凡是熱愛青年，樂於幫助青年，並贊成我們的理想，樂於奉獻自己心力參與青年諮商工作的人士，都是張老師」，『 6180 「張老師」樂意幫你』，這是「張老師」醞釀、成立、發展以致今日的共同信念。（救國團，民 87 ）

三、輔導專業人員之培育

　　培育輔導人員原是本會創立之重要目的，民國四十三、四年，由於僑教需要，政府有鑒於原有訓導工作之力有未逮，應先培養勝任輔導之教育工作者，於是自四十六年起，每年暑假舉辦

「僑生輔導研習營」，這研習營前後辦了六期，研習營的「師生」即是創立本會的主幹。此後本會即持續以研習輔導原理與方法爲主要的工作內容。

　　政大於民國五十五年暑假開始，即連續利用每年暑期，主辦輔導人員講習班，培養中等學校輔導工作人才，其課程規劃與教席，亦多由本會協助支應。時任教政大的本會理事有吳鼎、張慶凱、程法泌等教授。五十七年則應台北市教育局之請，辦理輔導工作人員研習班，該班以大學教育系或心理系畢業生爲對象。這是台北市國中首批四十四名輔導教師的搖籃。而台灣省方面，民國五十六年暑期開始，亦請台灣師大代訓，當時本會理事長宗亮東領導師大、政大一批教授，如吳鼎、張慶凱、王作榮、黃堅原、盧欽銘、簡茂發…等各盡所長，每期以八周時間，爲台灣省各縣市培養首批的輔導教師。政大、師大經此研習會之辦理，亦壯大了本會陣容。民國五十七學年度國中開學躬逢盛會者，大都爲本會會員。本會支援兩校主辦輔導教師研習奠下了輔導專業研習的模式，由本會整理研習資料出版「輔導研習專輯」一書，由師大教師研習中心於民國五十八年出版，頗具歷史意義。而比較有規模的輔導專業訓練，則應屬國民中學創始的第二年，亦即民國五十九年春天在彰化「台灣省中等學校教師研習會」的「國民中學指導工作研習班」了。當時台灣省教育廳選定彰化市郊白沙山莊爲「台灣省中等學校教師研習會」，由廳長任主任，聘甫自德國學成返國的許智偉博士爲副主任，實際負責會務。許副主任隨即加入本會，並於次年當選本會理事（第十四屆）。許副主任邀請本會重要成員楊寶乾總幹事及宗亮東、張植珊、吳鼎等理事規劃課程並擔任講席，張植珊理事並肩任駐會輔導教授，持續辦理研習活動，並於第二期發展一套「國民中學指導工作成效評量表」。（中國輔導學會，民 59）此一評鑑工具遂成爲日後國中輔導評鑑工作的濫觴。民國六十年秋，台灣省立教育學院正式成立於白

沙山莊，創立國內第一所輔導學系，這雖是繼台灣師大教育心理系之後以培養輔導人員為任務的學系，但卻是以「輔導」為名的學系。本會理事張植珊受聘為該系創系主任，展開系務規劃，研究課程結構，延聘優良師資，單獨辦理招生，漸次形成風格。省立教育學院（後來改名國立台灣教育學院，今為國立彰化師範大學）之創始，三個學系均為全國首創，除輔導學系之外，尚有科學教育系和職業教育系，但後兩系均先後分化為該領域內之各系，只有輔導學系維持至八十七學年度，更名為「輔導與諮商學系」。民國六十年代初期國民中學輔導專業人才需求孔急，雖然輔導系招收專科畢業生授業三年即可畢業，但人數每屆不滿百，又要等三年，所以在民國六十二年開始，接受台灣省教育廳之委託，持續辦理輔導專業研習，本科系背景者研習四週，其他科系背景者研習六週，研習員與大學部學生共同在系內研讀，教師亦多住校，日夜「弦歌不輟」蔚為特殊文化。當時中部地區輔導學界學者專家不足，系主任大力延聘本會同仁南下支援，如宗亮東、吳鼎、彭駕騂、朱秉欣、王作榮、李東白等均為「常客」，後來除宗、吳、王南北奔波外，另外三人竟久留白沙山莊，彭駕騂教授、朱秉欣教授、還曾任系主任、李東白教授為訓導長。若謂省立教育學院以輔導起家亦不為過。不幸本會首任理事長在促成輔導系成立之同時，竟於理事長任內的民國六十年七月二十一日逝世，僅隔十天，八月一日輔導系「掛牌招生」，我們的理事長卻未能親眼看到他所一手促成的此一歷史時刻，深以為憾。但是，蔣建白先生遺族為完成其遺願，乃將其全部藏書、手跡贈與輔導系，許智偉院長與張植珊系主任乃將輔導系館取名為「建白館」，並闢一間蔣建白先生紀念圖書室，另延聘名畫家廖未林先生繪製蔣建白先生畫像，高懸建白館，這些文物目前由彰化師大校史室典藏。筆者等在此著墨較多，亦在彰顯當初本會同仁在理事長的領導下以輔導學系為據點，其在培養輔導專業人員的用

心，足堪後人緬懷不已！在北部政大教育系早期亦有本會同仁效
力，台北市輔導人員的培訓多在此舉行，台灣省則較仰賴台灣師
大和當時的省立教育學院。台灣師大自民國五十七學年度成立教
育心理系後，即成爲我國教育心理與輔導學術界之重鎭，教學、
研究與推廣，資源豐沛，本會理監事亦多爲該系教授，除宗亮東
理事外，黃堅厚理事投入最多，這三校四系（含師大教育系）在
培養輔導師資這一任務，可謂旣合作亦競爭。

　　本會在培養輔導的專業師資外，對一般教師的輔導知能培訓
方面貢獻亦多。國民中學初創，需求孔急，當局乃以「職前訓練」
以爲因應，在訓練課程中設有「教育與職業輔導」一科。當時台
北市委託政大辦理，台灣省則委託台灣師大辦理，後來台灣省中
等學校教師研習會參與其中（即後來之國立台灣教育學院，今之
彰化師大），「教育與職業輔導」課程則由本會重要成員負責，
爲使省市國中輔導工作之中心思想及工作步調一致，所需教材務
期統一，乃決定由本會宗亮東、李亞白、張植珊三位同仁聯合編
著「教育與職業輔導」一書，以收學習效果。（中國輔導學會，
民 59）

四、輔導學術的國際參與

　　本會之創立旨意即在研究與推廣輔導工作，所以在學術交流
與經驗交換方面，自是不遺餘力。因此自成立以來對於各種相關
社團的交流極爲重視。就國內而言，本會與歷史悠久的中國教育
學會、中國測驗學會、中國心理學會、中國心理衛生學會、中國
訓育學會，以及比本會晚成立的中國行爲科學社等相關社團經常
保持密切關係，或共同研究某項專題，或合作主持某項學術活
動，都能相互支援並獲得最佳成果。

　　在國際關係方面，本會成立之初，即獲邀參加「美國輔導學
會」（American Personnel and Guidance Association, APGA）

爲團體會員。出席年會，發表論文與交換資料，始終保持志同道
合的關係。民國五十六年該會會長威廉遜博士來華演講，帶動兩
會更多交流。返美後由會長本人及其總幹事杜賓分別致函本會，
表示對我國因應九年國教所辦理之輔導學術研習，深表興趣，而
願予以支援，並派遣專家來華，主持演講，且協助各有關機構推
展輔導工作。本會即協同政府有關單位，進行磋商講習計劃。根
據資料顯示，五十七年各國民中學均設置專任輔導教師，並於學
校行政體系中設置輔導單位，乃至輔導活動課程的列入，均與該
會之支援有關，對我國正在建立的輔導制度有所貢獻。（輔導月
刊，民 57）

　　就援助國外方面，早於民國五十三年冬季，接受教育部之委
託，舉辦第三國訓練計劃，爲越南政府派來的教育人員實施輔導
專業訓練，本會創會不久即擔負此項任務亦屬難得。

　　而在國際組織當中，本會代表國家承擔主導地位者，當屬成
立「亞洲區教育及職業輔導學會」（ The Asian Regional
Association for Vocational and Educational Guidance,
ARAVEG）。在此一國際組織尚未正式成立之前，即有「亞洲區教
育與職業輔導會議」的組織，這是亞洲地區自由國家輔導學術的
最高層組織。一九六七年第一次亞洲教育與職業輔導會議於日本
舉行，會中決定成立永久性之組織，以促進參與輔導業務各界人
士與有關機構之聯繫，並配合各國官方或非官方之國內或國際性
組織，謀求對輔導學術與方法之迅速發展，做更大的貢獻。第二
次會議仍在日本東京舉行，會中決定由我國召開第一次全體會員
大會，並正式成立「亞洲區教育及職業輔導學會」，我國隨即指
定本會展開籌備工作。（張植珊，民 67）

　　本會立即展開籌備工作，會議在民國五十九年十一月九日至
十四日於台北市政治大學公共行政中心舉行，會中最重要的成就
是決議加強本地區教育與職業輔導工作之密切合作，成立「亞洲

區教育及職業輔導學會」的永久性組織，另成立輔導人員訓練中心於日本；輔導資料中心於我國之台灣省立教育學院建白館（今彰化師大）。而我國首席代表，亦即本會理事長蔣建白博士膺任爲協會首任會長，此爲我國學者榮任國際性學術團體首長之第一人。協會組織成員包括亞洲地區之日本、韓國、菲律賓、越南、泰國、馬來西亞、新加坡、印尼、錫蘭、印度、巴基斯坦、香港、及我國等國家與地區代表。

　　「亞洲區教育及職業輔導會議」成立大會及第一次全體大會，我國官方有嚴副總統家淦先生、教育部鍾部長皎光先生等蒞臨致詞，本會理事長，亦即大會主席蔣建白博士代表我國提出國家報告，其內容主旨有三：

1. 報告我國輔導工作進展實況，介紹本會對我國輔導運動的貢獻。
2. 說明國民中學教育與職業輔導的新措施。
3. 我國教育與人力發展的配合情形。

　　報告中並提出多項建議供與會國家參考。我國代表王亞權女士爲本會理事，於會中宣讀「國民中學實施教育與職業輔導」論文，闡述我國實施九年國教，國民中學建立輔導制度的緣由與目標，並評論國民中學輔導工作的原則與內容，引起與會人員熱烈討論與迴響。（王亞權，民 59）

　　我們認爲本會代表我國承辦此次國際學術會議是一項重要貢獻，乃是因爲藉著大型國際會議，已經把我國九年國教的新設施、新作爲向國際間宣示，達到交流的目的，也提高我國際地位；而就國內而言，也是將輔導運動帶上最高潮。開會期間，各重要媒體多以頭條報導，並撰寫專文予以推崇。如中央日報社論指出「青年就業與職業輔導」爲我國所遭遇之重要問題，此次國際會議引進人力發展的新思想與新方法，對我國具有重大的貢獻。（中央日報，民 59）。自立晚報亦以社論指出本次會議對發揮教育

與職業輔導的功能具有重大的意義。（自立晚報，民59）

除了媒體的評論引發國人重視青年的就業與輔導問題外，更重要的是，我國出席代表多以新的教育成就，九年國教與國民中學的輔導工作爲議題，正可突顯本會在我國教育改革運動中的地位與角色。

伍、結語

本會成立至今倏忽屆四十週年，回顧二十年前，本會慶祝成立二十週年之際，出版「輔導學的回顧與展望」，筆者曾以「我國近六十年的輔導運動及其發展動向」爲文闡述民初以致民國六十年代輔導運動在我國的種種，時光飛逝二十年於斯，本會以前瞻性的胸襟，提出「輔導學大趨勢」爲紀念本會四十週年的專書。以專書書名言，自應以向前看尋找「大趨勢」方合乎編輯方針，但細審已訂定題目之學者專家，確已掌握編輯要旨，或爲輔導新知之闡揚，或爲專題之比較研究，亦有實務工作的經驗分享。可謂繁花似錦、美不勝收，其內容之精采自可預期。我國輔導學界，自十餘年來三所師大相繼成立輔導研究所，培養碩、博士級的人才以來，輔導學術之精進不可多讓，其他大學及各師院亦多投入人力，期刊與論文質量都有很大的成長。本會輔導月刊亦已提升爲學報型的學術刊物，「大趨勢」實已隱然成型。但是每每在反觀本會歷史之際，總有一些淡淡的愁思，對四十年前開創新局的先進牽掛不已。尤其是前二十年，至九年國教，國民中小學建立輔導制度的那段歲月，政學兩界的前輩結合與努力下，化解阻力開拓視野，終於使輔導工作爲國人所接受，而於民國六、七十年以後有更大的發展空間，從學校擴及於社會機構，輔導成爲現代的一種生活文化。基於這樣的懷抱，乃再度回到從前，將本會成立至六十年代的前二十年，或有更深入的論述探討，將有助於年輕一代的會員同仁，對本會的歷史有更多的了解，幸甚。

參考書目

中央日報（民 59）社論：引進人力發展的新思想新方法，民國
　　五十九年十一月九日。

中國輔導學會（民 57）輔導消息，輔導月刊，六卷十一期，17。

中國輔導學會（民 57）輔導消息，輔導月刊，四卷五期，17。

王亞權（民 59）國民中學實施教育與職業輔導－亞洲區教育與
　　職業輔導會議論文，載輔導月刊，七卷四期。台北：中國輔
　　導學會。

台灣教育輔導月刊 社論：論初中入學免試常識問題，載第十卷
　　第十二期。

自立晚報（民 59）社論：職業輔導會議的啓示，民國五十九年
　　十一月十日。

吳盛木（民 57）商談會晤法，載輔導月刊，四卷四、五期。台
　　北：中國輔導學會。

沈逢時（民 71）教育雜誌，第十七卷，第一期。

宗亮東（民 67）中國輔導學會二十年來的回顧與展望，載於「輔
　　導學的回顧與展望」中國輔導學會主編，3-13。台北：幼
　　獅文化事業公司。

宗亮東（民 71）「張老師」輔導工作的演進，載於「帶給你快樂
　　的人生—張老師的青少年輔導工作」，台北：幼獅文化事業
　　公司。

唐守謙（民 53）教育指導。台中：東海大學出版部。

孫邦正（民 54）志願升學與初中學生的輔導工作，載於「輔導
　　研究」，中國輔導學會主編。台北：正中書局。

張植珊（民 66）我國近六十年的輔導運動及其發展動向，載於
　　「輔導學的回顧與展望」，中國輔導學會主編。台北：幼獅

文化事業公司。

救國團（民 87 ）：6180「張老師」樂意幫助你。台北：救國團
　　總團部。

許天威（民 59 ）教育導談。台北：中國輔導學會。

蔣建白（民 53 ）輔導小叢書：團體輔導，序。台北：中國輔導
　　學會。

蘇薌雨（民 54 ）從根做起，載於「輔導研究」，中國輔導學會
　　主編。台北：正中書局。

走過來時路，輔導老兵談往事

彭駕騂

壹、寫在篇頭

時日易逝，歲月不留，匆匆間，中國輔導學會在當日諸俊彥，高瞻遠矚倡導、成立，以及這麼多年中，中生代及青年才俊之發陽光大，時至今日，已歷四十年。筆者何其慶幸，得在創會未久，即追隨諸先進，參與規畫、推展，學習自我成長。數十年以來，深以身為中國輔導學會一名年齡已達古稀，資格已屬「長老」之列，為畢生莫大光榮。欣逢輔導學會四十年，將就往事點點滴滴作懷古憶舊。

貳、緬懷先進

民國四十五年間，張其昀先生主全國教育大政，故教育家沈亦珍先生、蔣建白先生分別執掌普通教育及僑民教育委員會，對於教育之全面革新與海外華民教育之推廣，不遺餘力。尤其對教育人才之培育，西方教育新思潮之引進，更全力以赴，蔚成教育欣欣發展之新契機。當時，選派前往美國、菲律賓等國進修之

諸先進，對於日後輔導活動之倡導與發展，功不可沒。

旋，普通教育司因業務擴大，乃分爲中等教育司與國民教育司，沈亦珍先生專職中等教育司，國民教育司則由葉楚生女士擔任司長一職，對於教育發展過程中，如何革新教育人員之觀念，以及選派教育行政人員，在社會中心教育考察進修之名義下，前往各國觀摩學習，至爲注意。因而，除邀請菲律賓教育專家杜拔斯博士（ Dr. Edward Tupas ）前來我國，協助規劃生活中心教育實驗之外，並商得當時美國駐台安全分署（最初簡名 I.C.A，後改名 A.I.D.）教育顧問卡來博士（ Dr. V. Carley ）及專門委員楊故教授宏煜之同意，提供人力、物力，贊助以生活教育、社區發展、學校與家庭密切聯繫爲主軸之中、小學教育實驗。尤其較爲偏遠地區之中小學爲優先。數年間，數以百計之各級育行政人員與中、小學校長、主任、教師，在此一計劃下，先後出國考察進修，爲教育之全面改革，培育不少人才。而此等人才，大多成爲輔導活動推展之核心份子。

民國四十七年中國輔導學會正式成立，不但爲我國輔導工作展開，劃成新頁，亦爲我國近代教育史灌入新血。更難得的是中國輔導學會成立不久，即蒙當時亞洲協會（ Asia Foundation ）代表 Choat，A.及行政助理王世榕先生之大力支柱，購得台北市金門街中國輔導協會永遠會址，迄今仍爲我國所有教育團體中，唯一僅有的會館。

當時，中國輔導學會諸理監事，均爲一時俊彥，不獨學有專精，而道德風範，尤稱不世之選。所令後輩，仰之彌高者，厥爲其提掖後進，在求知與爲人、處事之身教與言教，樹立高風亮節之典型。

尤憶在蔣故理事長建白領導下，經常襄贊會務者有國立政治大學張故理事長慶凱、吳教授鼎、國立台灣師範大學楊故教授寶乾、宋故理事長亮東、行政院第四組龍組長書祁、國立華僑中學

郁校長漢良及前國立台灣教育學院院長，現救國團副主任張教授
植珊、前教育部督學李亞白先生，均在公務教席百忙之餘，多方
參與。而教育部僑民教育委員會陳故秘書采，負責會館之照拂及
中國輔導學會所出版發行專書刊物之管理，乃至諸多瑣碎會務之
處理，數十年如一日之辛勞，尤其功不可沒。

　　所引以為憾者，歲月不居，前述諸位先進，除郁校長、張副
主任仍建在，繼續領導後進外，或以仙逝作古，或羈留海外，或
音訊不明，緬懷俊彥，不免有哲人何其不我留之感。

參、參與國民學校課程與資優教育實驗

　　民國四十九年，教育部國民教育司葉前司長楚生，為配合政
府擬於民國五十一年實施新國民中小學課程標準，特商請當時聯
合國教育、科學、文化組織（簡稱 UNESCO ）派遣顧問挪威籍教
育專家史莊乃博士（ Dr. F. M. Stromnes ）專程來台，先後以
三年時間，推展國民小學課程實驗及資優兒童教育實驗，並商得
中國輔導學會之諸多協助，在資料之蒐集、文獻之分析，與若干
教授之參與研究，提供不少人力之投入。筆者至感榮幸，忝為計
畫之聯絡者（ Coordinator ）。

　　史莊乃博士課程實驗與資優兒童教育之若干重點均以輔導
之基本精神為導向。其重要之構想與設計為：

1. 任何教育措施，均應依據兒童或青少年身心發展之特質，與不同
個體之需求為依歸。同時，兼顧學校所在地社區之特色。
2. 任何教育設計，均應有全程之規畫從小學而至初級中學，以兒童
與青少年之生活為中心，力求前後一貫，與學習經驗之統整性。
3. 學校與家庭，尤其級任導師與家長之聯繫與密切配合，應列為教
育工作者首要之務。
4. 學生應從小培育良好生活之常規，學習正確方法與長遠生活準備
能力之提昇。

史莊乃博士在台灣之時間雖短，但其所引導之實驗，對於日後輔導活動課程之規畫，貢獻良多。史氏之後，聯教組織復派孫樂山博士（Dr. T. Sain Rossy）來華，協助國民小學教育之實驗，尤其如何運用思考，激發創造，充分運用社會資源，以及倡導終生之規畫，亦居功厥偉。

肆、「指導活動」列於國民中學課程中

民國五十六年六月二十七日，先總統 蔣公鄭重昭示：「 我們要繼續耕者有其田政策推行成功之後，加速推行九年義務教育計畫」。行政院乃遵奉先總統 蔣公加速實施九年國民教育之指示，於民國五十六年八月十日以訂頒「九年國民教育實施綱要」以為實施九年國民教育實施之準繩，同時依據實施綱要內容訂頒「九年國民教育實施條例」。以上兩項法令規定：國民教育之課程，採九年一貫制，應以民族精神教育及生活教育為中心。

教育部於五十六年九月開始，對於國民中小學課程標準進行全面修訂。筆者是年七月，由聯教組織假國立菲律賓大學所主辦之亞洲師資研究所學成歸來，承當時教育部中等教育司王故司長亞權及國民教育司葉故司長楚生之推薦，參與課程標準總綱小組工作，負責參與聯繫、協調的工作。

中國輔導學會當時在蔣故理事長及所有理監事，致函教育部強力主張配合時代變遷與社會需求，將輔導活動列為國民中小學課程標準之中，並訂教學目標與教學時數。更普得國內各私立大學教育、心理、社會學教授之大力支持。雖當時教育部訓育委員會楊故常務委員希賓，曾基於不同理念，表示未能接受，但幾經斡旋協調，經由教育部最高層峰決定，准於國民中學課程標準中，設置指導（非輔導）活動及職業簡介各一科。國民小學課程標準中，亦設指導活動一科，則遭緩議。

教育部國民中小學課程標準委員會，於確定修訂目標、修訂

原則、修訂機構及工作程序與進度之後，即於五十六年九月下旬委託中國輔導學會組成國民中學指導活動修訂小組，由蔣故理事長建白負責召集，楊故理事長寶乾爲小組秘書，委員之中除上述先進外，復有部、廳行政人員各一人及初級中學校長二人。

　　國民中學指導動課程修訂小組，於五十六年十月至十二月二十八日止，在台北市金門街會館中，當多次聚會，詳細考慮目標之擬定、時間之分配、教材綱要之編列，並確定實施方法之原則、方式、工作內容、工作分掌及應有設備之配合與評鑑方式與方法。小組人員曾多次挑燈夜戰，就草案每一細目、每一章句、每一文字，不斷斟酌，反覆推敲，始告定案。提出第三次全體修訂委員會議審議修正通過，正式明訂指導活動在國民中學教育之地位。執事至此，筆者猶憶蔣故理事長建白主持會議之風範，以及所有委員之熱烈參與，教育部中教司協助人員之辛勞服務。全體同仁蝸居會館一隅之會議室中，全神貫注、一心投入，甚至午夜不歸之鏡頭。對於宗理事長亮東屢次提起：「我們在創造中學校輔導活動之歷史，豈可誤導爲數將達千萬之國民中學學生，有負全體國人之股股厚託。」更時覺吾輩責任之重大。

　　國民中學暫行課程標準中，明訂：

　　「指導活動」在瞭解學生各種能力、性向與興趣，輔導學生充分發揮個人能力，促進社會進步，以達成因材施教、人盡其才、才盡其用的目的。

　　民國六十一年修訂之國民中學課程標準，仍沿用指導活動之名稱，其目標與內容並未全面修訂。

　　民國七十一年，政府爲配合國家教育政策及社會需要，乃全面修訂國民中學課程標準，並正式改「指導活動」之科目名稱爲「輔導活動」。輔導活動之名稱乃由茲正名。

　　當時教育部國民中學課程標準修訂委員會，仍委託中國輔導主持輔導活動課程之修訂，並由宗故理事長亮東召集，委員有張

教授植珊、張教授慶凱、陳教授榮華、劉教授焜輝、筆者及國中校長、主任各二人。旋由宗故理事長亮東之指定，由筆者負責撰寫目標、時間分配及教材綱要，劉教授焜輝負責草擬實施方法、輔導會議、設備與評鑑諸項目。

同年，輔導活動在國民小學亦居得明確之地位，雖尚未明定授課時數，僅採取隨機教學之型態，但已完成國民教育輔導體系，中國輔導多年所努力目標，終告實現。

伍、成立輔導學系

輔（指）導活動課程，既於民國五十七年定位於國民中學之中，但當時有擔任此一教學之教師，均為各相關科系，甚至非相關科系畢業之人員。同時，由於輔導動性質與其他科目不同，更需要業之人才。政府雖亦曾透過不同管道，舉辦為期二至四週之短期研習會，召訓各校指導活動執行秘書（當時尚未有輔導室之編制），終歸緩不濟急，因而乃有應行設置輔導學系之構想。

民國五十八年，許智偉博士由德國學成歸來，奉命接掌台灣省中學教師研習會。翌年，台灣省中等教育研習會改制為台灣省立教育學院，許智偉博士出任第一位院長。當時各方均盼望台灣省立教育學院在體制上應有別於台灣師範大學以及台灣省立高雄師範學院，以因應社會急遽變遷下，對中學師資之不同需求。

許智偉博士為職業教育專家，早歲任教於台灣省立成功高級中學之時，即負責生活中心教育實驗之工作，因而決定配合國家對職業教育、科學教育與輔導工作人才需要之逼切需求，成立國內首見之職業教育學系（不同於台灣師範大學之工業教育學系以及高雄師範學院之工藝教育學系），科學教育學系（採取物理、化學、生物、數學各領域之統整），以及輔導學系。

輔導學系在台灣省立教育學院之成立，為國內院校中第一所專門負責培育輔導專業人才之學系。筆者有幸承張植珊教授之推

薦，許院長智偉之厚愛，出任該學院教務主任，全力協助國內首位輔導學系主張植珊教授及其它同仁，籌備輔導學系之成立。

當時，國內對輔導一詞之涵義與其在教育體系中之定位，尚未有普通之共識，甚至不少人員囿於師範教育體制下，地方教育輔導，或中等教育輔導之舊制，認為輔導學系是否應該成立，咸表懷疑之態度。

所幸者，中國輔導學會諸公，多方鼓吹輔導專業人才之逼切需要，而主管台灣省高等教育之台灣省政府教育廳第一科科長馬廣亨先生於幾經溝通報告後，表示支持，茲經當年台灣省政府教育廳廳長潘振球先生予以首肯，同意呈致中央，請其核准成立。

不意該一申請，雖經當時教育部高等教育司司長劉家煜教授之支持，教育部訓育委員會常務委員楊希震先生卻基於輔導不應超越訓導之理念，表示未能接受，甚至在部務會議之中，期期不予認同。

在此一關鍵時刻，中國輔導學會蔣故理事長建白，扮演極為成功的協調溝通角色，經其數度面訪楊常務委員希震，終得其同意，撤回「應請緩議」之意見，教育部終於同意試辦輔導學系，為期三年。

既蒙教育部准予試辦，幾經考慮，決定招生方式不參加大學聯招，而以招收專科畢業同學，予以三年學習機會。此一決定，一方面基於輔導專業人員需要較年長而富有某一種程度之社會經歷為佳；另一方面亦有鑑於當時專科學校學生，尤其師範專科學校與理、家事專科學校畢業學生，苦無升學之管道。讓輔導學系招收有志繼續進修之專校畢業同學，亦足以鼓勵專科學校學生，重新評估個人之生涯規劃。果不其然，招生一公告，報名人數遠超最初預料，三百四十餘考生，爭取八十名入學機會，以後年年報名人數均有顯著增加，迄至政府廣設技術學院提供職業教育之完整體系，輔導學系乃改招高中畢業生，並參加大學聯招。

　　輔導學系之課程設計，亦經不少艱辛長路。由於輔導學系爲國內所首創，苦無成規可循，而歐美若干先進國家輔導專業人員多爲研究所程度，其所招收對象均爲大學學生，其所有課程設計，可作部份參考，卻未能全盤引進。國內各大學之心理學系、社會學系或社會工作學系，雖與輔導學系有部份相關之處。但各有其特色，無法兼容並蓄。因而，如何確定課程設計目標、架構，作爲科目編列、教材內容與時數之配合，乃成爲一大考驗吾等之智慧。

　　所幸者，許前院長智偉、張前院長植珊，均從事教育工作多年，理論與實務，各有其所長。筆者忝爲敎務主任，亦曾參加課程實驗多年，並曾數度前往菲律賓、美國考察進修，乃先成立三人工作小組，從現有資料蒐集與分析，進而訪問當時教育界之國寶級人物，如孫邦正教授、孫亢曾教授、黃堅厚教授、李祖壽教授、胡秉正教授、程法泌教授、林本教授、水心教授等俊彥，吸取其對輔導工作之看法、輔導人員應有之素養與學識，以及對輔導學界之期許，以作設計準繩，筆者面聆雅敎，收穫良多。

　　此外，並採取問卷方式，普遍徵求在職之輔導活動執行秘書，就其工作上所面臨之困擾，以及其所欲充實自我之期盼，提出個己看法。雖然，可收回之問卷，僅及百分之三十餘，但對小組人員之思考，收益仍多。

　　在國內外資料蒐集分析、學者專家不吝賜教，以及實際工作者問題提出，多方整理歸納之後，方確定課程設計之目標如下：

　　(一)確定輔導學系之功能，在培育優良國民中學之輔導專業人員，並配合救國團張老師發展之需求，因此，課程設計以協助學生進一步了解青少年心身之發展中可能面臨之問題，以及如何提供有效之輔導策略。

　　(二)確定社會急遽變遷下，個體、家庭、社區必遭受若干衝擊，因此，課程設計亦著重於社會問題之探討，人力發展之規畫

以及個體、家庭與社會互動之研究。

（三）確定輔導活動應力求理論基礎之充實與實務工作經驗之增進，因此，課程設計一面著重於心理學、社會學、教育哲學之鑽研；另一方面則偏重諮商理論與技術、個案研究、團體輔導與心理測驗的研究與應用。

（四）確定輔導活動不應囿於學校之內，而應走入社會與社會青少年進一步結合，因而，課程設計特別偏重校外之實習。承當時救國團張老師之協助，將彰化張老師設於輔導學系之內。每生經諮詢與專業訓練數週之後，由系辦公室排表輪值，扮演義務張老師，接求助電話，覆求助信函，並與來訪之青少年及其父母、親人面談。每週舉行定期個案研討會議，以增進其實務經驗。

猶記課程設計目標、方式既定，許前院長智偉經常與小組同仁與有關人員，假台北市福州街國語日報社交換意見，檢討進度。往往動輒數小時，甚至夜闌人靜，仍見諸同仁或則蹙眉苦思、或則竊竊私語，或則翻閱資料，或則握筆疾書。辯論時見高潮，腦力之激盪，發揮最大成效。

時經數月，眼見開學之日已行不遠，內心之焦慮與所面臨之壓力，亦與日俱增。所幸者，教育部准予「試辦」，不必先行呈報課程綱要，初稿既定，乃取行動研究方法，先行實施，不斷改進。

尤其可善者，所招收之第一、二屆輔導學系同學甚為整齊，社會經驗尤其豐富，雖其中有師專、護專、家專，乃至高專、農專畢業背景之差異，反而透過經驗之分享與彼此切磋琢磨之餘，開拓了學生思想領域，亦促使任教師資不斷檢討教學成效，充實課程內涵。

陸、師資素質之提昇

民國六十年，許前院長智偉榮昇台灣省政府教育廳長，不

久，由張植珊先生接掌台灣教育學院，筆者奉命接掌輔導學系主任。

筆者當時有鑑於唯有優秀師資，使足以培育優秀學生因而極力延攬輔導專才，來校任教，或兼授部份學科。

可感者，當時輔導學會常務理事，國立政治大學名教授吳鼎先生，不辭辛苦，不遠「百」里，來系擔任輔導原理一科教學，行政院第四組龍組長書祁亦多次蒞校作專題演講，學生收穫良多。

民國六十一年、六十二年，在亞洲協會支助下，本系聘得美國威斯康辛大學名教授脫瑟博士（ Dr. James Trozer ）與哈門博士（ Dr. B. Harmen ）先後來系擔任客座教授，講授研究方法、諮商實務、家庭與婚姻問題研究、勞工問題等科目，普得師生一致好評。

民國六十一年，台灣省立教學院經當時任教於威斯康辛大學瑞佛校區（ University of Wisconsin, River Falls Campus ）名經濟學家高希均博士之穿針引線，兩校締結為姊妹校。並經該校提供獎學金，鼓勵本系教師出國進修。

自民國六十二年以後，在此一合作計劃之下，本系選派呂勝瑛先生、翁淑緣先生、林幸台先生、何長珠講師，先後前往該校作為期一年之進修，歸國之後，大大提高本系師資之水準。上述諸先生早已成為我國輔導界之中流砥柱人物。其後，又有袁志晃先生，陳貴龍先生、吳秀碧講師、楊淑珍講師，先後以留職留薪名義，出國深造，使輔導學系師資素質日益提昇。

同時，威斯康辛大學瑞佛校區亦每年推薦一名教授，前來本系或作為期數週之講學，或作一學期之研究指導，使輔導學系師生咸沾教益。

回顧筆者擔任台灣教育學院，前後兩任輔導學系系主任，長達十二年，所引以為傲者，乃延攬優秀師資，選派系內同仁前往

海外進修。同時，向行政院國科會、經建會、教育部、廳爭取若
干專案研究計劃，帶動系內研究風氣，改善同仁生活福利，出版
輔導學報，製作教學錄影帶等等。不獨使筆者從中教學相長，力
求自我超越，共引導諸同仁不斷自我成長。及今思之，猶覺不虛
系主任十二年，尚祈有識者不見笑我何自滿之如是！但飲水思
源，中國輔導學會諸先進之不吝賜教，台灣教育學院許前院長智
偉、張前院長植珊、葉前院長學志諸多鞭策，以及全系師生之大
力支持，均令筆者不敢或忘。

柒、校外輔導工作之推廣

　　「輔導要送上門，不應掃帚自理」，為教育部朱前部長匯森
一次蒞臨台灣教育學院，召見輔導學系全體同仁時所勉勵之名
言。

　　輔導學系秉此指示，在筆者擔任十二年系主任任內，曾不斷
努力以赴。

　　民國六十七年，行政院人事行政局長陳桂華先生，蒞院視
察，對於輔導學系當時收集全省中、小學輔導工作之規章、組織
章程、校勢現況、社區特色、家長職業簡介以及學生問題種種，
分門別類，專檔備索，資料之齊全與統計分析之詳盡，印象極為
深刻，並面加讚許。復對輔導學系經常辦理全省中、小學輔導人
員之研習活動，尤感興趣，特垂詢可否為台灣各地人事行政主
管，舉辦輔導理念與實務之研習。系內諸同仁均感莫大鼓舞。因
而著手規劃研習之方式與內涵，呈請人事行政局修訂核備。

　　當時，課程之設計著重於下列幾方面：

1. 人性之探討與員工心理之分析；
2. 社會變遷急遽，人與人之間如何謀求更佳調適；
3. 基於個體心理需求，如何以輔導取代管理；
4. 如何謀求團體精神之高度發揮，以達群策群力之目標；

5.對於不適任之員工，如何加強心理之輔導。

　　課程設計既蒙核訂，乃開始辦理前後數期研習工作。陳局長桂華對此一研習，至表重視，除數度親蒞致訓之外，復派第二處方處長立人、第三處卜處長達海、第四處李處長碩分別擔任一、二、三期之研習輔導人員。由於研習成效頗佳，陳局長桂華特指定再辦一期。

　　綜計當時參加研習人員共計壹佰零柒位，舉凡行政院所屬部、廳、局八職等以上人事主管以及全省各縣市人事主任，除因其他公務羈絆，弗克參加外，其餘幾全數參與。輔導學系亦鼓勵系內同仁列席。

　　參與研習人員經評鑑之後，不少屢蒙拔擢，榮陞要職，而卜處長達海先生更於短短數年內，躍昇行政院人事行政局局長，主管全國人事行政。筆者全程參與規劃、推展、評鑑，眼見四期研習人員大多於其崗位上，將輔導精神融入人事管理之中，更感慶幸。

　　民國七十一年七月，前副總統李元簇先生，當時擔任法務部長，今司法院院長施啓揚先生，當時任法務部政務次長，一日聯袂蒞臨輔導學系視察，責令本系著手研議如何以輔導之理念與實務，取代各地獄、院、所行之有年的軍事管理制度，並希望以設於彰化田中之彰化少年輔育院為實驗場所，並以其中為四百餘名之院生為實驗對象。

　　筆者當時甫卸教務主任，回任第二任輔導學系主任職位，受命之餘，首先拜訪台灣省桃園少年輔育院、高雄少年輔育院、台中少年觀護所、高雄監獄、台東監獄及台北監獄，實際瞭解獄政，以及獄、院、所之管理制度，當時承蒙法務部保護司林司長口永榮全程陪同，深情可感。

　　七十一年十月，幾經籌備，乃開始以彰化少年輔育院八位教誨師（導師）為對象，施以輔導理念與諮商實務之研習，為期九

個月，每週上課三個半天。研習方式除理論講述、專書研讀之外，特別注意個案之研討與小組團體輔導之演練。承當時彰化少年輔育院宋故院長白濤多方配合，以及八位研習人員認真學習，研習業之拓展至為順利，成果亦相當顯著。

筆者於為期九個月中，曾多次夜宿輔育院，力求對院生多一分接觸，以便對其身心發展之特質、成長之心路歷程其不良適應行為之起因、演變，有更多瞭解。

同時，更徵求系內有志於不良適應青少年輔導之十二位同學，利用四年級下學期集中實習時間，進駐彰化少年輔育院。四週之中，朝夕與院生為伍，建立個案檔案，實施個別晤談與小型團體輔導，並透過各種團體活動，與院生打成一片。從院生最初對我等之拒絕、排斥，進而逐漸開放心胸，到最後完全接納，相互尊重，以至實習結束時，院生所流露依依不捨之情，若干女院生甚至緊抱實習同學之情況，再次肯定了我們「人之初，性本善」的信念。

可以告慰的是當初接受輔導研的彰化少年輔育院八位教誨師，均於受訓後二至三年中，升任台中、台南、高雄少年觀護所、新竹少年監獄及桃園少年輔育院主任教誨師或其他職務，將輔導理念帶入各個不同少年輔導機構之中。

最值得報導的是當年接受們長期輔導的四百餘名院生之中，於受畢感化教育或因表現良好而提前假釋者，之後三年中重犯前科之百分比，遠低於已往重犯率（百分之九比百分之十六）。

捌、辦理邁向二十一世紀輔導工作研討會

民國七十八年六月，筆者擔任中國輔導學會理事長任內，嘗與中國青年反共救國團大力合作，並蒙教育部、行政院文化建設委員會、行政院青年輔導委員會及太平洋文化基金會多方支持下，舉辦為期三天之「邁向二十一世紀輔導工作國際研討會」。

　　大會假救國團劍潭青年活動中心舉行，與會者有美、日、菲三國貴賓及國內輔導專家、學者及輔導實務工作人員一百八十餘名，盛況可謂空前。

　　大會除恭請救國團李主任鍾桂主持外，並請台灣大學教授楊國樞博士以「從社會變遷展望二十一世紀」作為引言，日本教授村賴孝雄、晴彥下山、小倉清及美國教授 Dr. Patterson 與 Dr. Pederson、台灣大學教授黃光國、柯永河、台灣師範大教授劉焜輝、金樹人、國立彰化師範大學教授蕭文、牛格正、國立高雄師範大學教務長黃正鵠（現任國立高雄師範大學校長）、前行政院文化建設委員會副主任委員張植珊（現任救國團副主任）、私立輔仁大學夏林清、及私立東海大學教授鄭泰安均曾在大會分組研討中，宣讀論文。當時，教育部訓育委員會常務委員楊極東（現任國立台北商業專科學校校長）則就「當前輔導政策與發展取向」作政策性宣言與分析。

　　研習雖僅三天，群賢並主，對輔導之未來發展，尤其時代邁進二十一世紀之後，應如何己立立人、己達達人，除增進不少信念之外，並對輔導與諮商理論與實務之探究，更上一層樓。筆者忝為當時大會主席之一，每念及此，猶覺與有榮焉。

玖、結語

　　執筆至此，筆者除老夫耄矣，時日不再之感，但欣見中國輔導學會在筆者擔任理事長之後，先後由劉教授焜輝、林教授幸台、蕭教授文及吳教授武典掌舵與諸同仁之熱烈參與，日益茁壯，對中國輔導工作未來歲月中，如何再求精進，謹寄上無限期望與祝福。

中國輔導學會四十
—二、三事

馮觀富

壹、不惑、一枝花

　　中國輔導學會成立四十週年，他，正屆不惑之年，處在發展的高原期上；她，正是一朵盛開的花，不須脂粉，仍艷光四射，雍容華貴，處處耀眼。四十年來，他與她，文韜武略，才華橫溢，運籌帷幄，馳騁沙場，厥功至偉，可以稱得上「為天地立心、為生民立命、為往聖繼絕學、為萬世開太平」矣！忝為會員，猶有榮焉，撫今思昔，信手拾穗二、三事，聊布往懷，共襄盛會。

貳、走過來時路

　　「走過來時路」，這是今日台灣社會文化燴灼人口的本土化語詞，但你可曾知道中國輔導學會的「走過來時路」？學會創始人之一蔣建白先生，於民國五十三年十月在學會輔導叢書序中這樣寫著：

「我國輔導工作之推行，開始於民國四十三年，而擴大於四十六、七年。余時先後承乏教育部普教司及僑教委員會主任委員，因輔導僑生，乃決定實施輔導工作。每於暑假期間，辦理輔導研習會一次，因而同道者日多。其後僑教會諸君子繼續努力，遂成立輔導學會。此時留學各國研究輔導工作諸先生先後返國，參加輔導學會，陣容為之一壯；於是與教育廳合作，逐年指定中等學校，從事實驗，今已達二十餘所，包括小學、中學、職業、師範、專科及大學等，三載以來，實驗成績尚強差人意。上年度復得亞洲協會之贊助，於是訂定分年計劃，切實推行。所賴本會同仁，熱心輔導工作，不計名位，犧牲時間精力，甚至自備旅費輔導各校，捐款招待參加研究人員，此種熱忱與精神，誠令人敬佩。」（蔣建白，民 53）

蔣建白博士，他於抗戰後期赴美專攻輔導，也是我國獲輔導高學位的第一人，回國後將輔導觀念介紹給國人，使教育工作者對教育的態度與方法有所改進，領導群倫，成立中國輔導學會，熱心竭力，貢獻最多，確是我國輔導的先鋒（宗亮東，民 75），蔣先生也有人稱他為「中國輔導之父」。

參、咨爾多士，為民前鋒

中國輔導學會於民國四十七年十二月成立，第一屆理監事名錄中，多為當時黨、政、教育界精英，且位居要津，除上述的蔣建白先生，為教育部普教司司長、僑教委員會主任委員外，其餘尚有：李煥、楊寶乾、查良釗、張慶凱、侯潘、許延俊、陳勻、湯青雲、黃亦晨、許以豐、馮鎬、曹世昌、蘇景泉、蔡以悅、余宗玲、余庸、楊宏煜、謝福楨、常眞治、吳伯俊、朱志東、韓繼旺、李政義、林振威等。（輔導學會名錄，民 81）

上述前輩，不乏是你的長官、恩師，或者你無緣與他們相識，

但他們對中國輔導學會的貢獻，會永留丹青，正如蔣建白先生所說：「他們熱心工作、不計名位、犧牲時間精力、甚至自備旅費、捐款招待」。他們為後來歷屆理監事樹立工作典範。

李煥先生，現代人無人不知，他是本會民國四十七年第一屆至民國七十七年第二十九屆理監事會，三十年中連任共二十九屆理事或監事，李先生不論昔日在兩位蔣總統時代，或當今李登輝總統時代，都是位高權重，極為當局倚重者，曾集中國國民黨組織工作會、革命實踐研究院、救國團等三大主任於一身，後任高雄中山大學校長、教育部長、國民黨中央黨部秘書長。蔣經國辭世，李登輝繼任，受命接長行政院長，最後以總統府資政淡出政界，告別學界，從過去的權傾一時，到今日的繁華落盡，雖不免令人唏噓！但他對學會的貢獻及影響，不論是直接的、間接的、有形的或無形的，難以評估。過去各單位對本會每年的贊助捐款，有來自中央黨部的組工會、青工會、海工會、救國團、青輔導、教育部等，都是在他主政任內，學會提出任何要求，無不獲得支持，救國團的張老師，可以說與中國輔導學會的關係是一家親，你中有我，我中有你，難分難解，與李煥先生脫不了關係。尤其難能可貴的，輔導學會每次的理監事會議，他因事不克出席時，多會事先知會請假，即使遠在高雄任校長期間亦然。如能出席，也如諸位理監事一樣，分座兩旁，平起平坐，甚至來遲吊尾，亦是理所當然。筆者自民國七十一年參與會務工作，擔任總幹事，至民國七十八年，曾親眼目睹他對學會的尊重、支持，和對理監事同仁的親和，迄今歷歷在目。筆者無意歌頌一位政治人物，但他是本會創始會員、創會理監事，說不定是碩果僅存的創會會員、創會理監事了。不知道現今有幾人像他這樣對學會甚至對中華民國輔導制度有如是影響的人？

當然，一個團體的成長非一、二人之力一蹴可成，本會亦復如斯，江山代代出聖人，翻開會員名錄，仍不乏有可圈可點可數

者，目前仍受到社會、政界或學術界推崇，如吳鼎、龍書祁、唐守謙、吳子我、王亞權、高梓、姚舜、黃堅厚、路君約、程法泌、張春興、張植珊、劉焜輝、彭駕騂、吳靜吉、高銘輝、蔡保田、黃國彥、吳武典、林清山、黃昆輝、許水德……等，都是往日或現在學術界或政界耀眼的人，他們都是推動中國輔導學會搖籃的雙手，使學會成長、茁壯，今日己綠葉成蔭。當然，更有二千九百六十五位個人會員；五百七十九單位團體會員（會員名錄，民81），中國輔導學會改寫了中華民國教育史，汝等當是「咨爾多士，為民前鋒」而無愧。

肆、一代「宗」師

　　蔣建白先生的領導，締造了中國輔導學會，沒有他早日的推動，難有今日的中國輔導學會，更不敢言對中華民國學校輔導制度的建立與影響。國立彰化師範大學前身，省立教育學院，設立全國第一個輔導學系，培養輔導人才，該說是蔣先生對中國輔導學會志業的延續與發揚光大。時教育學院院長許智偉博士暨系主任張植珊教授，並為蔣先生建館紀念，名為「建白館」，勗勉師生效法蔣先生這種犧牲奉獻、服務人群的精神。館成之日，蔣先生遺眷返台參加慶典，捐贈獎學金台幣拾萬元，獎掖各大專校院修習輔導科目成績優異學生，每年五名，迄今已有二百餘人受惠。如果加上各校輔導系、所畢業學生，對社會的影響，就難以計算了。一代輔導宗師，早已長眠，中國輔導學會今日的盛況，對社會國家已產生深遠長遠發展良好的影響，先生地下有知，足以欣慰矣！

伍、鞠躬盡瘁，死而後已

　　如果推崇蔣建白先生為我國輔導工作一代宗師，還有一位是

名符其實的「宗」師，他是繼蔣先生之後，領導學會走向高峰的人，也奉獻了他的一生，為教育、為輔導，可以說是「鞠躬盡瘁、死而後已」。他，就是宗亮東教授。

宗教授桃李滿天下，無人不知，無人不曉，今日多少黨政要員，都是他往日的高足，筆者年輕時惜無緣受業於他，卻因緣際會，自民國七十一年至七十九年，追隨他處理學會會務工作，由於工作關係，不論公私場所，與其相處機會較多，直至他在病榻最後的日子為止，他除了對學會的貢獻，令人懷念外，尤其他的為人處事，足式為後世師法，茲舉其一、二，作為今日學會成立四十週年紀念的追憶吧！

一、老師與教授

國人對中小學教師，都稱呼為老師，尤其小學生，一聲「老師」，有如黃鶯出谷，雛燕出巢，是那麼純真、悅耳又帶稚氣；大專校院學生對教師，多稱呼為教授，音韻上渾厚低沉，不見其人只聞其聲，彷彿一位身穿長袍馬褂，戴著細邊高度老花眼鏡，步履維艱的長者向你走過來。也許是如此，宗教授任教於國立台灣師範大學，掌管全校教務、兼本會理事長、公私立機構顧問、委員、召集人……等何其多，大家見面時，多稱他為宗老師，一聲「宗老師」，打從他心底裡就喜歡你，一聲「宗老師」，萬事 OK。他喜歡年青，更愛青年，有事請教，無事請安，當你按下宗府門鈴，他總是服裝整齊佇立門口相迎，香茶一盅，親送面前，不待你開口，他的話盒子已經打開，從他書房裡的經、史、子、集、Guidance，談到客廳牆壁掛的「師母」大作，山水花卉，如沐春風。盡管閒談天南地北，從來沒有聽過他批評時政，或對他人非議。記得一次學會召開理監事會議時，一位工作同仁曾對他人發出批評與不滿，立即為宗老師勸阻，曉以「輔導工作者，當盡其在我，不能改變時就應設法去適應，任何怨懟於事無補」。為大

家上了一課，迄今言尤在耳。

二、無役不從

　　本會第一任理事長為蔣建白先生，至民國六十年七月二十一日蔣先生辭世，理事長一職由楊寶乾先生接任。民國六十六年四月十五日，楊先生又於理事長任內與世長辭。宗老師於六十七年被推舉為第三任理事長，至民國七十七年，計十年之久，這十年中正是我國輔導運動發展時期，尤其國民小學實施「輔導活動」，學會為配合此一任務，會員精英在宗老師領導下幾已盡出，上山下海，走遍台、澎、金、馬各國民小學，舉辦教師輔導知能研習，配合教育部辦理國小輔導活動推展及各年度的評鑑，從計劃至執行，宗老師幾乎是無役不從，記得一次與筆者相約在次晨五更天共赴彰化，筆者駕車唯恐有誤，未及五更便至宗府叩門，未料老人家早已整裝待發，他雖美譽筆者守時，何嘗自己例外。清晨高速公路車輛稀少，車速不覺超限，為交警攔下，見了宗老師端坐在內，罰單也免了，往後行程他常側身看車上碼錶，雖不言明，筆者已了解其意，他永遠是一位使人「 insight 」者。

三、來者不拘、有求必應

　　宗老師除對輔導工作之投入外，對後輩之獎掖提攜，更是不遺餘力，凡有求於他，幾乎是有求必應，來者不拘。宗老師寫得一手好毛筆字，請他寫推荐函、介紹信，必當面揮毫，拿到此函者都當墨寶，何忍投遞。

四、來者不拘、恕不乾杯

　　宗老師的親和力，對小學老師感受尤深，以宗老師的年高德劭，沒有人會想到他會和孫字輩的小學老師一起進餐飲酒。事情是這樣的：台灣省教師研習會，為了推展國小輔導工作，召集多

位小學教師編寫資料，提供全國各國小參考應用，編輯指導委員中除宗老師外，尚有彭駕騂、劉焜輝、吳武典、吳正勝、陳東陞等教授。一日工作完畢，受到其中一位小學老師的盛情邀約，至其府上餐敍共樂，宗老師欣然答應，席間可以體會到宗老師乃酒品中人，大夥兒頻頻向他敬酒、乾杯，他告訴大家：「我是來者不拘、恕不乾杯」。此語一出，未料竟成為大家擋酒的名言，今日在任何地方，如果有人說：「來者不拘，恕不乾杯」，準是當年受教於宗老師門下者。

五、Counseling 與 Guidance

　　今日從事輔導工作或研究輔導理論的人，無不識此兩字的中文譯名，前者「諮商」、後者「輔導」。此二字譯名，與宗老師關係密切，年輕的朋友，知道的人恐就不多了。 Counseling ，按英文辭典譯為「輔導服務」。而「諮商」一詞，乃出自宗老師的手。按字源：「諮者，謀也、問也；商者，度也，言商量、商酌」。宗老師將 Counseling 譯為「諮商」，言簡意賅，已為今日國人及學者普遍使用，並形成概念。諮商二字譯名，一般人看來，算不得什麼，但流傳之廣，概念深值人心，則難以道理計了，宗老師已在我國輔導運動史上又銘刻了一頁。

　　Guidance 的譯名，更是幾經曲折，按英文辭典譯稱「指導；領導；嚮導；導航」。民國五十七年教育部新頒「國民中學課程標準」，增列「指導活動科」，就是 Guidance 的譯名為「指導」，當時公布這一名稱之前，究應為「指導」或「輔導」？據聞課程標準委員爭論頗多，各有堅持，認為「指導」者，合乎中國傳統文化精神；認為「輔導」者，符合現今世界民主潮流。宗老師則屬於後者。了解宗老師的為人，都知道他是一位事緩則圓，水到渠成，不爭一時，要爭千秋的人，結果 Guidance 就成了「指導活動」。至民國六十八年政府公布國民教育法，明訂國民中小學

應實施「輔導活動」，指導活動名稱自然消失。這一改變的前後，無不與宗老師的參與有關，他不堅持已見，但他會說理，加上當時領導中國輔導學會，代表本會參與教育政策製訂，以其德望，自然地成了以後的改變，宗老師處事深謀遠慮，令人敬佩，也使中國「輔導」學會不變成為中國「指導」學會。

六、臨終關懷

命運往往是這樣捉弄人，善有善報，這句話好像未發生在宗老師及其夫人身上，二老一生從事教育，投身於輔導工作，獎掖後進，桃李滿天下，樂善好施。可是宗師母卻在晚年中風癱倒進入三軍總醫院，臥病數載。宗老師奉湯持藥，朝夕在側，所謂「不比不飛、不比不行」，鶼鰈情深至此。

不幸之事旋踵而至，由於宗師母長年癱瘓病榻，宗老師除照料左右外，還須處理本會正在積極推展的國民小學輔導活動工作，見其當時確已心勞力瘁，終於繼其夫人之後病倒，夫婦二人同住一間醫院，何其不幸！師母不久與世長辭，宗老師亦久病不起，筆者由於推展會務，仍常往病榻請益，每每見其伸出乾瘦的雙手，緊握筆者，氣若油絲，念念不忘學會有關事務及國小輔導工作推展情形，足與諸葛武侯所寫「鞠躬盡瘁、死而後已」的精神媲美，為之動容。

陸、為歷史見證

中國人以三十年為一代，中國輔導學會今邁進四十個年頭，下一代的人該好好為上一代人辛勤留下來的事蹟，忠實地記錄下來，能發揚光大更好，否則，亦應為歷史作一見證，畢竟這個學會於此時此地的努力，發揮了深遠的影響。以下是犖犖要者，世人不應忘懷：

一、天下第一「所」

　　古時稱國家為天下，中國輔導學會於四十年前在中華民國台北市金門街十一巷二十四號（今改名為師大路一八八號）成立，會所面積有三十餘建坪，產權登記清楚，永屬中國輔導學會所有，在全國的學術團體裡，迄今仍未有任何一個單位擁有自己的會址會所，唯中國輔導學會獨有，堪稱之謂天下第一「所」，並不為過。

二、會員人數無計

　　中國輔導學會個人會員，七年前已達二千九百六十五人，團體會員五百七十九個單位，除勞工職業團體外，學術團體中，難有幾個與其匹敵，且屆從輔導工作者，不知凡幾，難計其數，雖不直接參加為會員，但對中國輔導學會的認同，無人懷疑，他（她）們都是中國輔導學會的精神加盟、行動入列者，與正式會員幾無二致。論資質，都是社會菁英，影響所及，非其他團體可比。

三、專業貢獻，數字可說話

　　中國輔導學會四十年來所出版的專業資料，已成為學校及社會人士從事輔導工作者，不可或缺的讀物，為工作中的指南。據考（宗亮東，民 75）：學會成立後十年，自行編印的書刊計有輔導月刊四卷三十二冊，輔導小叢書二十冊，輔導叢刊四種，這三類書刊的總字數，約在五百萬字以上。此外，由本會同仁協助教育部編譯的「輔導小叢書」五十冊，「輔導研究」刊物二十八冊，亦在五百萬字以上；第二個十年繼續出版專書，如「輔導之理論基礎」、「輔導學原理」、「精神分析基本原理」、「輔導研究」、「輔導研習專集」、「指導工作答客問」、「青年輔導論文集」、「學生資料編製與應用」、「測驗技術及其應用」、「如何實施職業輔導」等書；測驗資料如「歐迪斯智力測驗」、

「中學綜合性向測驗」等。民國五十六年製作「輔導教師的任務」教育電影片一種，自編、自導、自演、攝製等工作，均由本會同仁擔任（宗亮東，民 67）。第三個十年，「輔導月刊」期期不斷，三十週年慶專集，如期付梓。會員個人此時多已羽毛豐滿，輔導專業論者，由過去學會的版本，順勢轉移至會員個人，各公私立圖書館及坊間書店架上，舉目望去，盡是會員專著。

除了上述的輔導專業文獻資料外，中國輔導學會協助教育行政當局革新教育，成果輝煌，論貢獻，難有與其朋比者。早在民國四十九年，教育部指定國立華僑中學與台北第二女子中學進行輔導工作實驗，係由本會直接參與規劃與工作之執行，最後編印實驗研究報告，進行「中等學校輔導工作實驗計劃」。參加實驗學校共計三十一所，其中大學一所，專科學校二所，中學二十一所，職業學校三所，小學四所。學會每年都舉辦一次輔導工作實驗檢討會，寒暑假又舉辦巡迴研討會。

民國五十三年，本會受教育部之請，舉辦第三國訓練，為越南政府派來教育人員六位，接受為期六週的輔導訓練。

民國五十四年，聯合國教科文組織來台協助設計職業輔導計劃，救國團推行青年輔導活動，台灣省社會處國民就業輔導中心辦理就業輔導，國立台灣大學、政治大學、省立師範大學先後實施輔導與測驗。

民國五十五年，行政院青輔會成立，從事青年輔導工作的策劃與推展。

民國五十六年政府策劃九年義務教育，並加強推行輔導工作，在課程標準中，設置「指導活動」一科，民國五十七年全面實施。

民國六十一年，教育部擬訂大專「學生輔導中心設置辦法」與「學生輔導委員會組織準則」。

民國六十二年，教育部為加強高中教育的正常發展，公布「高

級中學學生評量與輔導工作實施要點」，復於六十三年訂頒「高
級中學輔導工作實施方案」。

　　民國六十五年，修訂公布「國民小學課程標準」，規定國民
小學一年級至六年級學生，按其身心發展，實施輔導工作。

　　民國六十八年，公布「國民教育法」，明確規定國民中小學
都應實施輔導工作，組織人員、業務職掌亦有規定。

　　民國六十八年，公布「高級中學法」，具體指出輔導工作範
圍，組織、人員與工作辦法。七十年又公布「高級中學學生輔導
辦法」。

　　民國八十年，教育部公布「輔導工作六年計劃」，依計劃擬
投資經費新台幣八十五億九千五百萬元，將輔導工作推至最高
點。

　　以上自民國五十三年至民國八十年，舉凡國家重大教育革
新，有關輔導工作者，都是在中國輔導學會的建議或直接、間接
的參與策劃、執行，幫助政府完成教育改造的任務。後人不可忘
記這段史跡。

四、德不孤、必有鄰

　　中國輔導學會對國家社會的貢獻，有目共睹，身為會員倍感
光榮，友會尤樂於親近。就國內而言；中國輔導學會與中國教育
學會、中國測驗學會、中國心理學會、中國心理衛生學會、中國
訓育學會、中國行為科學社等學術團體，關係密切，共同研究某
項專題，或合作舉辦某種活動（宗亮東，民 67 ），會員更是彼
此重疊，難分難解。在國際方面：中國輔導學會是「美國輔導學
會」(American Personnel and Guidance Association, APGA)
的團體會員，出席年會與交換資料，始終保持志同道合的關係。
今日此事不知有多少會員知道？

　　民國五十九年，本會與日本職業輔導協會共同發起組織「亞

洲區教育及職業輔導協會」（The Asian Regional Association for Vocational and Educational Guidance, ARAVEG）。是年十一月九日在台北隆重舉行成立大會，有日本、韓國、越南、菲律賓、泰國、馬來西亞、新加坡、印尼、香港等國家與地區代表參加。蔣建白先生當選爲第一屆會長（宗亮東，民 67）。

　　物換星移，中華民國外交困境日深，致力推動國民外交，可曾想到中國輔導學會與各國曾有過深厚友誼，如果領導者能秉持往日的積極態度，我們有如許的工作成績，相信「德不孤、必有鄰」，必能與他們維持良好關係，擺脫政治枷鎖，互切互磋，共同爲下一代而努力，庶幾尚可補國家今日外交困境。

柒、結語

　　中國輔導學會，四十年來有其輝煌的成就，點點滴滴難以道盡，但面對今日種種變化，如何保持茁壯，有待全體會員一本初衷，殫精竭智，全心投入。展望未來，政府任何教育重大變革，主動積極爭取參與，如正在擬議中的「國敎九年一貫課程七大領域」，國中小學的輔導工作，究屬何種領域？皆應積極建言，免淪爲教育改革的附庸，或被革除掉了，若是，何以對前人及全國國中小學輔導工作者。

　　中國輔導學會四十年了，希望他不單是「利多出盡」，而是「後市看好」。

參考書目

蔣建白（民 53）中國輔導學會輔導小叢書，1-2。台北：中國輔導學會。

宗亮東（民 67）輔導學的回顧與展望，4-10。台北：幼獅文化事業公司。

宗亮東（民 75 ）輔導與教育論文選集，5-8。台北：正中書局。

中國輔導學會（民 81 ）中國輔導學會會員名錄。台北：中國輔
　　導學會。

燕國材（民 85 ）中國心理學史，序、 23-39 。台北：東華書局。

諮商心理學之回顧與展望

金樹人

　　這篇文稿幾經修改，約略經歷了兩個階段的整理。若干年前，大約是民國84年初春，台灣大學心理系梁庚辰教授接受行政院行政院國家科學委員會的委託，進行心理學學門規畫的專題研究。當時他邀請了不同心理學學門的學者，分別針對心理學的各個門類，包括了認知心理學、人格及社會心理學、心理測驗與計量、心理生物學、教育與教學心理學、諮商心理學、臨床心理學、工商心理學等，進行發展評估。其時，我被邀約負責的門類是諮商心理學。為求分析資料的周延，在研究資料的蒐集部份，我先行委請台灣師範大學教育心理與輔導研究所研究生楊育儀、許宏彬、賈浩妃、蘇彙君等人赴政治大學社會科學資料中心及各大學圖書館蒐集有關諮商與輔導的博碩士論文、學報論文、行政院國家科學委員會的研究報告等。我再根據這些資料進行研讀與分析。初稿之形成過程中，為求慎重起見，我另外邀請了師大教育心理與輔導系同仁吳麗娟、蔡順良、陳秉華、鄔佩麗等先生共同討論，請她（他）們就諮商心理學領域中各自專擅的部

份，提供卓見。完稿之後，復承清華大學宋文里、台灣師範
大學林幸台、陳秉華、輔仁大學夏林清、政治大學鍾思嘉等
先生提供修改的意見。當時的文稿彙整在梁庚辰（民86）的
報告中，未曾單獨公開發表。

　　此次欣逢中國輔導學會慶祝成立四十週年，鍾思嘉理事
囑撰文共襄盛舉，始將塵封已久的該文取出檢視。事隔三
年，諮商心理學的領域已有大幅度的變革，覺得文中的若干
論點有增添修正之必要。於是除了再行邀集台灣師範大學教
育心理與輔導研究所研究助理許宏彬、研究生張瓊文、黃炤
容等人協助，補足民國85年至民國87年間諮商領域研究論文
資料以資參佐外，復根據原稿重新進行分析整理，調整內
容，以較完整的面目就教於方家。

壹、前言

　　西方心理學的發展有其悠久的歷史，諮商心理學
（counseling psychology）係在近期發展出來的一個門類。
美國諮商心理學的發展始於1951年，從事諮商與輔導工作的
專家學者於八月二十九至三十日在芝加哥北郊西北大學召開
第一屆諮商心理學年會（Gelso & Fretz, 1992）。在這之
前，諮商心理學家在心理學的專業領域中並無明確的定位，
其專業領域與工業心理學、臨床心理學有著相當程度的重
疊。如果說，美國的諮商心理學經過近半世紀的發展，已經
由嬰兒期、幼兒期到成人、成熟期，我國諮商心理學仍屬由
「而立」過渡到「不惑」的中間搖擺階段。民國57年我國在
台澎金馬施行九年國教，輔導制度開始進入學校系統。一般
與輔導相關的學術機構，如台灣大學心理系、台灣師範大學
教育心理系、政治大學教育系、心理系、彰化教育學院（現
彰化師範大學之前身）輔導系等開始培養輔導老師的師資，

輔導學術也開始蓬勃發展。當時這門學科的研究稱爲「輔導學」（宗亮東等著，民67；鄭心雄等著，民71）；即便是 counseling psychology 一詞，在當時也被譯爲「輔導心理學」（王雲五，民60）。

現今使用華文的兩岸三地對 counseling 的譯名也仍未統一。大陸譯爲「諮詢」（朱智賢，1989，p.988）；香港譯爲「輔導」（林孟平，1992）（香港發行的「亞洲輔導學報」英文名稱係 Asian Journal of Counseling）；只有我國譯爲「諮商」。然而「輔導」的觀念較爲通俗，在台灣多與「諮商」互用。近年來赴國外修習諮商心理學這門專業學科的人才回國者日衆，諮商心理學在學術圈漸漸形成一種有別於「輔導」（guidance）的專業領域。畢竟 counseling 與 guidance 在學術本質、研究範圍、專業要求等層次上有著相當大的差別。爲便於討論起見，本文所指涉的「諮商心理學」係根據以下的定義：「屬應用心理學的一個學門。主要內涵在於研究諮商理論與技術、諮商的實施與效果，以及諮商人員的教育與訓練等。」（張春興，1989，p.164）

本文作者所做的觀察，一方面在透過各種研究報告進行分析，再輔之以身爲一個諮商心理學的研究者與實踐者，在現象場域中所進行的反思與分析。

貳、我國目前發展之狀況分析

爲瞭解諮商心理學之發展現況，本文初步蒐集近七年半來（民80~民87）在國內發表之相關研究，分析其研究之主題與內容。爲求愼重起見，一般雜誌中偏向概述性或介紹性的文章並未列入，而以系所、學會出刊之學報、行政院國家科學委員會獎助論文爲主，研討會論文爲輔，資料來源包括：(1)各大專院校研究所博、碩士論文摘要；(2)系所學報（台

大、政大、師範院校、輔大、政戰、成大、中原、文化
等）、學會學報（測驗年刊、中華輔導學報、中華心理學
報、中華心理衛生學報等）論文摘要；(3)行政院國家科學委
員會獎助論文摘要；(4)專題研討會論文摘要。所得之論文摘
要共計229篇，分析之結果如表一。在這裡要特別聲明的是，
這七年半以來有關諮商心理學領域的研究論文當不只此數，
疏漏之處難免。

　　就近年來諮商心理學的發展觀之，將近有三分之二以上
的研究集中在：(1)諮商人員訓練（含諮商歷程）；(2)生涯
發展與輔導；以及(3)介入策略等三個大的領域。在「介入策
略」部份，由於研究內容相當分歧，為清楚瞭解其風貌，再
行按「理論依據」、「介入方式」及「觀察行為」三個向度
臚列之，詳如表二。

　　根據上列研究結果綜合分析，回顧我國諮商心理學近年
來的發展大致顯現出以下幾項特色：

一、各種諮商理論與技巧的應用日漸普遍

　　理論是道，方法是術；術以道為體，道以術為用。理論
是科學，方法是藝術。作為一個勝任的諮商心理學家，無論
是走發展學術或實務路線，對於這兩方面的素養均不可偏
廢。一般諮商理論教科書所介紹的諮商與心理治療學派，在
過去僅及於理論的介紹。這幾年來根據理論發展出來的各種
應用性的介入方案，紛然雜陳；綜觀研究者進行研究的動
機，是如何能將這些理論的原理原則，應用在不同的對象
上。據筆者的觀察，近年來民間私人的心理諮商機構林立，
多半針對特定的理論（如完形治療、溝通分析、家族治療）
或特殊的治療方法（壓力免疫訓練、藝術治療、音樂治療、
舞蹈治療等）開發著重在應用層次的訓練方案或課程，除了

表一：「諮商心理學」研究主題與對象之統計（民80~民87）

	小學	國中	高中/高職	五專/大學	成人	專業人員	論述	合計
個別諮商歷程				4	2	29		35
團體諮商歷程				1		6		7
諮商督導						6		6
諮商倫理						6		6
諮商專業行為				1		7		8
生涯發展與輔導	2	2	17	23	14			58
介入策略	26	12	6	14	13		1	72
諮商理論				2			3	5
求助行為	1	1	2	1	1		1	7
企業服務							3	3
學校生活適應		1	2	2				5
家庭生活適應	5	3		2			3	13
心理衛生	1		2	3	4			10
偏差行為		1						1
總計	35	19	30	53	34	54	11	236

註：細格之內之研究對象在有的研究中涵蓋兩類以上之人員。

學成歸國的外，國外專家也頻頻受邀來台做短期講學，培養研訓人員。因此在諮商心理學領域中，各種諮商理論與技巧的研究與應用愈見普及。

二、個人研究風格的逐漸浮現

　　近幾年來，以集中主題式的團隊研究形式漸漸形成，這些團隊大多展現出濃厚的個人風格，像漩渦一般吸引著認同者的追尋與探究。例如，「主體性探究與專業實踐」（夏林清）、「諮商歷程研究」（陳秉華）、「循環發展督導模式」（蕭文）、「故事敘說」（翁開誠）等。這些學者們的研究策

表二：「介入策略」之理論依據、介入方式及觀察行為等研
　　　究之主題分析

介入策略/ 理論依據	家族治療(2)認知論(2)認知行為策略(8)社會技巧(7)自我肯定訓練(1)問題解決策略(1)壓力免疫訓練(1)焦慮處理(1)遊戲治療(3)音樂治療(1)學習策略與技術(3)藝術治療(1)禪修(1)基督教信仰(1)理情治療(7)現實治療(4)完形治療(1)阿德勒學派(3)價值澄清(1)溝通分析(1)心理綜合(Assagioli,1)多重模式(3)性教育(1)生涯探索(3)情緒管理(3)
介入方式	團體輔導/團體諮商(47)班級輔導/課程(8)個別諮商(5)家族會談(1)電腦輔助課程(2)同儕團體(3)心理劇(1)
觀察行為/ 依變相	憂鬱(5)社會適應(13)班級氣氛(1)生活適應(16)領導能力(1)學習適應(5)家庭重塑(1)生命意義(1)問題解決(1)壓力調適(3)生涯適應(1)自我概念(7)嫉妒心理(1)自卑感(1)焦慮(3)情緒穩定(3)攻擊行為(2)溝通恐懼(1)道德判斷(1)害羞行為(1)生涯信念(1)生涯自我效能(2)生涯決策(1)生涯成熟(2)生涯抱負(1)學習態度(2)學習表現(1)

（註：括弧內為篇數。）

略採取雷射般的凝聚焦點，而非分散式的或十項全能式的多角經營。社會科學的研究需要焦點凝聚，通常一個主題至少五年或或十年才能看出累積的研究成果。另一類型的個人風格出現在少數的研究新秀，我們在博士論文中見到年輕學者這種風格的展現。如黃宜敏（民86）、林香君（民87）、鄭玉英（民87）等。

三、研究方法門戶洞開

　　個人風格的研究主題是個值得鼓勵的方向，這些研究之所以能夠在原有的窠臼中破冰前進，主要拜研究方法之賜。綜觀上表中的各種研究，在方法上大部份仍採實驗研究或計量研究，少數兼採深度訪談與實驗研究，或深度訪談與計量

研究的學術論文，已經浮現。無可諱言，諮商心理學的研究長久以來受「行為科學」（behavioral science）的影響，所採用的方法大抵沿襲著行為科學常用的實驗設計、計量分析等所謂「科學心理學的範典」，以考驗「假設—演繹」的類推性。然而，諮商心理學所要研究的行為對象或研究變項有許多是動態的、現象的、辯證的，在這種情形下必須藉助以現象學之認識論為理論範典的「行動科學」（action science）（夏林清、鄭村棋，民78）或質的分析研究方法。

就趨勢上來看，以深度訪談或觀察記錄為主的的質性研究在數量上漸漸能與計量研究相庭抗禮，而且來勢洶洶，後勁十足。這種轉變最重要的意義是，建構知識的方法被重新定義。研究方法的轉變反映出諮商領域研究者知識論論範典的轉移。由理論驗證的邏輯實證範典思考轉移到知識建構的詮釋現象範典思考，所呈現出來的含意是，研究者已經不能滿足於「客體性探究」的侷限性，諮商領域的問題轉移至「主體性探究」中尋求研究問題的解答，這十足的反映出後現代主義思潮對知識來源的定義。

四、研究對象涵蓋範圍廣泛

除了以專業人員為對象的研究樣本性質較為集中外，其餘研究多分散於各級學校的學生或成人。

參、有待開拓的領域

然而就最近這些研究觀之，進一步深思諮商心理學的發展，仍有許多急待開拓的領域。

一、諮商人員訓練部份

大體言之，一個成熟的專業心理諮商師必須具備幾項條

件：(1)理論基礎；(2)過程技能；(3)概念形成技能；(4)個人化技能；(5)專業行為（劉淑慧，民84）。在過去的研究發現，無論就補救、預防與發展看，有關諮商師策略形成、概念形成及其知能的訓練甚為缺乏，形成諮商師個人風格之歷程亦不多見。此外，為提昇諮商師的專業水準，督導方式、督導模式的研究，諮商師的專業證照等主題，無論在研究的質與量上均有待提昇。

二、文化差異部份

　　對絕大多數的東亞人種而言，諮商與心理治療係西方文化的產物，是外來的概念（Sue & Sue, 1990）。從汎文化心理學研究所得的結果看，東西方不同文化薰染下的求助者，對進行心理輔導這種治療方式的期待有明顯的不同，見表三。

表三：亞裔美人受輔者與美式治療者觀點的差異

亞裔美人受輔者的價值	美國心理治療專家的價值
（人際角色與責任）相互依賴	個人選擇與獨立自主
結構嚴謹且進退有節的社會關係	注意情境倫理（situational ethics）
	拒斥權威。家庭關係的平起平坐。
天人合一	操控自然
心理疾病的禍源是宇宙力量的失衡或缺乏意志力	心理疾病肇因於心理或生理因素
缺乏心理治療的文化概念	重視個人成長與心理治療的價值
認為治療必須快速見效，期短	認為治療必須長期為之
治療師必須主動，並且提供解決問題的處方	治療師是被動的，最好的問題解決策略是由受輔者自行發展
心理疾病使家庭蒙羞	心理疾病是疾病的一種

資料來源：Kinzie（1985）

　　因此，就泛文化諮商心理學的角度觀之，有待開發的文化差異性主題包括：求助行為與態度、原生家庭的影響、社會支援網絡、東方民俗治療、自我分化、人我界限、諮商的文化障礙等。在研究心態上，必須立足於文化的自主性，在特定的社會文化脈絡下，以當代心理學或人類學的研究方法，對上述主題的本質進行研究。

三、推廣應用部份

　　諮商心理學的應用也同時涵蓋了補救、預防與發展三大領域。學院式的研究與訓練是手段，終極的目標是能夠積極的推廣出去，實際運用在解決現實的問題，諸如煙毒勒戒、危機處理、自我傷害行為、校園暴力、壓力與調適、臨終關懷等。相關的教育方案、訓練方案、介入策略有時不能緊緊固守在單一的理論基礎，必須以特定的人員（如毒癮者）或行為（如性騷擾）為介入的對象，來統整相關的學說，諸如此類應用理論的統合仍有待加強。

四、諮商心理學與其他學門之整合

　　不可否認，當一個學者在某個研究的主題鑽研日深，漸漸成為所謂的專家時，一個潛在的危險性也同步形成。如果只在一個有限的研究主題中打滾，不僅視野狹窄，也會漸漸產生在學術族群中的排他性格。一個兼容並蓄的心胸與自在開放的心態，表現在個人行為上是休休有容，表現在研究行動上是科際整合。

　　就「諮商心理學」這項應用心理學的本質來分析，諮商要能發揮個體改變的功效，諮商心理學家除了必須深入「人」的科學外，「人與環境」的學科也應予以統合。「人」的科學至少需涵蓋哲學、生理、情緒、行為、認知與

心靈等層次;「人與環境」的學科需兼涉倫理學、社會學、組織發展、人類學、經濟學等學門。在「人」的科學部份,諮商心理學素來以諮商與心理治療理論為基礎,在其發展過程中幾乎是同步的整合了心理學發展中的重要門類。其基礎領域包括了治療關係、諮商技術、心理分析、行為與認知、人文學派、診斷與評量等。必須再加強聯繫的是臨床心理學、女性心理學、健康心理學、宗教心理學、超個人心理學(transpersonal psychology)、以及東方心理治療(如森田療法、內觀療法)等。

在「人與環境」的學科部份,輓近因美國本土少數族群人數的暴增,跨文化諮商的研究發展快速,也開始吸收人類文化學、社會學的專業知識。國內可考慮對原住民或不同族群的跨文化諮商進行研究。此外,台灣都會區過度的發展所造成的人際疏離,促使社區意識逐漸抬頭,諮商心理學與社區心理學、社區心理衛生、環境心理學等學門的整合也有待努力。

此外,就諮商心理學的特性看,就研究方法的拓展,在未來亟需整合的科際學門方法學包括:(1)人類學中的民族誌研究(ethnographic research)、田野研究;(2)哲學中的現象學(phenomenology)、詮釋學(hermeneutics);(3)自然科學中的混沌理論(chaos theory)、複雜理論(complex theory);(4)資訊科學中的人工智慧(artificial intelligence);(5)東方禪學;以及本身具有科際整合色彩的(6)系統理論(system theory)等。易言之,在研究方法上需包容實證、非實證及後實證等不同取向之方法論述。

肆、未來諮商專業發展芻議

一、實務工作部份

　　喧騰一時的陳進興「瘋馬風波」，在聯合報八十七年七月十二日的社論中暫時劃下了休止符。這篇總結性的社論最後留下了一個值得諮商心理學界省思的重要行動方向：社會和媒體應該建立起辨識警覺，不要混淆了媒體明星與專家權威的認知。似乎，社會大衆或媒體看待「心理諮商的媒體明星」與「心理諮商的專家權威」只有一線之隔；但是在這個事件發生之後，學術社群驚訝的看到，這一線之隔在大衆的認知中竟然是個模糊的灰色地帶：媒體明星幾乎等同於專家權威。

　　這種驚訝引發了學術界一連串的反思與行動。八位目前分別任教大專院校的諮商心理學博士或資深從業人員緊急聯名在中國輔導學會的理監事聯席會議中提議，要求討論此案。從專業人員的激烈反應上可知，心理輔導的專業人員非常在意這一線「非專業（甚至是反專業）」與「專業」的落差。事實上，我們一直以嚴格的專業判斷和專業倫理在教學上、在諮商工作上自我反省與自我要求。因此，如何建立這套辨識警覺的系統，學界責無旁貸。

　　其實，學術界擔心的不只是「瘋馬事件」，而是現今社會中一種普遍的「瘋馬現象」：媒體明星式的心理諮商專家，藉助媒體無遠弗屆、製造群衆魅力的優勢，對社會大衆灌輸一知半解的心理輔導知識。無可否認的，在這種現象中，其實也反映出社會大衆對心理知識的渴求與心理困境的索解。面對這樣的社會需求，諮商心理學界在未來可以有哪些具體的因應？

（一）推展諮商心理學家的資格檢定與證照制度

　　學界的反思最迫切者反映在心理諮商專業證照制度的建立。于案使得衛生署草擬的「臨床心理師法」加速了立法的

步驟，但是有關「心理諮商師」或「諮商心理師」的證照也應結合政府與學術團體的力量開始研擬。廣義的心理衛生工作涵蓋了精神醫療、臨床心理、社會工作與心理諮商等領域，各有不同層級的服務對象。目前精神醫療有「醫師法」、社會工作有「社工師法」可供規範，臨床心理寄望「臨床心理師法」，唯獨服務對象佔大多數的心理諮商領域，包括學校的心理輔導工作、救國團的青年諮商輔導工作等，均缺乏可供規範的法規。這個領域所處理的問題包含家庭與婚姻、兩性情感、人際關係（師生或親子衝突）、生涯規劃、壓力調適等，相當廣泛。以學校心理諮商人員為例，學校心理輔導工作之所以不彰，與各級學校心理諮商人員層級與專業標準之劃分不清有密切的關係。過去教育部大力推行的教師認輔制度，要求一般教師認輔一至二位適應困難或行為偏差的學生，猶如讓護士擔任醫生的工作，基本上也是犯了專業層級辨識的誤謬。教育部目前為回應教改諮議書的建議，提出了建立學生輔導新體制的「教學、訓導、輔導三合一整合方案」，如果能將心理諮商人員的專業認證列入考慮，將能發揮更大的功效。專業證照制度的建立，是建立心理輔導專業辨識機制的重要指標。對內，有助於心理諮商界的自律；對外，也有助於端正大眾的視聽。因此，我們非常能夠盼望結合產、官、學的資源，徹底解決心理衛生專業辨識的問題，以具體的行動，讓這個事件真正劃上句點。（金樹人，民87）

　　資格檢定與證照制度能確保專業品質，國內臨床心理學與社會工作兩大領域均朝著證照制度之路大步邁進。美國諮商專業的發展經過長達三十餘年的奮鬥，證照制度成立後的影響明顯的呈現在：(1)使專業的角色及活動、職位內涵更明確；(2)保護專業合格人士，剔除非專業不合格人士；(3)提

昇專業素質；(4)專業化帶動督導制度，督導制度確保諮商領域的專業化（陳若璋，民83）。我國諮商人員之檢定或證照制度至今仍舉步維艱，按國內諮商輔導界學者的建議（林幸台、蕭文，民81），可分階段按照以下之步驟進行：(1)建立認可制度：以申請者所修習之專業輔導學分為認可之標準。(2)建立考試或審核制度：與考試院或主管部會協調，設置專業輔導人員之考試制度與辦法，另亦可配合專業教育之認可制度，採取審核方式。(3)建立證照制度：配合上述兩階段之進行，再就輔導人員層級與類別兩方面研議具體可行之證照制度。

（二）提倡諮商心理學家的駐校服務（school-based services）

　　此係強化諮商心理學基礎研究與應用領域整合的一種策略。諮商心理學本身即充滿了應用性與經驗性的行動科學色彩，過去的發展似乎偏向學院式的研究與實驗。各大學相關學系的諮商心理學者多數僅僅出現在課室、研討會場或研習會場。以最近的台北市為例，當發現校園暴力事件、自我傷害事件、性騷擾事件時，只能在報章或螢光幕上看到專家們的評論。如果能推展諮商心理學家的駐校服務，在第一線發揮諮商或諮詢的功能，將能強化諮商心理學基礎研究與應用領域的整合。

　　延伸上述強化諮商心理學基礎研究與應用領域整合性的思考，似可鼓勵教育界、學術界（諮商心理學、臨床心理學、社會工作）、與實務界（學校、社區、社會機構）的合作計畫，讓實務工作者與學者形成團隊，研發各種諮商方案，同時進行評估研究。另外，可與台灣社會中新興的社區大學結合，在回流教育與終身學習的潮流下，推廣正確的心理衛生知識。

（三）加強專業督導與專業倫理

　　就國內輔導工作的發展歷程觀之，早期的輔導工作是教育的一部份，不太瞭解督導制度。甚至在教育系統中有主其事者誤以為「督導」即「視導」或「督學」。近年來愈來愈多從事「輔導工作」的第一線人員接受了臨床心理學與諮商心理學（尤其是「諮商員教育」）整套的訓練，開始重視諮商與心理輔導的專業督導。督導制度在諮商的專業領域相當重要，不僅「成為諮商師」（on becoming a counselor）的過程中不可或缺，即使是有經驗的諮商師在跨領域的成長過程中也需要接受督導。教育部訓育委員會在區域性的大專心理諮商中心編列了督導經費，這是在觀念上一個很大的突破。如果我們希望諮商專業往下生根，中小學的諮商督導也不容忽略。諮商社群對專業督導制度的堅持，固然直接受惠的是諮商師，背後所捍衛的理念是對當事人人權的尊重與保護。

　　伴隨著督導制度而來的重要議題是專業倫理，這個議題根本上就是直接面對當事人人權的尊重與保護。目前幾個相關的學會如中國心理學會、中國輔導學會對於會員均頒佈了倫理守則，但是缺乏一套執行的機制。當發生了違反專業倫理的事件，除了訴諸道德制裁或「媒體制裁」外，幾無他策。這不是諮商專業社群中的特例，而是反映出我們社會文化脈絡中「立法從嚴，執法從寬」的普遍現象。專業倫理的落實，治本之道要從養成教育中著手，根深始能蒂固。

二、研究工作部份

　　大凡一門學術的生命之所以延續，其靈魂在於透過研究、教學、討論、出版、與會議等不同的對話形式，形成學術社群的共識，建構這門學問的共同語言與真理。嚴格的說，衡諸諮商心理學在台灣的發展，在形成學術社群的共識

方面仍有一段漫長的路要走。

（一）拓展諮商心理學家的研究形式

　　傳統諮商心理學的研究取向多採行為科學理論驗證的邏輯實證範典，已如前述。有別於行為科學將所欲觀察的「行為」孤立在控制的實驗情境中，以統計數據表達操作定義下的變項關係，行動科學開始崛起於台灣的學術社群。行動科學強調研究者以自身為觀察行為的主體，介入行為發生的特定社會或行為脈絡中，觀察及解析該一行為的自發性現象。在這種實踐的過程中，介入的策略不斷接受現實的回應與挑戰，研究者也不斷的調整自己的專業知識架構，在實踐中得到成長。上述駐校服務也是行動研究的一種實踐。其他諸如：諮商情境的觀察、團體動力的觀察（廖新春，民83；陳淑菁，民84）、甚至相關教育政策的推展（夏林清，民84a，民84b），在提昇諮商心理學基礎研究與應用領域的整合努力，其成果迨可預期。

　　然而，建構真理的形式不能定於一尊，就如同觀察現象的角度不能鎖定在一個固定的面向。尺有所短，寸有所長；能裨補闕漏者，始有所廣益。我們相信，諮商心理學學術園地的百花齊放，才能成就園區花團錦簇的春天。

（二）強化相關學會的學術功能

　　一門學術的發展，學會扮演了相當重要的功能。而發行質量均佳的學術刊物，是學會的首要工作。研究人員的研究成果必須通過「發表」的考驗，被退稿率高的學術刊物接受，即表示通過了專業同行嚴峻的考驗。一般國內相關系所自行發行的學術刊物水準參差不齊，最大的問題在於稿件大多以系所內師生為徵稿對象，在稿件內審的情況下，退稿率偏低，難以維持一定學術評鑑標準。中國輔導學會所發行之《中華輔導學報》最近一期之退稿率幾達二分之一，已有一

定之水準。

　　除此之外，在學術刊物的發行上，應鼓勵出版研究專刊（monograph）。因為這種性質的研究屬臨床性或個案性的研究，大多會因篇幅太長而不被一般的期刊所接受。如果我們在未來諮商心理學的發展鼓勵計質研究，此類研究勢必要有發表的舞臺。美國心理學界從事計質研究的學者苦於無處發表論文（金樹人，民83），《中華輔導學報》應可提供這樣的舞臺。另外，《中華輔導學報》可以每年或隔年主動邀約相關領域具有代表性的學者，以專案形式對先前發表的書籍與研究報告進行回顧性的評估（review），就研究主題、研究方法作深入的剖析與批判；或可以更嚴謹的方法，如整合分析（meta-analysis），對研究方法及研究發現做綜合性的檢討。若能進行類似的評估，所集結的評估報告對提昇諮商心理學門之學術水準將會有相當大的助益。

　　高水準的權威性學術刊物需要組織健全的學會，在此衍生出來的一個關鍵問題是如何厚植具有水準的學術團體。國內與諮商心理學相關的學術團體包括中國心理學會、中國輔導學會、中華心理衛生協會、中國測驗學會等。除中華心理衛生協會外，均無固定會址，無固定人員編制。隨者理事長的改選，會址與行政人員重新大遷徙，會務經驗無法銜接，學術水平與行政效率無法與美國之APA、ACA、AERA相比擬。各學會可考慮將重要部門分散，由會員中相關學系或學校長期負責單一部門。目前中國輔導學會已略具朝向部門分散、分工合作的形式運作雛形，例如出版部門由國立台灣師範大學負責，網路部門則將由國立彰化師範大學負責。

（三）協助及鼓勵成立跨校性的「主題研究室」

　　近幾年來行政院國家科學委員會相當支持大型的整合型研究計畫。然而在社會行為科學領域中，「整合型」的概念

殊難形成共識，許多整合型研究計畫只不過是「個別型計畫」的「總和」或「拼湊」。一般的情況是，計畫開始之前，既未能掌握住「整合型」的精神，計畫核下後各就各位，卻又是各自為政。計畫結束之後，原先臨時集合的研究人員又各自回到原來的領域，缺乏團隊合作的凝聚力，也喪失了整合的功能。因而整合型研究在結案之後，甚少有延續者。一般而言，經常提出計畫的研究者大都是對自身研究具有相當使命感的學者，激勵學者們對其專業的使命感，比斷斷續續的補助計畫更能促成學科的成長。

　　過去台灣大學的「本土心理研究室」與「婦女研究室」相當程度的提昇了這兩個研究主題的學術水準，也頗能激發出不同領域學者對該主題的認同與興趣。這種「主題研究室」的優點是：目標明確的、跨校際的、有凝聚力的、永續的、有機的、可進行長程或縱貫性研究的，本身即具有濃厚的科際整合色彩。「整合型研究計畫」容或有整合零星學術研究的功能，唯上述「主題研究室」的功能卻是其難以企及的。

　　在諮商心理學中，「生涯發展」、「團體動力」、「諮商歷程」、「青少年問題」、或諸如「關照台灣現實的議題」、「探究改變歷程的知識與方法」等研究主題均極具發展成「主題研究室」的潛力。如能以「主題研究室」形式突出這些具有特色的研究重點，給予人力或財力的重點支持，則能凝聚、導引現有的人才或培育新的人才，長期持續的累積跨校系之研究成果，在國內外諮商心理學界交出一些令人刮目相看的成績。

（四）促成跨學科的學術對話

　　雲山蒼蒼，江水泱泱；諮商心理學要能成長茁壯，一方面固不能拒細流以納百川，另方面則需挹注源頭活水，進行

跨學門跨領域的對話。

　　例如,情緒這個主題是近年來心理學相當熱門的一個主題。這個主題的熱度由於《EQ》一書的出版被推向巔峰。當我們聚焦於情緒時,發現近二十年來,西方生理學家、心理學家、生物學家已經漸漸瞭解情緒狀態與身心健康之間的關係。然而,情緒這種心性(mindfulness)現象在宗教方面,尤其是佛教的研究已經有千餘年的歷史。科學與佛學都在關心人的問題,彼此的專長卻如井水與河水,互不照面。一位北美的企業家R. Adam Engle與另一位法國的智利裔神經科學家Francisco J. Varela有感於此,極力促成西方與東方、科學與宗教之間的深層對話。他們鎖定「心性與生命」這個主題,邀請西方頂尖的專家,包括主流哲學、認知科學(神經科學、實驗心理學、語言學、人工智能)、甚至醫學方面的學者,與藏傳佛學的達賴喇嘛,進行跨文化與跨學科的對話。第一屆的會議在一九八七年十月於印度的達蘭拉薩(Dharamsala)舉行,每次七天。上午進行專題報告,下午進行廣泛的對話與討論。最近一次是一九九七年的十月,共舉行了六次。(李孟浩譯,民87)這樣的對話含括了身、心、靈三面的主題,以人的心性為關注的核心,不僅在於增進學科之間的瞭解,最重要的是能夠對情緒經驗與身心健康之間的複雜關係增加新的洞察與理解,成果相當豐碩。

　　我們期待諮商心理學的園地,也能夠有這樣的對話。唯有學者們以開放的胸襟與包容的心態,攜手合作,才能同心協力,成就科學之美。

參考書目

王雲五(民60)雲五社會科學大辭典－心理學。台北市:商務印書館。

中國輔導學會（民82）諮商研究之演進座談會記實。輔導季刊。29（3），30-42。

朱智賢主編（1989）心理學大辭典。北京：北京師範大學出版社。

李孟浩譯（民87）情緒療癒。台北：立緒出版社。

林幸台、蕭文（民81）先進國家輔導專業人員層級及專業標準制度之分析研究。台北：教育部訓育委員會。

林孟平（1992）輔導與心理治療。香港：商務印書館。

林香君（民87）「變」的知識建構與建構知識的「變」。國立台灣師範大學教育心理與輔導研究所博士論文。

宗亮東等著（民67）輔導學的回顧與展望—中國輔導學會成立20週年學術論文集。台北：幼獅文化事業公司。

金樹人（民83）第102屆美國心理學會年會（洛杉磯）側記。輔導季刊，30（4），50-53。

金樹人（民國87年7月13日）心理輔導證照制度，終結明星與專家的混淆。聯合報，民意論壇。

夏林清（民84a）生涯發展與教育推廣。台北：大學入學考試中心。

夏林清（民84b）青少年升學、就業問題及其輔導對策。中華民國84年全國青年輔導會議分組論文報告。台北市劍潭海外青年活動中心：行政院青年輔導委員會。

夏林清、鄭村棋（民78）行動科學—實踐中的探究。台北：張老師出版社。

陳淑菁（民84）女性生涯經驗團體實施狀況與女性生涯輔導策略之探討。台北：東吳大學生涯發展中心。

陳若璋（民83）我國各級學校輔導諮商員證照制度架構之分析與規劃。台北：教育部訓育委員會。

梁庚辰（民86）心理學門規畫專題研究。行政院國家科學委

員會專題研究計畫報告。

黃宜敏（民86）一個諮商員的故事—僵局的建構與轉變。國立台灣師範大學教育心理與輔導研究所博士論文。

廖新春（民83）生涯輔導團體工作報告—高中女生女性經驗與生涯發展：以中山女中生涯團體為例。大學考試中心推薦甄選生涯輔導進階研習會。

張春興（1989）張氏心理學辭典。台北市：東華書局。

劉淑慧（民84）個別諮商能力評量表使用手冊。彰化市：彰化師大輔導系。

鄭心雄等著（民71）輔導學研究在中國—理論及應用的科學探討。台北市：幼獅文化事業公司。

鄭玉英（民87）人際因應轉變諮商模式之理念模式的建構。國立台灣師範大學教育心理與輔導研究所博士論文。

Gelso, C. L. & Fretz, B. R. (1992). Counseling Psychology. Orlando, FL. Holt, Rinehart and Winston.

Kinzie, J. D. (1985). Overview of clinical issues in the treatment of southeast Asian refugees (p.321). In T. C. Owan (Ed.). Southeast Asian mental health treatment, preventive services, training, and research. Washington, DC: National Institute of Mental Health.

Sue, D. W. & Sue, D. (1990). Counseling Asian Americans. In D. W. Sue & D. Sue, Counseling the culturally different: Theory & practice. (2nd Eds.). New York: John Wiley & Sons.

時代變遷中的諮商與輔導
—多元文化與後現代的省思

楊瑞珠

壹、前言

　　人類社會的變遷從農業時代到工業時代，進而到現代化的時代及一九七〇年代開始產生影響的後現代思潮為諮商與心理帶來不同階段演變的內涵。當今全球的社會現象及問題諸如犯罪率之增加，兩性關係的改變，經濟、教育、文化改革等，讓我們不得不再面對現代化潮流為心理與教育帶來的界定（如個體主義的、理性的、實證的、民主的、自由的）在資訊科技繼續帶動的變化中已經受到動搖。人在快速變遷的時代環境中需要重建的自我身分認同，心理健康觀、價值觀、生存／生活技能，知識及社會關係以及這些需求在不同個體、群體及不同文化社會情境中所呈現的多樣性，讓諮商人員不得不思考諮商專業當中的理論基礎、助人技術與策略。諮商研究與諮商人員的能力與素養在後現代的思潮沖激下，也需要深層的再檢視及再建構。

　　多元文化思想在精神分析、行為主義、人本思想及所代表之

諮商理論學派之後，已成為影響西方心理學的第四波思潮
（Pedersen, 1991）。多元文化思潮和當今之情境主義及建構主義
同步反應了二十一世紀人口、家庭、經濟、政治及教育結構之迅
速變化，也激發出的後現代主義思想。自一九六〇年代以來，多
元文化思潮在女權及少數民族運動，以及原本不是資本主義和社
會主義的「第三世界」國家紛紛開發之中，不斷地衝激著並引起
心理、教育及相關專業的再省思。雖然後現代思潮將心理學及諮
商理論導向何種未來的發展，在現階段文獻中尚未清楚呈現，但
在後現代批判式思考的襯托中，根據在現代化的諮商學派之特色
與限制卻變得明顯了（Brotherton, 1991; Ellis, 1997）。原
先講求分析、實證、理性、控制及類化的心理學原則，顯然物化
了人的本質。強調個人主義卻假設有人類共通性或常模的矛盾充
分暴露了心理學一個世紀來所掌握的權勢。對結構和功能論的人
性觀原來也不過是資本主義的社會遺產。知識和行動之不協調
（scientist 相對於 practitioner）的意識型態造就了人類生活
經驗的區隔和主觀的歧視。二十一世紀的諮商員若不再仔細的省
察與檢視這些助人的基礎信念，其所提供的諮商專業服務，當有
所堪虞之處。

貳、多元文化的挑戰

「不論外在於我、內在於我，世間已無恆常，只有無盡
的變化。我不知任何存有，甚至我自己。世間已無存有。
我自己，什麼也不知，什麼也不是。世間僅有想像：想像，
是世間唯一存在的東西，而且，想像透過想像了解它們自
己……而我，不過是眾多想像之一」（ J. G. Fichte，
引自朱元鴻譯，1996 ）

社會文化多元（ diversity ）是人類文明發展至二十一世紀

的現狀，但文化多元主義（pluralism）卻是一個哲學的理想的
境界。這當中需要人們能突破以往單一文化生活中所習慣的態
度、思考和行為，走出成長過程中既有的舒適與安全，而以追求
更新的理論、知識和實際行動來配合社會多元化的脈動，此為多
元文化主義或思潮（multiculturalism）。Pedersen（1994）
認為文化廣義地包括人口背景變項（如年紀、性別、居住場所），
社經地位變項（如收入、教育、職業），及個人隸屬團體變項（如
宗教、政治及各專業團體）。文化也因人、情境和時間而異
（Pedersen, 1995）。如此，廣泛地說來，因為諮商員和個案
間存有文化差異，所有諮商歷程都是多元文化諮商。

　　Royce（in Zais, 1986）最早提出人類心理本然的會相信
自己所見的並以為是事實（reality），但因為生理、心理及社
會化過程的種種限制，我們所眼見並以為是事實的，皆包含某種
程度的扭曲（distortion）。這些認知的扭曲在經過一段時日
之後在人與其環境持續互動的過程中便漸漸地從個人進入到組
織及文化體系中，變成合理化（但本質為曲解）的偏見與歧視。
這個自以為是天下之中的文化心理動力稱為 cultural encap-
sulation（中文暫稱為「文化囊框」效應）。在心理學上，若一
個人有所認知扭曲，我們尚可以異常心理來加以診療，但若這樣
的扭曲已進入組織文化之集體潛識層面，則只能喻為冰凍三尺非
一日之寒，筆者認為就非心理諮商一向以微觀為核心的處理策略
所能因應。

　　這種「文化囊框」的現象，在最擁護多元文化思想的諮商領
域裡卻到處可見。Pedersen（1994）便同意諮商領域中的個人
主義，和以諮商技術為本位的文化假設容易使諮商員對所謂事實
的真相和文化差異因不敏感而所有扭曲或忽略。筆者也認為諮商
理論之授受及諮商人員的文化自我認同中的文化假設若沒有接
受挑戰，則多元文化諮商只會流為一個空洞的口號（Yang,

1993）。

　　如前所述，多元文化諮商的論辯二十年來是百家爭鳴，有以特殊文化爲核心者（etic approach），也有以泛文化論爲核心者（emic approach）。前者被批判爲有增強文化刻板印象的危險性，後者則被指控爲喪失了個別文化差異及身分認同的敏感性。彼此互不相讓又各種以特殊族群爲對象的諮商模式紛紛出爐之際，也意味著傳統的諮商理論在社會當代多元文化中一無是處。

參、諮商理論：自我與個體主義

　　在以西方社會及政治歷史爲背景的傳統諮商理論當中，理想的「自我」（the ideal self）常是被用來做爲人類心理健康的量尺。然而有關「自我」的諮商理論卻和西方社會「個體主義」（individualism）之思想脈絡息息相關。

一、諮商理論中的自我

　　精神分析的最大根據在於內省（introspection）。我們必須了解自身的困惑及無法自制的心理能量交織而出的混沌狀態。佛洛依德並不鼓勵自我沈溺的自戀。事實上佛洛依德所謂的自戀在於描述人類發展的最原始階段，一個無助的嬰兒必須以一種誇大的自我中心狀態來做補償（Bruno, Bettelhem, in Yang,1993）。相反地，佛洛依德視人類生命的目標在於愛與被愛，以及藉有意義的工作來嘉惠他人。他認爲人類最高的工作境界在於文化的推進。但他也相信，基本上個人必須先能與隨在混亂的下意識驅力中產生自我性格而來的不安和掙扎共存。

　　楊格首先使用「個體化」（individuation）的字眼來描述一個人形成人格核心的內在過程。個體化也是人從較有限制的「ego」到「self」的自我發展過程。在楊格的心目中，自我是

泛文化的、超越 ego 的本質。無論是在生命的整個歷程中或是某一個生命情境裡,「個體化」皆包含了兩種既相對又平行的動力:(1)個人和他人及團體的分離(differentiation); (2)個人潛意識和集體潛意識逐漸地融入個人意識地覺察。這樣的歷程是有代價又痛苦的。因為一個人必須能面對一個人自己的陰影(shadow),又必須能忍受存於一己的各種極端所帶來的痛楚(例如光明與黑暗,罪惡與良善,黑與白,高尚與剝削等)。人個體化的必備條件是能反映自己的心智,精神及和自我(self)取得聯結的歷程,在在都在超越 ego 的綑綁。

　　和楊格同樣地,亞德勒(Adler)相信目的論(teleology),只是更強調社會興趣(social interest)才是原動力。人在其生存的社會中致力於隸屬與優越(superiority)的努力目標決定了個體的自我意識和生命風格(life style)。過度誇張的自卑感和未發展的社會興趣為個體帶來錯誤的自我形象而漸漸導致精神之不健康。提昇有社會興趣的生命風格,減低痛苦的自卑情結,便能造就人理想的自我及心理健康。

　　亞力克森(Erikson)也認為成熟的人類身分認同(identity)和生產力(generativity)有關。人本來就有超越 ego 的意圖。馬斯洛(Maslow)的自我實現(self-actualization)和自我超越在於人類的高峰經驗中無私的 B-love (Being-love,愛他人的存在)。然而人的 B-love 需要建構在一個完整(whole)的個體之上,所謂的完整便在於一個人能深層的經驗自我的身分認同,也能洞察宇宙生命中的連結與美,也更因而能容忍及愛他人特殊的存在。

　　就羅傑斯(Rogers)而言,重要他人所給予的無條件的關懷有助於個體的自尊與一致性。然而羅傑斯的另一主張在於人以成長、實現為導向的自我,為了開發更建設性的潛能還是會經歷痛苦。最終地,人理想的自我之特徵在於不被外在世界制約的正

向的自尊。

行爲改變理論，比起精神分析或人本的理論，較不重視心裡
健康的哲學理想（Ivey, Ivey & Simek-Morgan, 1997）。但較
新的社會學習理論（social learning）中，班都拉（Bandura）
則較著重個體因應社會要求而有的抉擇。例如自我效能（self-
efficacy）便可由角色示範或社會改革來造就。

就以上精神分析、人本學派等理論來看，**人理想的「自我」
是有目的性的，對環境的要求會有所反應，而且得來不易，需
要付出痛苦的代價。**如此由諮商理論所勾劃的哲學理想究竟和西
方社會的個體主義有何關聯？更進一步地檢視當今西方社會之
文化價值觀，應更能讓我們洞察諮商理論與實務的關連。

二、個體主義的矛盾與諮商

最影響諮商的西方社會價值觀應是美國建國時的文化與政
治依據：個人的權利。個體主義（individualism）一字最早由
法國作家 Tocqueville 於一五〇年前所使用來描述美國的傳統。
從個體主義的角度來看，理想的個體在於能自足並且能參與公衆
的生活。然而經過一個多世紀個體主義仍有曖昧不明之處。

很荒謬地，個體主義和順應主義（conformism）有不解之
緣。雖然強調個人成就，但隱含地卻講究嚴格地、水平的標準。
這些標準訂定了成功、成熟、正常的定義，卻不自知這些定義大
多來自工業化、科技及世俗主義（Hoare, 1991）。個人的成就
被歸因爲個人行動的結果，但很明顯地也表達了一個信念：那些
不成功的、不幸的、卑微的人應該是自食其果，他們應該學會爲
他們的命運負責。

所以 Beliah, Madsen, Sullivan, Swildler 和 Tioton 等人
（1985）觀照到個體主義一體兩面的模糊論調：一方面拒絕接
受既定的意見，另一方面又急於順應他人的意見。如此個體主義

之社會矛盾議題基本上和堅守標準的清教徒倫理觀和講求彈性的人本價值觀之雙重衝突，其實相當雷同。這些衝突與矛盾非但不允許個體主義真正地以個人為重，還膚淺地變質而成順應主義，相信權利與經濟之資源不足而爭奪（如分大餅之說），相信常態而排斥差異。事實上，個體主義在其政治及文化情境中，正是滋養各種偏見、歧視及剝削的溫床！

　　個體主義及其社會、文化情境中的衝突和矛盾和中產階級最息息相關。西方社會如美國的中產階級對教育、職業的抉擇常抱著斤斤計較的態度。同樣的態度影響到在配偶、朋友的選擇。這其中的根本難題是「最好」之選擇的標準通常是模糊不清的。於是人們只好依賴具體的、物質及科學的標準，如收入、消費能力，達到目標的理性策略等。如此下來自以為是社會主流的中產階級便缺乏能使它擁有一個清楚的身分認同的社會內涵。

　　在諮商領域中強調內在心靈（ intrapsychic ）的理論所反映的正是西方社會中充滿矛盾的文化價值，如直線式的因果關係論、主客體的二元論、決定論、個體主義及絕對論。這些既強調個體的卻又二元的假設在一個諮商情境中有不同的文化互動時最為明顯。不同的、歧異的世界觀常交叉地影響諮商的目的、歷程和結果。不幸地，許多文獻指出在諮商歷程中這些文化假設常不被挑戰地壓抑文化差異的諮商對象，而繼續讓諮商領域即使在多元文化時代中仍然維持原狀。

　　諮商理論所勾劃的理想的自我和當代個體主義、物化導向的自我很明顯的相互衝突，令人困惑。理想中的自我乃在人類社區中建構而成，並導向最終的心理健康，但個體主義的價值觀卻被視為是造成「文化囊框」，也是各種歧視和扭曲的溫床。當我們全神貫注在諮商策略之上時，我們是否也遺忘了人本然的理想目標？諮商常被看為是中產階級、白人及男性的產物，在其西方社會的文化情境中既然已充滿了矛盾和衝突，那麼要將諮商理論應

用在其它的文化社會中的可行性就更叫人質疑了。

肆、諮商實務：助人技巧與策略

在諮商領域中，諸多助人技巧直接、間接地和精微諮商技術
（micro counseling skills）皆有關聯。其創始人 Ivey 自一九
七〇年代至今，已因應文化社會之演進而有過數次之自我批判與
立論之改變。如在一九八〇年代，Ivey 便自評沒有顧慮到文化、
性別及個人差異的精微諮商技術是空洞的。在其一九九〇年代初
期又特別強調個人、家庭及社會文化情境的重要性。故如圖一所
列之各層級之助人技術便需要諮商員刻意地選擇適宜當事人文
化架構的諮商技術群組（如基本傾聽系列或影響性技巧）。再進
而為當事人的發展需求量身而架構一套能反映當事人行動、思
考、情感的諮商策略。

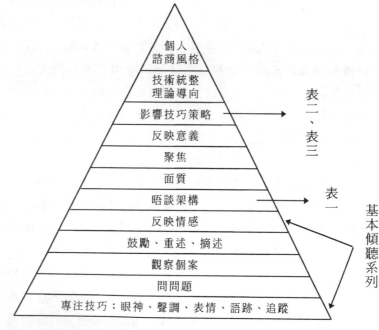

圖一：精微諮商技術層面圖（取自 Ivey A.E.，1994）

　　在圖一的諮商技術階層表當中，較基層的技術如基本傾聽系
列可以說是跨越數個諮商學派的共同基本理念，但最能反映個人
中心諮商理論之精神。只有在能靈活運用這些諮商關係所必備的
技術之後，諮商人員才能更有效地使用更廣泛的技巧來促進個案
的成長和發展。Ivey（1994）從文化建構的觀點，主張諮商人
員應具備多重行動、思考的抉擇能力以在適當的文化參考架構中
為各種生活情境中的個案來提供服務，此稱為文化意圖
（cultural intentionality）。

表一：五階段晤談架構

階　　　段	目　　標	主　要　技　巧
一、建立關係與諮商架構	建立關係 訂定大目標	專注技巧 建立信任
二、蒐集資料、問題界定、尋找優點	問題摘述 著重優點	基本傾聽系列 ●專注 ●問題 ●觀察 ●重述摘述 ●反映應情感
三、決定	訂定細目標	基本傾聽系列
四、探討、產生可行性、預想	腦力激盪 問題解決 行動計畫	基本傾聽系列 影響性技巧
五、類化	契約訂定 追蹤	基本傾聽系列

　　一個具有文化意圖的諮商員因此能善用和個案的時間，運用
如表一的晤談架構，依五個問題解決的階段，交叉使用基本傾聽
系列和影響性技巧（Ivey & Daniels, 1998），並結合使用短
期諮商之策略，做為Sue，Ivey及Pedersen（1996）所提倡的
「文化中心諮商」的一個諮商模式。在和文化背景不同的個案進
行諮商時最需要留意：(1)辨識雙方在晤談中所持有的文化假
設；(2)以個案的文化情境解釋個案的情緒、認知和行為；(3)因
應文化差異相對地調整諮商技巧；(4)協助個案敘述及重寫其生

命情境的「故事」。重視個案文化情境及其文化建構是文化中心諮商的主要精神。

　　許多個案的問題情境需要諮商員使用更進階的技術，如價值澄清來反映意義，以面質來挑戰個案的不一致或矛盾，以不同的聚焦進行不同角度或深度的問題檢視，或以更具有影響力的技術及策略來催化個案的改變或成長（見表二）。

　　不同諮商理論對人際影響力運用有不同的看法，例如個人中心學派和行為改變學派便有可能有較極端的差異。然而，一個具有文化意圖的諮商人員能依個案之文化情境與文化建構在有個案的充分參與的前提下，仍能依自己的諮商哲學或理論導向隨時思索自己使用影響力技巧的適切性（如表三），進而產生自己的諮商風格。

　　在多元文化、後現代思潮不段衝激中，十年來較清晰可見的是分析式的，認知行為改變的、及經驗式的諮商漸漸地為折衷學派(electivism)，敘述性及創意表達(narrative and creative)，以及系統、結構式的問題解決導向(solution focused)之諮商模式所取代。從 Ivey 最近的論述，更可以看到他如何受到後現代的批判的影響，並嚐試結合精微諮商技術，問題解決與短期諮商模式（ Ivey, 1995; Ivey, Daneils, 1998; Ivey, Manthei, Rigazio-Di Gillo, & Ivey, 1998 ）。連自一九六〇以來最廣為人本主義所推崇的個人中心治療，經過幾個世代的改變，也以從純粹被動地傾聽，重述、澄清，反映情緒，表達及同理，慢慢地演變至一九九〇年代中所強調的在情緒宣洩之後的自我理性評估及超越問題，再進而克服成長的深層或外在的障礙。這時的諮商員當然也必須從多元的角度檢視當事人的需求，並提供有彈性的、多樣性的協助，以讓當事人在改變與成長的過程中更有選擇的空間（ Boy & Pine, 1990 ）。即使在精神疾病的診療也已從疾病為中心（ disease-centered ）的典範逐漸採用了當事人或

文化中心的精神療法（Castillo, 1997）。

表二：「影響性技巧」之一覽表

技　術	定　義	主　要　功　能
評估發展方向 assessing client's developmental orientation	舉例說明 Cl 如何從認 知和情感的觀點為生活 經驗賦予定義	幫助 Co 進入 Cl 的思考方式，使 Co 的語言能符合 Cl 的情感與思 考模式
發展性的問題技巧 developmental questioning skills	從認知與情感的方向與 Cl 討論他的問題	幫助 Cl 探測與學習新的思考方 式去思考自己本身與經驗帶給 他的意義。
指示 directive	Co 明確指示希望 Cl 採 取怎樣的行為	幫助 Cl 瞭解問題，並且能採取 行動
邏輯結果 logical consequences	無論 Cl 的行為結果是 好是壞，都要傳達給 Cl 知道	讓 Cl 覺察其行為結果，朝向未 來做抉擇
自我表露 self-disclosure	Co 與 Cl 分享自己的思 考與感覺	促進 Cl 自我表露，做為 Cl 行為 改變的模範
回饋 feedback	提供 Co 或其他人對於 Cl 之看法	利用其他人對於 Cl 的看法，增 進 Cl 的自我探索與自我覺察
解釋／再架構 interpretation/reframe	提供 Co 對生活事件一 個不同的參考架構	促使 Cl 能以不同的觀點，重新 架構自己的生活
影響性摘述 influencing summary	將 Co 在晤談中的談話 或想法摘述給 Cl	使 Cl 能將晤談內容做統整，記 憶與瞭解
訊息 information 建議 advice 教導 instruction 意見 opinion 暗示 suggestion	對 Cl 傳遞 Co 的想法和 訊息	讓 Cl 去注意新的建議和訊息

表三　影響性技巧的連續性

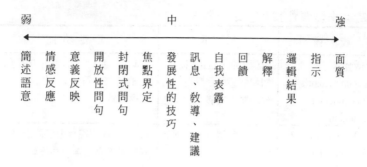

| 弱 | | | 中 | | | 強 |

伍、諮商研究

　　研究和評量在諮商領域中的首要目的在於蒐集重要的、有意義的資訊並用以助人理解及因應問題。Lewin 所提出的行為是個體和環境互動的函數〔 B=f(P,E)〕之假設為諮商研究及評量帶來極大的挑戰（引自 Ivey 等人，1997 ）。個體如何和不停改變著的社會、政治和文化情境互動，最難以傳統科學的方法加以了解與觀察。

一、文化與諮商研究的難題：以世界觀的研究為例

　　如前所云，諮商是一門負荷著許多文化價值及哲學假設的社會科學，難怪 Pontterlotto 和 Casas （ 1991 ）要批判多元文化時代中的諮商研究不但不適當且具有文化偏見：

- 缺乏可引導研究的概念或理論架構
- 過度強調諮商員與個案間的歷程變項而忽視存在於文化中的心理變項
- 過度倚賴實驗研究法

- 忽視同一文化中的個別差異
- 只用容易尋得的研究對象如大學生
- 使用有文化限制的計量研究工具
- 無法描述樣本的社經地位
- 不能克服研究限制
- 樣本數不夠
- 過度倚賴紙筆測驗的諮商結果

　　以下所呈現者為筆者以過去二十年來在台灣、美國有關價值導向或世界觀（ world view ）的研究及研究結果的解讀為例，說明諮商研究與評量在多元文化覺醒的今日所遇見的難題（ Yang, 1998 ）。

　　世界觀首先由人類學者 Kluckhohn 在 1951 年提出，人類學者相信世界觀是個人接收、經驗文化和所處社會互動的結果，而經認知、學習、經驗來的世界觀亦成為個人思考、行動的依據。就 Kluckhohn 和 Strodtbeck （ 1961 ）而言，世界觀是人類共通地對存在議題的解決之道。這些議題包括：(1)人性（本善、混合、或本惡）；(2)人與自然的關係（順從、和諧或控制）；(3)社會關係（階層、團體互動或個體）；(4)時間導向（過去、現在或未來）；(5)活動導向（存在、成長或行動）。此外，一般大眾接受的世界觀可被辨識為該種族普遍的文化風格。當多元文化在諮商領域中逐漸成為重要的第四大勢力時，了解不同種族、性別、宗教、年齡…的文化，以及個人所抱持的世界觀，也成為察覺不同文化型態和團體中個人差異之重要關鍵。所以，過去的半個世紀中，比較各文化的世界觀已成為跨科際（人類學、社會心理學、諮商心理學、文化心理學及諮商教育）的一個研究焦點。甚至，最近提多元文化諮商的幾位大師更是認為世界觀才是趨動各門諮商理論，測量研究和諮商歷程的主要變項（ Ibrahim, 1987; 1997; Ivey, et al. 1997; Sue, Ivey & Pedersen, 1996; Trevino,

1996）。

　　過去二十年來，以世界觀爲研究工具和文化比較的研究相當多，研究對象大多以大學生或美國境內各國的留學生爲主。有關台灣大學生或留學生的世界觀研究也不在少數（楊國樞,1982；黃正鵠、楊瑞珠，1998；Sodowsk, et.al, 1994；Cheng, H.P., et.al, 1995；Mau, W.C., 1993；Kwan, K.K., et.al, 1993）。唯研究結果相當紛雜不一，雖在各研究中有不少文化群體之比較差異，但二十年來並無法提供讀者明確可循的群體內或群體間的差異模式。當然，這些研究者也紛紛提出概念上的解釋，如台灣社會的現代化使台灣的大學生更趨近美國大學生講求個體及未來時間導向的價值觀；非主流的群體在主流的社會情境中自會採納較努力的價值觀，如行動、控制、階級、未來時間導向；或個別差異大過於群體差異等。常見於討論的變項則有性別、宗敎、婚姻狀況、文化身分認同等。

　　就筆者的觀察，這些研究固然很有意義，但從後現代的觀點來看也不是沒有問題：

- 世界觀乃是個人對其所屬之家庭、社會及文化情境經驗所建構之意義之總和，主觀建構如何評量至今仍是文化心理學方法的難題。

- 文化的本質相當複雜而不能以這傳統的五項價值導向來衡量。因爲文化差異存在於個人、團體及文化之不同層級，在文化比較的研究方法中，簡單的團體平均數不能代表個人及文化的平均數。

- 統計的迷思令人無法解釋群體間差異所包含的個別差異。這些不一致的研究結果容易誤導人，使之退回以個別差異解釋一切的心理學傳統而中立了文化特殊性（其實只是平均數的平均數會有迴歸平均數的統計現象）。另外，文化群體比較所依賴的 F 值以組間差異除以組內差異的邏輯操縱在組間差

異的安排和控制或樣本的大小。很諷刺的，如此分子與分母的拉鋸正反映了統計的觀察與實際人生經驗間的差距。(註：筆者也希望藉此指出台灣輔導界當今仍崇尚類似結構性小團體諮商效果之實驗研究是有相當研究及統計概念的錯誤的)。

- 世界觀在社會變遷中可能具有發展階段或循環的特性(楊國樞，1982)。例如，十六年前的台灣大學生因台灣現代化的腳步而較認同「西方」的文化價值觀，在十六年後，正如楊國樞的預期，在後工業化的今日，台灣大學生之價值觀又逐漸回復到較傳統的特色，如重視和諧、群體等(黃正鵠、楊瑞珠，1998)。

- 文化調適、文化身分認同的發展會要求個體改變其原有的價值觀，但這些改變是否為長久或根本的改變，目前尚無相關的研究。

在 Traindis 等人(1988)就不同的文化情境、社會行為及現象而研究集體主義(collectivism)和個體主義(individualism)時，他們發現個體和其所屬的文化群體的關係決定了個體的文化價值導向。如筆者針對台灣青少年的文化與心理態度的研究經驗(黃正鵠、楊瑞珠，1996，1997，1998)也同意研究者過度評量研究對象的客觀文化特質，卻很難研究或正確推論其主觀文化內涵。就世界觀的研究和評量而言，如何從人和環境互動的歷程來觀察其文化價值的形成和變化，恐怕是接下來新世紀的挑戰了。然而，筆者相信，正如 Brotherton(1991)所提出者，至少當代的諮商研究者需要開始跨越許多傳統的界限(crossing borders)，如實徵的和自然的、現代的和傳統的、東方的和西方的、統計的和現象的、研究者和被研究者、量的和質的…。只有過去的文化迷思開始解構(deconstruction)，文化價值的多重真相及動力才能開始被揭露與被尊重。

二、諮商研究法的比較和選擇

　　愈來有愈多的學者反對以傳統的控制和預測來進行諮商研究。既然現實（ reality ）和知識是來自於個體在其家庭、社會和文化情境中的主動參與和建構，諮商歷程中待解的問題本質便是多元，研究與評量所應考慮的因素更應多元，例如個案的反應和研究者的影響等。

　　量的研究及質的研究對多元文化諮商而言皆具有優點和缺點。表四所提供者，爲從研究典範（ paradime ）、目標、資料蒐集及分析角度比較兩種研究方法的特色。於是 Pontorro & Casa（ 1991 ）和 Patton（ 1990 ）主張最好對同一個研究問題能以不同的方法加以研究，若得到相同的研究發現則可提高同時效度（ concurrent validity ）。一個研究者在質與量間的抉擇則在於：(1)研究者對人性本質所持的信念；(2)研究問題的本質；(3)現有的相關知識；和(4)類化研究結果的需求。

陸、諮商專業人員之能力與素養

　　廣義地來說，一個專業諮商員應該具有基本的諮商理論，技術與研究的能力。在國內基層的諮商員訓練有大學部之心理或輔導系，在美國則以碩士爲入門（ entry level ）諮商員養成階段。在國內外常見到諮商輔導學者，受學術自由，教授自主或校園倫理所影響，對於諮商員養成教育該包含什麼，各據一端相持不下，作者謂之爲「專業瞎子摸象症候群」。以專業組織如美國諮商及相關教育系所認可委員會（ Council for Accreditation of Counseling and Related Education Programs ，簡稱 CACREP ）爲例，指出專業諮商人應具有表五之八項一般諮商員教育及督導之專長領域。

表四：質化及量化諮商研究之比較

	質的研究（現象學）	量的研究（自然科學）
現實的定義	・心智 ・主動的建構意義	・物理的物件與歷程 ・能觀察的事實　・依據理論的
知識的方法	・主觀的　・印象的 ・存在的	・客觀的　・理性的 ・實驗的
目　標	・敘述、了解及解釋 （從被研究者的觀點）	・因果 ・生理和心理的歷程
取　樣	・生動的，階段的 ・現狀的	・隨機　・代表性 ・機率
資料蒐集	・研究者即工具 ・詳盡的描述 ・自然發生的 ・田野晤談的記錄 ・錄音、錄影 ・保留觀點的 ・情境的相關性	・觀察者抽離 ・工具的設計（信度、效度） ・實驗室的（類推的） ・統計的 ・內容分析 ・驗證假設的 ・控制
資料分析	・自然形成的模式 ・深度的訊息 ・意義　・個別的 ・可信任的 ・有限制的類化	・事先預設的前題 ・統計的使用 ・顯著　・團體的 ・內在效度 ・類推（外在效度）

表五：諮商心理專業人員應有之能力

核心領域	內　涵
一、人類的成長和發展	諮商員應對正常和不正常的發展與行為、人格理論以及生命全程的改變，有一個深入的瞭解。
二、社會和文化的基礎	諸如性別、種族關係、不同的生活方式、貧窮和其他文化的與環境的變化因素等，對社會的改變和趨勢、社會的風俗和互動方式、多元文化主義和多元論、以及攸關社會的事項等，提供一個寬廣的瞭解。
三、助人的關係	助人歷程的哲學基礎，提供一個基本的以及深層諮詢技巧的架構。
四、團體動力和團體諮商	這個範圍包括將諮商理論應用到團體工作，團體領導能力的形式及團體諮商的技術與方法。
五、生命風格和生涯發展	學生應獲得生涯發展、休閒教育和諮商、生命風格的理論與實務架構，並且做生涯抉擇。
六、個體的評估	這範圍包含客觀與投射測驗與其他評量方法的選擇、測驗解釋以及應用的知識和技巧。它也提供對於團體、個人教育和心理測驗理論的瞭解。
七、研究與評鑑	諮商員對個體和團體諮商以及心理治療的評量方法、研究、需求評估、績效評量等應有所瞭解。這個範圍也包括研究的倫理的考量。
八、專業的定向	最後的要素是諮商員對專業的角色和功能、倫理和法律的標準、以及諮商專業者的管理和證照制度，皆應有深入的瞭解。

資料來源：取自楊瑞珠（ 1995 ）

　　從批判式的後現代角度來看以上如此標準化的諮商專業能力內涵，同樣地也有利弊。利處是諮商專業可因而有自我評鑑及改進的依據，專業成員也更能凝聚共識。相對地，弊端是諮商的哲學又犯了「統一標準」的舊式傳統權威理念，不容有所彈性及多樣化的空間。當我們邁入二十一世紀之際，學校、家庭及社會的需求與問題只有愈來愈複雜了，如此的標準能否造就有能力的下一代的助人專業工作者呢？

　　前面提到之「文化囊框」效應除了存在於諮商理論、實務與研究之外，當然也會存在於訓練諮商員的課程之中。課程是各個社會用以傳承文化的工具，當然一定也帶有下意識的各種文化價值制約（ Zais, 1986 ）。在如課程之類的系統組織中，我們必須破除系統理論的迷思：我們無法改變整個大系統。其實，從我們的經驗選擇，系統既可塑造我們，我們也可以改變系統。為反映當前多元的社會需求，諮商人員的專業能力內涵更需挑戰自身的文化假設而力求不刻板有彈性、創新的諮商員訓練課程。

　　諮商人員的信念和行為常常也呈現了所謂的自以為是的「文化囊框」效應。要挑戰我們根深蒂固的信念常須碰觸我們不自覺的下意識經驗，也通常是不愉快的經驗。當我們在專業中追求諮商理論所指出的理想的「自我」時，我們必須留意充斥於當今諮商領域中的個體主義對自己和個案的影響。我們也應能接受他人不同的世界觀，並化解價值觀不同而導致的衝突。有效能的諮商員要能擁有如 Sue, Arrendondo 和 McDavis 所提出的文化察覺、知識與策略等多元文化諮商能力（ 改自楊瑞珠， 1996 ；梁榮仁， 1996 ）。

一、諮商員對於自己文化假設的覺察

（一）信念與態度

- 我能對自己的文化傳統有覺察能力和敏感度。

- 我能覺察自己的文化背景及經驗、態度、價值觀與偏見如何會對心理歷程造成影響。
- 我能了解自己的能力和專業知識的限制。
- 當事人與我在種族、民族、文化和信念上存在有差異性時，我仍能感到自在。

（二）知識

- 我清楚自己的種族文化傳統，及其對我針對正常或異常行為之定義、偏見及諮商歷程所有的影響。
- 我了解壓迫、種族歧視、差別待遇和刻板印象如何對我個人與我的諮商工作產生影響。
- 我知道自己對別人具有社會性的影響，我知道溝通形式的差異可能會如何破壞或有利於文化不同個案的諮商歷程。

（三）技巧

- 我能尋求再教育、諮詢和再訓練，以和不同文化對象諮商時有更深的理解和效果。
- 我能不斷追求自我的了解並承認自己是文化與族群的存在（我能積極尋求沒有種族偏見的身分認同）。

二、了解當事人的世界觀

（一）信念與態度

- 我能察覺自己對其他文化族群的負面情緒反應（我願意以不評論的方式，比較自己與具有文化差異的當事人之間信念與態度的差別）。
- 我能察覺自己對於其他文化弱勢團體所持有的刻板印象和先入為主的成見。

（二）知識

- 我能擁有和諮商對象相關之文化知識和資訊（如：生活經驗、文化傳統以及歷史背景）。

- 我了解種族、文化、民族性如何會影響人格的形成、外顯的心理障礙、求助行為，以及知道我選擇的諮商取向是否適合。
- 我了解社會政治如何給弱勢族群生活帶來衝突。

（三）技巧

- 我能熟知有關不同文化族群之心理衛生與心理違常的相關研究以及最新的發現（我能主動尋求教育的經驗，以豐富自己的知識和跨文化的技巧）。
- 在諮商情境之外，我能主動參與弱勢族群的社區活動、社會和政治的各種功能、儀式、友誼、地方團體等。

三、發展適當的處理策略及技術

（一）信念與態度

- 我能尊重當事人宗教的和精神的信仰與有關身心功能之價值觀。
- 我能尊重本土的助人方式，並尊重弱勢族群社區中內在的支援網路。
- 我能看重以兩種語言表達，而不認為使用另一種語言是諮商的一種妨礙。

（二）知識

- 我清楚明確的了解諮商與治療的一般特質（以文化、階級及單一語言為導向）會和少數民族團體的文化價值有所衝突。
- 我能知道社會機構中存在讓弱勢族群不願使用心理衛生服務的障礙。
- 我會因評量工具、使用程序，以及解釋結果時可能存有偏見，而謹記當事人在文化上和語言上的特質。
- 我對少數民族的家庭結構、組織、階級、價值觀和信念有所認識。
- 我知道有關社會和社區階層的歧視現象可能影響到諮商對象

的心理健康。

（三）技巧

- 我能夠使用各種語言和非語言的助人技巧。
- 我能以當事人的利益為前提而考量使用組織策略。
- 當諮商文化不同的當事人時，在適當的時機我會樂意去跟其傳統的治療者或宗教心靈的領導者與執業者請教。
- 我能為當事人在互動中要求使用的語言負責，這可能意味著適當的轉介。
- 在使用傳統的評量和測驗工具時，我是具有訓練及專業素養的。
- 實務工作中我會注意和努力去消除偏見、傷害和歧視。
- 我有責任教育當事人有關心理諮商的各種歷程，例如目標、期待、合法的權利和價值觀。

柒、二十一世紀的諮商

　　既然在多元文化的衝激與後現代的批判中，諮商理論、實務和研究，甚至諮商人員的能力和素養都有可能因所謂「文化囊框」的效應而有限制，那麼當代的諮商專業要如何發展來反映多元的文化情境與個體內在的社會建構歷程呢？ Ivey（個人對話，1993）主張一個以發展為導向的諮商新定義：

- 專業諮商在多元文化情境中能促進人類的發展。
- 專業諮商所處理的議題常是人一生當中所經驗到的自然成熟或壓力的結果。從此觀點所謂的不正常反應只是人類發展史上邏輯或正常的結果。
- 專業諮商代表一系列的相關服務。
- 情境的覺察是專業諮商的起點。
- 發展導向的諮商具有成本效益。
- 因個體在其文化情境的家庭中成長，故只有發展性的專業服

務網絡才有人類最高發展的可能。

諮商理論所代表的是各式各樣的價值觀影響諮商人員的溝通與諮商風格。但至目前為止，各理論反映的還是歐美的文化情境或時下被其它文化所認同的「流行」文化。理論的統合、折衷主義的盛行皆無法因應在時代潮流中呈現的多元化需求。故 Sue, Ivey 和 Pedersen（ 1996 ）提出一個多元文化諮商及治療的後設理論（也就是理論中的理論），並提出六大概念性的假設。這些假設可以說是後現代潮流的範例，反映了社會建構主義所強調的：(1)文化之各有特殊性（而不在於和所謂主流文化做比較）；(2)社會政治的公平性；(3)生態的社會系統觀；(4)共同參與的方法原則（ Watts, 1992 ）。以下這些假設由筆者整理呈現如下，可做為未來諮商理論、實務及研究的參考：

1. 多元文化諮商可包含多重理論（包括源自西方社會的理論，如精神分析、行為認知、或人本的，或是源自於其他文化的本土理論），每一種理論都代表各自的價值觀。

2. 諮商員和個案的身分認同之形成都有多重的經驗和情境（個人、團體和文化）。這些經驗、情境及其間之種種關聯皆是諮商處遇（ intervention ）之內涵。

3. 文化身分認同是決定諮商員與個案的情感及行為的要素，會受到文化及主流或非主流文化群體的影響，也會影響到諮商的問題界定、目標訂定及諮商歷程。

4. 多元文化諮商的效能之提高在於諮商員能使用和個案生命經驗和文化價值一致的諮商型態和目標。諮商訓練的最終目標（無論任何理論導向）都在於增廣其專業助人能力。

5. 多元文化諮商強調源自於各不同文化、社會的多重助人角色之重要性。除了一對一的個體治療工作，助人的角色也牽涉到更大的社會單位、系統的防治工作。傳統（西方）的諮商只不過世諸多諮商角色之一。

6. 多元文化諮商的基本目標之一在於意識的解放。過去西方的諮商傳統目標在於自我實現，過去在當下所扮演的角色及行為改變。多元文化諮商則強調情境導向，即在於重視個人關係、家庭關係及組織關係中的個人、家庭、團體及組織意識，本土的治療方法也因而變得重要。

後現代多元文化思潮對諮商專業的影響在於突破人與文化分離的現狀，解放傳統意識型態及解構講求理性實證的科學迷思（陳志賢， 1998 ）。後現代哲學反對將人類的經驗歸類，以 relational reality （關係的、敘述性質的）來代替西方傳統的個人主義價值觀；主張在不同文化、社會、政治制約下有多重的「眞相」（ multiple realities)。又心理學家如 Kelly 或 Lewins 相信個體是在各種情境中發展的結果，我們是生活的科學家，我們個人建構系統的演變即是我們和環境互動的歷程。（ Savickas, 1994 ；呂素芳, 1998 ）這意味著後現代的諮商實務著重諮商員及個案對生命故事的察覺、敘述以及因應文化情境之變遷而對生命故事有所改寫（ re-storing ）或重建（ reconstruction ）。

捌、結語：後現代的挑戰，諮商本土化的契機

「我們這些人為什麼稍稍做點學問就變得如此單調窘迫了呢？如果每宗學問的弘揚都要以生命的枯萎為代價，那麼世間學問的最終目的又是為了什麼呢？如果輝煌的知識文明總是給人們帶來如此沈重的身心負擔，那麼再過千百年，人類不就要被自己創造的精神成果給壓得喘不過氣來？如果精神和體魄總是矛盾，深邃和青春總是無緣，學識和遊戲總是對立，那麼何時才能問津人類自古至今一直苦苦企盼的自身健全？」（引自余秋雨「文化苦旅」自序， 1992 ）

　　既然諮商心理的理論及實際，在當今多元文化之社會情境及
後現代的批判中，面臨以上這許多挑戰，在這二十一世紀之前
夕，諮商人員究竟擔負著何種使命呢？

　　一九八○年代至今，各大諮商學派及諮商技術皆不斷地接受
在多元文化適用性上的批判和修正。諮商學者也紛紛探詢建立所
謂「本土化」（ indigenous ）的助人歷程及技術，此爲以特殊文
化爲核心的多元化諮商模式。另有主張以人類心理經驗同多於異
並嚐試建構廣泛可概括整合文化差異的諮商理論者。

　　和後現代思潮息息相關的建構主義較支持的是我們超越傳
統中脫離社會文化情境的諮商技術與歷程。將我們具體的社會參
與行動架構在多元的社會情境的察覺之上。打破並重建人與人之
間，專業與專業之間，科學與現象之間，以及知識與行動之間的
舊有藩籬。因應多元的信念及多樣的人生需求再重建（或協商）
有彈性的，能隨機應變的知識體系，社會關係及價值觀。具體而
言，諮商專業人員，必須能從自身做起，接納、容忍並尊重生活
經驗之多樣性，能願意挑戰傳統諮商中的「常態」或「常模」之
單一的身分認同發展，及尋求多元的問題解決策略，包括走出傳
統諮商情境而投入社會行動。諮商，必須能率先揚棄傳統知識的
權威，挑戰不正確的舊有的社會體制。

　　就諮商專業發展的意涵而言，是否我們也首次擁有了一個超
越中西文化藩籬，以建構一個適合於我們自己歷史文化情境及社
會需求的諮商專業體系之契機？

（註：本文部份曾經發表在教育部訓育委員會主辦
之「二十一世紀諮商員教育與督導研討會」。）

參考書目

一、中文部份

朱元鴻譯（1996）後現代理論─批判的質疑。台北：巨流圖書。

余秋雨（1992）文化苦旅。台北：爾雅出版社。

呂素芳（1996）生涯向輔導之新趨勢。高雄師範大學輔導研究
　　所碩士論文（未發表）。

陳志賢（1998）後現代的諮商與輔導。輔導季刊，34(2)，23-
　　30。

梁榮仁（1996）輔導教師的多元文化諮商能力及相關因素之研
　　究。國立高雄師範大學輔導研究所碩士論文（未發表）。

黃正鵠、楊瑞珠（1998）青少年文化與心理態度之分析與探討
　　系列報告（一）～（七）。教育部訓育委員會。

黃正鵠、楊瑞珠（1997）建立青少年文化與心理態度指標第二
　　期研究系列報告（一）～（七）。教育部訓育委員會。

黃正鵠、楊瑞珠（1996）建立青少年文化與心理態度指標第一
　　期研究系列報告（一）～（十三）。教育部訓育委員會。

楊國樞（1982）中國大學生價值取向及其變遷。近代中國變遷
　　與發展研討會。台北：中國時報。亦刊載於楊國樞（1989）
　　中國人的蛻變。台北：桂冠圖書。

楊瑞珠（1995）談輔導教師之自我成長，在職進修與專業成長。
　　學生輔導雙月刊，41，80-93。

楊瑞珠（1998）新時代的助人觀點。國際生命線協會中華民國
　　總會1998年全國年會。高雄生命線。

楊瑞珠（1998）時代變遷與諮商教育：後現代與多元文化的省
　　思。二十一世紀諮商員教育與督導研討會。教育部訓育委員
　　會。

楊瑞珠（1996）多元文化諮商本質和要素。諮商輔導文粹，1，
121-133。

二、英文部份

Belliah, R.N., Madsen, R., SuLivan, W.M., Swidler, A. &
Tioton, S.M. (1985). Habits of heart. Berkeley, CA:
University of California.

Boy, A.V. & Pine, G. J. (1990). A person-centered foundation
for counseling and psychotherapy. Springfield, IL:
Charles Thomas.

Brotherton, S.J. (1991). Counselor education in post-modern
times: taking critical theory into the future. In H.A.
Giroux, H.P. Freire (eds). Critical studies in
educational & cultural series (p.75-90). Westport,
Connecticut: Bergin & Garvey.

Castillo, R.J. (1997). Culture & mental illness: A client-
centered approach. Pacific Grove, CA: Brooks/ Cole.

Cheng, H.P., O'Leary E. & Page, R.C. (1995). A cross-
cultural comparison of the world views of American,
Chinese (from Taiwan), and Irish graduate counseling
students and implications for counseling. Counseling
and Values, 40, 45-53.

Ellis, A. (1997). Postmodern ethics for active-directive
counseling and psychotherapy. Journal of mental health
counseling, 19, 211-225.

Hoare, C.H. (1991). Psychosocial identity development and
cultural others. Journal of Counseling and Development,
70(1), 45-53.

Ibrahim, F.A., Kahn, H. (1987). Assessment of world views. Psychological Report, 60, 163-176.

Ibrahim, F.A. (1991). Contribution of culture world view to generic counseling and development. Journal of Counseling & Development, 70, 13-19.

Ivey, A.E. (1994). Intentional interviewing and counseling. Facilitating client development in a multicultural society. Pacific Grove: CA: Brooks/Cole.

Ivey, A.E. (1995). Psychotherapy as liberation. Toward specific skills and strategies in multicultural counseling and therapy. In J.G. Ponterotto, J.M. Casas, L.A. Suzuki & C.M. Alexander (Eds). Handbook of multicultural counseling. Thousand Oaks: Sage.

Ivey, A.E., Ivey, M.B. & Simek-Morgan, L. (1997). Counseling and psychotherapy: A multicultural perspective. (4th ed.). Boston: Allyn and Bacon.

Ivey, A.E. & Daniels, T.(1998). Micro-counseling, brief therapy, and multicultural issues: Developing a data base for concrete action. In press.

Ivey, A.E., Manthei, R., Rigazio-DiGilio. & Ivey, M.B. (1999). Solution-oriented interviewing and counseling. In press.

Kluckhohn, F.R. & Strodtbeck, F. L. (1961). Variation in value orientation. Evanston, IL: Row, Patterson & Co.

Kwan, K.K., Sodowsky, G.R. & Ihle, G.M. (1994). World views of Chinese International Students: An extension and new findings. Journal of College Student Development, 35, 190-197.

Mau, W.C. & Pope-Davis, D.B. (1993). World view differences between college students and graduate counseling trainees. Counseling and Values, 38, 42-50.

Patton, M.J. (1990). Qualitative evaluation and research methods (2nd ed.). Newbury Park, CA: Sage.

Pedersen, P. (1994). A handbook for developing multi-cultural awareness. (2nd ed.). Alexandria, VA: American Counseling Association

Pedersen, P. (1995). Cross-cultural applications of counseling theory and practice. Department of Counseling and Guidance. National Kaohsiung Normal University. Taiwan.

Ponterotto, J.G.& Casas, J.M. (1991). Handbook of racial/ethnic minority counseling research. Springfield, IL: Charles Thomas.

Ponterotto, G.J. (1996). Multicultural counseling in the twenty-first century. The counseling psychologist, 24(2), 259-268.

Rigazio-Digilio, S.A., Ivey, A.E., & Locke, D.C. (1997). Continuing the postmodern dialogue: Enhancing and contextualizing multiple voices. Journal of mental health counseling, 19, 233-255.

Savickas, M.L. (1994). Vocational psychology in the postmodern era: Comment on Richardson (1993). Journal of Counseling Psychology, 41, 105-107.

Sodowsky, G., Maguire, K., Johnson, P., Ngumba, W., & Kohles, R. (1994). World views of white American, Mainland Chinese, Taiwanese, and African students: An investigation into between-group differences. Journal of Crosscultural Psychology, 25(3), 309-324.

Sue, D. W., Ivey, A.E., & Pedersen, P.B. (1996). A theory of multicultural counseling and therapy. Pacific Grove, CA: Brooks/Cole.

Trevino, J.G. (1996). Worldview and change in cross-cultural counseling. The Counseling Psychologist, 24(2), 198-215.

Triandis, H.C., Bontempo, B.,& Villareal, M.J. (1988). Individualism and collectivism: Cross-cultural perspectives on self-in-group relationships. Journal of Personality and Social Psychology, 54(2), 323-338.

Watts, R.J. (1992). Elements of a psychology of human diversity. Journal of Community Psychology, 20, 116-131.

Yang, J. (1993.) (Ed.). Infusion of pluralism into the counseling curriculum: A resource manual. Shippensburg University, PA

Yang, J. (1998). Understanding world views: Global and postmodern perspectives. Paper presented at the 7th International Conference, Sidney, Australia

Zais, R.S. (1986). Confronting encapsulation as a theme in curriculum design. Theory-into-practice, 25(1), 17-23.

學校輔導工作的發展趨勢

蕭　文

壹、前言

　　近年來，由於社會形態的急速變革，青少年犯罪與校園安全問題愈來嚴重，相對的學校輔導工作也愈益受到重視。去年，教育部繼六年輔導工作計劃後推出青少年輔導工作計劃，冀圖結合學校與社區的力量共同消除青少年犯罪問題；今（ 87 ）年，教育部更推出「教、訓、輔三合一輔導方案」，希望藉由教學、訓導與輔導三方面的合作，建立校園內最佳的輔導互動模式，並因此做好學生問題的初級預防、二級預防和三級預防。這一連串的改革模式是否即為未來學校輔導工作的重要依循？

　　民國 57 年，政府為因應九年國教而於各國中設立「指導活動秘書」，是為學校輔導工作之濫觴，其後教育當局分別於民國 61 、 62 、65 、和 72 年，相繼頒佈並制定自小學以至大專院校有關學校輔導工

作體制、人員任用、實施要點、課程標準等；在短短十幾年中，學校輔導工作從無到有，從漫無規則到體制粲然，更難能可貴的是對學校輔導工作之目標和具體作法都有明確之規定。進一步說，在我國學校輔導工作發展和歷史軌跡裡，教育當局的高瞻遠矚與立法的強制，是學校輔導工作得以在短短的十幾年中成立並發展的重要因素。然則三十年的光陰，學校輔導工作似未發揮其應有之功能，學校輔導人員角色之低落不言，近年來雖有許多人認知輔導工作之重要性，但也有若干討論學校輔導工作存廢的論點出現。教育當局既一再強調學校輔導工作的重要性，社會對學校輔導工作亦多持肯定的態度，學校輔導工作何以始終未能發揮應有之功能？有鑑於此，吾人似應對現行之學校輔導工作，從輔導人員的角色、功能、方法與制度層面進行評估，或可因爲學校輔導工作重新定位。

貳、學校輔導工作的内容建構

學校輔導工作究竟是什麼？從學生成長與發展的角度來看，何以學校輔導工作有其存在的必然性？這些問題似應從學校輔導工作的發展過程和哲學基礎來回答。在下面的論述裡，將從歷史的軌跡中，把學校輔導工作的發展分成三個階段，即 1960 年代以前， 1960~1980 年， 1980 年以後至今，從這三個不同的階段中，找出學校輔導工作的發展邏輯，並試圖進一步探究學校輔導工作未來的發展趨勢，重振學校輔導工作的生命力。

一、融合發展中的學校輔導工作—1900~1960

在本世紀的前五十年裡，所謂現今的學校輔導工作其實並不存在，輔導正如其它學科一樣，被當作一種課程來教學，最有名的例子

當推 Jesse B. Davis 於 1907 年在美國密西根州的 Grand Rapids 中學，首先設立輔導課程，著重於生活與倫理的教學，目的在培養未來社會的良好公民，其後鄰近的許多學校也紛紛仿效設立類似課程，並且依各自學校的需求，加入一些不同的內容，例如就業安置等，這種情況一直維持了一段相當的時間（ Baker, 1992, P.2 ）。

　　事實上，從本世紀初一直到 1950 年代為止，輔導仍是學校體制外的活動，輔導的概念也與現今的心理輔導有一段距離，然而隨著社會的變遷與各種運動（ movements ）的相繼發生，現今輔導的內涵已逐步形成。最早出現的輔導當推 1908 年 Frank Parsons 於波斯頓（ Boston ）設立的職業輔導局，目的在幫助一個人尋找合適的工作（類似台灣地區各國民就業輔導中心的角色），這種媒合個人需求的輔導員角色大約維持三十年之久（ Seligman, 1996 ）。在這一段期間，有兩項運動深刻的影響到社會大眾對輔導的認識，並因此而充實了輔導工作的內涵。其一即為 1908 年，一個名叫 C. Beers 的人，以其自身在精神病院的治療經驗，寫了一本叫做「一顆找著自己的心」的書，由於此書的廣大影響，引起社會對精神病患的注意，並進而引發了所謂的「心理衛生運動」；第二個重要事件即為心理測驗運動和對個別差異的研究。早在 1905 年法國人 Binet 和 Simon 即發展出一套智力測驗，然而智力測驗的被廣泛運用是在 1917 年美國介入一次世界大戰時，為了挑選合適的軍官(士)，乃進一步發展出 Army Alpha（紙筆測驗）和 Beta （實作測驗）的團體智力測驗。這種以測驗作為篩選人才的功能和目的，隨後被許多學校採用，作為了解個別差異、成就預測和就業安置上，這種觀念與作為一直持續到二次大戰前。

　　在三〇年代左右，美國若干公立學校已出現所謂的學校輔導人

員，雖然這些輔導人員並未有明確的訓練背景，但他們在學校的角色已具未來學校輔導工作的雛形。他們主要的職責是幫助學生選課、指導課外活動、生活教育、升學或就業的職業輔導等，由於這些人的努力，充分顯示輔導的重要性，截至 1955 年為止，美國已有四個州規定學校輔導人員必須具備證照資格（ Baker, 1992, P.4 ）。

　　到 1940 年為止，學校輔導工作仍大致以職業輔導為主，伴隨其它各地區學校的特殊需求，有關心理諮商的概念仍未出現，而且輔導的方法也仍以指導式為主。 1942 年，諮商心理學大師 Carl Rogers 出版了一本書叫做 Counseling and Psychotherapy ，書中 Rogers 強調心理治療者並不一定需要精神醫學的學位，這個概念幾乎一夕之間推翻了過去精神醫學家對心理諮商的影響（蕭文，民 78 ）， Rogers 同時又提出了 Non-Directive Counseling 的概念，強調諮商應從當事人自我角度出發，而非由外力加以干涉與指導。 Rogers 的概念雖然沒有對當時的學校輔導有直接的影響，但卻為六Ｏ年代學校輔導工作預留相當之空間，特別是在輔導應從建立良好的關係開始的這個概念上。

　　二次大戰與韓戰的結束，許多（美國）退伍軍人返鄉，亟需心理復健、就學與就業安置，乃至於各州普遍設立職業輔導機構，輔導人員在與這些退伍軍人接觸的過程中，體會出個人情緒的發展、身體的條件，乃至於對職業的期望都必須同時考慮，也因為有這樣的一個領悟，諮商與輔導的內容開始著於從健康的角度，協助個人處理發展過程中的轉換（ transition ）問題和危機調適（ Seligman, 1996, P.3-4 ）。這個概念的出現，大大的改變以往認為諮商是以有問題的對象為主要工作範圍，同時也為日後學校輔導工作的強調以人的發展及發展中所面臨的困擾為輔導主軸，立下良好的理念基礎。

1957 年蘇俄發射了第一顆人造衛星，美國因此顯然在太空研究上大大的落後了蘇俄，此一事件造成了全美國的震撼，從國會到社會各階層紛紛檢討到底美國的學校教育出現了什麼問題，何以科學研究落後如此； 1958 年，經過一年的醞釀後，美國國會終於通過了「國防教育法案」，其中要求學校應設輔導人員，主要工作在於鑑別和培養優秀的科技人才，不過，這個法案的結果卻奠定了輔導人員在學校的合法地位，輔導與諮商自此正式介入學校輔導工作(蕭文，民 78)。

二、在挑戰中成長的學校輔導工作—1960~1980

如果說二十世紀前五十年輔導專業的發展奠定了學校輔導工作的基礎，那麼從 60 年代開始的二十年中，由於社會的急遽變遷與轉型，許多過去從未出現的問題幾乎在一夕之間出現，迫使社會大眾和教育機構必須重新調整思考方式與解決這些問題的方法，學校輔導工作便在這樣的一個情況下，從回應社會的刺激與挑戰當中，逐步的建構出學校輔導工作的具體內容、作法，與服務對象。

從 1960 到 1970 年代，由於商業活動方式的變更，以及六〇年代的某些社會運動的興起，大大的改變了人們對諮商與輔導的傳統要求。最顯著的例子，包括五〇年代末期商業客機的興起，使世界結合一體，天涯若比鄰的結果，人與人間的距離更加縮短，接觸的機會也相對的增加。其次， 1960 年，美國 IBM 公司，首先推出第一部影印機，加速促成資訊的交流，隨後由於電腦的被推廣與大量應用，使社會進入資訊時代。在社會方面卻是另一重新的局面，越戰及其後遺症、社會對少數民族與團體的重視、嬉皮的出現、婦女運動、青少年毒品氾濫、大學生的校園運動等，使許多諮商心理學家開始探討學校輔導工作的範圍究竟在哪裡？

　　然而，七〇年代美國社會大衆所流行的態度，深刻影響到美國諮商專業認同的再思考與再定義，影響社會大衆的因素包括：(1)越戰結束後，社會大衆對退伍軍人的反應及退伍軍人對自我的態度；(2)水門案件的發生影響社會大衆對政府和權威的信任；(3)人們開始傾向於對理想我（ ideal self ）的追求；和(4)人們開始追求幸福感（ wellness ）。這種社會態度嚴重的向過去的價值與理想挑戰，諮商教育的內容與訓練也都受到影響。 1974 年美國諮商事務委員會（ Professional Affairs Committee ）提出如下的建議：(1)重新界定諮商心理與其它相關專業的界線；(2)界定諮商心理學的功能在預防—發展上面；和(3)尋求適當方式讓社會大衆接納諮商專業。值得注意的是，在這次的建議當中，美國諮商專業再度從混亂的社會秩序中，界定了自己的角色，從教育與發展的功能上提供預防的服務。這句話的意思可以在 Ivey （ 1980 ）稍後所提出的心理教育模式（ Psychoeducation ）中，強調人與環境（ personal-environment ）的調適，獲得了解。當然，諮商心理學家所提供的服務，便成了在人與環境調適過程中的一個媒介者了（引自蕭文，民 83 ， P.392 ）。

　　在這一波因社會變遷而引發的諮商專業認同發展中，學校輔導工作也因此調整它的工作內容與方式。 Baker （ 1992 ）綜合了許多社會現象與研究結果，提出如下之結論：

　1.學校輔導人員必須接受專業訓練以因應多元社會的變遷

　2.強調從發展的角度提供學生輔導的服務

　3.輔導的目的在增進自我了解與生活調適

　4.實施從幼稚園到十二年級的統整與連貫的職業教育與生涯探索

　5.經由課程的實施提供心理衛生教育以幫助學生做自我之發展

　　在如上的學校輔導工作架構裡， Shaw （ 1973 ）提出他個人的見

解，他認爲學校輔導應有界定清楚的目標、策略與工作對象。他提出學校輔導工作應建立在一個連續發展的目標上，從初級預防到診斷和心理治療，因此而提供的服務方式包括：心理諮商、諮詢、測驗、課程實施、資訊提供、教師在職訓練、學生基本資料的記錄、轉介、輔導評鑑與研究。Shaw 的觀點爲美國七〇年代的學校輔導工作立下典範，其後有若干學者再依 Shaw 的主張，增添或修正學校輔導工作的內容，包括：實施團體諮商、提供教師、父母與社區的諮詢、社區資源機構的聯結與合作、教導學生因應壓力之能力等。依此而言，學校輔導工作在七〇年代初期已完成其基本架構，值得注意的是，這個架構的完成是因應美國自六〇年代以來社會變遷與經濟發展的結果，基本上，正如 Bradley（ 1978 ）所言，美國輔導與諮商工作的發展是在充滿危機與挑戰中逐步成長的。

　　相對於美國，我國學校輔導工作的發展卻又有另一番景象。在我國學校輔導工作發展的歷史軌跡裡，政府的決策與立法的強制是學校輔導工作得以在短短的幾年中成立並發展的重要因素，基本上它反映出政府決策之高瞻遠矚，至於是否反映社會的需求，一般社會大衆是否亦有此共識則不得而知。

　　以我國的學校輔導工作之發展與美國相比較，則不難發現我國的學校輔導工作是由政府由上往下推動，它是在學校的既有體制中，以組織法的方式出現在學校的行政體系之內；而美國則是先由全民的社會運動（ movement ），在社會上已造成一股共識，再經由國會立法的提議而設立的，從先天的觀點來看，美國學校輔導工作之推展，是在良好的社會基礎之上發展出來的，輔導工作在美國之所以受到全民之重視，是因爲它能反映社會的需求，若以此觀點來衡量我國學校輔導工作之發展，則不難解釋今日部份學校及社會人士對學校輔導仍抱

持存疑與冷漠之態度，我國固然肯定教育當局對學校輔導工作推動之魄力，但我們更盼望在未來的歲月裡，政府能經由多種管道，改善社會大衆事不關己的心態，或能以某些問題，引發社會對輔導工作之重視，否則，學校輔導工作不過仍然只是「一種法令下的制度」而已。

三、多元社會的迷思與對學校輔導工作的影響—1980 年代以後

1984 年，美國人事與輔導學會（ American Personnel and Guidance Association ）將原來所出版的期刊—Personnel and Guidance Journal ， P & G，改名稱爲 Journal of Counseling and Development ， JCD。在改刊辭裡不僅詳述了自創刊以來輔導專業的發展經過暨所有討論過的重要議題，更重要的是輔導與諮商應如何突破多元社會的迷思，以因應二十一世紀的來臨！

然則何謂多元文化？多元文化又從何而來？多元文化對輔導乃至於學校輔導的影響又是什麼？

1970 年， Alvin Toffler 寫了一本書叫「未來的震盪」（ The Future Shock ）， Toffler 認爲未來社會生態（ Social ecology ）的改變，將會影響人的價值觀與行爲表現方式。 1980 年， Toffler 又寫了另一本書叫做「第三波」（ The Third Wave ），把當前社會因受高度科技的衝擊而引起各方面包括社會結構的改變，稱之爲自農業社會、工業革命後的第三波。科技的發展將使人類的生活面臨空前的挑戰，這種挑戰是全面性，從政治結構、意識型態、社會秩序、都市發展、經濟成長、能源開發，到教育方式、人口與家庭結構、就業與生涯發展、自我調適、休閒生活等，都將發生革命性的變化，研究社會變遷的學者，習慣將八〇年代以來的社會轉變稱之爲後工業時代（ postindustrial society ）（ Herr, 1989, P.26 ），然而 Toffler

卻有不同的觀點,他認爲工業社會的特徵是人們仍然能生活在自我控
制的環境裡,人們仍能對環境和自我做出理性的思考和決定;然而科
技高度的發展,卻使人類暴露在對未來的無知和失控的情況下,科技
對人類過度刺激的結果,將使人們處於茫然、空虛,相對而言,個人
在過去生活中所取得的成功經驗將無法有效回應下一刻的挑戰。這種
現象的優點是人們能揚棄過去的影響而認眞思考自己的未來,然其缺
點也是因爲如此而使人類失去了參照價值和行爲模式。依此而言,科
技或反工業時代的來臨,正是社會多元文化的開始,在多元文化的架
構裡,沒有所謂的單一或絕對的事件、信念、和價值觀。Toffler 甚
至預言,在未來的社會裡,與壓力有關的問題將會影響人們的行爲,
從藥物濫用、情緒異常、身心症、各種暴力行爲、空虛、到各種無理
性的社會變革,「都將使個人的適應能力完全從生活中分離出來」
(1970, P.344)。

　　Toffler 在他兩本書裡所提到的社會生態的變遷及對人們所可
能產生的影響,印證近十年來台灣社會的發展,處處可見其痕跡。

　　許多研究台灣現狀的學者,習慣把過去二、三十年的發展界定爲
轉型的社會。名之爲轉型,然而許多社會問題或經濟活動的發展仍是
漸進的,而且不論朝那個方向發展,隱約之間,社會仍有相當之規範
脈絡可尋。可是,近十年以來,隨著政治的解嚴與日益開放,個人對
自我意識的追求,乃至於相對的對生存空間的渴望參與,在在都使轉
型社會面臨空前之壓力,許多問題一夕之間被提出來探討,從對政治
的要求改革、強調環保、消費者意識的覺醒、勞工權益的被重視、商
業活動形態的轉變,乃至於社會運動的蓬勃發生,在在都顯示當前轉
型社會已面臨一個瓶頸階段,社會所要求的,不只是在量上的持續變
革,更重視的是社會體質的改變。

　　在重新建構社會體質的過程中，許多社會問題應運而生。許多人對原有的社會價值觀念失去信心，例如「一夜致富」的觀念，影響若干年輕人對工作和生活的態度，急功近利的思想，使「生涯規劃」的觀念很難在學校中推展。而社會日益開放的結果，使得兩性關係必須從新的角度來詮釋。不婚、同居、婚前性自由的論點，在今日大專校園及青年勞工階級中，視為進步的行為。離婚率的上升，為社會製造新的不安與焦慮；日益增多的雙生涯家庭，更為親子關係投下不可知之變數。而在此不穩定的社會中，更製造出一群身心不成熟、性格不穩定的青少年，安非他命的吸食、流連電動玩具店，乃至於熱衷於某些刺激性較高的休閒活動，都為社會製造了新的不安。在此轉型社會中，普遍瀰漫疏離與不信任，導致對公權力的挑戰，個人意識高漲的結果，致使社會逐漸的失控。

　　面對此空前的壓力和挑戰，做為個人與社會聯結的學校，實在無能為力，學校教育不過淪為傳授知識的場所，所謂「學校教育是為未來生活的準備」的說法，實在很難成立。據此而言，「學校教育如果不做空前之調整，則將愈形孤立」。就學校輔導人員而言，如果不能調整對工作對象的認知，並謀求方法上的突破，則很難發揮其工作效果。

參、輔導專業的重整與出發

　　面對高科技所造就的多元文化與變遷社會，輔導與諮商專業似乎已走到了一個瓶頸，在以適應困難、情緒困擾、行為異常的個案為服務對象時，諮商專業似乎顯得有些被動和力不從心之感，換言之，輔導與諮商不應再被視為處理有困擾的個案，如何協助一個人成為一個健康的人，或是說如何協助一個人在面對環境的壓力或不確定的情境

時，能以較健康、積極的態度去面對，便成為輔導與諮商的主要目標。依此而言，輔導與諮商有必要調整它的角色與功能。從 1980 年以來，許多諮商心理學家（ Fong, 1990 ; Ivey, 1989 ; Nugent, 1990 ）陸續提出「心理衛生或身心健康諮商」（ mental health counseling ）的概念，舉例來說， Ivey（ 1989 ）即認為改變（ change ）應從系統的（ systems ）改變開始，諮商如果不能從學校、社區與社會文化的角度予以統整的處理，則個人的改變為不可能； Fong（ 1990 ）認為改變是一個連續的歷程，應同時從發展的、環境的、生態的與補救的角度介入，強調如何增進一個人在生活轉換（ transition ）中的能力、強度／優點、資源、因應方式等。Seligman（ 1996 ）在談及諮商專業的未來趨勢時，更堅定的相信心理衛生諮商的概念已成為未來諮商心理學的主流（ P.331 ）， Seligman 綜合各家的說法，將心理衛生諮商的概念界定在下列的範疇裡：

1. 從整體的（ holistic ）系統的與發展的角度來審視個人、家庭、環境以及三者的互動關係
2. 應用預防的、補救的、復健的與成長的（ enhancing ）的概念與方法進行諮商
3. 從如何增進個人的健康、幸福（ wellness ）和成長的角度來了解個案的病態與不適應
4. 協助個人從增進鑑別／發現（ identify ）和建構自身的優點做起，使每個人都能自助
5. 強調對不同的個人、性別、文化和其它的差異做有效的覺察和了解
6. 諮商服務應擴及不同的機構（ settings ）和人群（ groups ）
7. 採用多元的理論、方法和介入策略，以便能有效的滿足不同個案

和團體的需求（ pp.2~3 ）

1994年，American Mental Health Counselor Association 即依上述的觀點將心理衛生諮商界定如下：

> 「心理衛生諮商所提供的服務，乃是應用心理治療的原則，人類發展的現象理論、學習理論、團體動力、以及引發個人心理疾病和功能失常的病理原因，從心理健康的角度，提供個人、家庭、夫妻和團體來因應心理之障礙。所採用的方法不在侷限於診斷與治療情緒異常，相對的從諮詢的角度提供個人、家庭、夫妻和團體多樣化的介入策略與模式」（引自 Seligman，1996，pp.12-13 ）

根據心理衛生諮商學會的觀點,輔導與諮商人員需要有能力和彈性的使用不同的知識與技巧來面對不同個案的需求；長期諮商（ long-term ）的概念應逐步揚棄以符合效率原則；輔導與諮商人員不只是為某個機構而存在,他們應該廣泛的與社區結合,從合作與諮詢的角度提供服務;更重要的是輔導與諮商人員在提供服務時應敏銳的覺察個人不同發展階段、文化背景、性別和家庭生活方式的差異；而在方法上預防與補救的策略,加上復健的和教育的功能應同時併用。

從以上的討論裡,心理衛生諮商所強調的觀點,可以從下列幾個部份得到結論,並以此做為諮商專業的發展方向：

1. 在諮商人員的角色轉換上,強調「發展的、預防的、補救的、復健的、和教育的」角色。
2. 諮商人員的理論應用趨向系統的、折衷的、與統整的觀點,治療的策略強調什麼樣的理論／方法,在什麼情況下,適合若何類型的個案,從系統的、現象的與健康的角度提供個人最大之幸福。

3.諮商人員的專業領域強調多重族群和某些特殊對象的認識與了
　解。
4.在諮商的方法上，危機諮商、焦點治療、以及不同型式的短期諮
　商成為重要依據。
5.在策略的運用上包括兩方面，其一即為從健康的角度提供個人因
　應壓力的能力，其二為加強與社區資源的聯結。

　　此外，重視認知與行為技巧的訓練，具備處理非傳統家庭與婚姻
的能力都將成為心理衛生諮商所強調的重要內涵與趨勢。

肆、學校輔導工作的趨勢與轉型

　　在過去的一個世紀裡，輔導與諮商不斷地從回應社會、政治、經
濟與科技的發展而不斷調整並充實其內涵，從前半個世紀的強調職業
輔導、四〇年代以來對人文精神的重視、五〇年代的強調如何提供個
人成長的機會、到六〇年代的注重人在發展中的危機與處理、乃至於
七〇年代的強調人與環境的媒合，截至八〇年代為止，輔導與諮商在
可以預測與控制的環境裡（引用 Toffler 用語），輔導與諮商似乎能
依循過去發展的軌跡提供並滿足社會的需求，然自七〇年代以來，社
會經濟與科技的發展所引發的諸多現象與問題，帶給社會一個新的思
考，在面對愈來愈多的社會問題時，例如家庭暴力、兒童虐待、藥物
濫用、家庭解組、乃至於愈來愈多的社會暴力、少年犯罪、自殺、貧
窮、精神疾病等，輔導與諮商必須重新考慮它的角色與功能（ Herr,
1989 ），心理衛生諮商的被提出即是輔導與諮商回應社會變遷的具
體概念，從過去被動的滿足個人的需求與解決個人的問題與危機到主
動的協助個人因應環境壓力以預防問題發生的概念，即成為從八〇年
代以來輔導與諮商的哲學概念。在這種情況下，學校輔導也必須相對

的做調整（Keys, Bemak & Lockhart, 1998）。

在 Herr（1989）所撰寫的 " Counseling in A Dynamic Society: Opportunities and Challenges " 一書中，提到學校輔導所面臨的危機時特別強調，學校輔導不能將輔導界定為輔導室的工作，學生的問題已不能單純的被視為個人問題，在處理學生問題時，焦點應放在如何增進個人的抗壓能力，在多變的環境中，如何協助個人從預防（prevention）的角度，從增進個人的能力（competence）著手，學會與環境做最佳的調適，因此輔導工作所能提供的教育功能便顯得格外重要；更重要的是傳統的輔導方法也應做相當的調整，除了強調時效的掌握外，如何滿足個案立即性的解決問題也成為輔導方法上的重要考慮（引自 Herr, 1989, 第六章, pp.253-316）。

Herr（1989）的觀點與 Keys 等人（1998）針對高危險群青少年所提出的學校輔導改革計劃不謀而合。Keys 等人認為學校輔導工作的模式應具有下列六個特色：

1. 學校輔導的功能不能以侷限於眼前所出現的問題為主，相對的所提供的諮商服務也必須擴及到非諮商的領域裡。

2. 學校輔導工作應將焦點放在如何增進個人有效的生活技能（life skills）。

3. 學校輔導的設計應是多元的，包括班級教學、協助個人計畫、諮詢、諮商與轉介服務。依此而言，從系統的角度（systems-based），將學校、家庭、社區甚至同儕結合為一個整體的支持系統，有助於學生獲得最好的支援。

4. 學校輔導應從廣義的社區概念中重新界定角色與功能，在廣義的社區概念中，學校輔導應加強與社區機構的聯繫，並藉以提供教育的功能。

5. 學校輔導應從建構學生的因應能力著手,而不是被動的滿足學生的需求(needs)。

6. 學校諮商(school counseling)的概念應取代學校輔導(school guidance),以便更能凸顯其專業化和所扮演的諮詢角色(pp.382-383)。

由上觀之,Keys 等人的觀點提供學校輔導工作一個新的藍圖。首先是應把學校輔導工作從整體的(comprehensive)和系統的(systematic)的角度來看,這一點與教育部最近所提出的「教、訓、輔三合一方案」的構想相同,換言之,凡是與學生生活、學習與發展有關的任何人,包括教師、學校行政人員、輔導人員、父母、社區相關機構都應納入整個學校輔導網絡中,以便相互支援提供最佳的服務;其次,從健康心理學的觀點,無論是強調增進個人的免疫力,或是強調建構一個人有效的因應能力,成為學校輔導工作的重點,有關短期諮商的被提倡、復原力(resilience)的被強調(Parr, Montgomery & DeBell, 1998),便是回應這樣的一個事實;再者,學校輔導不應侷限於諮商與心理治療的層面上,教育與預防的角色更有助於解決個人在發展過程中所面臨的危機(Baker, 1992),因此,社區資源機構的介入與加強班級輔導的概念乃更被強調,最後,學校輔導人員應從提供諮詢與合作協調的角度發揮其專業精神。凡此種種,都說明了學校輔導工作的最終目的是主動的迎接挑戰,結合全面的資源,建構健康的環境以利學生的成長與學習。

伍、學校輔導工作體制的新建構

在下個(二十一)世紀來臨前,學校輔導工作在轉型的壓力下,於體制上應從下列四個方面作初步之規劃:

一、建構初級預防、次級預防與補救／治療架構

　　「預防」在學校輔導工作中的涵意應從兩方面了解。其一為協助全體學生增進健康行為與態度,並以此學習的結果能有效的預防在個人發展中所可能面臨的困擾;其二為針對某些特殊族群出現的問題提供輔導的介入,以避免問題的惡化 (Baker, 1992)。依此而言,學校輔導應將學生的問題與困擾性質分成三個層級來處理:

（一）初級預防（primary prevention）

　　初級預防的輔導策略是針對全體學生而設計的,其目的在協助學生在個人發展階段中所可能面對的任何問題或事件。在初級預防的實施裡,學校中的每一位教師,行政人員與輔導人員都有責任與義務以班級、團體或其它任何形式,將如何成為一個健康的個人的相關心理衛生知識,主動的提供給學生知道。初級預防的優點是在學生「需要」(needs)出現的時刻,早已具備某種態度與信念,以能有效的因應危機發生。

（二）次級預防（secondary prevention）

　　次級預防與初級預防的差異在於不以全體學生為對象,而以目前正經驗著某些困擾的學生為主,例如學習困擾、人際困擾等;至於從心理測驗中篩選出來的高危險群,或是由於個人已經具備適應不良的潛伏指標（如低學業成就、單親家庭等）的學生,都是次級預防輔導介入的對象。依此而言,專業輔導人員與學生關係密切的教師(例如,導師),便成為提供輔導的主要來源。

（三）補救的（remedial）介入

　　所謂補救的介入策略是從治療的角度提供協助。在初級與次級預防中,學校扮演主動的角色,但補救的介入則是被動的處理學校中某些具有長期困擾的個案（如憂鬱症、懼學症等）,或是某些目前正遭

致生活突發性變動而給個人帶來危機的個案(如自殺、父母離婚等)。補救策略的介入著重於個案症候的早期鑑定,治療的目標一則減緩目前的症狀,二則從長期角度來看,協助個案從面對未來的壓力挑戰,補救輔導的人員以輔導和社會資源為主,學校行政則處於協助的角色。

二、成立整合性的輔導諮詢小組

系統觀念的提出,使家庭與社區不能再置身於學校輔導網絡之外,因此,學校應成立以「學校—家庭—社區」成立共同組成的輔導諮詢小組,負責提供下列之服務:

1.鑑定／找出 (identify) 學校、家庭與社區的共同需求
2.列述輔導工作的共同目標
3.在學校、家庭與社區間規劃一個理想的協調與合作計畫
4.針對學生、教職員、輔導人員、社區機構擬定一個適當的輔導與教育計畫
5.建立適當的轉介網絡 (Keys et al., 1998)

三、輔導人員角色與功能的再定義

在新的學校輔導工作體制的架構下,學校輔導工作人員的角色與功能也應做新的調整。過去學校輔導工作較以被動的角色出現校園,輔導功能亦較以諮商為主,後果窄化了學校輔導的專業發展。在未來的學校輔導工作發展趨勢下,學校輔導人員應以主動的角色出現校園,扮演各級預防與治療,學校、家庭與社區的聯結,因此「協調」(coordination) 的角色便顯得格外重要。在協調的過程中,如何以輔導人員所具備之專業知識與各種輔導介入的相關訊息提供有關

人士，因此，專業的諮詢（consultation）角色與功能便成爲應具備之第二種能力；其它如提供諮商服務和進行班級輔導亦是不可或缺的功能。

四、學校輔導方法上的革新

近年來，諮商專業在方法上愈有採用短期諮商，問題／焦點解決治療的趨勢（Seligman, 1996），學校輔導在方法的應用上採用上述的方法將有助於將學生／個案的改變，界定於環境與人的適配上（Keys, et al., 1998），危機處理（crisis intervention）亦是學校輔導人員應具備的專業能力；值得一提的是，團體輔導的方法與實施將成爲學校輔導的主要方法，特別是針對初級和次級預防的輔導工作上，透過團體輔導的實施將能直接滿足學生的發展需求（Baker, 1992, Keys, et al., 1998）。

陸、結語

在回應本世紀的結束與迎接二十一世紀的來臨之前，一個發人深省的課題是：「學校輔導究竟從變遷的社會裡學到什麼？」如果學校輔導能把社會因經濟活動和科技衝擊而產生的「地球村」的概念納入學校輔導工作規劃的考慮裡；如果學校輔導能將個人在面對日將失控的環境時，預先擁有因應和控制的能力；如果學校輔導能發揮專業的人際關係，則學校輔導工作未來的發展的樂觀性將是可預期的。

參考書目

一、中文部分

蕭文（民 78）美國諮商專業的發展趨勢。輔導月刊，25，11、12，
　　3-11。

蕭文（民 83）輔導的概念與應用。葉學志主編，教育概論，第十二
　　章。台北：正中書局。

二、英文部分

Baker, S.B. (1992). School counseling for the twenty-first
　　century. NY: Macmillan Publishing Company.

Fong, M.L. (1990). Mental health counseling: The essence of
　　professional counseling. Counselor Education and
　　Supervision, 30(2), 106-113.

Herr, E.L. (1989). Counseling in a dynamic society:
　　Opportunities and challenges. VA: American Association for
　　Counseling and Development.

Ivey, A.E. (1989). Mental health counseling: A developmental
　　processes and profession. Journal of Mental Health
　　Counseling, 11(1), 26-35.

Keys, S.G., Bemak, F. & Lockhart, E. J. (1998). Transforming
　　school counseling to serve the mental health needs of
　　at-risk Youth. Journal of Counseling Development, 76,
　　381-388.

Nugent, F.A. (1990). An introduction to the profession of counseling. Columbus, OH: Merrill.

Parr, G.D., Montgomery, M. & DeBell, C. (1998). Flow theory as a model for enhancing student resilience. Professional School Counseling, 1, 5.

Seligman, L. (1996). Diagnosis and treatment planning in counseling (2 nd Ed.). NY: Plenum Publishing.

Shaw, M.C. (1973). School guidance systems. Boston: Houghton Mifflin.

Toffler, A. (1970). Future shock. NY: Bantam Books.

Toffler, A. (1980). The third wave. NY: Morrow.

國內十年來諮商歷程研究之
回顧與展望

陳秉華、蔡秀玲

　　Orlinsky 與 Howard（1986）在 Handbook of Psychotherapy and Behavior Change 第三版中對諮商歷程的界定是：「任何在諮商員與個案一起面對面工作中出現在個案身上、或諮商員身上、或是二人之間的就是諮商歷程。」這個模糊的定義到了第四版時，就說得更仔細了，Orlinsky，Grawe 和 Parks（1994）修正以前的說法，指出「諮商歷程」是個十分複雜的概念，凡是研究的焦點放在與諮商員和（或）個案的行動、觀點、意圖、想法、感受、或諮商關係有關的，都算是諮商歷程，當然，從這個定義也可以很清楚地看到歷程研究的焦點主要是針對個別諮商過程而言，而不探討家庭系統或是團體諮商的過程。西方學術界二十年來在諮商歷程的研究發展十分迅速，已成為諮商研究的重

要領域之一。在歷程研究之中，有許多研究專門探討歷程中的有關變項，及歷程變項之間的相關，也有的研究探討歷程變項與諮商效果之間的關係。國內諮商學術界也在近十年（民國 74 年至民國 87 年）出現五十多篇與諮商歷程研究相關的論文著作，其中絕大部分來自於台灣師大與彰化師大輔研所的碩、博士論文，少數則來自各校學報、期刊論文或其他學校相關研究所的碩、博士論文。在過去十年間，兩所師大輔研所都持續開設有關諮商歷程研究的課程，培養出一些學生在這領域的興趣與視野，並且著手發展成研究論文的題材。彰化師大輔研所也分別在民國八十二年及八十三年舉辦兩次與諮商歷程有關的研討會，研討會中除了對於西方歷程研究當前的發展現況與遇到的問題有所討論之外，多篇與歷程研究有關的研究生論文也在研討會中提出報告，帶動了台灣諮商界對於這個領域研究的風潮。筆者有感於十年來國內累積了這些為數不少的研究成果，但是並沒有人對於這些成果加以整理，乃興起念頭撰寫本文，筆者乃集中焦點，收集與個別諮商有關的諮商歷程研究報告與論文，其中也包括了是在團體中進行，但主要在探討其中某位成員或帶領者行為的研究。筆者主要的目的是希望透過文獻的彙整，能夠更清楚呈現出這些年間國內的諮商歷程研究到底探討過哪些問題，使用過哪些研究方法，常被關注的研究變項有哪些？重要的發現是些什麼？所呈現出來的研究趨勢為何？研究的困難有些什麼？以及未來有哪些待突破之處？在本文中筆者分別就十年來研究論文中出現的研究主題，以及一些重要的研究結果列舉敘述之，然後再提出綜合性的討論。

壹、研究主題的回顧

　　由可見的期刊、論文與研討會所發表的報告，可發現這十年來在研究的問題方面可以粗略歸納為：

一、諮商員使用的技術

探究諮商員使用的技術，其中，諮商員的自我開放、面質技巧、勸告與資訊提供都是被探究過的技術（林維玲，民 83；吳武烈，民 83；張秀玉，民 83；張麗君，民 84；黃絮湘，民 74；戴銘怡，民 82；蕭文、周玉眞，民 84）

（一）諮商員的自我開放

黃湘絮（民 74）以模擬實驗法進行「諮商員自我開放行爲」的研究，以一般大學生爲研究樣本，結果發現諮商員有無自我開放對受試者在評估諮商員的效能、晤談感受時，並無造成顯著差異。戴銘怡（民 82）招募輔導中心的個案進行模擬實驗研究，結果亦發現諮商員有無自我開放與諮商結果（諮商員效能、晤談感受、個案自我開放意願）亦無顯著關連。吳武烈（民 83）雖然同時蒐集晤談逐字稿資料與使用自我開放量表之測量，結果亦發現諮商員有無自我開放在諮商效果之評量上均無顯著差異。雖然不同研究者所使用的研究設計不同，但都一致發現諮商員有無自我開放行爲與諮商效果之間並無顯著關係。

（二）勸告及資訊提供技術

林維玲（民 83）研究發現勸告和資訊提供技術的使用，讓高職生感受到較多的專家形象，但卻被認爲較不具有同理心，這可能是因爲技巧的使用在不同諮商階段會有不同的效果，這也提醒我們在做歷程研究時，諮商的脈絡（context），例如諮商的進展階段、諮商關係等是不可忽略的中介變項。本研究結果也發現，勸告與資訊提供對於諮商員整體效能、吸引力、值得信賴的影響並無顯著差異。

（三）面質技巧

張秀玉（民 83）以專科生爲研究對象，發現諮商員有無使用面質技巧會影響個案對諮商員的諮商效能、專家形象、值得信賴及吸引力的評估，均傾向正向評估，且諮商關係也較爲良好。

（四）解釋技術

蕭文、周玉眞（民 84 ）為瞭解諮商員與個案之口語互動情形，以諮商員使用的解釋技術作為觀察的變項，將 14 份碩士班研究生的諮商逐字稿進行分析，發現解釋技術的使用不因諮商員的理論取向不同而有所差異，且絕對性的解釋（例如「我認為……）多於嘗試性的解釋（例如「我在想是不是……你覺得呢？」），而且在解釋內容多屬於「自我覺察」類別。另外，解釋經常與「反映」、「開放式問句」、「封閉式問句」、「直接指導」等反應組合出現，其中尤其以反映為最多。而諮商員的反映與解釋連結使用時，個案的反應多出現「同意」、「認知行為探索」與「頓悟」。除了與其他口語反應會有特定組型出現之外，諮商員亦會連續使用解釋技術，幫助個案對自己的狀況有更多的覺察，亦有加深與促進個案自我瞭解的功能。張麗君（民 84 ）亦曾探討諮商員解釋型態與個案心理抗拒的交互作用，結果發現不同心理抗拒的個案並不會因諮商員使用不同型態的解釋技術，而對諮商員效能、諮商效果及求助意願的評估有所差異，此外個案認為使用嘗試性解釋的諮商員比使用絕對性解釋的諮商員較具有吸引力。

從以上的結果顯示諮商員的有無自我開放、勸告、資訊提供的技術與諮商結果無關，或是對諮商結果未造成顯著差異，但是面質技術卻對諮商結果會造成影響，諮商員的解釋技術的使用對於個案在互動中某些有利於諮商的反應的出現是有關連的，但是對諮商中的抗拒突破及諮商效果則沒有影響。在西方文獻中面質與解釋技術是一致地被肯定與諮商結果有關的重要變項（ Orlinsky et al., 1994 ），因此，國內的諮商研究極需要針對這些重要變項繼續有較多的探究。

二、諮商員反應、個案反應與諮商結果之間的關係

　　探究諮商員反應、個案反應與諮商結果之間的關係，其中包括探究：諮商員的外顯口語反應、諮商員的內隱意圖（許秀惠，民82；李筱容，民84）、在諮商中的重要時刻諮商員的口語反應與個案內隱與外顯口語反應之間的關係（黃鈺敏，民84；陳雅英，民84）、諮商員口語反應、個案的內隱反應與口語反應之間的序列關係（呂承芬，民86）、諮商員口語反應和工作同盟、晤談感受之間的關係（林瑞吉，民86；陳慶福，民84）。以上這些研究都偏重在探究諮商過程中諮商員的反應（外顯口語的、內隱的）與個案反應（外顯口語的、內隱的），均採用Hill的行為-認知中介模式為研究的架構。

　　Hill等人（1992）發展出的行為—認知模式除了涵蓋諮商員意圖、諮商員反應模式、個案反應及個案等四個過程變項之外，還包含諮商情境之外的諮商員與個案變項，即諮商結果變項，相較之下，Martin（1992）的認知—中介模式只考慮諮商歷程的變項，顯得Hill的模式所涵蓋的向度及變項較為完整，故多為國內研究者所採用。Hill的模式如圖一所示。

　　其中，口語反應模式反映了諮商員與個案的口語表達方式，在諮商歷程中的特定反應模式也顯示出兩人某種的特定互動，因此，諮商員與個案的口語反應模式為研究諮商互動關係的重要變項之一。在二、三十種評量諮商員的口語反應模式中，以Hill等人發展的「諮商員/個案口語反應模式類別系統」最常被國內研究者引用。國內研究（許秀惠，民82；陳慶福、謝麗紅，民83；陳慶福，民84；林瑞吉，民86；呂承芬，民86；蕭文與周玉真，民84）均採用Hill等人在1981年所發展的分類系統，其中諮商員口語反應類別分為14類：輕微鼓勵、沈默、贊成-再保證、提供訊息、直接指導、封閉式探問、開放式探問、重述、反映、解釋、面質、非口語線索、自我揭露及其他。個案口語反應則分為9種反應類別，包括：簡單反映、請求、描述、經驗、

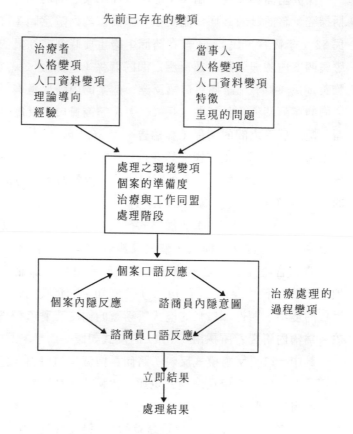

圖一：諮商的輸入變項、歷程變項及結果變項之關係
（ Hill, 1992 ）

探討個案—諮商員關係、洞察、討論計畫、沈默與其他。至於諮
商員的內隱意圖則包括設限、蒐集資料、提供資料、支持、集中
焦點、澄清、希望、抒發情緒、認知、行爲、自我控制、感覺、
洞察、改變、增強改變、抗拒、挑戰、關係、治療者的需求（ Hill
& O'Grady, 1985 ）。個案的內隱反應可分爲五個叢集 21 個反
應項目，包括(1)被支持的：被了解的、被支持的、有希望的、

抒解的；(2)治療性工作：負向的想法和行為、較佳的自我了解、清晰的、感覺、責任、無阻礙的、新觀點、受教導的、行動新方向；(3)被挑戰的；(4)負面反應：害怕的、糟糕的、阻礙的、缺乏方向、困惑的、被誤解的；(5)無感受反應。

　　Hill 等人發展內隱反應的類別是基於許多研究結果中均發現諮商員與個案的口語反應之間的相關很低，因此，假設內隱反應的中介變項需要納入考慮，Hill 等人的研究結果支持內隱歷程的假設，發現同時放入內隱變項與反應模式變項有助於提高結果變項的變異量（Heppner, Kivlighan & Wampold, 1992）國內研究者接受 Hill 等人的假設與研究結果在進行此類研究時，就需同時考慮測量內隱的中介變項。

三、諮商中的重要事件或好時機

　　有關探究諮商中的重要事件或好時機（陳斐娟，民 85 ；謝淑敏，民 82 ；黃鈺敏，民 84 ），Rand（1979）在調查結果中發現大部分的治療者與研究者相信在治療過程中存在著關鍵性的、重要性的、決定性的、有幫助或無幫助的晤談階段，之後就有學者相繼重視「事件」的研究，致力於瞭解這些事件對諮商或心理治療的影響（引自黃鈺敏，民 84 ）。重要事件指的是諮商過程中對諮商的進展有助益或有阻礙的重要關鍵段落，Elliott（1984，1985）曾以發現式取向的方式探討諮商過程中一系列、重要的轉變事件，並且利用「人際過程回憶」法來研究重要事件。根據研究結果中的重要事件分類可分為有幫助的與沒有幫助的，有幫助的包括新觀點、問題解決、問題澄清、集中的覺察、瞭解、個案的涉入、再保證、個人的接觸；沒幫助的包括錯誤的知覺、負向的諮商員反應、不必要的責任、覆述、錯誤的指引、不必要的想法等。

　　謝淑敏（民 82 ）根據十對諮商員與個案的事後訪談稿，研

究諮商歷程中的好時機，好時機的界定是採用 Mahrer（1986）的看法，亦即在改變歷程中能顯現出個案進展、改進、進步、改變的、有價值的事件發生的特別時刻，謝淑敏（民 82）研究結果發現得到支持、情緒的宣洩、淨化、個案對自己的瞭解程度增加、個案看到自己的低自我價值、在諮商產生強烈的情緒反應、表現強烈的感受、自我價值感提高、個案的症狀與痛苦的減輕或減除、產生新觀點、產生新力量、得到諮商員給的建議、得到諮商員的幫助、個案的行為開始產生改變等十二類好時機，這個結果與 Mahrer 的發現大致上是相似的。

　　黃鈺敏（民 84）根據八對諮商員與個案的事後訪談稿，歸納出在第一次晤談中個案認為的重要事件有十一類：個案描述自己的主要問題、個案描述自己的過去經驗、個案說明自己對諮商目標的期待、決定了諮商的方向與計畫、個案對自我瞭解程度的增加、個案產生新的力量、個案的自我價值感提高、個案獲得新的觀點、個案感受到被瞭解、個案得到諮商員的建議或教導、諮商員在結束時作歸納。論文中也發現有三類重要事件為負向的，分別為個案對於諮商員的反應或回饋產生懷疑、個案對於被迫去承認或接納自己的想法感到害怕或抗拒、個案在諮商中不願去談某些問題或經驗。

　　陳斐娟（民 85）以 Mahrer 和 Nadler（1986）所發展之「好時機分類表」做為依據而編製成「重要事件分類表」，用來分析事後訪談資料與晤談逐字稿，找出晤談中的重要事件，並比對諮商員與個案對工作同盟與晤談感受的看法與量表評分進行對照比對，以發現三者之間的關連性，嘗試以質量並重的方式，除了審視量表分數的變化外，也加入個案與諮商員的主觀知覺，從訪談的資料內容去說明分數的意義。研究結果中發現有幫助的正向重要事件為開放個人資料、描述和探索個人情感、重要訊息的出現、獲得頓悟和瞭解、表達存在或行為的新方式、對治療過程的

學習、獲得諮商員所提供的明確訊息、以及諮商需求與目標的確立等，而對諮商進展有阻礙的負向事件則包括未被處理的自我、晤談焦點不明確、諮商員身心狀態不佳、訊息與感受的接受或表達困難，以及意義不明的沈默等。

　　由以上的結果，可以綜合看到，不同的研究都共同指出諮商中正向的重要事件，與個案描述與探索個人經驗、產生新觀點、增加瞭解與頓悟、產生新力量、提高自我價值感等經驗有關，而相較於西方研究的結果，國內研究者發現的由諮商員得到建議、教導、明確的訊息等也列為重要事件是有不同的，這可能是反映出我們的諮商員除了協助個案自我探索、自我了解之外，也同時扮演教導者的角色，會教育、教導個案產生改變。

四、工作同盟、移情與反移情等與諮商關係有關之主題

　　工作同盟的概念源自於心理分析學派的觀點，治療師藉著個案對治療者的依賴與信任所產生的移情作用，作為心理治療所要分析處理的主要內容。而工作同盟一詞最早是由 Greenson（1967）提出，他認為諮商關係是由三個要素構成：工作同盟、轉移關係以及真實關係。不同學者對同盟有不同的觀點，其中 Bordin（1979，1980）對同盟的定義，近年來逐漸受人重視且廣被接受，他認為工作同盟主要包括三個向度：(1)諮商員與個案相互間正向連結（ bond ）；(2)參與諮商雙方對諮商目標（ goal ）的同意程度，雙方有相互同意及看重的處理目標；(3)參與諮商雙方對諮商中為達成目標所需完成的工作（ task ）的同意程度，此「連結」、「目標」、「工作」三向度決定工作同盟的品質與強度。

　　目前國內的數篇研究並不是單獨以工作同盟為研究的變項，而是同時採用工作同盟與諮商員、個案的口語反應為變項來看變項之間的關連性（李筱容，民 84；陳慶福，民 84；林瑞吉，

民 86），或是工作同盟與晤談結果的關係（陳斐娟，民 85；洪雅鳳，民 87），這些研究者仍然是採用了 Hill（1992）的架構來探討變項之間的關係。

國內研究者所使用的工作同盟量表，幾乎都是採用 Horvath（1981）根據 Bordin（1979）之理論所發展用以評量諮商歷程中諮商員與個案間工作同盟的量表修訂而成。量表包含三個向度：對工作（tasks）的同意、對目標（goals）的同意、諮商員與個案的連結（bond）。該量表為 Likert 七點量表形式，包含三十六個題目，每十二題測一個向度。

陳慶福（民 84）修訂的版本，以六位從事諮商輔導工作多年的專家在該量表三個向度歸類的內部一致性分別為.83、.93、.89，平均的內部一致性為.88，與 Horvath 原量表三向度題目內容歸類之認定接近。謝麗紅（民 84）將所得資料進行內部相關分析以考驗建構效度，發現除第九題與第二十七題外，各題與總分的相關均達顯著水準（p<.001）；各題與所屬量表的相關除第九題外，均達顯著水準；各量表間與總分的相關亦達顯著水準，可見內部相關相當理想。信度考驗則進行內部一致性分析，其 Cronbach α 值分別為：工作分量表.86、連結分量表.90、目標分量表.72，總分量表為.93，顯示此量表具有良好的內部一致性及信度。可以鼓勵以後的研究者繼續採用這個修訂的量表進行工作同盟的研究。

諮商員的移情與反移情的觀念源於精神分析治療，然而近年來移情與反移情已經廣泛地成為諮商關係中的重要現象，如果諮商員無法知覺到個案移情與自己的反移情，並提供適當的回應或處理，將使諮商關係出現相當程度的困難，也可能是導致諮商失敗的原因之一（蕭文，民 82）。隨著學者對諮商關係的重視，相繼也有較多的研究著眼於諮商員與個案之間的移情與反移情之探討，不過目前國內僅有兩篇相關的研究。蕭文（民 82）根

據 Watkins（ 1983 ）所提出的五種移情類型（非實體存在、挫折者、理想者、先知/專家、撫慰者）設計相關之諮商情境進行模擬諮商研究，研究發現教育訓練與經驗層次有可能是影響諮商員知覺移情現象與否的重要因素之一，知覺的移情類型以理想者與先知/專家兩種移情類型較不易為諮商員所覺察，而諮商員面對個案移情時主要以問句、反映、同理、解釋、重述、面質等方式回應居多。

　　至於反移情的研究，目前也僅有張學善（ 民 87 ）訪談 21 位具有反移情經驗的諮商員，以瞭解反移情的現象。研究發現諮商員反移情的反應可分為情緒與行為兩大類型，情緒包括喜歡、欣賞、痛苦、遺憾、害怕、無力、愧疚、責備、生氣等，行為則包括過度同理、撫慰、迫切地問題解決、情緒過度涉入、形成非諮商關係、順應個案需求、保持距離、缺乏生理專注、提早結束諮商、挫折個案、減少探索、忽略個案等。而產生反移情的因素中最主要是以諮商員對個案及其問題的知覺、個案在諮商中的行為、個案觸動了諮商員的個人經驗三種原因佔多數。而在各類的因應方式方面，其中又以提醒自己的角色及諮商方式的改變作為諮商當場的因應方式，以向人請教及思考反移情原因做為事後因應的方式。反移情對諮商的影響包括提早結束諮商、造成無效諮商與阻礙諮商有效進行最多，對諮商員個人的影響包括諮商員自我認識、促成行動尋求資源、未來諮商思考與成長等，主要是促進諮商員自我認識。

　　對於諮商關係探究、界定的方式已經由 1942 年早期以 Rogerian 學派的同理了解為變項（ Hill ，1993 ），轉移到對工作同盟的探究，不同的心理治療理論取向對諮商關係的詮釋不同，也在研究此變項上各自投入了貢獻，國內對此重要變項的研究卻很少，是值得努力的方向。

五、採取認知論的觀點來探究諮商員的概念形成

　　概念形成對諮商員之所以重要，在於其能協助諮商員判斷應蒐集哪些與個案有關之認知、行為、情感與人際方面的訊息，諮商員有系統地組織個案的訊息，對個案的心理動力有統整性的組織與瞭解，並綜合所有資料以評估個案目前的功能，以便進一步對個案的問題進行診斷與介入。

　　「概念構圖法」是目前用來瞭解諮商員在諮商中對個案概念形成的一種工具，最早是由 Novak（ 1984 ）及其同僚致力發展出的一套方法，它適用於教學、學習、研究及評鑑，在科學教育領域已有二十多年歷史，後來 Martin（ 1990 ）等人加以修訂，用來顯示諮商員概念形成的知識結構，楊淑珠（民 85 ）便採用並修訂 Martin（ 1990 ）等人的概念構圖法，測量諮商員的概念形成。其實施方法結合自由聯想作業，讓諮商員在諮商進行完畢後，自由聯想剛才的諮商過程，將聯想出來的概念個別呈現在在平面圖上，然後按照相關程度加以排列，並以線條連結有關的概念，最後再將同一組相近的概念以圓圈加以標示，並為之命名，由此獲得諮商員概念的階層、概念的分化，及概念間的整合情形。

　　楊淑珠（民 85 ）邀請新手諮商員與專業諮商員各五名為研究對象，蒐集對每位個案四次至五次連續諮商的概念形成，研究發現專業諮商員的概念形成有十三類：諮商員的專業知能、諮商員的介入與評估、個案對重要他人的描述、個案的重要經驗事件、個案問題引發之反應、個案自我與自我期待、個案的人際關係、個案環境中的阻力與助力、個案的覺察與改變、個案對諮商的期待、諮商關係、諮商員的自我狀態、諮商員對個案的描述；新手諮商員則少了「諮商員的自我狀態」與「諮商員對個案的描述」，似乎反映出新手諮商員對自我本身的覺察與知覺較為忽略，這是值得進一步探究的現象，也會對諮商員教育有重要的隱涵意義。黃啓翔（民 87 ）則以楊淑珠（民 84 ）的資料進行概念

的廣泛性、統整性、階層性、分化性的統計分析，用來比較專業諮商員與新手諮商員在知識結構上的差異。

　　廖鳳池（民 83 ）以認知基模的概念來探究諮商員自我基模對諮商之影響，他採用 Markus （ 1977)的自我基模理論為架構，探討諮商員對「自我」的概念化（分為一般自我、人際自我、晤談中自我）與諮商關係的建立、諮商策略的使用及諮商結果之間的關係。 Markus （ 1977 ）提出的自我基模理論，主要是對個體處理和自我有關的訊息之認知歷程加以探討，發現自我基模會影響個體對訊息的接受及處理訊息的速度，此理論強調自我的認知表徵特性。廖鳳池的研究結果發現諮商員自我認知中的「人際自我」認知可能係透過「諮商關係」的中介，影響來談者的「晤談感受」，而「一般自我」及「晤談中自我」的認知則可能係透過「諮商策略」的中介，影響來談者的「晤談感受」。

　　認知心理學是目前蓬勃發展的理論，對諮商理論與諮商歷程模式的建立也有相當大的影響，但是採用認知論的觀點進行諮商歷程研究在國內仍是在起步階段，這個研究主題在未來有很大的發展空間。

六、其他有關諮商員及被研究過的變項

（一）諮商員的理論取向及概念水準

　　諮商員的理論取向（林守玫，民 80 ）、諮商員的概念水準（王蕙蘭，民 79 ）， 這兩篇論文都採用適配論的觀點進行模擬諮商的實驗研究，檢驗諮商員行為與個案行為之間是否存在適配性。王蕙蘭（民 79 ）研究發現個案的晤談滿意度並不受諮商員與個案概念水準配對的影響，但諮商員的概念水準會影響個案的晤談滿意度，尤其是與低概念水準諮商員晤談之個案，其晤談滿意度較高，似乎反映出個案在初次晤談中較偏好結構、指導性強的低概念諮商員。至於諮商員效能與知覺諮商意向一致性並不受

諮商員與個案概念水準配對之影響。

　　林守玫（民 80 ）研究發現思考型與感受型兩種不同心理類型的個案，對於現實或完形兩種諮商員理論取向的偏好，並無差異存在。而不同的理論取向對個案的影響也不盡相同，並沒有某一諮商員理論取向對個案的影響是全面正向或全面負向的結果出現，本研究發現現實取向讓個案覺得比較放鬆、舒服和順利，似乎有助於諮商關係的建立，而完形取向適合深入探索個案的內在，並面對壓抑或不敢表達的情感，故對於急切想解決問題的個案似乎適用現實諮商，而欲深入探索自我者則宜採用完形諮商。

　　以上兩篇適配性的研究結果都沒有一致的定論，可能因為諮商員與個案特質及互動的複雜性，很難在簡化的研究中一探究竟，適配性的研究是在模擬的實驗情境中操作進行，與真實的自然諮商情境不盡相同，也增加了適配性研究外在效度的困難。此外，研究中多僅探討初次諮商，忽略諮商在時間向度上的變動性，也是令人感到不足之處。

（二）諮商員不當行為的出現

　　探究諮商員不當行為的出現（dysfunctional behaviors），諮商員不適當行為包括了技術行為上的錯誤與諮商員缺乏對諮商進展的覺察，這些不適當行為最初是在諮商督導中被督導指認出來。謝秋雯（民 87 ）採用訪談法，發現 15 位諮商員指認出自己在諮商中出現的不適當行為，最常出現的是連續問題、打斷個案陳述、簡化問題等。

（三）諮商員的自我覺察

　　陳金燕（民 85 ）用現象學的方法探究諮商員的自我覺察的主觀詮釋，經過個別訪談 31 位諮商實務工作者，發現諮商員都肯定自我覺察對諮商專業的重要性，而諮商員所建構的自我覺察指涉對自己發生於當下，以及在一連續過程中的自我反應及其前因後果的理解，其概念是圍繞在自我瞭解與自我反省。

　　許玉佩（民 84 ）探究諮商員在諮商歷程中對自我情緒的覺
察與因應，她訪談 26 位諮商工作者，發現諮商員在諮商歷程中
覺察到自我的情緒是多樣的，高興、生氣、難過的情緒都最常被
覺察到。博士學歷的諮商員比碩士學歷的諮商員較多由正面眼光
來看待負面情緒，負面情緒的經驗也較少，情緒的流暢性也較
高，較不會停滯在情緒之中，較多表露情緒，出現情緒後也較快
能在諮商中將注意力再轉回個案身上。

　　黃宜敏（民 86 ）用敘事分析展現長期的諮商歷程中出現的
僵局狀態，她也用視框分析去檢視諮商員在僵局中的內隱假設及
採取的解決行動，以及諮商員隨著諮商的進展如何改變自己假設
與行動。

七、以事件為主的改變歷程

　　另一大類的諮商歷程研究的焦點是在探究以事件為主的改
變歷程，這些研究都是屬於自然觀察的、探索發現式為取向的研
究。研究目的都在於用少數真實個案的短期諮商（約五次左右）
描繪出個案改變歷程的面貌。研究者透過錄音/錄影轉謄為諮商
逐字稿之後，開放性地進行內容分析，歸納出改變歷程中出現的
主要特徵，建構出脈絡圖，或是發現改變的階段。這些研究要了
解諮商中個案的心理變化歷程，需要用更仔細不預設立場的發現
式眼光去了解諮商中個案發生的經驗（ Mahrer, 1988 ），或是
去描述、辨認在諮商過程中個案改變的表現，以及其內在的改變
機制是些什麼（ Rice & Greenberg, 1984 ）。發現式取向的研
究目的不在於驗證假設，研究者不預先形成假設，也不預設結
果，而是用發現的、好奇的眼光來了解諮商過程，增加對諮商中
真實發生現象的瞭解，將可使諮商理論、研究、以及實務工作之
間的關係得以更緊密的契合。發現式取向所涉及的步驟包括:(1)
選定要研究的目標；(2)研究目標實例的選取，通常來自諮商會

談的錄音、錄影帶；(3)取得研究的工具，以利於收集資料，仔細地探究到諮商歷程中的變化，例如針對會談中的談話進行內容分析，發展出分類系統；(4)進行資料收集；(5)呈現資料，提供出發現式的答案（ Maher, 1988 ）。

陳秉華（民 84 ）採用 4 名有心理分離-個體化困難的大學生個案，各接受 4-10 次不等的諮商，事後將錄音逐字稿資料，以現象學的分析方法，建構出一個朝向自主的諮商改變歷程脈絡圖。陳秉華（民 85 ）以敘事法分析一個在自我統合上有困難的大學女生，在接受了 6 次諮商，出現在諮商逐字稿的核心主題的轉換，以及個案行為的變化。陳秉華等（民 87 ）再用敘事及內容分析法描述出一個個案在 15 次連續會談中出現的談話主題、諮商員的介入處理對個案產生立即的影響，以及個案出現的改變。

林杏足（民 86 ）選取 5 位低自尊個案各進行 4-5 次的諮商逐字稿，進行內容分析，發現低自尊個案行為的特徵，以及自尊改變歷經由陳述負向自我與生活困擾、探索負向自我的相關經驗、擴大知覺、體驗與洞察，到朝向出現正向的自我感受四個階段的變化。其中又以擴大知覺、體驗與洞察對於個案自尊的提昇最具關鍵性。

劉淑瀅（民 85 ）以 6 位已婚婦女為對象，處理由家庭事件引發的生氣情緒，每人各進行六次個別諮商，研究者根據諮商錄音逐字稿，開放編碼，發現個案的生氣情緒改變歷程是有發展階段的，先是呈現目前生氣問題與有關經驗，接著展開探索與體察，產生發現與覺察，更新與定向，繼而帶出行動，達成改變。個案在諮商過程中，來回於現在與過去、認知、情感與行為、外在與個人內在之間產生連結與整合。

張英熙（民 87 ）以 6 位因有障礙兒而有罪惡感的母親為對象，分別接受 3-6 次個別諮商，研究者透過諮商逐字稿及訪談資料，

分析出對於罪惡感的改變機轉，包括自我瞭解與自我接納、調整期待、接納罪惡感、情感抒解、產生正向觀點、提高管教效能、增加親子相處時間、重新評估並且承擔責任、評價罪惡感反應、減少壓力源、及提高情緒控制力。

　　以上這些論文是以特定的諮商事件為研究主題，描述、發現個案在這事件的改變過程，另外，有些研究者探討其他諮商歷程中的重要現象，例如：趙祥和（民 86 ）描述一個個案十次的諮商過程中個案出現的抗拒型態，諮商員對抗拒的處理，以及抗拒處理的結果。鄭如安（民 87 ）由 5 位個案各接受 3-4 次的諮商過程中，截取 60 個個案出現的情緒反應段落，去描述發現個案在諮商中所歷經的情緒再體驗的轉變歷程，並且進一步比較成功與未成功的情緒再體驗歷程的差異，研究者發現個案的情緒成功轉變是有階段性的進展，由關係建立、探索情緒、專注內在狀態、接觸核心情緒、情緒精緻化、到產生洞察。

　　除了探討在個別諮商中個案的改變歷程，有些研究還涉及了其他的諮商形式，例如心理劇、家庭重塑、藝術治療、遊戲治療。林明文（民 81 ）透過逐字稿及訪談資料，呈現一個心理劇中的主角所知覺的被幫助過程，並同時呈現導演在過程中介入處理的決策過程。王行（民 83 ）透過一個四天三夜家庭重塑的工作坊，觀察記錄並且描述整個工作歷程的進展，以及參與在其中成員在過程中的情緒與口語行為的表達，及其中一位成員在歷經九小時的家庭重塑工作中的改變歷程。賴念華（民 83 ）探討一個大學生參加以藝術媒材為輔的成長團體的體驗歷程，她採用 Klein 等人的體驗量表來評定並且描繪出這位成員在體驗層次的變化，發現這位成員在團體中會將感受表達，但無法做到有目的的探索，或是詳細的陳述，這個成員也有過探索、專注於內在，拓展個人覺察、產生洞察的能力。

　　葉貞屏（民 87 ）以六名適應困擾的國小生為對象，各接受

10-20 次的遊戲治療，研究者根據治療的錄影帶做觀察，及與學童的父母、敎師會談的資料，分析出在不同的治療階段，兒童會有不同的遊戲行爲表現，初期時，最常出現不明確和探索式遊戲，間接、模糊顯露兒童的主要問題，中期時，出現不明確、攻擊式、戲劇式遊戲，藉著遊戲表達內在的衝突，進展到後期最常出現創造式、關係式、戲劇和角色扮演、問題消失、穩定進步。兒童在初期採被動語言表達，最常表達出好奇和以非語言回應治療者，到了中期，開始使用主動語言表達，有正負向的情感性非語言表達，而在結束時，都能使用主動的語言表達。

　　不同於完全發現式的去揭露、描述一個諮商中的改變歷程，也有的研究者是帶著特定的諮商理念與特定的工作步驟，然後由個案的改變歷程去檢驗、修正原先的諮商理念，研究者的目的是在建構出一個以事件爲主的諮商工作模式，但採用的研究方法則又不同於傳統的假設驗證，這種歷程的研究典範首先於 Rice & Greenberg（1984）的研究中出現，稱之爲「任務分析法」，特別著重以諮商中的事件（ events or episodes ）爲主題，進行諮商改變歷程的研究。例如：Rice 與 Greenberg（1984）以處理個案的內在衝突爲事件，探討在諮商中個案的內在衝突解決的改變歷程。Greenberg（1984）首先應用「任務分析」（ task analysis ），來進行對諮商中改變事件的研究。在諮商中的改變事件裡，有個案與諮商員的互動，以及一連串複雜的、持續的表現。通常，這一連串的互動的、連續的表現過程會有起點，也有終點。對個案而言，這個由起點到終點的連續過程意謂著一個曾困擾個案的心理事件的完成，而對於治療師，這個有始有終的連續過程則意味著他（她）能帶領個案朝向心理事件的完成，無論是個案或是治療師的一連串表現，都會呈現出一個特定的改變行爲組型（ change pattern ），而個案與諮商員的行爲就貫穿在這個改變組型之內。因此諮商研究者要了解這個特定事件的改變

歷程，就需要仔細地、微觀地去描繪出在這個歷程中，每一個諮商員與個案在臨床眼光來看有意義的行為表現。

　　Greenberg（1984）使用任務分析法進行諮商研究，首先要選取一個個案對自己的某個行為反應感到困擾的心理事件為諮商的任務工作，研究要能界定出當個案出現怎樣的行為表現時（口語行為或非口語行為），就是諮商員判斷可以開始諮商工作的時機，Greenberg稱之為起始行為（marker）。諮商員的工作目標是透過諮商過程，協助個案朝向對於自己的行為反應獲得更深刻的理解，以及擴大對自我詮釋的角度，也使得情緒能夠平復。在這個過程中，個案會有情感性的經驗，也會有認知性的經驗，而個案達到工作任務完成的目標時，也會有特定的行為表現，使諮商員可因此判斷是結束諮商工作的時機，這些行為表現稱之為終點行為。所謂「任務」是指協助個案由標定之起點行為走到終點行為。任務分析法就在分析由起點到終點行為之間包含哪些改變有關的要件（components），並且探討要件之間的關聯及要件出現的組型（patterns）。其目的在建構一個協助個案達成改變的理念模式。

　　任務分析法之實施為要求工作者先描述心目中對案主改變的理念模式，再蒐集真實案主表現的治療歷程與理念模式加以反覆比對，並且修正理念模式，直到可適用在不同的個案身上。其研究步驟如下（Greenberg, 1984; 1992）：

　1.對工作任務的選擇與描述：指的是研究者選擇並描述諮商工作中的起點行為與終點行為。

　2.對任務環境的界定：指的是諮商員所設計的諮商工作環境，包括諮商員設定目標、諮商意圖，諮商技巧等一連串為協助個案由起點行為走到終點行為所涉及的所有行為表現。

　3.理念模式之呈現與分析：指諮商員心中直覺的地圖，是有方向、有步驟地引領個案達到改變的目標，也稱為諮商員的理

念模式。

4. 實徵性分析：指在諮商情境中收集諮商員與個案的資料，加以詳細描述每一時刻的真實表現，再與理想模式比較與驗證，以修正理念模式使之更符合真實的諮商歷程。

5. 模式之建構：指的是藉由新的個案資料的收集與驗證，以及成功與失敗案例改變歷程中要件的比較，來確定模式的有效性。

鄭玉英（民 87 ）針對人際有困難的個案，提出涵蓋 12 個要件的人際因應轉變諮商理念模式，再分別收集四個成功個案、三個未成功個案的諮商全程逐字稿，比對所出現的要件的差異，以及擴充修正原先的 12 個要件爲 19 個要件，再將修正後的諮商理念模式與另外三個成功個案的改變歷程相互檢驗，確定研究者的人際因應轉變模式，她並且發現，這個模式歷經協助個案覺察因應模式後，產生自我疼惜，或是對因應模式做出得失評估後，出現因應模式的改變。

回顧這些論文，可以發現在十年內產生了將近五十多篇的博、碩士論文，研究報告是以所謂的「發現式取向」爲研究策略（ Mahrer, 1988 ）所進行的研究居多，其中又以揭示、展現諮商中個案的改變歷程所佔的數量最多，佔了全部這類研究的 2/3 強。發現式取向爲研究策略是由傳統諮商心理學慣用的實證主義量化研究中所走出的一條不同的路，採用自然觀察的方式，去探究描繪出個案改變的歷程，爲「諮商過程中到底發生了什麼」的疑惑提供了一些解答。但是這些研究都是以少數個案爲研究對象，其中涉及的諮商員也各不相同，所以每個個案的改變歷程都有其獨特處，如何在異中求同，找出個案歷經改變過程中會有的一些共同面貌，並且能說明其適用的範圍，會是研究者需要繼續再努力的方向。

貳、研究方法的回顧

　　回顧過去十年來，國內諮商界在歷程研究方面所採取的研究方法，最多是採用模擬的研究法。模擬諮商研究法（ Counseling analogue research method ）就是在類似的或接近臨床情境的情況下，經過實驗的操弄與處理，評估諮商處理的效果，所著重的是在嚴格控制與操弄模擬諮商情境中的變項。由於模擬研究中的個案並非真實前來尋求協助的個案，而是由研究者根據一些篩選標準挑選出來的受試者，因此研究者可研究感興趣的變項，並且進行實驗控制或操弄，給予受試者不同的諮商處理，然後觀察對受試者反應的影響。模擬諮商研究法雖然與真實諮商情境不同，且其外在效度也被質疑，但卻可以較嚴謹地控制實驗情境，排除無關或混淆的變項，並且能將受試樣本隨機分派到各組實驗情境中，因此，研究的內在效度可以大幅提高。

　　大多數的模擬諮商實驗設計均採用「後測控制組設計」（ The Posttest-Only Control Group Design ），將受試者隨機分派到二或三組，分別接受實驗處理之後，再予以後測，實驗處理是指分別使用二或三種依據實驗情境設計錄製的諮商錄影帶或錄音帶提供給受試觀看。此種實驗方法多用來探討諮商技術的使用，如面質技巧（張秀玉，民 83 ）、諮商員的自我開放（黃湘絮，民 74 ；戴銘怡，民 82 ；吳武烈，民 83 ）、勸告與資訊提供（林維玲，民 83 ）、解釋技術（蕭文、周玉真，民 84 ；張麗君，民 84 ）等，或者是諮商員與個案適配性的研究（林守玫，民 80 ；王蕙蘭，民 79 ）或是案主意圖與互補因素對治療關係形成的影響（李錦虹，民 86 ）。

　　此外，另一種模擬實驗設計為了排除諮商情境變異，以及對諮商員不同反應方式的影響，乃由經過訓練的研究助理人員擔任來談者，和不同的諮商員進行諮商，整個諮商過程均進行實況錄影，再以收集到的錄影帶進行諮商歷程分析。此類研究包括蕭文

（民 82 ）根據五種移情類型預設諮商情境，用來研究諮商員對移情的反應模式、知覺情形與兩者的關係，廖鳳池（民 83 ）則以感情問題、親子溝通問題、生涯探索問題與社團領導問題設計四種諮商情境，用以瞭解諮商員自我認知對諮商關係與諮商行為的影響，這些半真實的諮商研究，控制住諮商的情境與個案的反應，然後觀察諮商員行為的變異，仍然是會有較高的內在效度，而較低的外在效度的問題。

　　模擬的諮商研究固然提供研究者嚴謹的操作情境以瞭解變項之間的關係，然而此類研究一方面提供可操控、可探究因果關係的同時，也造成了研究結果無法類化到真實諮商情境的困難。許多在真實諮商中的複雜情境並不能夠簡化為在實驗室中操弄的少數變項，而且更無法以此就期待受試者會產生與真實個案相同的反應。再者，在這類的研究中，往往因為研究的變項都是較容易觀察的外顯行為，而使得一些也屬於諮商中的重要行為，因為無法被清晰、客觀地界定就被研究者忽略而不去探究了。

　　國內研究者基於認同這些對模擬研究法的批評，近五年來採用這樣的研究法進行諮商歷程研究的數量已經大量減少了，近年來，取而代之的歷程研究是採用自然觀察的質性研究。

　　在研究方法的轉換之間，同時引發大量爭論的是採用何種研究派典才是更貼切的，這樣的爭論不僅在過去二十年間心理學界是重要的主題，在諮商心理學界也產生對選取研究策略多元化的討論（ Howard ， 1984 ），這些爭論涉及了對「人」的研究是不同於對自然界、物理、化學等科學的基本看法，包括人是主動的、有意識的、有目的的，不斷在朝目標調整自己的有機體，人對自己是有主控的，人對事件的認知、看法、假設不斷會影響其對外界的反應，因此，人不能被用一種機械觀來理解，人也不能用一種全然外在客觀的方式被了解、被控制、被預測（ Howard, 1984 ）。研究方法的爭議，事實上帶出來的是對於方法論、知識

論的爭議，甚至於是在科學與哲學的討論。

Hill 和 Cronsky（ 1984 ）也提出諮商心理學中需要有更合宜的假設，例如多元的、多角度的對現象的理解、整合的人觀及對人整體的研究，採取系統觀、互動觀而不再是線性因果觀。歐美的諮商心理學界在 1980 至 1990 年間，開始出現了能與諮商實務現象場更爲貼近的、自然的質性研究（ Hill & Corbett，1993 ）。

國內諮商領域的歷程研究，也跟隨著歐美研究者的腳步，近五年內開始愈來愈多的質性研究出現在博、碩士論文中。這些論文中採用過的研究方法例舉如下：

一、採用單一密集受試設計，研究諮商中的互動行爲

過去研究侷限於探討諮商員與個案互動行爲的類型或是互動行爲發生的頻率，然而諮商研究者更希望瞭解諮商員的行爲與個案的行爲是否會出現特定的互動型態，並進而了解這些互動型態與諮商結果的關係。 Wampold 與 Margolin（ 1982 ）發展出序列分析法來分析互動的型態，將序列分析定義爲一組統計技術，用以考驗諮商員與個案行爲的相互影響，檢驗諮商員或個案的特定行爲，與另一方接著的行爲反應的頻率是否與隨機出現的反應有顯著差異，因此，諮商研究者可以瞭解諮商員與個案之間立即性的互動行爲是否存在特定的組型。 Wampold（ 1986, 1995 ）曾介紹序列分析的幾種考驗方法爲(1)單向考驗：參與者之一（ 如諮商員 ）的某一行爲會影響諮商員或個案的後續行爲，即單向依賴；(2)雙向考驗：諮商員與個案相互影響的歷程，即雙向依賴；(3)支配性：用以瞭解諮商員或個案的行爲反應中何者較能預測對方的後續行爲。

諮商歷程研究採用序列分析的方法，可以明白諮商員與個案互動的狀態，不只是靜態的描述諮商員或是個案的互動特質，更

能清楚兩人相互影響的關係情形，若再結合其它諮商結果的變項，則可進一步說明雙方互動與諮商結果的關係。然而序列分析在諮商的應用上仍有些限制，包括：(1)並非所有諮商處理的效果都會立即出現；(2)無法評量較複雜的序列行為；(3)無法與序列行為間隔較長時間的諮商結果相聯結。(4)序列分析的變項必須是間斷變項，無法同時測量到諮商中的脈絡變項。因此，若要確實了解諮商歷程與結果，仍需回到真實諮商情境中，方能更掌握整個諮商脈絡，以及脈絡對序列行為的影響。

呂承芬（民 86 ）曾以此方法進行諮商歷程中諮商員與個案互動之序列分析研究，蒐集諮商員與個案的口語反應模式，再以序列分析程式進行分析。林瑞吉（民 86 ）亦以兩組諮商案例進行諮商員與個案的口語反應模式、工作同盟與晤談感受的序列分析。相較於採用序列分析的統計法呈現諮商員行為對個案反應之間的直接關聯性，也有一些論文中採用簡單的百分比率計算兩者之間的關聯（許秀惠，民 82 ；李筱容，民 84 ；陳慶福，民 84 ；陳雅英，民 84 ），所提供給研究者的訊息相形之下就少了許多，所以有興趣研究互動行為的研究者，序列分析法是個值得推廣使用的方法。

二、以人際歷程回憶法，研究諮商員與個案的內隱反應

人際歷程回憶法簡稱 IPR ，最早是 Kagan （ 1965 ）用來訓練諮商員在諮商過後，在觀看錄影帶之中能更多覺察自己在諮商當時隱而未察的對自己、及對個案的內隱反應，這個原先是用來訓練諮商員的方法，後來被應用在研究諮商歷程上。 IPR 為一事後回溯的方法，在諮商歷程研究中，扮演收集心理歷程資料的角色。Elliott （ 1986 ）認為 IPR 具有以下特色：

1.進行 IPR 時，需要先將晤談過程錄影或錄音，以此為協助受訪者進行回憶的線索，可以協助刺激喚起先前的記憶。

2. 最慢需要在晤談結束後 48 小時內進行 IPR 的回憶，以時近效應的觀點，這時候還可以對先前的記憶加以回憶。

3. 進行 IPR 時，在某個特定的時間點停下錄影或錄音畫面，以充分描述受訪者在當時的想法或體驗。

4. 訪談員必須協助受訪者儘可能的回到諮商互動的當時進行彼時彼地（ there and then ）的回憶，避免做推論，並區別此時想法與彼時回憶出來的資料。

5. 進行 IPR 時，訪談員表現對於受訪者說話內容的興趣並且保持被動態度，讓參與者感到安全並擁有多部份的控制權，如此往往可以促使受訪者多表露。

運用 IPR 收集受訪者的心理歷程資料，是有一些基本假定存在，當基本假定無法滿足時， IPR 所收集到的資料的效度就會受到質疑，這些基本假定包括：受訪者能夠覺察他在諮商中的經驗與知覺；能夠記憶他在諮商當時的經驗與知覺；能夠用語言描述在諮商當時的經驗與知覺；要有意願向研究者揭露自己在諮商中的經驗與知覺；能夠避免杜撰記憶資料，在沒有任何資料可供描述時，可以避免杜撰資料以滿足研究者的需要且不覺得有壓力；主觀經驗須以「事件」爲依據，而非依據一種整體的、綜合的、後設的經驗或印象等。

IPR 最早是採用半開放式的訪談進行，後來也發展成了量表的形式（ Elliott, 1986 ）。國內多篇論文都是採用 IPR 爲訪談工具來收集諮商員或個案的資料（陳雅英，民 84 ；黃鈺敏，民 84 ；呂承芬，民 86 ），這些論文都由訪談員以半開放問話，收集對諮商員與個案的反應後，或由研究者將這些反應加以歸類，形成反應類別，或是研究者事先選定反應類別的工具，將所收集到的資料歸入這些反應類別之中再進行分析。

使用 IPR 收集諮商員或個案在諮商歷程中的內隱反應（包括感受、隱藏的想法、期待、內在意圖）比只靠事後回憶法回溯，

會使諮商員與個案產生更多回憶的線索，而使研究者獲得豐富的資料，但是 IPR 的限制是存在的，包括遺忘、語言表達的限制、難以完全在回到彼時彼刻的知覺、無法收集到潛意識歷程的資料、會收集到社會期許、杜撰等不合宜的反應等。 Friedlander（ 1992 ）也認為事後觀看錄影帶所產生的反應究竟是否是諮商當時的經驗與反應是值得質疑的，這個批評也是對使用 IPR 效度的嚴重批評。除了 IPR 的使用之外，研究者也會使用其他工具來獲得內隱反應的資料，例如思想清單（ Thought listing ）、放聲思考、以及概念構圖法都是可以參考的工具。

三、發現式取向的個案研究

　　研究者不存預測的想法，開放地觀察在諮商逐字稿中出現的有關個案與諮商員的反應，然後歸納與改變有關的組成成份，以及描繪出改變的流程（陳秉華，民 84 ；陳秉華，民 85 ；陳秉華等，民 87 ；林杏足，民 86 ；劉淑瀅，民 85 ；張英熙，民 87 ；鄭玉英，民 87 ），目的是在呈現困擾個案行為的特徵，以及展現諮商歷程的進展流程的變化。也有的研究者首先確定要觀察的反應及選定相關的觀察工具，開放地觀察個案的行為在諮商歷程中在特定量表或反應類別上的變化（賴念華，民 83 ）。發現式取向的個案研究採用逐字稿進行內容分析，並且在結果呈現時，採用文字的方式敘述，並且配合列舉諮商逐字稿中的資料加以佐證。但是最大的困難是在於資料分析的步驟缺少系統化與精確性，以致於研究者各自採用了自己的資料分析方法，沒有一個明確、一致的準則，而閱讀者也無法由研究報告中獲得充足的資料，可以依循這樣的分析方法與步驟再進行研究，因此，每個研究者都被挑戰，必須要清楚回答是如何選取分析的單位、如何形成對資料歸類的判斷、如何判斷出現改變這些問題，這個資料收集與分析的過程需要被公開檢驗，來確保可信性及可靠性。

四、訪談法

　　藉由對諮商員與個案的訪談爲主要蒐集資料的方式，來深入
探討受訪者的主觀意識經驗，這是一種現象學的研究方法。謝淑
敏（民82）以十對諮商員與個案爲對象進行深度訪談，以瞭解
諮商歷程中個案與諮商員認定的好時機與其帶來的結果。許玉佩
（民84）訪談26位諮商員，探討諮商員情緒自我覺察的經驗內
涵與對情緒反應的因應方式，陳金燕（民85）則針對31位諮商
員進行訪談，以了解其對自我覺察的主觀詮釋。張學善（民87）
訪談21位諮商員，瞭解在諮商中的反移情反應、原因、因應方
式與影響。謝秋雯（民87）訪談六名初始諮商員瞭解新手在諮
商過程中常見的不適當行爲。林俊德（民87）訪談五位準諮商
員，用來瞭解準諮商員於初次晤談中的完美主義思考、行爲與情
緒感受等。

　　以上這些研究透過訪談的方式收集到資料，再由研究者與協
同研究人員進行開放性編碼，建立歸類系統，有些研究也能提出
編碼者之間的一致性的資料，但是許多研究對於如何進行編碼，
如何形成歸類的類目，編碼者如何達成共識，並沒有提供清晰具
體的說明，以致於在方法的嚴謹性上是有欠缺的，成爲處理質性
資料的問題。因此，採用質化研究者十分需要提供資料分析的方
法是清楚的、有步驟的、有系統的、可複製的，能夠合乎科學的
嚴謹標準。

參、結語

　　諮商的研究是一種應用科學的方法於諮商領域的應用性研
究，而諮商歷程研究所關切的焦點更集中於應用科學方法來探究
諮商中發生了些什麼，以及提出爲何會發生的解釋，並且期待這
些研究結果能夠被諮商實務工作者參考與使用，使得諮商研究與

實務工作得以攜手並行。

　　歷程研究的結果最重要的目的之一是在回饋諮商工作者更多了解諮商中諮商員/個案的行為有些什麼變化？諮商員與個案是怎樣在一起互動的?諮商員所經營的情境及使用的策略、步驟、技術會如何影響個案的行為，甚至使個案產生正向改變？到目前為止累積了這些為數不少的研究結果，我們不禁也要問這些知識對於諮商實務的助益為何？是否直接或間接地增加了實務工作者對處理個案的知能？是否因著對改變歷程的理解使得實務工作者更知道如何有方向地引領個案達到成功的目標？研究工作者是否能夠將個案成功的改變歷程發展成諮商中的引導步驟，或甚至形成諮商工作的改變理念模式，使得理念的建構是更能貼近真實諮商的現象場？在這些方面我們的諮商界是否因著研究取向的轉換、研究方法的擴增、研究結果數量的增加而有所進展？使得研究工作者與實務工作者的合作比以前更密切？使得我們對改變的理解能更多直接進入諮商員與個案的現象場，看重諮商員與個案理解的經驗，而不是再自恃著由研究者的眼光來做判斷？

　　在回顧了過去十年來，國內輔導學術界所完成的有關歷程研究的論文之後，筆者得到以下幾個結論，也同時提出了一些未來研究需要注意的意見：

一、研究典範的轉移

　　諮商歷程研究由使用模擬實驗研究法、相關研究法這些量化的研究轉移到採取自然的、開放的、描述的質化研究（Hill, 1984; Mahrer, 1988），去觀察、分析真實諮商錄音逐字稿中出現的有關諮商員與個案的行為，有助於打開諮商室「黑盒子」的秘密，而使得諮商過程的面貌得以真實地被呈現出來。此外，訪談法、IPR 的技術使用、概念圖的使用等，對於增加對個案與諮商員的

認知內隱歷程以及內在經驗的瞭解是很有幫助的。使用任務分析法（ Rice & Greenberg, 1984 ）去建構諮商工作者改變個案、達到既定目標的諮商地圖與具體作法，對於實務工作者而言無疑是一個結合研究者與實務者模式的研究方法。

二、研究問題的轉移

　　近年來的歷程研究問題除了探討諮商技巧及其有效性之外，更多開始涉及探討重要事件、工作同盟、諮商員的意圖與行為、個案的內隱反應與行為、有利於或不利於諮商進展的諮商員或個案的行為等。由以上的研究問題看到，研究者不只再著力探討諮商員使用的技巧，有許多研究者使用認知中介模式（ Hill, 1992 ）來探究諮商歷程中內隱與外顯變項之間的關係，不同的研究者取了這中介模式中不同的變項為研究焦點，去瞭解彼此之間的關連性，到目前為止，這些研究因為變項的選取各自不同，所以不同研究結果之間尚無法互相比較，也還不容易看出有一致性的結論。此外，個案的改變歷程是另一個新興的研究問題，吸引了不少研究者投入，這些研究者通常會選取以事件為研究分析的單位（ Rice & Greenberg, 1984; Greenberg, 1986 ），觀察在諮商中處理的特定事件，諮商員所做的，協助個案達到了哪些改變，研究者並描繪出個案改變的路徑或階段，也企圖辨認出個案改變路徑中的重要成份或要素。

三、研究資料來源的轉移

　　相較於採取自然觀察、探究分析諮商錄影、錄音帶或逐字稿中的個案與諮商員的行為，與透過訪談的方式瞭解諮商員與個案的內在經驗，前者是更接近於研究者用一種旁觀的、客觀的的方式來分析個案與諮商員所表現的外顯行為及外顯行為的變化，後者則更進入諮商員與個案的內在現象場去瞭解他們個人的主觀

經驗。目前有些研究者會同時收集多種的資料來源，包括研究者
與評斷者等第三者，及個案、諮商員的主觀報告資料，但是研究
幾乎沒有報導如何處理來自不同資料來源所產生的差異或矛
盾。目前國內的諮商歷程研究，研究者著眼於瞭解在諮商過程
中，諮商員或個案的主觀詮釋的經驗很少，這樣的研究會是有價
值的，常常可以為研究問題展開新的觀點。

四、研究結果的不可推論性

　　雖然量化的研究典範經常被批評與質疑的是把資料累積與
平均化的處理方式，會失去了諮商歷程中的獨特性，統計上累加
與平均所得到的結果也無法適用到單一的個案身上，而諮商過程
又是如此強調個案與諮商員兩人所共同建構出的諮商情境，因
此，每個歷程都有獨特性是需要被重視的，而質化研究的使用目
的之一就在克服過去忽略個別差異的問題。目前所完成的質性歷
程研究，可以發現全部都是採取小樣本為研究對象，根據少數諮
商員與少數個案的諮商資料進行分析與歸納彙整，找出一個諮商
改變的途徑，這個改變途徑看起來是跨個案的發現，但是會受到
研究中少數諮商員及個案的特殊性的限制，而使得研究結果到底
可以適用推論到什麼程度是無法得知的。因此，繼續重複小樣本
的研究不斷累積研究結果，區辨研究結果可以類推的程度與範
圍，是需要被注意的。

五、內在效度與外在效度可以兼顧嗎？

　　目前的研究資料愈多直接採用真實的諮商及逐字稿，愈少採
用模擬實驗設計，以減少結果在外推效度上的困難。但是不可否
認的，當研究者完全不操弄、不控制任何諮商歷程中的變項，也
就無法解釋何以歷程中發現的某些成份或因素的確會影響個案
改變。Gelso（1979）稱為這是作研究的嚴謹性與關連性之間的

挣扎，Tracey（1991）認為這其實也就是研究內在效度與外在效度之間取捨的問題，他指出事實上一個好的研究必非完全不能同時兼顧內在與外在效度，研究者仔細選取出所要研究的「典型」個案、「典型」諮商員，以及「典型」的諮商情境（典型是指與真實的接近性高、具有代表性），將可以減少因為小樣本而產生的類推上的問題，這個看法即使對於目前採取少量個案研究的設計也是很好的提醒。

六、理論模式的驗證與發現取向研究孰重孰輕？

自從西方的諮商心理學者提出發現式取向的研究典範（Elliott, 1983; Hill, 1982; Mahrer, 1988; Rice, 1992），主張研究者要回到實際的諮商歷程，來探查、顯露出歷程之中的重要要素，然後再植基於這樣的瞭解之上發展出有關改變的理論。他們有感於在諮商歷程領域的研究發展仍然很稚嫩，現有的粗淺知識並不足以形成好的理論，因此要由理論衍伸出假設，以假設驗證的方法來進行研究是不合宜的。國內的諮商歷程研究學者也呼應這樣的看法，而開始介紹並且討論發現式的研究取向與研究的方法（陳秉華，民 83 ；蕭文，民 83 ）。但是西方學者們也提出提醒，諮商歷程研究不能只停留在發現的階段，也需要在這發現的過程中進一步地辨認出重要的變項，如果在發現性的歷程研究中完全沒有提供研究者後續研究值得注意哪些變項的資訊，則自然發現式的研究仍然不能累積出對研究者及實務工作者都有用的知識。當知識的累積到了一定的程度，理論或模式的發展、建構，以及著手理論或模式驗證的研究勢必需要展開（ Tracey, 1992 ），兩種研究典範的研究都是有用的，並不需要相互排斥（ Hill, 1992 ）。對於國內近年來，在諮商歷程研究方面愈來愈多研究者採用自然發現的質的研究方法是一個好的現象，但是對於未來當這樣的研究結果在逐漸累積的過程中，

研究者也要從中去發現所浮現出的歷程要件或重要變項，使研究者得以將研究問題更聚焦，設計出在嚴謹度上更高的研究。

七、質的研究與量的研究可相容嗎？

到底邏輯科學實證論的假設驗證研究，與強調自然現象觀察的研究取向，或甚至更強調被研究者的主體性，被研究者的行為都是有意識、有意圖的，因此更是要運用現象學的方法去研究諮商員與個案的主觀經驗，這些不同的研究取向之間是否可能有相融？還是彼此之間是完全對立、矛盾的？西方學者也在近十多年間，當質性研究在行為科學中登堂入室之後展開了許多討論，有些人主張無論量的研究或是質的研究都需要符合一致的信度與效度的標準，質性研究也需要講究發展一定的構念建構的程序來符合這些標準，然而也有一些研究者認為質的研究與量的研究是兩種完全不同的邏輯與思維方式，根本不應該用同一個尺度標準去衡量質性研究的結果是否被接受，只要取決於獲得讀者理解的共識就可（ Rennie & Toukmanian ， 1992 ）。研究者在這多元化的研究取向選取中，了解自己所佔的科學哲學的基礎以及檢核的標準，也能不斷反省自己在從事研究活動中隱藏的對科學的信念是十分重要的。

面對未來，繼續發展多元化的研究典範是一個被期待發展的方向，不同的研究可以採取不同的研究取向，不同取向的研究者可以在一個研究中共同合作，甚至在同一個研究中，可以考慮同時併用不同的研究取向，這些作法都在增加對諮商研究多面向的探討與理解。諮商歷程研究需要繼續有對理論專精、對研究專精與對實務專精者的共同分工合作，這樣的研究結果才會被諮商實務工作者更接受為是可應用的，有參考價值的，也才能夠對建構理論或模式有直接的貢獻。諮商歷程研究需要維持不斷地對不同問題有系統地，再深入地探究，知識才得以被累積，產生更充分

的瞭解。目前國內大多數的研究者在完成了一個主題的研究後，常常就中止了研究活動，或是很快地更換了研究的題目，使得知識無法透過持續有系統的研究活動而累積起來是很可惜的，彙集起研究工作者的力量，以及持續的投入研究工作，是未來要繼續努力的目標。

參考書目

一、中文部分

王行（民 83）「家庭重塑」團體成員獲益經驗及個案改變歷程模式之研究。台北：心理出版社。

王蕙蘭（民 79）諮商員與當事人概念適配性之影響研究。國立台灣師範大學教育心理與輔導學系碩士論文。

吳武烈（民 83）諮商員自我開放對諮商效果之影響。國立彰化師範大學輔導系碩士論文。

呂承芬（民 86）諮商歷程中諮商員與當事人互動之序列分析研究。國立台灣師範大學教育心理與輔導學系碩士論文。

李孟珍（民 84）從娼少女個別諮商歷程之探討。國立政治大學心理系碩士論文。

李筱容（民 84）初期晤談工作同盟的建立—治療者的意圖與反應模式分析。國立台灣大學心理研究所碩士論文。

李錦虹（民 86）案主意圖與互補因素對治療關係形成的影響。國立台灣大學心理系博士論文。

林守玫（民 80）諮商員理論取向與當事人心理類型之適配性研究。國立台灣師範大學教育心理與輔導學系碩士論文。

林杏足（民 86）諮商中當事人自尊改變歷程之分析研究。國立彰化師範大學輔導學系博士論文。

林明文（民 81）心理劇的導演決策歷程與主角的改變—一個心理

劇團體的個案研究。國立台灣師範大學教育心理與輔導學系碩士論文。

林俊德（民 87）準諮商員於初次晤談中有關完美主義思考與相關行為之分析研究。國立彰化師範大學輔導學系碩士論文。

林瑞吉（民 86）諮商員與當事人的口語反應模式、工作同盟與晤談感受之分析研究—以兩組諮商案例進行序列分析。國立台灣師範大學教育心理與輔導學系碩士論文。

林維玲（民 83）勸告及資訊提供技術影響高職生對諮商員效能、同理心及求助意願評估之研究。國立彰化師範大學輔導學系碩士論文。

洪雅鳳（民 87）當事人依附、工作同盟與晤談感受之相關研究。國立彰化師範大學輔導學系碩士論文。

徐意智（民 85）諮商員效能、當事人自我效能與諮商滿意度的相關研究。國立台灣師範大學教育心理與輔導系碩士論文。

張秀玉（民 83）面質技巧影響專科生對諮商員效能評估之研究。國立彰化師範大學輔導學系碩士論文。

張英熙（民 87）身心障礙兒童母親罪惡感之諮商歷程研究。國立彰化師範大學輔導學系博士論文。

張學善（民 87）諮商員反移情之分析研究。國立彰化師範大學輔導學系博士論文。

張麗君（民 84）諮商原汁解釋型態與當事人心理抗拒程度交互影響作用之探討。國立彰化師範大學輔導學系碩士論文。

許玉佩（民 84）諮商員對諮商歷程鍾情序的自我覺察與因應方式之分析研究。國立彰化師範大學輔導研究所碩士論文。

許秀惠（民 82）諮商歷程中諮商員意圖與口語反應之分析研究。國立彰化師範大學輔導學系碩士論文論文。

陳秉華（民 83）諮商改變歷程的研究新典範專題演講，諮商歷程研究學術研討會，彰化。

陳秉華（民 84 ）諮商中大學生的心理分離-個體化衝突改變歷程
　　研究。國立台灣師範大學教育心理與輔導學系，教育心理學
　　報，28，145-176。

陳秉華（民 86 ）自我統合改變歷程個案研究。國立台灣師範大
　　學教育心理與輔導學系，教育心理學報，29，1-42。

陳秉華、黃素非、李島鳳、張莉莉（民 87）心理與信仰的整合-
　　一個諮商歷程的個案研究。宇宙光全方位關懷中心主辦，
　　「1998 年宇宙光全人輔導健康家庭研討會」。台北。

陳金燕（民 85 ）諮商實務工作者對「自我覺察」的主觀詮釋之
　　研究。輔導學報第十九期。國立彰化師範大學輔導學系。

陳斐娟（民 85 ）諮商歷程中的重要事件、工作同盟與諮商結果
　　之分析研究。國立彰化師範大學輔導學系博士論文。

陳雅英（民 84 ）印象深刻事件中當事人意圖知覺與當事人內隱
　　反應之分析研究。國立台灣師範大學教育心理與輔導系碩士
　　論文。

陳慶福（民 84 ）諮商員與當事人在諮商過程中的同盟、口語反
　　應模式與晤談感受之研究。國立彰化師範大學輔導學系博士
　　論文。

陳慶福、謝麗紅（民 83 ）初始諮商員與當事人在晤談過程中之
　　口語互動與晤談感受分析研究。諮商歷程宜就學術研討會手
　　冊，1-35。國立彰化師範大學輔導研究所印行（未出版）。

黃宜敏（民 86 ）一個諮商故事—僵局的建構與轉變。國立台灣師
　　範大學教育心理與輔導系博士論文。

黃啓翔（民 87 ）專業諮商員與新手諮商員在概念構圖上所呈現
　　之知識結構的差異比較研究。輔仁大學應用心理研究所碩士
　　論文。

黃湘絮（民 74 ）當事人對諮商員的自我開放行為評估之研究。
　　國立台灣教育學院輔導研究所碩士論文。

黃鈺敏（民 84 ）低一次晤談的諮商結果與發生的重要事件、諮商員的介入及當事人的反應之分析研究。國立台灣師範大學教育心理與輔導系碩士論文

楊玄如（民 84 ）個案正負向訊息的次序、訊息呈現的時段與諮商經驗，對判斷個案心理健康之影響研究。國立台灣師範大學教育心理與輔導系碩士論文。

楊淑珠（民 85 ）諮商新手與專業諮商員對當事人的概念形成及差異比較研究。國立台灣師範大學教育心理與輔導系碩士論文。

楊淑珠（民 85 ）諮商新手與專業諮商員對當事人的概念形成及差異比較研究。國立台灣師範大學教育心理與輔導系碩士論文。

楊幹雄、許文耀、柯荊梅（民 82 ）短期心理治療過程評估。中華心裡衛生學刊，6(1)，67-87。

葉貞屏（民 87 ）兒童中心式遊戲治療中兒童問題改善歷程研究。國立台灣師範大學教育心理與輔導系博士論文。

廖鳳池（民 83 ）諮商員自我認知對諮商關係暨諮商行為影響之研究。國立台灣師範大學教育心理與輔導系博士論文。

趙祥和（民 86 ）諮商中的抗拒研究。國立台灣師範大學教育心理與輔導系碩士論文。

劉淑瀅（民 85 ）已婚婦女在家庭事件中的生氣情緒諮商之改變歷程分析研究。國立彰化師範大學輔導學系博士論文。

鄭玉英（民 82 ）家庭重塑的轉化過程——一場家庭重塑的個案研究。東吳大學社會學報，2，117-146。

鄭玉英（民 87 ）人際因應諮商模式之理念模式的建構。國立台灣師範大學教育心理與輔導系博士論文。

鄭如安（民 87 ）諮商歷程中當事人情緒再體驗之分析研究。國立高雄師範大學輔導系碩士論文。

蕭文（民82） 諮商員對當事人情感轉移的知覺與反應模式之分析研究。國立彰化師範大學輔導學報，第16期，67-91。

蕭文（民 83 ）諮商歷程研究在諮商實務上之省思。專題演講，諮商歷程研究學術研討會，彰化。

蕭文、周玉眞（民 84 ）諮商員使用解釋技術與當事人行爲反應之關係研究。國立彰化師範大學輔導學系輔導學報， 18 期， 127-162 。

賴念華（民 83 ）成長團體中藝術媒材的介入：一個成員體驗的歷程分析。國立台灣師範大學教育心理與輔導系碩士論文。

戴銘怡（民 82 ）諮商員的自我開放對諮商效果的影響。國立彰化師範大學輔導學系碩士論文。

謝秋雯（民 87 ）初始諮商員不適當行爲之分析研究。國立彰化師範大學輔導學系碩士論文。

謝淑敏（民 82 ）諮商歷程中好的時機之分析研究。國立台灣師範大學教育心理與輔導系碩士論文。

二、英文部分

Beutler, L.E. & Hill, C.E. (1992). Process and outcome research in the treatment of adult victims of childhood sexual abuse: methodological issues. Journal of Consulting and Clinical Psychology, 60, 204-212.

Bordin, E.S. (1979). The generalizability of the psychoanalytic of the working alliance. Psychotherapy: Therapy, Research and Practice, 16, 252-260.

Elliott, R. (1983). Fitting process research to the practicing psychotherapist. Psychotherapy: Theory, Research, and Practice, 20, 47-55.

Elliott, R. (1984). A discovery-oriented approach to

significant events in psychotherapy: Interpersonal process recall and comprehensive process analysis. In L. Rice & L. Greenberg (Eds.) Patterns of Change (pp. 249-286). NY: Guilford.

Elliott, R. (1985). Helpful and nonhelpful events in brief counseling interview: An empirical taxonomy. Journal of Counseling Psychology, 32(3), 307-322.

Elliott, R. (1986). Interpersonal process recall (IPR) as a psychotherapy process research method. In L. S. Greenberg and W. M. Pinsof (Eds.). The psycho-therapeutic process: A research handbook (pp. 503-527). NY: The Guild Ford.

Friedlander, M.L. (1992). Psychotherapeutic process: About the art, about the science. Journal of Counseling and Development, 70, 740-741.

Gelso, C.J. (1979). Research in counseling: Methodological and professional issues. The Counseling Psychologist, 8(3), 7-35.

Greenberg, L. (1984). Task analysis of interpersonal conflict resolution. In L. Rice & L. Greenberg (Eds.) Patterns of Change: Intensive analysis of psychotherapy process. (pp. 27-65). NY: Guilford Press.

Greenberg, L.S. (1992). Task analysis: Identifying Components of Intrapersonal Conflict Resolution. In S. G. Toukmanian & D. L. Rennie (Eds.) Psychotherapy Process Research. (pp. 22-50). NY: Sage Publications.

Heppner, P.P., Kivlighan, D.M. & Wampold, B. E. (1992). Research design in counseling. Brooks/Cole, A division of International Thomoson Publishing Inc.

Hill, C.E. (1992). An overview of four measures developed to test the Hill process model: Therapist intentions, therapist response modes, client reactions, and client behaviors. Journal of Counseling and Development, 70, 728-739.

Hill, C.E. & Corbett, M.M. (1993). A perspective on the history of process and outcome research in counseling psychology. Journal of Counseling Psychology, 40(1), 3-24.

Hill, C.E. & Gronsky, B. (1984). Research: Why and how? In J. M. Whiteley, N. Kagan, L. W. Harmon, B. R. Fretz, & F. Tanney(Eds.). The coming decade in counseling psychology (pp. 149-159). Schenectady, N.Y.: Chacter Research Press.

Hill, C.E. (1982). Counseling process research: Philosophical and methodological dilemmas. The counseling Psychologist, 10(4), 7-20.

Howard, G.S. (1984). A modest proposal for a revision of strategies for counseling research. Journal of Counseling Psychology, 31(4), 430-441.

Mahrer, A.R. & Nadler, W.P. (1986). Good moments in psychotherapy: A promising research avenues. Journal of Consulting and Clinical Psychology, 54, 10-15.

Mahrer, A.R. (1988). Discovery-oriented psychotherapy research: Rationale, aims, and methods. American Psychologist, 43, 694-702.

Markus, H. (1977). Self-schemata and processing information

about the self. Journal of Personality and Social Psychology, 35(2), 63-78.

Martin, J. (1990). A Rationale and proposal for cognitive-mediational research on counseling and psychotherapy. The Counseling Psychologist, 17, 111-135.

Orlinsky, D.E. & Howard, K.I. (1986). Process and outcome in psychotherapy. In S. L. Garfield & A. E. Bergin(Eds.) Handbook of Psychotherapy and Behavior Change. (pp. 311-384). John Wiley & Sons.

Orlinsky, D.E. & Russell, R.L. (1994). Tradition and change in psychotherapy research. Notes on the Forth Generation in R. L. Russell (Ed.) Reassessing Psychotherapy Research. N.Y.: The Guilford Press. .

Orlinsky, D.E., Grawe, K. & Parks, B.K. (1994). Process and outcome in psychotherapy—noch einmal. In A. E. Bergin & S.L. Garfield (Eds.) Handbook of Psychotherapy and Behavior Change (4th) (pp. 270-348). John Wiley & Sons, Inc.

Rennie, D.L. & Toukmanian, S.G. (1992). Explanation in psychotherapy process research. In S.G. Toukmanian & D.L. Rennie (Eds.) Psychotherapy process research: Paradigmatic and narrative approach. Sage Publications, Inc., CA.

Rice, L.N. (1992). From naturalistic observation of psychotherapy process to micro theories of change in S.G. Toukmanian & D.L. Rennie (Eds.) Psychotherapy process research: Paradigmatic and narrative approach.

Sage Publications, Inc., CA.

Rice, L.N. & Greenberg, L.S. (1984). Patterns of Change: Intensive analysis of psychotherapy process. The Guildford Press.

Tracey, T.T. (1991). Counseling research as an applied science, in C.E. Watkins, Jr. & L.J. Schneider. (Eds.) Research in Counseling. NJ: Lawrence Erlbaum Associates, Inc.

Wampold, B.E. & Margolin, G. (1982). Nonparametric strategies to test the independence of behavioral states in sequential data. Psychological Bulletin, 92, 3, 755-765.

Wampold, B.E. (1995). Analysis of behavior sequences in psychotherapy. 諮商研究研討會，台北。

Wampold, B.E. & Roll, R. (1986). Sequential analysis program. Unpublished computer program, University of Oregon, Eugene.

學習輔導的現況與展望

黃德祥、魏麗敏

壹、學校教育與學習輔導問題

　　學校教育的目的在於培養五育均衡發展的國民，在各級學校之中，學生的首要任務就是學習。基本上，認知、情意與行為是學生學習與個體充分發展的三個主要領域，但認知學習又是各種學習的核心所在。以中小學而言，學生都是正在成長與發展中的個體，建構良好的學習環境、進行有效的教學，以及協助學生提高學習的效果與增進學業成就，是教育工作者的職責所在。

　　在傳統的中小學教育中，一直把學生的學習視為學科教學老師的責任，但在中小學實際情境中卻可發現，一般的學科教學老師即便認真教學，而且能掌握教材與學生學習程度，但仍然可見學習效果不佳、低學業成就、留級、中途輟學，甚或被退學的學生。即以教育部的資料顯示，長期以來，我國在國民教育階段中途輟學的學生人數，一直維持在 5000 人至 10000 人之間，顯示學生學習、學校教育與教育行政督導上，都可能出現問題。每年有如此之多的學生顯現高度的學習挫敗，毋寧是學校教育與輔導工

作需要正視的課題。

學習輔導（ learning guidance ）與志業輔導（ career guidance ）及生活輔導（ personal guidance ）一直被認為是學校輔導工作的三大內涵。最近幾年來，隨著社會變遷與工商企業的發展，協助學生瞭解自我、認識工作世界、作志業探索與生涯規劃的志業輔導工作的理論與實務在國內平均蓬勃發展。以協助學生自我瞭解、自我悅納、自我肯定與自我發展的生活輔導相關研究與實務工作，亦一直持續受到關注，且有極豐富的成果。唯獨學習輔導，不論在理論建構、學術研究與實務工作推展上，都相對的比其它兩個輔導工作領域為弱。其可能原因在於：

（一）傳統上輔導員教育忽略學習輔導：

以國內輔導本科系而言，目前在大學階段「學習輔導」的課程僅有二學分。由於在輔導員訓練階段學習輔導就非主流科目，輔導員教育機構也有意無意地忽視學習輔導，使得學生畢業後真正從事輔導工作時也不甚重視。此一情況，在國外亦同時可見。

（二）輔導人員力有未逮：

不論國內外，中小學學生偏差行為問題目前一直是學校教育與輔導工作棘手的課題，學生吸煙、吸毒、未婚懷孕、情緒困擾、自我傷害、自殺、同儕衝突、攜帶刀械等行為問題層出不窮，使得教育主管單位與學校教育與輔導人員，均將這些學生問題列為首要輔導的事項，甚至可能疲於奔命，而排擠學習輔導工作的推展。

（三）學習輔導的理論與技術發展仍有不足：

與志業輔導及生活輔導相較，除教育心理學的相關研究之外，特別針對學生學習困難診斷與輔導，以及積極協助學生提高學業成就的學習輔導理論仍不多，而與其相關的技術與策略亦不足，所以在學校輔導實務工作上，學習輔導不論在理念溝通與實務推展上都受到限制。

（四）學習輔導與一般教學定位不清：

　　學生在學習上的挫敗常與學科學習效果不佳有關。如果要改善學生的學習效果，有必要取得授課教師的合作，或輔導教師本身亦需具學科知能，才能有效地協助學生。但在當前班級教學情況下，學生本身無多餘時間接受學習輔導，學科教師本身教學亦甚忙碌，同時一般輔導教師人力有限，對眾多學科內容又所知有限，因此，誰應承擔學生學習挫敗的學習輔導責任亦不容易釐清，因而使學習輔導工作推展不易。

（五）學習輔導相關資源有限：

　　目前有關志業與生活輔導的教科書、圖書、手冊、錄音與錄影帶、工作坊與研討會極為豐富，針對某一特殊課題的輔導（如，防止藥物濫用、防止自殺）相關資源亦頗充足，但相對的學習輔導所擁有的資源卻甚為有限，針對特殊學習困擾的輔導，如，有效的學習化學、物理、英文、或有效的記憶術等相關題材，更形不足，使得學習輔導的發展與應用亦有所不足。

貳、學習輔導的理論發展

　　事實上，學習輔導的相關理論與策略應用並並全然匱乏，與輔導及諮商工作密切相關的教育心理學，近年來有關學習的探究成果豐富，且理論不斷創新，如能妥善加以應用，當可作為拓展學校學習輔導的重要資源。

一、學習的意義與要素

　　學習是個體經由演練或體驗而產生持久改變的歷程。學習的相關原理與原則向來是心理學與教育心理學者最為關注的課題，學習的性質、學習的過程、學習的方法，以及與學習效果有關的記憶、思考與語言、心智歷程、動機、情緒與人格，也一直是心理學與教育相關研究的熱門主題。

　　整體而言,影響學生學習效果的因素非常複雜,以 Entwistle (1988)的論點來看,影響學生學習效果的因素主要可以歸納為三個主要因素:(1)學生的特質:學生是學習的主體,學生本身的知覺、知識、智慧、認知風格、人格、動機、讀書習慣與方法等,與其學習成就關係密切。(2)教學的特質:教師在教學上的表現也與學生學習效果有關,教師的教學層次、進度、結構、解釋、熱忱、同理心與教學方法及教學輔助器材的使用等,對學生的學習結果有立即的影響。(3)機構或環境的特質:教學相關的情境因素亦與學習效果有關,包括:學習回饋、學習負擔、學習的自由程度、對學習技巧的支持、學習題材的使用,以及專業或知識基礎等。

　　學生的學習成就並非單一因素所造成,而是教學者、學習者與環境三者交互作用的結果,基本上,學生是可以在妥善的教學規劃與有效的學習輔導環境中,獲得較高的學習成就 (黃德祥,民 84)。

二、新近學習輔導理論的發展

　　由於學習輔導在整體學校輔導工作中屬於弱勢的一環,也因此,在輔導專業書籍中,對於學習輔導的理論建構與實務運用,均極為有限,不過最近在教育心理學上,有關學習輔導及認知歷程有關的理論均呈現蓬勃發展的趨勢,有頗多可資參考之處。以下是個重要發展領域:

(一)學習風格與認知風格的研究

　　學習風格 (learning styles)係指個體在學習時所顯現的一種態度 (manner)或習慣,也是個體知覺能力與對學習環境作反應所形成的學習模式 (Dunn et al., 1989)。學習風格的探究曾於 1980 年代盛極一時,學者認為學習風格也是一種學習偏好 (learning preferences),是個體對環境刺激 (聲光、

溫度）、情緒刺激（堅持、動機）、社會刺激（同儕、成人、團體）、物理刺激（知覺強度、五官功能）、心理刺激（分析、綜合、衝動）等五大類刺激的總體表現（Rayner & Riding, 1997）。整體而言，學者相信，由於個體特質不同、智力與認知能力水準各不相同，因而在學習偏好上就呈現極大的個別差異，不同學習風格並非相對的優劣。對教育與輔導工作者而言，能安排適切的環境，配合學習者的學習風格，並協助學習者形成較有利的學習型態，將有助於提高學習者的學習效果。

以 McCarthy（1980; 1990）所建構的 4MAT 系統學習風格論點為例，他認為學習者有個人偏好的學習風格與不同的左右半腦訊息處理歷程，教師可以設計與使用多元教學策略，依照他所提出的學習風格系統架構，協助學生改變學習狀況及增進教學效果。

McCarthy（1990）認為學習者在訊息處理上各有不同，有些人偏向感覺與情感（sensing/feeling），會注意實際的個人體驗，會將自己投射至現時之中，主要依賴感官進行學習。另有人依靠思想進行學習，偏向思考的學習者傾向將現實或實體抽象化，會分析發生的事物，並作邏輯判斷與推理。另外，有人在學習上偏向行動或動作（doing），需要自己實作，才能獲知經驗、處理訊息，此外亦有人偏向注意或監視（watching），會思考新的事物、依照自己的經驗篩選資訊，並創造意義。此四個向度分處四個極端，但是屬於連續體（continuum），而非互相排斥，由此四個向度的學習偏好，就形成圖一的四個主要學習類型。

想像型的學習者通常具體的知覺資訊，並加以深思與想像，他們注重傾聽與分享，會依照自己的經驗統整自我並追求工作和諧與個人的投入與承諾，但難作決定。分析型的學習者，則以抽象與深思熟慮的方式處理資訊，透過理念進行思考，注重細節與探究到底，通常較為冷靜、冷淡，但也常會尋求智能與學業成就。

圖一：四個主要學習風格類型
（資料來源：McCarthy, 1990, p.32）

常識型的學習者會將理論與實務加以統整，會運用常識作為訊息處理的基礎，注重實用與問題解決的價值，較具技巧傾向。動態型的學習者通常依照嘗試錯誤進行學習，對新事務充滿熱情，能將經驗與應用加以統整，通常對改變適應力較強，也較會涉險。McCarthy（1990）再據以形成 4MAT 體系的學習風格架構，學生主要可以區分為「意義建造者」（meaning maker）、「理解者」（comprehenser）、「創新者」（innovator）與「內容與技巧使用者」（user of content and skills）四大類。對意義建造型的學生教師要能協助聯結學習內容與生活、尊重學生的多樣性；對理解型的學生，教師要能將知識作有意義的聯結；對創造型的學生，教師要能鼓勵自我探索、尊重學生的創意；對於內容與技巧使用型的學生則要鼓勵發展基本的技巧，與統整學過的教材。基本上，McCarthy 的理論在於強調學生各有不同的學習風格，學校應佈置適當的學習環境，教師更要配合不同學生的學習風格，提供不同的教學方法與學習輔導策略，才能協助學生提高學業成就。

　　學習風格的相關評量工具在國外可說琳瑯滿目，主要有「學習風格量表」（The Learning Styles Inventory）（Kolb,

1984)、「學生學習風格量表」(Student Learning Styles Scale)
(Jonassen & Grabowski, 1993)、「學習風格問卷」(Learning
Styles Questionnaire)(Honey & Mumford, 1986)、「學習
風格量表」(The Learning Styles Inventory)(Griggs, 1991)
等。

至於認知風格(cognitive styles)則是另一項與學習風
格原理原則相近,也是甚受關注的課題。認知風格是指個體在訊
息處理上,其知覺歷程、思考與問題解決、策略運用等認知表現
上所形成的個別差異狀況。

認知風格的探究也傾向依個體認知傾向區分為不同向度與
類型,同樣可做為學習輔導及一般教學的參考。Witkin et al.
(1997)甚早將學習區分為場地獨立與場地依賴(field-
independence or field-dependence)兩個主要類型,係指學習
者在學習上的背景依賴與否的偏好,場地獨立者通常就能主動分
析與作知覺區分、喜歡獨立的活動、自我界定目標、較具內在動
機,以及能建構或重新建構自己的學習。反之,場地依賴者就偏
向群體學習、喜歡與他人互動、較高的外在酬賞需求、需要他人
導引,以及明顯的成就目標或確切的、有結構化的學習方式。場
地獨立與場地依賴最著名的是藏圖測驗(Embedded Figures
Test, EFT),國內有吳靜吉教授的修訂本,及相關的系列研究
報告。

另有學者將認知風格依個體的知覺方式區分為二大向度的
類型,第一個向度是整體與分析(Wholist-Analytic),第二
個向度是口語與想像(Verbal-Imagery)。前一向度指學習者
在訊息處理歷程中傾向於整體或部分,後一向度係指學習者在訊
息處理歷程中是以口語思考為主或心理圖像(mental pictures)
為主。另有學者從分心與抗拒干擾、認知寬或廣、衝動與慎思、
自主與重建、擴散與聚類、適度與創新、推理與真實、抽象與具

體、口語與視覺等不同方式探討個體的認知風格（ Rayner &
Riding, 1997 ）。相關的評量工具亦極多，主要有「認知風格」
（ Cognitive Style, Kaufman, 1989 ）、「適應創新認知風格
量 表」（ Kirton Adaptor-Innovator Inventory, Kirton,
1994 ）、認知風格指標（ Cognitive Styles Index ）（ Allinson
& Hayes, 1996 ）。

（二）後設認知研究與相關訓練

　　後設認知（ metacognition ）的概念於 1970 年代末期由
Flavell 率先提出之後，即廣受囑目，後設認知係指個體對於認
知歷程的覺察能力，也是個體對於思考的認知、對知識的理解、
對行動的反思能力，亦是個體對於訊息處理歷程的監控、計畫與
評估能力，是屬於第二階（ second order)的認知能力（ Flavell,
1979; Weinert, 1987 ）。基本上，認知是個體獲取、轉換、儲
存、提取與應用訊息的智能作用歷程，後設認知則是在控制、指
導、校正與調整訊息的形成過程，亦即是對認知的認知(魏麗敏，
民 84 ）。O'Neil 和 Abedi（ 1996 ）也認爲後設認知是由計畫、
自我檢查、認知策略與覺察力所組合而成。計畫是解決問題之前
試圖先對問題與工作加以瞭解的狀況，自我檢查是作完工作之後
的檢核，認知策略係指利用多重思考技術與策略解決工作課題，
覺察力則是對思考歷程的覺察程度。

　　根據 Beyer（ 1987)的論點，認知與後設認知是思考的兩大
因子，認知因子包含編碼、記憶、訊息處理、創造性、批判性、
作決定與問題解決等要素，而後設認知則包含了監控、評估與計
畫等要素。基本上，認知是作爲（ doing ）的部份，而後設認知
則是選擇如何做，以及監控已經作了的狀況（ 魏麗敏，民 84 ）。
以圖二表示，Beyer 認爲認知運作共有五個圓圈，而後設認知則
位於外圈，乃是對認知加以認知的歷程。

圖二：思考的運思模式

（資料來源：Beyer, 1988, p.53 ）

　　後設認知相關研究最值得注意的是，大部份學者認為後設認知能力是可訓練的，經由訓練學生可以學到如何控制認知過程，如何學習，以及運用各種策略進行有效學習。以 Buchel （ 1990 ）的研究為例，後設認知學習策略訓練包括：(1)編碼策略，如產生期望、注意力的引導、抽取重點、形成的轉變；(2)聯結策略：包含比較和形成圖畫、劃標記、簡單練習、複習、系列組織；(3)概念形成策略：包含語意的組織與事件的組織；(4)規則理解與產生策略：包含歸納法與演繹法；(5)問題解決策略：有工具和目的的分析、訊息的完成與擴充等。

　　後設認知相關的評量工具亦不少，主要有「狀態後設認知量表」（ State Metacognitive Inventory ）（ O'Neil & Abedi, 1996 ）、「後設認知技巧評量表」（ Metacognitive Skills ）（ Everson, 1997 ）、「後設理解量表」（ Metacomprehension Scale ）（ Moore, Zabrucky & Commander, 1997 ）等。

（三）學習策略相關研究與訓練

　　學習策略（ learning strategy ）係指學習者有效運用內外在資源，在認知、後設認知與動機方面能有所增進，進而提高學習效果的一套能力與技巧的組合，學習策略相關研究最近發展迅速，其中又以「自我調節學習」（ self-regulated learning ）最為突出。

　　自我調節學習係由 Barry J. Zimmerman 與相關學者依照社會學習論等相關理論所發展的重視學習者在學習過程中的自我調節歷程與與作用和學習成就的關係。自我調節學習論者將學習者視為是一位「自我調節學習者」（ self-regulated learner ），能有效使用自我調節學習策略者，就是一位較高成就的人（ Zimmerman, 1989 ）。Zimmerman（ 1986 ）借用社會學習論的觀點，認為在學習過程中，學習者應該是一位參與者，學習者必須以「自我效能知覺」（ self-efficacy perceptions ）為基礎，並使用一些特定的學習策略，主動獲取資訊、規劃學習環境、善用個體內外在資源，才能提高學業成就。

　　基本上，自我調節學習策略包括三大類：(1)行為功能類（ behavioral functioning ）：包含組織、轉換、演練、記憶、目標設定等策略。(2)學業行為成就類（ academic behavioral performance ）：包括，自我評估與自我影響等策略；(3)學習環境類（ learning environment ）：包含環境建構、尋求資訊、複習與尋求協助等策略。Zimmernman（ 1997 ）也將自我調節學習歸納為個人（內隱）歷程（ Personal or covert processes ）、行為歷程（ Behavioral processes ）與環境歷程（ Environmental processes ）。自我調節學習策略的相關內容與界定如表一所示：

表一：自我調節學習策略內容與界定

類別／策略	界定
1.自我評估	學生能自我引導的評估他們功課的品質或進步情形。如,「我檢查過我的功課,確定都做對」。
2.組織與轉換	學生能自我引導的做明顯或內隱的重新安排教學題材,以增進學習效果。如,「我在寫報告之前先寫下大綱」。
3.目標設定與計劃	學生能設定教育目標或次級目標,並且對這些目標有關的次序、時間與執行活動加以計畫。如,「首先,我在考試前一週開始準備功課,我有自己的進度」。
4.尋求資料	學生能自我引導地在做作業時從非社會資源中去獲取更多的作業資訊。如,「在我開始寫報告之前,我去圖書館盡可能地找與主題有關的資料」。
5.保持紀錄與監控	學生能自我引導地努力去記錄事件或結果,如,「在班級討論時,我做筆記。」「我保持我寫錯的字彙清單。」
6.環境建構	學生能自我引導地努力去選擇與安排物理環境,以便有利於學習。如,「我關掉收音機,以便專心於功課。」
7.自我影響	學生能自我引導地安排或想像的對成功與失敗做酬賞或懲罰。如,「假如我考試考好,我要招待自己去看一場電影」。
8.演練與記憶	學生自我引導地以明顯與內隱的方式去記憶題材,如,「在準備數學考試時,我寫下公式,直到我記住它」。
9.-11.尋求社會協助	學生自我引導地努力去懇求同儕（9）、老師（10）與成人（11）的幫忙。如,「我如果有數學問題,我會要求朋友幫助」。
12.-14.檢查記錄	學生能自我引導地去重讀紀錄（12）、考試卷（13）,與教科書（14）,以準備課業或未來的考試。如,「當我要準備考試時,我檢查我的筆記本」。
15.其他	學生的學習行為受他人,如老師、父母所引導,但反應並不十分明確。如,「我照老師所說的去做」。

資料來源：Zimmerman（1989）, p. 337.

　　另外, Purdie 和 Hattie（1996）又將自我調節學習發展成二十四種策略,包括:(1)自我檢查;(2)其它檢查;(3)自我測試;(4)摘要與筆記;(5)劃大綱與草稿;(6)劃重點與底線;(7)

組織筆記與檔案；(8)目標設訂與計畫；(9)尋求資訊；(10)保持紀錄；(11)物理環境；(12)自我環境；(13)使用自我增強；(14)記憶；(15)作練習；(16)尋求同儕協助；(17)尋求教師協助；(18)尋求成人協助；(19)複習筆記；(20)複習考試與作業；(21)複習教科書；(22)運用意志力量；(23)不作弊；(24)其它。

前述相關自我調節學習的具體策略並可作為自我調節學習策略訓練的內容項目。

Butler 和 Winne（1995）更將自我調節學習的歷程以圖三加以表示：

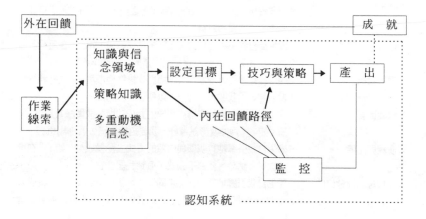

圖三：自我調節學習模式圖

（資料來源：Butler & Winne,1995, p.248）

依照 Butler 和 Winne（1995）的論點，自我調節學習即是認知系統的作用，其中又以監控（monitoring）的功能為主要，學習者在投入作業或工作領域後，會依照知識、信念與策略，設定目標，再運用各種技巧與策略，最後產生結果，而監控就是內在回饋的指導者，另再配合外在回饋，而重新檢核學習效果，或調整技巧與策略，或產生新程序，以獲得學習成就。

　　自我調節學習策略的發展目前方興未艾， Zimmerman
（ 1997 ）新近並認爲作家或文章寫作能力較強者，一樣具備良
好的自我調節學習策略。自我調節學習目前相關評量表亦不少，
主要有 Zimmerman 所發展的自我調節學習策略量表（ Self-
Regulated Learning Interview Schedule ）（ Zimmerman &
Martinez-Pons, 1986 ）。Purdie 和 Hattie （ 1996 ）的「學生.
學習調查表」（ Student Learning Survey ）。

　　至於一般性的學習策略、學習技巧、學習方法或學習習慣的
相關課題仍然受到持續的關注，如增進考試技巧、降低考試焦
慮、有效的記憶術等。此外，傳統具體的學習策略亦仍受關注，
如 SQ3R，即瀏灠（ Survey ）、質疑（ Question ）、閱讀（ Read ）、
記誦（ Recite ）、複習（ Review ），以及 MURDER，即調適心情
（ setting mood ）、理解作業（ understanding requirements of
the task ）、回憶主要概念（ recalling the main ideas ）、
將概念細部化（ detailing the main ideas ）、擴展訊息
（ expanding the information into an outline ）、複習檢查
（ reviewing the adequacy ）（魏麗敏，民 85 ），都可以搭配
或融入各種學習策略之中。

（四）建構主義與合作學習

　　建構主義（ constructivist ）是近十年來在學習輔導與科
學教育上另一個極受關注的課題。建構主義者認爲知識是由人類
所建構而成，個體內在知識的建構，有助於引導知覺、理解與行
動，使個體不致於失常（ disorder ）。依照 Peavy （ 1995 ）的
論點，建構主義有下列主要的概念：

　1.所有事物都是多元存在的（ multiple realities ）、思考、
　　感覺、作爲、行動都是沒有單一或唯一的方式。

　2.人類本身是一個自我組織的實體（ self-organizing
　　entities ），每個人的人生都是一個故事或一組故事的組

合；

3.個體透過個人的解析與行動建構自己的世界；

4.自我也有不同聲音（polyphonic），健康與幸福、親密、工作生活與學習、精神或性靈是人類的四種主要聲音；

5.人是「意義的製造者」（meaning-makers）、「話語的咀嚼者」（word-munchers），人使用語言與行動製造意義，也透過與他人的互動建構了自我的世界；

6.功能強的人有必要對每日的決定與行動作反思與檢核，以建立整體性，有個人理念、個人自由的自我。

建構主義基本上認為知識，或個人的態度、信念是個人本身所建構而成的，也是個人自我組織的結果。因此，在教學與輔導上，教師或輔導員應該注重學生先前已獲得的知識或對知識的瞭解程度，多利用應用（application）、發現（discovery）、擴展（extension）與創新（invention）的方法激勵學生建構自我的知識，同時也要營造主動積極、真誠、合作、社區化、複雜化、生產性、多元觀點、個人自主等學習環境（Lebow, 1995）。

在科學教育上，由於學生對於數理概念有自我建構意義的傾向，因此，在學習上應該把握舊知識加以比較、組織、與統整，必要時改變原先的概念，同時產生對於學習環境有自我的看法與主張，所以在學習輔導上，應瞭解學生的既有知識背景、學習態度與學習技巧上的差異，部份學生學習較為困難，其實只是反映這些學生需要問題解決策略或反應較慢而已，教師耐心協助學習是必要的，同時某些學生在部份題材上有持久性學習困難，則可鼓勵學生繞過困難，學習其它有用的題材（郭重吉，民84）。

合作學習（cooperative learning）則強調學習者有能力去創造學習社區（learning communities），經由學習者相互之間的團隊合作，共同使用有效的學習策略，而提高學習效果。合作學習的方式包括團體討論、團體評鑑、班級分組或配對學習

活動、資源共享、同儕教學與教練（ peer teaching and coaching ）、相互教育等。此外，並運用電腦及其它科技產品協助團隊進行教與學。

　　合作學習基本上重視合作甚於競爭、看重個別與團體的才能、文化與理念。經由合作學習學生可以獲得其它同儕的協助與支持，也可經由團體中的社會與學業互動，使學生獲得積極的酬賞，而提高學生成功的可能性，以及建立自己的自尊（ Millis & Cottell, 1997 ）。

　　最佳的合作學習場地是班級，在班級之中，如果能夠營造尊重、相互接納與支持的氣氛，將有助於學生相互的成長與發展，因為在合作學習的情境中，學生不只是被動地接受教師所選擇的教學目標，個人也必須知道本身的學習目標，同時也要知悉與接納團體中的他人需求。整體來看，合作學習有下列的特徵：(1)學習者在團體中有均等成功的機會；(2)能協助學生積極性的相互依賴（ positive interdependence ）；(3)可以促進學生面對面的互動；(4)學生可以學習積極的社會互動行為與態度；(5)學生能親近必須學習到的資訊；(6)學生有機會完成必要的資訊處理任務；(7)學生有充分的時間學習；(8)能擴大個別的學習效果；(9)學業成功能獲得公開的認同與酬賞；(10)可以擴大團體之內所學習之行為的效果（ Stahl, 1994 ）。

　　依照 Borich （ 1996 ）的論點，合作學習的歷程可以用圖四的模式表示。由圖四可知，合作學習可以經由社會互動形成學習者的態度與價值，並能在與他人學習互動中學到正向的社會行為與不同思考、推理與問題解決方式，進而建立一致與統整的認定，再進而激勵批判斷思考、推理與問題解決的高階思考技巧的發展，最後導致較佳的合作技巧、自尊與成就。依國內目前學生的學習概況而言，合作學習似乎是有待推展的教學與學習輔導模式。

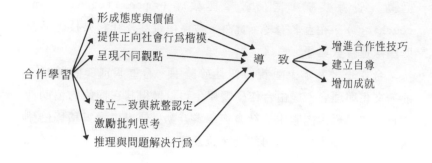

圖四：合作學習模式

（資料來源：Borich,1996, p.425 ）

（五）動機及其它學習課題的研究

　　動機是個體在學習上的持續動力，學生的學習成就與動機關係密切。在學習心理學上，動機也一直是廣受注意的研究主題，動機的激勵策略也是改善學生學習效果的重要途徑，目前動機策略訓練重視增進學生的自我效能、自我控制與提高學生的自尊心，另外也在於協助學生建立適切的價值、目標與期望，再進而協助學生學習自我管理的技巧、自訂目標、自選適宜的學習策略與自我回饋，各種激勵動機的方法，如酬賞、歸因訓練、示範與楷模、團體溝通與分享、角色扮演、演戲等，也都可以在學習輔導上應用（黃德祥，民 84 ）。

　　在另一方面，思考技巧（ thinking skills ）的探究也仍廣受重視，學者也認為思考方式也是可以訓練的，相關的思考策略如大聲說出（ talk aloud ）、解決問題口語化（ verbalizing ）、序列化、認知圖形化（ mapping ）、創造與批判思考的應用等亦是學習輔導上可以廣泛採用的方法（黃德祥，民 84 ；Sternberg & Spear-Superling, 1996 ）。

　　另外像家庭環境、社經地位、學習情境、班級心理學與社會

文化因素等與學習效果有關的主題，亦有頗多研究成果。

　　總體來看，學習輔導的研究一直呈現多采多姿的面貌，由前述可知相關的理論與策略研究成果也頗為豐富，並非如一般學校輔導人員所持的刻板印象，認為學習輔導欠缺可依循的理論與技術。

參、國內學習輔導的反思與前瞻

　　基於上述，國內各級學校的學習輔導是相對較弱的一環，再由前面所呈的國外有關學習的研究，可謂琳瑯滿目，有頗多可以參考運用之處。

　　學校教育的首要任務是要促進學生有效的學習，學校輔導工作的目的也在於協助學生健全的成長與發展，但當學生學習效果不佳、有學習困擾、或有學業挫敗的情況發生，也唯有推展學習輔導，改善原先的學習方法、技巧或策略，學生才有充分成長與發展的可能，只進行單方面的情緒、生活與志業輔導，整體輔導效果是有限的。更何況前述各種學習輔導的理論與策略更適合一般學生增強學習的功力，進而開發潛能，造福人群。

　　因此，筆者認為國內學習輔導應有下列的努力途徑：

一、在輔導員培育階段強化學習輔導的課程與內容

　　在輔導員教育階段，不論大學或研究所層次，事實上都有必要調整課程架構與內容，強化學習輔導的理論與策略的教學，筆者認為在大學部層次至少應有六學分的學習輔導課程，外加二學分的學習輔導實習，在學習輔導理論課程中，應講授學習的基本原理原則、各種主要學習輔導理論與策略、各科學習輔導、學習診斷、以及中輟生、復學生、殘障生等特殊學生的學習輔導。在學習輔導實習中，應引導學生進行個別、團體、班級以及全校性學習輔導實習，以及對一般教師及家長提供有效的實習輔導諮

詢。

　　另外，在輔導員教育階段，也應督促學生自組學習輔導的訓
練團體，實際演練學習風格、認知風格、後設認知、自我調節學
習、建構主義與合作學習，以及其它的學習輔導技巧與策略。一
如同理心或團體諮商訓練歷程。

二、建立各級學校的最小學習輔導方案

　　學習輔導本身即具積極的功能，尤其各種學習理論與策略均
強調有效的學習者即是一位主動的學習者（ active learner ）
（ Bandura et al., 1996 ）。因此，在各級學校之中，廣泛地
推展有效學習的原理原則，並且要針對各年級、各科目及各類型
學生（如高、中、低成就）訂定各種學習輔導計畫，更有必要比
照測驗的實施，建立各級學校最小學習輔導方案，使學校行政人
員及輔導工作者有推動學習輔導工作可資依循的標準。

　　此外，亦可編擬各種學習輔導準則（ guidelines ），以及
學習策略訓練與教學手冊，供一般教師參考，共同協助學生有效
的學習。

三、舉辦各類型學習輔導研討會與在職進修活動

　　教育部自民國八十年起所推展的「六年輔導工作計畫」與「青
少年輔導計畫」對於學校輔導工作的專業地位提昇，以及一般教
師輔導知能的增進，具有一定程度的貢獻，然而遺憾地，在以上
二個計畫之中，並沒有將學習輔導列為首要項目。目前各地與各
學校先後開辦各種研討會、工作坊、輔導知能研習，以及其它教
師進修活動，極少聽聞以學習輔導為主題。事實上，辦理一次完
形治療工作坊，可能比不上辦理一次自我調節學習工作坊對於教
師及學生的立即效果。教育主管單位與各級學校，以及各職業團
體似乎有必要正視學習輔導的重要性，能在短期內全面提昇教師

在此方面的知能。

四、學習輔導衡鑑工具的編訂

國外有關學習知能、策略與方法的評量工具非常普遍，但國內相對就非常貧乏，只零星散見於博碩士論文之中。像學習風格量表、認知風格量表、知識認知量表、自我調節反省量表，以及其它認知歷程與學習成就困難的評量工具均極為欠缺，有待各界多方努力，多多編訂適合國內學生使用的學習輔導評量工具。

參考書目

一、中文部分

郭重吉（民 84 ）建構主義與數理科的學習輔導。學生輔導，38期，32-39。

黃德祥（民 84 ）學習輔導與學生發展。學生輔導，38 期，22-31。

魏麗敏（民 84 ）後設認知學習理論與策略。學生輔導，38 期，66-75。

魏麗敏（民 85 ）影響國小兒童數學成就之自我調節學習與情感因素分析與及其策略訓練效果之研究。國立台灣師範大學教育心理與輔導研究所博士學位論文。

二、英文部分

Allinson, J. & Hayes, C. (1996). The cognitive style index: A measure of intuition-analysis for organizational research. Journal of Management Studies, 33, 119-135.

Bandura, A., Barbaranelli, C., Caprara, G.V. & Pastorelli, C. (1996). Mutifaceted impact of self-efficacy beliefs on academic functioning. Child Development, 67, 1206-1222.

Beyer, B. (1988). Developing a thinking skills program. Boston: Allyn and Bacon.

Borich, G.D. (1996). Effective teaching. Englewood Cliffs, NJ: Prentice Hall.

Buchell, F.P. (1990). General and differential effectiveness of learning-to-learn programs. In J. M. Pieters, K. Breuer & P.R.J. Simons (Eds.), Learning environments (pp. 235-252). Berlin: Springer-Verlag.

Butler, D.L. & Winne, P.H. (1995). Feedback and self-regulated learning: A theoretical synthesis. Review of Educational Review, 65, 245-281.

Dunn, R., Dunn, K. & Price, G.E. (1989). Learning Styles Inventory. Lawrence, KS: Price Systems.

Entwistle, N. (1988). Styles of learning and teaching: An integrated model of educational psychology. London: David Fulton Publishers.

Eversion, H.T. (1997). Do metacognitive skills and learning strategies transfer across domains? Paper presented at the Annual Meeting of the American Educational Research Association (Chicago, IL, March 24-28).

Flavell, J.H. (1979). Metacognition and cognitive motoring: a new area of cognitive-developmental inquiry. American Psychologist, 34, 906-911.

Griggs, S.A. (1991). Learning styles counseling. Ann Arbor, MI: ERIC Counseling and Personnel Services Clearinghouse.

Honey, P. & Mumford, A. (1986). Using your learning styles. Maidenhead, Berkshire: Peter Honey.

Jonassen, D.H. & Grabowski, B.L. (1993). Handbook of individual differences, learning and instruction. Hillsdale NJ: Lawrence Erlbaum Associate.

Kaufmann, G. (1989). The Assimilator-Explorer Inventory. In O. Martinsen (Ed.). Cognitive style and insight PhD. thesis. Norway: Faculty of Psychology, University of Bergen.

Kirton, M.J. (1994). Adaptors and innovators. London: Routledge.

Kolb, D.A. (1984). Experiential learning: Experience as a source of learning and development. Englewood Cliffs, NJ: Prentice-Hall.

Lebow, D.G. (1995). Constructivist values and emerging technologies: Transforming classrooms into learning environment. Paper presented at the 1995 Annual National Convention of the Association for Educational Communications and Technology (17th, Anaheim, CA.).

McCarthy, B. (1986). The Hemisphere Mode Indicator. Barrington, Ill: Excellenc Inc.

McCarthy, B. (1990). Using the 4MAT system to bring learning styles to schools. Educational Leadership, October, 31-37.

Millis, B. & Cottell, P.G., Jr. (1997). Cooperative learning for higher education faculty. Washington, DC: American Council on Education.

Moore D., Zabrucky, K. & Commander, N.E. (1997). Validation

of the Metacomprehension Scale. Contemporary Educational Psychology, 22, 457-471.

O'Neil, H.F., Jr. & Abedi, J. (1996). Reliability and validity of a State Metacognitive Inventory: Potential for alternative assessment. The Journal of Educational Research, 89, 234-245.

Peavy, R.V. (1995). Constructivist career counseling. Ottawa, Canada: Canadian Guidance and Counselling Foundation.

Purdie, N. & Hattie, J. (1996). Cultural differences in the use of strategies for self-regulated learning. American Educational Research Journal, 33, 845-871.

Rayner, S. & Riding, R. (1997). Towards a categorisation of cognitive styles and learning styles. Educational Psychology, 17, 5-27.

Sternberg, R.J. & Spear-Swerling, L. (1996). Teaching for thinking. Washington, DC: American Psychological Association.

Stahl, R.J. (1994). The essential elements of cooperative learning in the classroom. Bloomington, IN: ERIC Clearinghouse for Social Studies/Social Science Education.

Weinert, F.E. (1987). Introduction overview: Metacognition and motivation as determinants of effective learning and understanding. In F.E. Weinert & R.H. Kluwe (Eds.), Metacognition, motivation and understanding(pp. 1-19). Hillsdale, NJ: Lawrence Erlbaum.

Witkin, H.A., Moore, C., Goodenough, D. & Cox, P. (1977).

Field-dependent and field-independent cognitive styles and their educational implication. Review of Educational Research, 47, 1-64.

Zimmerman, B.J. (1986). Development of self-regulated learning: Which are the key sub-processes? Contemporary Educational Psychology, 16, 307-313.

Zimmerman, B.J. (1989). A social cognitive view of self-regulated academic learning. Journal of Educational Psychology, 81, 329-339.

Zimmerman, B.J. & Martinez-Pons, M. (1986). Development of a structured interview for assessing student use of self-regulated learning strategies. American educational Research Journal, 23, 614-628.

學校諮商師之訓練
—困境、契機、與展望

田秀蘭、王文秀
林美珠、王麗斐

　　隨著社會的變遷，在校學生所面臨的問題也不斷的增加。青少年問題日益嚴重的原因，固然是家庭、學校、社會均有責任，然而學校在初級預防方面的輔導工作未臻理想，為主要原因之一。其中學校輔導人員專業上的不足與學校輔導工作無法是切發揮功能，實為重要的核心原因。為減少社會問題，協助兒童及青少年的成長與發展，校園內有專業輔導人員編制之必要。然而嚴格說來，校園內的輔導師資不足，此一情形尤以偏遠地區為嚴重。雖然各師院初教系均設有輔導組，且部分師院已獨立出輔導學系，然而輔導師資的培育與訓練並沒有足夠的研究及討論。

　　本文擬就國小階段輔導師資的培育訓練做一概況回顧，瞭解目前所遭遇之困境，探索可能出現的契機，並展望未來學校諮商師訓練可以發展的方向。全文共分三大部分，首先瞭解過去輔導師資的訓練情形以及所遭遇的困境，其次由現況中發現可以克服困境的契機，最後展望學校諮商師訓練可以發展的方向。前兩部分著重對過

去相關研究及文獻的探討，以及對現況的觀察與省思；第三部分則
在瞭解台灣現況之外，以西方的學校諮商師訓練情形為參照觀點，
思索適合於國情的學校諮商師訓練模式。由於國中與國小在學生文
化及師資培訓方面均有差異，為求深入問題探討及契機發現，全文
所提之學校諮商員訓練均以國小階段輔導師資的培育訓練為主。

壹、國民小學學校諮商師訓練的現況

輔導工作在台灣推展數十年來，一向以學校輔導工作為主。然
而在學校輔導師資的培育方面，除台灣、彰化、及高雄三所師大輔
導相關科系極力培育國中或高中階段輔導師資，其定位較為明確之
外，國小階段的輔導師資培育尚未受到應有的重視。目前國小階段
輔導師資的培育，以九所師院初等教育系的輔導組為主要養成機
構。雖然在部份師院內，輔導方面的訓練課程逐漸脫離初教系而獨
立出來，足見輔導師資培育的專業及重要程度，但是在國小階段輔
導教師的訓練模式仍有待建立。

國小階段輔導工作對兒童的人格發展深具影響力，相形之下此
一階段輔導教師能力的培養及訓練也就相當的重要。過去對輔導人
員應具備能力的研究，除諮商理論基礎及專業倫理態度之外，多著
重由既存的諮商技術文獻來探討。例如，在個別諮商方面，由精微
諮商（ Ivey, 1994 ）或助人技術（ Egan, 1990 ）來討論准諮商員
應具備的能力，包括傾聽、同理、反映、解釋、具體、面質、立即
性、以及鼓勵等技巧。然而在台灣地區的國小校園裡，兒童文化不
同於一般接受諮商的成人文化，一些西方主張的諮商技術不見得適
用於華人，當然也不見得適用於華人世界的兒童。諮商師的養成訓
練機構應當對目前輔導活動的實施成效做一全面性的評估，進而探
討究竟小學階段的輔導老師應具備哪些能力，進而建立一適當的培
訓模式。

有關國小輔導教師的培育訓練，應當以兒童的心理需求為基本

前提，由兒童心理需求的滿足及心理成長來推敲輔導敎師應具備的
基本能力，進而擬定輔導師資培訓的模式。以國小階段兒童而言，
發展性及預防性的輔導工作是重要的，Shaw（1986）認爲預防工
作又可區分爲間接性的及直接性的。在國小校園裡，直接性的輔導
工作包括針對學生的人際技巧、溝通技巧、讀書方式、放鬆訓練、
性別態度、以及生涯發展等。而間接的輔導工作則應當包含對敎師
的班級經營、輔導課程的設計、以及溝通技巧各方面的訓練指導；
此外，也包括對家長的諮詢活動，例如敎養子女的態度方式、溝通
技巧、以及提供多方面的社會資源及支持。這些預防性的輔導活動
在國內實施成效如何，均有待進一步的評估。

　　除了各師院培育國小輔導師資的訓練課程外，敎育部自民國八
十年至八十六年所推動的「輔導工作六年計畫」亦著力於國小敎師
輔導知能的提昇，例如：各縣市舉辦一般敎師以及認輔敎師輔導知
能研習、各項學術研討會、各級學校主題輔導工作坊、輔導知能宣
傳、測驗編制、中輟學生通報制度的頒定、各級學校輔導設備的充
實、以及大學層級輔導學分班的開設等。以輔導學分班爲例，根據
敎育部統計，自八十年始，九所師院共辦理 184 班的輔導學分班（敎
育部，民 87），若以一班 45 人計，那麼就總共大約有八千人以上
的現職國小敎師接受輔導課程的訓練，而這些人接受過輔導學分的
訓練後再回校投身於教學與輔導工作時，是否能提昇小學輔導工作
的品質，是一個值得深思的問題。若再加上各師院每年大約有 30 位
左右的初敎系輔導組畢業生，九所師院合計 250 人以上的師資，在
這些輔導人力加入之後，目前國小輔導工作的實施以及推展的現況
爲何實爲國小輔導師資培育研究中最根本而需先加以探討的。

　　與諮商師訓練密切相關的議題爲實習訓練過程中的督導問題。
國內的諮商督導現況，除了學校的碩士博士層級有較完整的督導制
度之外，學士層級之督導相當不足（吳秀碧，民 84）。以學校而言，

Wang（1993）曾對八十一學年度第一學期開設「諮商實習」課程之
九所師院及兩所師大之師生，共 260 位學生，9 位授課教師進行問
卷調查及訪談之工作，以了解台灣各校之督導情形。研究結果，主
要包括下列數項。

　　第一項是在課程的性質方面，諮商實習課在各校均是必修課，
但有的學校是一學期，有的是一學年的課。平均而言，每位督導者
在 81 學年度第一學期共督導 12.67 位師院輔導組之大學生，5.25
位師大之大學生、3.17 位碩士班研究生以及 1 位博士班研究生。督
導者花最多的時間在批改個案記錄、閱讀有關資料及做團體督導。
相對的，花在個別督導的時間相當有限。

　　以課程之上課方式而言，最常見的如介紹諮商理論、討論、同
學報告、實務演練、個案討論、設計團體諮商內容與角色扮演等。
由於上述之學生人數過多（如師院學生），督導者無法在有限時間
內顧及個別差異，同學對自己的諮商能力不是很有信心，但又缺乏
和督導者充分討論之機會。

　　在教材方面，碩士班以上之研究生較常使用英文之教材，大學
部仍以中文教材為主。至於教法，多半包括口頭教導、督導者示範、
直接觀察受督導者當場或角色扮演之表現、督導者偶而會介入，以
及在晤談過後由督導者針對受督導者之表現予以回饋。

　　以實地（on-site）督導而言，受督導者平均每週花 5.92 小時
在實習場所。在實習場所較多的是接受個別及團體督導，其他的行
政及同儕督導則相當有限。至於實地督導的內容包括「練習接案」
（intake）、晤談、實施心理測驗、講授、設計並帶小團體，宣導
輔導中心的活動，以及個案討論。

　　實習督導之功能並未如課堂督導般的彰顯，不論督導者或受督
導者，對實習場所的不滿如實地督導者之專業能力不足或是無法花
許多時間督導實習生；實地與課堂督導者之角色分工不明確、督導

內容無依據可循，視實地督導者之認定或其實場所之需要而定，因此有時淪為"廉價勞工"，實習之內容不夠專業，此外如實習場所本身之編制（如國小無空堂時間可用，或無錄音錄影設備等），亦讓實地場所之實習無法有效發揮督導效果。

綜而言之，大學部與碩士班之認商實習課，在督導內容，方式及督導關係／角色等方面皆有所不同，而且無論在督導制度、內容及方式上，均有許多待加強的空間。

貳、國小諮商師訓練的困境及契機

學校輔導工作的成效涉及多方面的因素，除需顧及兒童、家長、社區、或學校各類教育人員的需求之外，輔導工作人員的訓練過程及訓練品質當為最重要的因素。本文由這些因素探討國小輔導師資培訓所遭遇的困境，並且由這些困境中發現足以為轉機之處，以積極展望未來的學校諮商人員培訓。在筆者所發現的困境中，包括各類教育人員對輔導觀念上的差異、目前教育體制使的國小基礎教育過於重視各科教學而忽略心理輔導、輔導師資培訓機構本身條件不夠完備、學校諮商師的訓練課程內涵不夠明確、以及訓練過程中重要的實習及督導制度尚未建立等等，以下分別探討。

一、學校教育人員對輔導工作重要性的知覺差距大

輔導工作是全面性的，輔導的對象及提供輔導者皆為多方面的。不同人員對輔導的觀念不同，對輔導工作的重要性自然也會有不同的看法。以不同背景人士對小學輔導工作者之看法而言，Miller（1989）比較 Minnesota 州小學校長、教師及家長各 193 位，依照輔導工作之五大領域，發展性／生涯輔導、諮詢、諮商、評量，以及輔導方案之發展與執行等，分別評估對小學生"很有

幫助"、"沒有需要"、或是"不確定"。結果發現三方面之人士對問卷所列之 28 項工作性質,大部份均覺得很有幫助,只有少數會與學校心理學家或社工人員功能重疊者,持較保留之態度。此結果與 Bergin, Miller, Bergin 與 Koch(1990)針對135 位小學生及其教師、家長,評估對學校輔導工作之看法頗一致,即多半持正向肯定之態度。但是這兩篇研究未能同時比較小學輔導工作者自身之看法為其不足之處。

另一篇探討不同人士對小學輔導工作者之角色知覺與比較的研究(Wilgus & Shelley, 1988),係邀請七位小學輔導工作者及他們學校之行政人員,就國小輔導工作之十五大項目,分別排序,說明其看法。之前研究者已針對這七位小學輔導工作者,以十五分鐘為一單位,記錄他們每天所從事之工作性質。就一般教師言之,他們認為小學輔導工作者實際發揮之功能依次是個別諮商、團體諮商、家長諮詢與個別心理測驗;應發揮的功能,前三項與實際發揮之功能相同,但第四項則為與教師之諮詢;但是與諮商員實際之工作時間相較,時間最多的是花在個別諮商,此點與 Madak 與 Gieni(1991)之研究發現一致,其次依次是「其他(如負責午餐、課外活動、交通車、行政或代課等)」、與教師之諮詢以及開會等。由此結果可看出學校輔導工作者一方面要確定自己本身角色之定位,一方面要利用各種機會與管道,宣導輔導工作之概念,如此方能發揮其應有之功能。

McDowell(1995)比較行政人員、諮商員、及一般教師對中學諮商師之看法與期待,發現這些人士對輔導工作者之個別諮商、團體諮商與學業輔導等輔導角色看法均頗一致,但是教師較行政人員更期待輔導教師多發揮的功能包括排課以及教學。而如Huffman(1993)以 263 位學生、111 位家長、43 位教師、以及 8 位行政人員(總數 425 位)為調查對象,填答 The Role of Counselor Survey(ROCS)。結果得知教師與行政人員,相較

於學生和家長，對輔導工作者有較佳之觀感；雖然如此，教師傾向將輔導教師視為行政人員，認為輔導人員常常交付許多與行政有關之業務給他們；至於家長和學生，亦將輔導人員定位在行政角色而非心理輔導角色。另外如 Schalesky（1993）之研究則是比較更多層面人士，如教師、學生、家長、行政人員、諮商員教育訓練者、學校董事會、以及企業界人士等，對於輔導人員應發揮之功能的探討，結果發現諮商員教育訓練者與諮商員本身對諮商與諮詢之功能較其他人士肯定。

　　若以輔導工作者本身而言，Carroll（1993）以 95 位小學輔導工作者為對象，分成兩組受試分別回答「實際之角色與訓練背景」，以及「理想之角色與訓練背景」的問卷。結果發現受試者對於諮詢者、協調者與諮商員之角色期待較一致；但是理想上雖然認為進行小團體或對一般教師進行在職訓練，或是進行轉介等工作頗重要，卻受限於職前訓練之不足而無法發揮應有之功能。Samis, Allan 與 Echols（1993）探討英國哥倫比亞 327 位小學諮商員所期望與實際扮演諮商員角色之差異情形，發現受試者較希望直接與小朋友晤談或是與教師接觸，而較不願與家長做諮詢，主要的干擾因素是工作量太重與太忙所致。

　　由上述諸多研究結果看來，不同背景之人士普遍支持學校輔導工作之重要性，至於對輔導人員之看法，除了個別諮商、團體諮商與諮詢較一致外，其他則頗分歧；另外，這些輔導人員普遍感受到來自學校行政或家長期許，以及工作負擔沈重之壓力。

　　就國內而言，黃德祥（民 81）針對 199 所國小輔導與非輔導相關人士進行之問卷調查，發現國小輔導主任認為在實際輔導活動各項工作上所花之時間，以「擔任教學工作」為最多，其次是「個案輔導」、「學業輔導」、「資料蒐集與建檔」等。非輔導相關人士對輔導活動各項工作大致支持且能多方參與，但是家長與一般教師所期望於輔導室之協助則不盡相同；至於學生，雖然

對輔導室大致持肯定之看法，但仍未能實際去主動求助。

廖瑞銘（民 81 ）另一篇調查並訪談國小輔導活動人力、物力、資源及內容之研究，發現輔導室人手不足，輔導人員實際從事專業輔導工作之時間約只佔總工作時數之三分之一，半數左右之輔導工作得藉由義工家長與學生來推動。由國內之少數幾篇研究看來，部份結果與國外研究結果一致，但是輔導人員面臨人力、時間及資源之不足，似乎更甚於美國之情形。

值得注意的是諮商專業人員已意識到學校輔導工作專業性的重要，並配合教育部推行的六年計畫而逐漸推展輔導專業的觀念。而新課程標準亦納入輔導活動為定時課程內容，再加上輔導人員對輔導工作的熱衷態度，學校各類人員對輔導觀念逐漸能有共識，此將有力於學校輔導工作的推展。

二、國小校園文化強調各科教學而忽略心理輔導

國內的教育制度，長久以來受到考試及升學制度的影響，在生活技巧的學習方面，兒童並沒有得到應有的學習機會。就學生的個人成長情形而言，有效的輔導工作應顧及兒童在以下各方面的成長：(1)覺察個人與他人之間的關係；(2)覺察個人的情緒及感受；(3)瞭解自己的價值觀念及態度；(4)學習適當的因應策略及行為。而現行教育體系之下的國民小學，由於各校學生人數不同，相關法令規定國民小學 24 班以下的學校不設置輔導室，有些學校可能也並無輔導教師的編制，因而在輔導工作方面以及學生需求的評估方面也需要由不同的角度著眼。無輔導教師編制的學校並不一定沒有實施輔導活動，事實上輔導活動的推展是各處室及各教師互相配合的結果，與各科的教學內容亦可以連結。然而統一的評量標準，應顧及小學階段的教育及輔導目標，亦即上述的四個重點。

三、學校諮商師訓練機構本身的專業條件不夠充足

　　目前國小輔導專業人員的培育，當屬九所師院初等教育系中的輔導組為主，雖然國立台北師院及花蓮師院已分出成立教育心理與輔導系，屏東師院也已經成立教育心理與輔導研究所，然而各培育單位在縮需師資及設備方面均不夠完備。相關的輔導專業人員培訓機構亟需在相關的政府或研究單位補助下，以足夠的師資及設備資源提升輔導人員的訓練效果。

　　在美國，多數的諮商人員培育機構均設置諮商實習訓練實驗室（Counselor Training Laboratories），以提供適當的諮商實習訓練課程，另一方面也提供附近居民接受諮商服務的機會。就一般情況而言，這類機構成立的宗旨，包括教學訓練、諮商服務、及諮商研究等三方面（Myers, 1994），而師院體系亦可是各校情況而設置此類諮商訓練實驗室，秉持此三項工作為主要任務，以提升教師教學、研究；及服務各方面所發揮的功能。同時接受訓練的准諮商師也可以享有足夠的資源，以利學習及研究工作。

　　而在專業人員方面，以筆者所任教的四所師院內，不論是國內培養出來的或出國留學而返國的諮商領域博士，人數均逐年增加。此一現象固然對學校諮商師的培訓可提供一新的氣象，讓國小層級的諮商專業人員更具備專業能力。但由長遠觀點而言，這批教師除了繼續其專業能力的成長之外，與兒童的談話經驗，以及與社會環境的接觸，均不能停擺。畢竟諮商與現實的社會環境有著時繼而重要的關係。

四、學校諮商師訓練課程內涵不夠明確

　　目前國內以九所師範學院初等教育學系的輔導組為主要的國小輔導師資養成來源，而部份師院可能將陸續設置輔導相關科系所，這些雖然可以說明輔導師資培育漸漸走向專業化的趨勢，然而「如何培育」以及「培育什麼能力」的兩大問題在各師院輔

導師資的訓練與培育的重點、內容、與作法上並不一致(鄭熙彥、林義男，民81)，與國外諮商專業認可委員會，如CACREP，所規定的訓練課程相較之下亦顯得不夠完整，因而導致專業訓練不夠紮實的問題。從師資培育的角度來看，如何培育出具有專業能力且符合國內特殊社會文化背景、輔導現況、及輔導工作推展需求的國小輔導師資，是當代教育改革亟需研究的課題之一。

　　鄭熙彥、林義男（民81）曾經就國內輔導及相關科系所開設的課程內容作分析比較，發現各校所開設課程內容並不一致，因而輔導相關系組所修的基本課程內容不同。而與美國 CACREP所規定的幾個核心領域相較之下，國內在社會文化方面的課程訓練並不完整，也不夠紮實，因而導致所學理論與社會問題或是兒童所面臨的問題搭不上線，所學理論或技術無法解釋問題的產生或是解決問題。再者，以國內目前的狀況而言，學校的輔導教師以學士層級的諮商師為大宗，又目前學士層級諮商師的養成以師範體系的大學院校為，在有限的四年大學課程中，為了兼顧師資養成之教育科目課程，必然要減少諮商專業訓練之課程（吳秀碧，民83）。以兒童的輔導工作而言，目前僅有九所師院初等教育系輔導組的學生稍有涉獵，而這些學生所修的專業科目，僅有大三和大四兩年共計二十個輔導學分，對於培育一個專業的兒童輔導工作者來說是非常不夠的（王文秀，民86）。

　　除了專業科目的訓練不足之外，陳秉華（民84）指出，國內輔導人員專業教育中最大的缺失在於缺乏有系統、有制度的實習督導系統，另外，諮商實習課程所要求的實習活動內容與實習時數也明顯不足，使得學生在完成專業教育之前無法取得必要的實務工作經驗。尤其，我國目前尚無諮商員培育課程之審查標準，缺乏客觀可資參考的準則以做為訂定諮商實習教學目標之參考（吳秀碧，民83）。然而，隨著國內諮商員教育訓練活動日益普遍，社會對於輔導專業需求愈來愈殷切，建立諮商專業人員

實習與督導制度乃刻不容緩之事（蕭文，民 87 ）。

五、訓練過程中的諮商督導制度尚未建立

督導的重要性，不論在我國或歐美各國均是與日俱增。在美國，除了有越來越多的學者專家致力於督導歷程及效果的探討之外，一些專業學會（如諮商師教育與督導學會，Association for Counselor Education and Supervision, ACES ；英國諮商學會，British Association for Counseling, BAC ）相繼成立。

在一套有系統之諮商師養成訓練計畫中，專業督導制度之落實無可否認為其核心部分。督導之作用一方面在協助諮商師對其所服務之當事人提供最適當之服務；另一方面亦在協助諮商師藉由此督導過程獲得最大之個人及專業成長，終極目的除了保障來談者及整個社會大眾，對諮商師本人及其所代表之專業亦有保障之作用。

美國諮商及相關教育方案認可委員會（ Council for Accreditation of Counseling and Related Education Programs, CACREP, 1988, 1992, 1994 ）針對一般諮商師之養成訓練，無論在所修之課程、學分數、督導實習時數、實際諮商時數及在個人專業領域之訓練內容或標準均有明文之規定，以充分保證助人之專業性，督導之重要性更是不容置疑。

反觀國內，雖然至今尚未能有專業的組織主其事，以負責訓練、評鑑、考核或仲裁等工作，但是一些師範校院的有關系、所或組、或是諮商機構，均將「須有督導或被督導過之經驗」，視為學科成就的指標之一；另外近四、五年來亦逐漸有學者或論述、或從事有關之研究工作。只是較為可惜的是，至今尚缺乏對此領域有完整及深入的探討或整理，或是未能提出國內各校或各機構較適合運用的督導模式，亦乏對督導歷程之完整了解。

國內目前在學校或機構中之諮商師訓練，在準諮商師之訓練

課程內容上雖然逐漸上軌道，但是在諮商實習課程所接受之督導方式與內容上即有相當大的差異。鄭熙彥、林義男（民 81 ）針對國內輔導及相關科系所開設培養學校輔導員的課程內容進行分析及比較，發現在修課學分數的要求上，各輔導及相關科系雖都符合教育廳（民 76 ）規定登記學校輔導教師資格的學分標準，但是在課程內容上，各校輔導系並沒有全部涵蓋一個學校輔導工作人員應修習的課程；換言之，不同學校的輔導系所開設課程內容互有歧異。

在鄭熙彥、林義男（民 81 ）之報告亦指出學校輔導教師普遍認為諮商實務課程及實習時之督導均有其實際上之需要。王文秀（民 82 ）針對九所師範學院和二所師大諮商實習課程所做之研究亦發現，各諮商師訓練學校之督導訓練內容和方式可謂各行其道；準諮商師對實習督導之滿意度普遍不高；部分準諮商師在督導過程中不乏受傷之經驗，此現象對於推動國內輔導工作專業化而言，毋寧是個提醒與警示。

實習及督導是準諮商師邁向專業的最重要關鍵之一，實習可分為課堂內的實習（如諮商實習或團體工作實習）與到課堂外的駐地實習（ on site ）二種，不同場所之實習工作份量及內涵均不盡相同，但是目的皆是讓準諮商師能在督導的協助下，將課堂上所學的實際驗證之；督導則是一方面確保來談者之福祉，二方面協助準諮商師個人及專業上的成長，三方面更是為此專業工作把關，以確保專業品質。

六、諮商倫理在教育體制中有其限制

專業倫理守則的主要目的在協助個案瞭解自己可以享有的權力。一般人在尋求協助時，不清楚自己的權利，也不知道自己所接受的服務是否為專業的服務，因此專業人員本身必須自訂相關的倫理守則。而倫理守則的主要內容是以增進當事人的福祉為

原則。

　　一般而言，專業倫理守則的主要原則包括責任、能力、道德及法律標準、公共言論的公正性、保密的原則、消費者的利益、專業的關係等等。這些倫理原則在實務運用上自然有其不能兼顧之時，甚至有時會出現矛盾而不知如何決定。當各項倫理守則之間互相衝突時，諮商師不得不做周密的衡量，以做出適當的決定。例如，當面對個案表達想自殺的意念時，諮商師就無法將保密的原則放在前頭。再如，等了好幾個禮拜的個案與有嚴重問題而突然出現的個案，你應當處理哪一個個案，前這個案的權利就自然會被暫時擱著了。

　　Kitchner（1984）對倫理守則相衝突的情境提出五個處理原則，包括個案的自主性、個案的權利優先、個案不受傷害、忠誠、及公正等五項。這些原則雖然也適用於國小校園，但有其限制。經常出現倫理議題主要是保密及雙重角色的問題。舉例來說，小團體的帶領，如果團體成員有來自自己所帶領的班級，該如何避免角色上的混淆，或是如何運用此一雙重關係更增進兒童行為修正的機率，均值得注意。至於能力問題方面，適當的督導可以補足並增進個人的專業能力。而保密原則在國小階段亦有其限制，需事先告知參加團體的兒童。類似於此的諮商倫理限制，除了與個案的福祉相關之外，與學校各類教育人員（如級任老師、主任、校長、及其他行政人員等）的立場亦有關係，均值得探討，以便國小專業諮商人員能有所依循或參考。

參、台灣地區諮商師訓練的未來展望

　　展望國內學校諮商師的訓練，前提應當是滿足兒童的成長需求，而不是諮商師在接受訓練階段學了些什麼。因此，諮商師訓練課程的內容需針對兒童的需求、配合兒童需求所舉辦的活動性質、以及提供兒童輔導活動所應具備的能力。以下討論學校諮商

師應具備的能力，展望未來的學校諮商師培訓方向，並討論專業
證照制度發展的可行性。

一、國小輔導教師應具備的能力

本文討論諮商師應具備的能力包括知識及技巧兩方面。在知
識方面，主要是回答「一個諮商師應當知道些什麼」這個問題。
而技巧方面，則是回答「一個諮商師應當能做些什麼」此一問題。
有關輔導老師應具備的基本知識方面，發展理論是重要的，包括
Piaget, Kohlberg, Gilligan, Selman, Loevinger, Hunt, Super
和 Havighurst 等人在各方面的發展論。技巧方面，則強調知識
在實務工作中的應用。至於如何訓練，將發展理論應用在自己的
生活經驗中並接受持續的有效督導是重要的。

田秀蘭（民 87 ）在一項針對國小層級諮商人員的實習訓練
研究中，根據七位在師院任教「諮商實習」課程老師的看法，在
國小輔導教師應具備的能力方面，綜合而言，包括諮商理論基
礎、輔導實務、及專業特質三方面。諮商理論基礎涵蓋諮商理論、
人格發展、社會心理、及個別差異研究。此外，也有學者認為基
本的電腦使用及統計研究能力是需要具備的。

在輔導實務能力方面，該項研究開放式問卷調查的結果，七
位學者所列舉的能力項目包括個別諮商、個案研究、小團體輔
導、班級輔導、心理測驗的使用、行政協調、社會資源的瞭解、
特殊兒童的輔導或轉介、親師溝通及諮詢、以及輔導方案的設計
及評估等等（田秀蘭，民 87 ）。有些學者也針對各項能力作進
一步的具體說明，例如個別諮商能力中特別強調傾聽的能力，而
心理測驗的使用則特別強調測驗的挑選及結果的解釋。

除了輔導教師應具備的能力之外，輔導教師應具有的特質及
態度與個人的諮商能力是同樣重要的，甚至是一體的。在這方
面，除了專業倫理守則之外，包括投入工作的意願高、能面對挑

戰、能照顧自己的情緒、能適當的調整自己的價值觀、以及有彈性等等。而在輔導理論、實務技術、與專業特質之外，一般的教育能力也相當重要，包括組織、行銷、判斷、教學、及熟悉法令、爭取經費等方面的能力。

在另一項針對兒童輔導教師必須具備的能力的研究，王文秀（民 86）指出，除了一般諮商師應具備的技巧，如場面構成、同理心、引導、問題解決與面質之外，由於小學生的表達能力與認知思考能力尚未發展成熟，因此，從事兒童輔導工作者還必須具備的能力包括藝術治療、讀書治療、遊戲治療、說故事、行為改變技術、診斷、蒐集個案資料、與兒童溝通的能力、親師溝通、家族治療、家長諮詢、特殊個案的診斷與處遇、運用同儕輔導、生涯輔導、低成就學生輔導、轉介、危機處理、以及社區資源網絡的建立與運用等。吳秀碧（民 83）參照 Okun 所提出助人者應具備的四類知識與技巧，認為學士層級的諮商員必須具有良好的溝通技巧，能運用發展技巧，並具備諮商理論的知識。而 Wilson 和 Rotter（1980）進行的一項調查指出，在諮商員訓練課程中下列技巧被認為是較重要的：班級輔導、團體諮商、自我概念的發展、法律議題、特殊兒童回歸主流、危機處理技巧、溝通技巧、家庭諮商、親職教育、了解兒童的成長與發展，除此之外訓練課程中較缺乏的是行政事務的處理、多元文化的主題、性別角色認同、遊戲媒材的運用以及需求評估的技巧等。

在國小教師較缺乏的輔導能力方面，黃德祥（民 81）以全省 199 個國民小學教師認為最迫切需要的輔導知能包括「行為改變技術」、「低成就學生之輔導」、「學生問題之診斷與鑑定」、「班級經營技術」、「個別諮商的理論與技術」、「師生溝通技術」、「測驗的使用與解釋」、「團體諮商的理論與技術」、「兒童心理學」、「人際關係」等。

在團體諮商能力方面，一個有效的團體領導者所應具備的能

力，包含以下幾個向度：(1)理論基礎；(2)團體領導技巧；(3)專業倫理態度；以及(4)領導者應有的特質。就團體的理論基礎而言，包括諮商理論、人格理論、團體動力、團體的治療性因素、以及團體的發展與功能等基本知識。就團體領導技巧而言，能設計團體方案、篩選成員、帶領團體、評估團體的發展、具備基本的人際溝通技巧、支持成員、解釋團體動力、解決衝突抗拒等特殊團體事件、重新架構、以及團體的開始及結束等技巧。就專業的倫理態度而言，在團體中需特別注意保密以及能力上的限制問題。

而在以兒童爲對象的小團體輔導，除一般的團體輔導知能之外，需特別注意兒童在認知、情緒、行爲、及表達能力各方面的發展狀況。一般而言，兒童主動選擇參與團體的機會較少，多半係接受教師的推薦。因而在團體的發展過程，有很多因素是不同於一般團體的。就主動參與活動的成人而言，進入諮商關係之後很快可以和諮商師建立關係；但是對兒童而言，多數兒童也許不清楚要參加團體的原因，進入團體之後也並不一定清楚團體的目標，而融入團體時所遭遇的難題也可能並不是一般諮商師所能體會的。對這點而言，輔導教師在帶領團體輔導活動時須特別注意。

就治療因素而言，出現在成人團體的因素並不完全能夠對兒童有效，有些甚至形成反面效果。但是，要成爲有效的兒童同團體領導者，仍需要熟悉團體輔導所提供的治療性因素。就一般成人團體而言，Yalom（1985）提出十一項治療性因素，包括希望的投注、共同性、資訊的分享、利他需求、原生家庭經驗的重新修正、社交技巧的學習、模仿行爲、人際學習、凝聚力、宣洩、以及存在主義所討論的因素等。對小學生而言，這些因素不見得都會在兒童團體中出現。有些治療性因素甚至會產生負面的效果，諸如模仿不好的行爲或是凝聚力高而結伴出現越軌的行爲。

在針對團體輔導能力的訓練課程，這些都是重要的討論議題。

二、目前國小輔導教師的養成訓練

　　在訓練課程的架構與內涵方面，美國諮商及相關教育學程認可委員會（ CACREP，1993 ）所規定的訓練課程包含八個核心領域、一定的實習時數、以及某一特定的研究領域。在八大核心領域中，包括人類成長與發展、社會文化基礎、助人關係、團體工作技巧、生活型態與生涯發展、評量、研究與評鑑、以及專業取向。而一定時數的實習經驗之中，又規定至少百分之四十以上的時間是直接與個案接觸的。特定的研究領域則有較大的選擇彈性，包括藥物濫用、婚姻諮商、或跨文化的諮商工作等等。

　　國內諮商員的養成教育和美國最大的不同在於大量培養學士層級的諮商師，而其主要的就業市場則是在中、小學擔任輔導教師的角色，另外，此一層級諮商員的教育訓練課程中，其諮商實習的訓練目標十分模糊（吳秀碧，民 83 ）。宋湘玲、林幸台、鄭熙彥（民 74 ）綜合多位國內外學者的意見指出，輔導人員的專業教育應以碩士學位為基本要求。其實，輔導人員的素質必須仰賴專業的培訓而來（袁志晃，民 84 ），為求專業教育的訓練達到應有的效益，完整的訓練課程計畫是相當重要的。以下就輔導師資課程的架構與內涵、國內輔導師資訓練的狀況及相關研究兩大部分進行探討。

　　在培育兒童輔導工作者之養成訓練計畫中，師資、課程、學生、實習、督導等環節缺一不可，Hazler 和 Kottler（ 1994 ）指出，諮商師的訓練計畫中必須包括知識的獲得、技巧的純熟、小團體經驗、個人成長的經驗、透過督導的經驗發展出個人的諮商風格、透過各種形式的回饋修正準諮商師的諮商處遇能力等六個部分（引自王文秀，民 86 ）。陳秉華（民 82 ）曾提出學校輔導人員養成的課程結構，其核心領域包括心理學、人類成長與發

展、諮商與輔導、生涯發展、測驗與評量、專業定向，而次核心領域則有社會文化基礎、統計與研究法、諮詢以及學校情境的相關課程等，其次，在專業實習的部份，又分為實習前階段、初階實習、進階實習、學校的駐地實習，而各階段的實習時數及實習內容也有明確的規定（引自陳秉華，民84）。另外，王文秀（民86）亦提到，訓練課程中的實習與督導則是準諮商師邁向專業的重要關鍵之一，實習可以讓諮商師將課堂上所學的在實習場所實際驗證之，而督導的功能則除了確保個案的福祉並協助準諮商師個人及專業上的成長之外，更是為諮商專業把關，確保專業品質（王文秀，民86）。

在1994年CACREP的課程認可申請手冊中，諮商實習被認為是諮商員教育最不可或缺的經驗（楊瑞珠，民87）。近年來，國內許多關於諮商輔導人員養成教育的課程內容均一致建議，必須強化諮商實習課程訓練，以做為提昇專業素養的途徑，特別是實習制度與督導制度的落實，是專業諮商與輔導人員養成教育的重要方向（引自張靜怡，民87）。實習課程的主要功能在於提供準諮商員在諮商技巧、策略演練、覺知自幾理論價值導向、熟悉諮商議題、輔導行政、諮商倫理、專業角色定位等方面成長的機會（楊瑞珠，民87）。

吳秀碧（民83）主張學士層級諮商師的諮商實習教學目標應以溝通技巧和發展技巧做為必備的基本能力，使這一層級的人員未來能充分擔任輔導的工作。以彰化師大八十六學年度輔導系四年級的諮商實習課為例，其課程目標為「了解與熟悉諮商基本概念、過程與方法」、「能運用諮商技巧進行諮商會談」、「能統整諮商有關理論與概念，增進對個案的了解與選擇適當的諮商方法」、「能做適當的諮商開展與結束，並做諮商記錄」、「能增進諮商中的自我覺察與反省」、「了解處理青少年常見的問題」等（引自張靜怡，民87）。而張靜怡（民87）以彰化師大輔導

系四年級學生爲對象所進行的研究則針對專業實習課程提出了以下的建議，包括大學層級的諮商實習課程應增加倫理兩難議題之討論、增加深層互動技巧的演練與示範、利用課堂實際示範接案過程或影片教學方式增加學生概念形成技能之能力、增加小組模擬演練的次數或時間、以及建立實習合作系統，兼採不同的督導方式等。

對於團體輔導能力的訓練，除輔導知能的熟悉之外，亦強調團體的實務經驗。在旣有的訓練方式中，多數師範院校初教系將團體輔導課程安排在三年級，但課程的教材內容則不一致。有些只做理論上的介紹；有些加入同儕團體的實務經驗；有些則亦安排學生至附屬小學或可以合作的國小進行兒童團體的帶領。其間，大三學生能力是否足夠以及訓練方式所引發出的倫理議題，頗值得討論（田秀蘭，民 86）。

至於在督導磨室的建立方面，嘗試以實徵研究之方式探討各種督導模式之研究，迄今有吳秀碧（民 81）、Wang（1993）、王文秀（民 84）、施香如（民 84）與梁翠梅（民 85）等，分別自發展性督導模式（吳秀碧，民 81；Wang, 1993；王文秀，民 84）、循環發展模式（施香如，民 84）與區辨模式（梁翠梅，民 85）等角度加以探討。

另外則是蕭文與施香如（民 84）所建立的「循環發展的諮商督導模式」，亦即將督導過程視爲連續循環的過程，重視受督導者認知概念的發展程度，並將督導過程分爲五個不斷循環的步驟，以融合發展性的概念及其他不同理論取向之督導概念。由上述數篇研究所累積出來的暫時性結果大致看出諮商師有無被督導經驗對其諮商效能及專業自信有影響，區辨模式對督導者之訓練有助益，以及若部分諮商師在被督導的經驗是較負向，影響所及對自己身爲諮商師或整個專業之看法均持較悲觀之態度。

劉玉華（民 83）針對國內督導制度之實施情形指出不論在

資格的認定、督導制度的實施方法、評估、學術研究以及提供充分的督導資源等方面均有嚴重的不足，亟待吾人努力。發展性督導模式的概念則涵蓋孔子所謂的「因材施教」。Hogan（1964）將受督導者分為四個發展階段—新手、小成、大成及老手。每一階段之受督導者各有其個人和專業上的特色及盲點，亦有其待學習和突破的發展任務，各階段之督導者即應依此提供不同刺激的督導環境和不同的督導方式。這些在督導模式方面的研究，均值得實務工作上參考。

三、學校諮商師證照制度的建立

　　學校諮商師的訓練培養，在逐漸提升其專業性之後，終將走向證照制度建立的方向。在助人工作領域裡，社工師的證照制度已經建立，臨床心理師法也正在進行，學校諮商師在足夠的、專業的養成之後，為提昇國小或學校教育各層級輔導諮商專業人員的素質，也為提供學生、家長、及社區居民專業上的諮商服務，輔導專業人員有必要建立其專業證照制度。

　　至於專業證照制度的內容以及資格認定的方法，除現有的相關研究之外，可以努力的方向包括由相關專業學術團體建立一諮商師培訓的制度，對相關的諮商人員培訓機構作輔導評量，以強調專業諮商師培育在專業上的重要性。

　　另外則是在證照制度建立的過程，除專業團體本身的努力之外，似乎還需要政府或其他相關學術專業團體之間的共識，因而諮商輔導專業人員除增加其專業素養之外，更需要以既淺顯又專業的角度，與相關單位溝通，讓多數人明白學校諮商工作與兒童及青少年成長之間的關係。事實上學校諮商工作除了與個人的適應又關之外，也能促進社會的和諧。諮商專業以消費者利益的觀點而言，實有必要走向專業證照制度的建立，一方面保障兒童接受服務的權利，另方面也提醒諮商師在專業上的精進。

參考書目

一、中文部分

王文秀(民78a)當事人中心療法的督導模式。諮商與輔導，44，
　　2-3。

王文秀(民78b)理性－情緒療法的督導模式。諮商與輔導，45，
　　4-6。

王文秀(民81)「發展性督導模式」之探討。諮商與輔導，81，
　　2-5。

王智弘(民81)中部地區「張老師」實施團體督導現況調查研
　　究。輔導學報，15期，189-231。

朱春林(民76)督導行為與義務「張老師」工作滿足及工作績
　　效的關係—因徑目標論之應用。東吳大學社會學研究所社會
　　工作組碩士論文。

何麗儀(民83)行為取向的督導。諮商與輔導，98，8-11。

吳秀碧(民83)美國當前諮商訓練督導的主要模式和類別。學
　　生輔導通訊，18期，11-16。

李永吟、吳淑禎、鄭翠娟、李孟文、林進財(民81)國民小學輔導
　　單位組織及員額編制調查研究。教育部輔導工作六年計畫。

李玉蟬(民85)個人中心治療法的督導模式。諮商與輔導，121，
　　35-38。

李芳銘(民78)志願工作者對督導認知極其滿意度之研究。東
　　海大學社會工作研究所碩士論文。

林本喬(民70)諮商實習的督導及過程。輔導月刊，17(3,4)，
　　39-45。

施香如(民85)諮商督導過程的建構：循環督導模式的分析研
　　究。國立彰化師範大學輔導研究所博士論文。

張寶珠(民85)系統督導取向的核心因素：督導關係。中等敎

育，47(6)，58-61。

梁翠梅（民85）諮商督導訓練效果之研究—以台灣區家庭教育服務中心義務督導員為例。國立彰化師範大學輔導研究所博士論文。

許維素（民82a）督導關係初探（上）。諮商與輔導，94，5-10。

許維素（民82b）督導關係初探（下）。諮商與輔導，95，6-11。

陳秉華、程玲玲(民81)學校輔導人員工作綱領之分析研究。教育部輔導工作六年計畫。

陳金燕（民79）與其評鑑不如落實督導制度。輔導月刊，26(9,10)，8-12。

陳錫銘（民81）諮商督導的模式及其架構。諮商與輔導，78，7-13。

黃正鵠(民83)精準式輔導專業人力在職進修管理作業系統之研究。教育部輔導工作六年計畫。

楊荊生（民75）督導者的角色與功能。輔導月刊，23(3,4)，16-20。

楊淑蘭(民81a)理性情緒治療法的督導模式。諮商與輔導，80，2-6。

楊淑蘭(民81b)理性情緒治療法的督導模式。諮商與輔導，81，11-15。

楊淑蘭(民81c)理性情緒治療法的督導模式。諮商與輔導，82，4-8。

葉貞屏（民82）心理治療取向的諮商督導。諮商與輔導，94，2-4。

趙碧華（民71）臺灣省縣市社會工作員專業督導滿足之研究。東海大學社會學研究所社會工作組碩士論文。

劉玉華（民 83 ）督導制度在諮商與輔導過程中之重要性。諮商
　　與輔導，98 ，12-13 。

鄭熙彥、林義男（民 81 ）我國學校輔導人員專業教育內容及其
　　效果分析研究報告。教育部訓育委員會輔導工作六年計畫。

蕭文（民 85)我國學校輔導及專業諮商人員工作層級與資格檢核
　　標準之規畫研究。教育部輔導工作六年計畫。

蕭文、施香如（民 84 ）循環發展的諮商督導模式建立之謅議。
　　輔導季刊，31(2)，34-40 。

蘇美機（民 81 ）督導員特性、督導實施狀況對義務「張老師」
　　督導滿足之影響。東海大學社會工作研究所碩士論文。

二、英文部分

American School Counselor Association (1990). Professional
　　development guidelines for elementary school
　　counselors: A self-audit. Alexandria, VA: Author.

Association for Counselor Education and Supervision (1969).
　　Committee on counselor effectiveness. Commitment to
　　action in supervision: Report of a national survey of
　　counselor supervision.

Association for Counselor Education and Supervision (1985).
　　ACES task force on supervision. ACES

Association for Counselor Education and Supervision (1987).
　　Handbook of counseling supervision. American
　　Association for Counseling and Development.

American School Counselor Association (1990). Role
　　statement: The school counselor. Alexandria, VA:
　　Author.

Allen, G.J., Szollos, S.J. & Williams, B.E. (1986). Doctoral students' comparative evaluations of best and worst psychotherapy supervision. Professional Psychology: Research and Practice, 17, 91-99.

Baer, T.M. & Kivlighan, Jr., D.M. (1994). Single-subject examination of the process of supervision of beginning and advanced supervises. Professional Psychology: Research and Practice, 25(4), 450-457.

Bailey, W.R., Deery, N.K., Gehrke, M., Perry, N. & Whitledge, J. (1989). Issues in elementary school counseling: discussion with American School Counselor Association leaders. Elementary School Guidance and Counseling, 24, 4-13.

Beehr, T.A., Walsh, J.T. & Taber, T.D. (1976). Relationship of stress to individually and organizationally valued states: Higher order needs as moderator. Journal of Applied Psychology, 61, 15-21.

Benshoff, J.M. (1994). Peer consultation as a form of supervision. ERIC Digest, EDO-CG-94-20, ERIC/CASS.

Bergin, J.J., Miller, S.E., Bergin, J.W. & Koch, R.E. (1990). The effects of a comprehensive guidance model on a rural school's counseling program. Elementary School Guidance and Counseling, 25, 37-45.

Bernard, J.M. & Goodyear, R.K.(1992). Fundamentals of clinical supervision. Needham Heights, MA: Allyn & Bacon.

Biggers, J.L. (1977). The elementary school counselor in Texas: A nine-year follow-up. Elementary School Guidance and Counseling, 12, 15-19.

Bonebrake, C.R. & Borgers, S.B. (1984). Counselor role as perceived by counselors and principals. Elementary School Guidance and Counseling, 18, 194-198.

Borders, L.D. & Leddick, G.R. (1987). Handbook of counseling supervision. (Eds.). Association for Counselor Education and Supervision.

Bordin, E.S. (1983). A working alliance based model of supervision. Counseling Psychologist, 11(1), 35-41.

Bradley, L.J. (1989). Counseling supervision: principles, process, practice (2nd ed.). Accelerated Development Inc.

Carroll, B.W. (1993). Perceived roles and preparation experiences of elementary counselors: Suggestions for change. Elementary School Guidance and Counseling, 27, 216-227.

Chazan, S.E. (1990). On being supervised and supervision. In R. C. Lane (Ed.). Psychoanalytic approaches to supervision. New York: Bruner/Mazel, Publishers.

Coll, K.M. & Rice, R.L. (1993). Role conflict among community college counselors. Community College Review, 21, 58-67.

Coll, K.M. & Freeman, B. (1997). Role conflict among elementary school counselors: A national comparison with middle and secondary school counselors. Elementary School Guidance and Counseling, 31, 251-261.

Corey, G. (1986). Theory and practice of counseling and psychotherapy (3rd ed.). Monterey, CA: Brooks/Cole.

Council for Accreditation of Counseling and Related

Education Programs (1988, 1992, 1994). CACREP accreditation Standards and Procedures Manual. Alexander, VA: Author.

Curiel, H. & Rosenthal, J.A. (1987). Comparing structure in student supervision by social work program level. The Clinical Supervisor, 5(2), 53-67.

Deck, M.D. (1992). Training school counselors to be consultants. Elementary School Guidance and Counseling, 26, 221-228.

Egan, G. (1990). The skilled helper. Pacific Grove, CA: Brooks/Cole.

Ellis, M.& Ladany, N. (1997). Inferences concerning supervisors and clients in clinical supervision: An integrative review. In C. E. & Sons, Inc. Watkins, Jr. (Ed.). Handbook of psychotherapy supervision. John Wiley

Engels, D.W. & Dameron, J.B.(1990). (Eds.) The professional counselor: Competencies, performance, guidelines and assessment (2nd ed.). American Association for Counseling and Development.

Fairchild, T.N. (1994). Evaluation of counseling services: Accountability in a rural elementary school. Elementary School Guidance and Counseling,29, 28-37.

Fairchild, T.N. & Seeley, T.J. (1993). Student evaluation of counseling services: Accountability in a rural junior-senior high school. Manuscript submitted for publication.

Feltham, C. & Dryden, W. (1994). Developing counsellor

supervision. London: Sage Publishing.

Freeman, B. (1994). Importance of the National Career Development Guidelines to school counselors. The Career Development Quarterly, 42, 224-228.

Freeman, B. & Coll, K.M. (1997). Factor structure of the Role Questionnaire (RQ): A study of high school counselors. Measurement and Evaluation in Counseling and Development, 30(1), 32-39.

Furlong, M.J., Atkinson, D.R. & Janoff, D.S. (1979). Elementary school counselors' perceptions of their actual and ideal roles. Elementary School Guidance and Counseling, 40, 4-11.

Ginter, E.J., Scalise, J.J. & Presse, N. (1990). The elementary school counselor's role: Perceptions of teachers. The School Counselor, 38, 19-23.

Hardesty, P.H. & Dillard, J.M. (1994). The role of elementary school counselors compared with their middle and secondary school counterparts. Elementary and Middle School Guidance, 29, 83-91.

Hart, G.M. (1994). Strategies and methods of effective supervision. ERIC Digest, EDO-CG-94-09, ERIC/CASS.

Hawkins, P. & Shohet, R.(1993). Supervision in the helping professions: An individual, group and organizational approach. Open University Press.

Heppner, P.O. & Roehlke, J.J.(1984). Differences among supervisees at different levels of training: Implications for a developmental model of supervision. Journal of Counseling Psychology,31 (1), 76-90.

Hill, C. , Thompson, B.J. & Williams, E.N. (1997). A guide to conducting consensual qualitative research. The Counseling Psychologist, 25(4), 517-572.

Hogan, R.A.(1964). Issues and approaches in supervision. Psychotherapy: Theory, Research, and Practice, 1, 139-141.

Holcomb, T.F. & Niffenegger, P.B. (1992). Elementary school counselors: A plan for marketing their services under the new education reform. Elementary and Middle School Guidance, 27, 56-63.

Holloway, E.L.(1995). Clinical supervision: A systems approach. (p.2). Sage Publications.

Huffman, J.L. (1993). Perceptions of the Role of Middle School Counselors. Paper presented at the Annual Meeting of the Southeastern Psychological Association (39th, Atlanta, GA, March 24-27, 1993).

Hutt, C.H., Scott, J. & King, M. (1983). A phenomenological study of supervisees' positive and negative experiences in supervision. Psychotherapy: Theory, Research, and Practice, 20, 118-123.

Ivey, A.E. (1994). Intentional interviewing and counseling. Pacific Grove, CA: Brooks/Cole.

Kagan, N. (1975). Influencing human interaction-eighteen years with IPR. In A.K. Hess (Ed.), Psychotherapy supervision: Theory, research, and practice. New York: Wiley.

Kameen, M.C., Robinson, E.H. & Rotter, J.C. (1985). Coordination activities: A study of perceptions of elementary and middle school counselors. Elementary School Guidance and Counseling,20. 97-104.

Kennard, B.D., Stewart, S.M. & Gluck, M.R. (1987). The supervision relationship: Variables contributing to positive versus negative experience. Professional Psychology: Research and Practice, 18, 172-175.

Kurtz, P.D., Marshall, E.K. & Banspach, S.W. (1985). Interpersonal skills training research: A twelve year review and analysis. Counselor Education and Supervision, 24, 249-263.

Lambert, M. (1994). Use of psychological tests for outcome assessment. In M. E. Maruish (Ed.). The use of psychological testing for treatment planning and outcome assessment. Hillsdale, NJ: Lawrence Erlbaum.

Madak, P.R. & Gieni, C.L. (1991). Half-time elementary school counselors: Teachers' expectations of role versus actual activities. Canadian Journal of Counselling, 25(3), 317-330.

McDowell, D.K. (1995). Role Perception Study of School Counselors. Sam Houston State University.

Miller, G.D. (1989). What roles and functions do elementary school counselors have? Elementary School Guidance and Counseling, 24, 77-86.

Morse, C.L. & Russell, T. (1988). How elementary counselors see their role: An empirical study. Elementary School Guidance and Counseling, 23, 54-61.

Myrick, R.D. (1989). Developmental guidance: Practical considerations. Elementary School Guidance and

Counseling, 24, 14-20.

Paisley, P.O. & Benshoff, J.M. (1996). Applying developmental principles to practice: Training issues for the professional development of school counselors. Elementary School Guidance and Counseling,30, 163-169.

Paisley, P.O. & Peace, S.D. (1995). Developmental principles: A framework for school counseling programs. Elementary School Guidance and Counseling, 30, 85-93.

Parr, G. (1991). Dilemmas in the workplace of elementary school counselors: Coping strategies. Elementary School Guidance and Counseling, 25, 220-226.

Patterson, C.H. (1983). A client-centered approach to supervision. The Counseling Psychologist,11(1),21-25.

Rotter, J.C. (1990). Elementary school counselor preparation: Past, present, and future. Elementary School Guidance and Counseling, 24, 180-188.

Samis, K., Allan, J. & Echols, F. (1993). Elementary school counsellors' perceptions of their current and ideal role with parents and families. Canadian-Journal-of-Counselling, 27(4), 249-262.

Schalesky, D.E. (1993). A Local Study of the Roles and Functions of the Secondary School Counselor. Master's Thesis, Fort Hays State University.

Starr, M.F. (1996). Comprehensive guidance and systematic educational and career planning: Why a K-12 approach? Journal of Career Development, 23(1), 9-22.

Stickel, S.A. (1992). Role Perceptions of the Rural School Counselor: A Factor Analysis. Paper presented at the

Annual Meeting of the Eastern Educational Research Association (Hilton Head, SC, March 3-7, 1992).

Stoltenberg, C.D. & Delworth, U.(1987). Supervising counselors and therapists: A developmental approach. San Francisco, Calif. Jossey-Buss.

Stoltenberg, C.D., McNeill, B.W. & Crethar, H. C.(1994), Changes in supervision as counselors and therapists gain experiences: A review. Professional Psychology: Research and Practice, 25(4), 416-449.

Strozier, A.L., Kivlighan, D.M. & Thoreson, R.W. (1993). Supervisor intentions, supervisee reactions and helpfulness: A case study of the process of supervision. Professional Psychology: Research and Practice, 1, 13-19.

Tennyson, W.W., Miller, G.D., Skovholt, T.M. & Williams, R.C. (1989a). How they view their role: A survey of counselors in different secondary schools. Journal of Counseling and Development, 67, 399-404.

Tennyson, W.W., Miller, G.D., Skovholt, T.M. & Williams, R.C. (1989b). Secondary school counselors: What do they do? What is important? The School Counselor, 36, 253-259.

Umansky, D.L. & Holloway, E.L.(1984). The counselor as consultant: From model to practice. The School Counselor, 31, 329-338.

Usher, C.H. & Borders, L.D. (1993). Practicing counselors' preferences for supervisory style and supervisory emphasis. Counselor Education and Supervision. 33,

66-79.

Van Sell, M., Brief, A.P. & Schuler, R.S. (1981). Role conflict and role ambiguity: Integration of the literature and direction for future research. Human Relations, 34(1), 43-71.

Wang, W.H. (1993). A descriptive study of the training and supervision of school counselors in Taiwan, R.O.C. Unpublished doctoral dissertation. Department of Counselor Education, Counseling Psychology, and Rehabilitation Services Education. The Pennsylvania State University.

Watkins, C.E. Jr. (1997). Defining psychotherapy supervision and understanding supervisor functioning. In C.E. Watkins, Jr. (Ed.). Handbook of psychotherapy supervision. John Wiley & Sons, Inc.

Werstlein, P.O. (1994). Fostering counselors' development in group supervision. ERIC Digest, EDO-CG-94-19, ERIC/CASS.

Wilgus, E. & Shelley, V. (1988). The role of the elementary-school counselor: Teacher perceptions, expectations, and actual functions. The School Counselor, 35, 259-266.

Worchel, S., Cooper, J. & Goethals, G.R. (1991). Understanding social psychology (5th ed.). CA: Pacific Grove.

Worthington, E.L., Jr.(1987). Changes in supervision as counselors and supervisors gain experience: A review. Professional Psychology: Research and Practice, 18, 189-208.

救國團「張老師」邁向三十年的回顧與展望

張德聰

壹、救國團「張老師」輔導工作的演進

　　近年來我國社會型態由傳統的農業社會走向工業社會，更進而逐漸轉至資訊社會，都市人口集中，社會結構發生急劇變化，家庭教育功能受到影響，學校教育功能未盡發揮，青少年時期是為個體成長過程中變化最為劇烈的階段，又因社會變遷的衝擊，引發許多生活適應的困難，青少年犯罪日趨嚴重。救國團「張老師」自民國五十八年（1969）十一月十一日成立迄今二十九年，基於「我們為青年服務，青年為國家服務」的工作原則，不斷在關懷及服務青少年工作方式力求改進與發展，其間歷經創始期、建制期、成長期、發展期及轉型期，茲將此五個階段作一簡要的描述：

一、創始期

　　自民國四十九年四月成立「青少年問題研究中心」起至民國

五十八年十一月於台北市中國青年服務社成立「青少年輔導中心
—張老師」止，這十年左右是「張老師」的「創始期」。

二、建制期

自民國五十八年起至民國六十八年將中國青年服務社青少
年輔導中心-「張老師」提昇，並擴編爲「總團部青少年輔導中
心」止，這十年期間爲「張老師」之「建制期」。

三、成長期

自民國六十八年起至民國七十八年再度改制（將「張老師」
工作由救國團總團部社會青年服務處劃出，另在總團部增設「青
年諮商服務處」）止，這近十年爲「張老師」之「成長期」。

四、發展期

自民國七十八年改制後至民國八十五年，在此期間於民國八
十一年六月一日配合總團部組織編制改組，「青年諮商服務處」
更名爲「諮商輔導處」，各縣市「青年諮商輔導中心」亦改名爲
「諮商輔導中心—張老師」，透過組織功能之強化，爲青年提供
更多、更有效的服務，也爲「張老師」的輔導工作展開新的一頁。

五、轉型期

自民國八十五年迄今，在這段期間於八十五年成立高雄諮商
輔導中心、於八十六年成立台中諮商輔導中心，八十六年六月於
全省各諮商輔導中心全面啓用「樂意幫您—六一八〇輔導服務專
線」，即各地區服務專線之後四碼統一爲「六一八〇」，並於八
十六年開始在臺北、台中、高雄等三個諮商輔導中心正式對外展
開心理測驗服務，而高雄諮商輔導中心更結合網際網路諮商來從
事輔導工作，至此確立了「張老師」多元的輔導模式；此外，並

不斷、積極地規劃組織的精實、改組，將原有之「中國青少年輔導基金會」正名為「張老師」基金會，以非營利組織之觀點來經營「張老師」。

貳、「張老師」的輔導理論與實務

一、「張老師」服務的理論基礎

　　Brammer（1973）將助人關係分為兩大類，即為結構（structure）與非結構（non-structure）助人關係（如表一所示）。

表一：助人關係的類別

助人關係	類　別	說　明
結構的	1.專業諮商員	諮商員、學校諮商員、社會工作員
	2.半專業輔導員	受過訓練的個案會談者、心理健康及復健機構的助理
	3.志願工作者	受過短期的助人技術和定向訓練的不收費人員
非結構的	4.友誼	非正式的，互助的，和非結構的輔導關係
	5.家庭	非正式的互助系統，以不同程度相互依賴
	6.社團和一般人類關係	非正式的，非結構的助人行動以減輕危險、痛苦或損失

（修改張德聰，民 84 年，頁 492）

　　依據此項分類方式，我們可以將義務「張老師」歸類於志願工作者或半專業的類別（張德聰，民74）。若依義務「張老師」的職前訓練份量來看，一位義務「張老師」計需經歷三個訓練階段，前後達160小時以上的輔導專業訓練時數，且經過四次甄選，其基本的輔導員效能應有一定水準的品質。因此，歸類上至少可以接近半專業之水準。

參考胡愈寧（民74）對「張老師」工作特色分析，「張老師」自成立至今最大的特色是在於運用志願性質的義務「張老師」從事具有專業性質的輔導諮商工作。在本質上具有下列特色：

1. 義務「張老師」訓練過程的嚴謹性。

2. 服務方式的特殊性：歷年來「張老師」依其專業分工同時從事輔導服務含電話、晤談和函件輔導，以及社區、街頭、心理測驗、心理衛生教育推廣、企業工、商青年輔導及虞犯青少年輔導等工作。

3. 志願工作人員與專職工作人員發展的並行性：除專職人員外，並甄選服務優秀之志願服務人員接受進階訓練，如督導員、團體訓練員等訓練。

4. 服務方式的多元化：除了個別輔導服務及團體輔導服務外，「張老師」另有文字、工廠青年輔導、廣播電視節目、演講座談及各項研習活動等。

5. 訓練的完整及督導體制的建立：沒有訓練就不可能有進步，因此「張老師」特別重視義務「張老師」及專任人員的職前及在職訓練，並有完整的體系。為了提昇服務的品質及訓練效果，「張老師」建立督導制度，這亦是「張老師」自我訓練、求進步的方式。

6. 服務地區的普及性：「張老師」中心遍佈台灣地區，目前計有十六個地區設有青年諮商服務中心—「張老師」，其中有十五個中心提供電話、晤談及函件等輔導服務並設置專任張老師。目前只有苗栗「張老師」僅設置函件輔導服務及心理衛生預防推廣工作。

二、「張老師」的助人專業的服務模式

「張老師」輔導工作基於需要而產生，從摸索中逐漸理出頭緒，從模仿中，逐漸建立自己的架構（吳武典，民72；張德聰，

民84）。隨著社會變遷的需要，「張老師」的功能逐漸由「補救矯治」的治療模式，擴展至初級預防（一般預防）及次級預防（早期發現與矯治），而對象也由當事人本身擴及其所處環境（家庭、學校、社區）和重要他人（父母、親人、友伴）（吳武典，民72）。形成如下表二所示的輔導計畫基本模式。

表二：「張老師」的輔導計畫基本模式

層次	主要對象	服務方式	輔導計畫	實際做法
初級預防	一般正常的青少年	間接服務	改善教育、家庭環境	1.輔導專題研究 2.出版張老師月刊及輔導叢書 3.親職教育
		間接服務	心理衛生方案	1.心理衛生專題演講 2.開闢電台「張老師時間」及期刊、「張老師信箱」 3.推動心理學苑
次級預防	易有生活適應問題的青少年	間接服務	諮商	1.父母效能訓練 2.學校輔導有關人員、心理輔導相關助人機構之專業訓練、志工學苑 3.社會團體公開性心理衛生教育專題演講座談 4.工、商青年輔導知能研習、員工協助方案
		直接服務	諮商	1.個別諮商 2.團體諮商 3.青少年協助方案 4.心理測驗服務 5.網路諮商
診斷與治療	已出了問題且相當嚴重之青少年	間接服務	環境治療	1.急難救助 2.自我挑戰營
		直接服務	心理治療	1.個案研究 2.轉介治療 3.配合心理治療機構之諮商方案

（修改自吳武典，民72；張德聰，民84）

　　為達成此一輔導計畫的模式，「張老師」提出了輔導策略（見附錄圖一）。

　　在這個輔導策略模式中，計有四個向度（dimension）。第一個向度是問題，所謂問題是指個人基本需求不能達到滿足而採取的適應行為（吳武典，民71年），根據「張老師」慣用的個案問題分類，可分為家庭問題、人際關係、兩性感情、升學與學業、生涯輔導、性問題、人格與行為異常、人生觀與其他問題等。

　　第二個向度是助人專業服務方式，包括個別輔導或個案社會工作、團體輔導或團體社會工作、心理衛生預防推廣教育及社區社會工作、研究訓練等四項。

　　第三個向度是助人的基本策略，計有八項：(1)關懷情緒（關注與回饋）：即是所謂的同理心、情緒反映等；(2)認知策略：包括閱讀治療和認知改變（利用教導、暗示、說服、面質等方式，消除當事人非理性的概念，導致情感與行為的改變）；(3)行為治療：應用系統減敏感法、消弱法、嫌惡法及代幣制度等方法以消除當事人不好的行為；(4)環境改變：包括暫時性安置－如於台中設置青少年之家，學校實施調班、調校、住校、或離校住家等；(5)自我管理：協助當事人學習自我控制、自我指導，以自立自助；(6)自我實現：如潛能開發研習會，使青年朋友由其參加之活動中，得到成就感，進而增進自我實現的滿足；(7)教育：與大眾傳播媒體合辦心理衛生演講座談，以達到心理衛生預防勝於治療之效果；代辦或接受邀請協助相關輔導機構工作人員訓練，以共同提昇國內輔導人員工作品質，並主動到各工廠及學校舉行心理衛生巡迴教育；(8)社會工作：對應於訪視之倡導，予以家庭、學校訪視，並結合社會資源予以協助或急難救助。

　　第四個向度即是「張老師」的服務對象，除了一般的青年外，也包含了虞犯青少年、當事者家長、學校的教師、相關輔導機構之工作人員、工廠企業等機構之員工及一般社會大眾等。

　　以上的四個向度，可以作許多適切的組合而形成完整的輔導服務，如應用關懷策略，以協助當事人解決心理健康的問題（吳武典，民71；張德聰，民76）。

　　基於上述的輔導計畫及策略，「張老師」針對不同層次，提出了許多做法，綜合歸納可為三大類：(1)輔導服務：包括電話諮商、函件輔導、諮商晤談及網路諮商等四種針對個案問題進行的個別輔導方式、急難救助、心理測驗、以及針對特定對象（虞犯青少年、工廠青年、社區青年）設計的團體方案等。主要的著眼點在於協助當事人解決他所面對的問題。(2)預防性教育推廣：目的在於推廣心理衛生知識，預防心理疾病及反社會行為的發生。包括有廣播、電視、報章、雜誌、青年期刊等媒體開闢「張老師」專欄，舉辦心理衛生演講、座談，辦理親職教育座談會、演講，舉辦選填志願輔導座談會，中等學校辦理心理衛生巡迴演講、社會及學校青年潛能開發發展研習會及電視、電台的「空中張老師」、「張老師時間」節目等。(3)研究訓練：包括進行輔導專案研究、編製訓練課程教材、編製心理測驗及各式的訓練（如「張老師」的職前及在職訓練、教師效能訓練、親子研習會、工廠青年愛、生活與學習研習…)等。

　　「張老師」的輔導服務係以心理衛生工作的二級預防為主，期能對輕微或中度心理疾患給予早期診斷、早期治療。並兼有三級預防的部份復健工作功能（吳澄波，民71）。「張老師」的輔導服務包括電話輔導、函件輔導、諮商晤談、網路諮商、急難救助、轉介服務以及團體輔導等。

參、「張老師」二十九年來的服務成果

　　從「張老師」的創立至八十七年六月為止，近二十九年來「張老師」在輔導服務方面的服務人數，已達1,300,484人次，其中男性453,514人，女性844,253人，不詳有2,717人。如依輔導方

式區分，電話輔導的有892,250人，諮商晤談163,219人，函件輔導為238,405人，心理測驗有4,193人，外出訪視有1,307人，網路諮商有1,796人。就求助問題分類，最多的是家庭問題，284,054人，其次為感情問題，248,441人，居第三位的是尋求資源，209,522人。而其教育程度則以高中（職）程度為最多達454,251人，國中程度231,853居次，專科程度153,717人，大學以上程度則有107,981人，小學以下最少亦有44,056人。

針對特定對象所擬定的團體方案，主要的是以在生活上適應困難的違規犯過青少年（以十三～十五歲的國中生為主）為對象的「幼獅育樂營」輔導活動。學員的來源皆為自願參加的國中學生，且必須接受營前的行為評鑑及營隊的輔導效果評鑑。自民國六十五年的正式定名「幼獅育樂營」至八十七年為止，參加過幼獅育樂營的人數計7,566人，而在延續輔導中，電話輔導之人次為51,746人次，函件輔導為23,567人次，諮商晤談則有7,227人次，學校聯繫6,834人次，家庭聯繫6,328人次，而小團體活動則有3,279次。

心理測驗的服務，始於民國六十三年五月台北「張老師」中心的成立「測驗小組」，提供性向、興趣、性格及其他等四大類五十種測驗服務大眾。主要的對象有青少年、家長、教師、相關機構、工商團體及其他等，其中以「學生」最多。而實施之測驗則依序以性向測驗、職業、興趣、專長、人格測量為最多。歷年來服務的總人數計有4,193人。

在心理衛生推廣教育方面，小團體輔導、工作坊與演講座談共舉辦過18,578場次，在專欄採訪方面共有7,044篇，廣播電視台與電視台節目播出共有17,349次。

對於工、商青年的服務工作方面，工商青年心理衛生推廣活動共有10,131場次，共有886,994人次參與；在員工協助方案、輔導人員專業研習方面從八十四年開辦至今則舉辦過20場次，共

有1,355人次參與。

在義務「張老師」的專業訓練方面，義務「張老師」的儲備訓練共舉辦過2,108場次，共有126,392人次參與；義務「張老師」的訓練方面則舉辦過4,433場次，共有79,964人次參與。

肆、「張老師」輔導工作的未來展望

由「張老師」二十九年來所服務之對象、工作成果趨勢分析以及社會變遷有關因素，「張老師」一方面收集國內外類似之輔導經驗模式，加以融合應用嘗試建構適合我國青少年諮商輔導工作模式；另一方面由二十九年來超過一百三十萬求助人次之經驗，以預防性的觀點嘗試定期針對青少年心態定期研究分析，並進而建立青少年問題指標，此外並於檢討及評估二十九年來的工作，對機構功能重新定位，並以前瞻性眼光，嘗試擬定「張老師」機構未來之工作展望如下：

一、強化服務工作質與量

依據社會服務工作之專業分工趨勢，精緻化、專業化之發展，為「張老師」推廣工作之重要原則，但是社會對於「張老師」服務之需求量，以及「張老師」之負荷量之間合理之交互曲線，為「張老師」今後發展工作之重要考量之一。

其中需加強發展的是：(1)「張老師」機構功能之定位，組織體制之加強；(2)建立專任「張老師」及義務「張老師」之訓練系統（如附錄圖二）；(3)服務及評估系統之建構；(4)研究發展及建立訓練模式。

二、建立青少年助人專業工作多元模式

青少年輔導工作為一科技整合之助人專業工作，「張老師」雖已建構助人策略之基本模式，包含諮商輔導、社會工作、心理

衛生之行為科學專業整合,未來應需加上企業之非營利機構經營員工輔導等工作模式,並於社會上心理衛生輔導相關機構之網絡中,需再確定所扮演的角色及功能,並由社會整體輔導網絡中與相關社會資源及青少年輔導有關之決策單位、學校、家庭,甚或法律、醫療等各單位共同建立完整之青少年多元助人專業服務模式。

三、促進輔導專業發展

(一)強化人才培訓方面:

1.加強專任「張老師」之培養及訓練。

  (1)研訂專任「張老師」工作手冊以期工作經驗延續。

  (2)有計劃由義務「張老師」培養未來專張儲備人員。

  (3)加強專張之職前及在職訓練(含督導)。

  (4)研訂專任「張老師」生涯發展計劃,未來分為諮商輔導專長、社會工作專長,甚至心理衛生教育之多元專業發展模式。

2.於確定義務「張老師」之服務特性、功能發揮及專業倫理限制後,加強義務「張老師」人力資源規劃及輔導專長分類(如第二專長)培養,例如電話班依問題程度及專長分類實施初診及分科制度,輔導服務專長於一段時間亦可接受預防推廣專長而改變服務方式,以減少其倦怠感。

3.加強義務「張老師」服務的督導系統,以維持服務品質,於軟體方面加強督導員訓練及再督導,硬體則加強督導監控系統。

4.加強各項訓練種類之評估及全省性基本輔導服務條件之建立。

5.加強義務「張老師」甄選資格之客觀化及有合適效度、信度之效標常模,包含人格特質、輔導知能、服務熱忱及有關變

項之確定。

6. 加強問題解決能力的訓練：張德聰（民74）由義務「張老師」輔導效果評估中發現，在實際得到幫助程度之正期望差距百分比看來，義務「張老師」及當事人的優先順序並不一致；但其中義務「張老師」及當事人的評估均以問題解決層面的評價最低，因此在義務「張老師」之訓練方面，除原有偏於同理心輔導關係的訓練外，亦應加強有關問題解決的方法及技巧的訓練。

7. 加強自我覺察之訓練：義務「張老師」於輔導效果之自評較當事人為低，一是除了可能是因為謙虛的姿態使然，亦可能是自知及信心不足，因此為加強義務「張老師」之自信心及對輔導挫折之適應，或可加強輔導員之自我調適和因應困境的訓練，以協助義務「張老師」由自我了解，自我接納進而自我整理，自我調適及訂定適當之成長計劃去尋求自我突破及自我肯定。

8. 人才培養及最新輔導新知之收集及應用：目前「張老師」機構以國外最新輔導新知及國內有關輔導中國化的探索研究來吸收，並作整體的規劃，機構中擬建立輔導教育（counselor education）及輔導行政及輔導督導的專業人才制度，因此努力方向為：

　　(1) 有計劃的培養人才：專任「張老師」於服務一段時間後，輔導並鼓勵至國內外有關研究所進修輔導有關之專業知識。

　　(2) 成立有關青少年輔導工作之研究資料中心，有計劃的定期收集國內外有關之最新資料。

　　(3) 輔導資料之資訊化，以便有效的應用。

　　(4) 與國內外相關學術機構進行建教合作或加強聯繫以相互切磋及交換有關青少年輔導工作之最新資料。

(5)由「張老師」之研究發展部門妥善規劃，將收集之資料以在職訓練、書報討論會及各種研討會方式提供義務「張老師」進行研習。

(6)對不同工作之專任及義務「張老師」之人格特質及應具備之能力研究外，並建立其適合之訓練課程及評估之效果指標。

（二）加強研究發展工作：

1.設置研究專職人才，專責研究工作之推展。

2.注意社會變遷事實，加強社會問題與需要之研究。

3.建立機構自我評估系統以及全省各縣市「張老師」機構評鑑制度，以期檢討工作成效，適時調整及因應策略。

4.加強輔導國情化，以最迅速方式取得國外輔導資訊，加速提昇輔導方法及策略。

5.提高現有之輔導論文獎助學金金額，或由財團法人「張老師」基金會每年提供合適之金額，舉辦「張老師」輔導論文獎—鼓勵國內學者專家推動輔導專業之研究工作，進而發展出刊「張老師輔導學報」。

6.研擬由某一地區或每一中心在某一時段設立皆以專任「張老師」或輔導個案之可行性，如此一方面可接受「張老師」內部個案轉介，並作為轉介至其他相關機構之再診斷，以減少對個案之傷害，並增進輔導效果，進而增強「張老師」輔導工作之專業化。

7.加強指導委員的指導功能，可將各區現有之指導或諮詢委員會，配合「張老師」之工作分工，並依指導委員之專長及興趣，分為(1)輔導服務，(2)心理衛生教育，(3)虞犯青少年犯罪防治，(4)社會工作，(5)研究訓練，(6)機構未來發展及政策研討等六組各設召集人，副召集人及指導委員若干人，針對現有之研究、訓練、執行、評估工作，進行指導，

以增進「張老師」工作品質及提升輔導工作層次。

8.加強青少年心態研究方面：爲防患未然，「張老師」機構宜
定期分區作有關青少年心態之調查研究，並了解各種人口變
項（如職業、學歷、地區、年齡、性別）不同之青少年及社
會大衆之期望或需求，建立青少年之健康或問題指標，據以
擬定因應之輔導策略，以加強青少年輔導工作服務的品質，
並考慮各縣市之主客觀條件，妥善規劃各地區之工作重點，
以免因工作負荷量過重而影響輔導效果的品質。

四、加強輔導行政協調工作

（一）結合社會資源共同建立全面性青少年輔導工作網路

　　「張老師」不僅需由二十九年之經驗累積青少年心理、社會
需求的了解，評估妨害其成長的環境因素。並應帶領青少年結合
社會建設的輔導功能，「張老師」並非單純的爲青少年的問題作
修補工作，而是依我國社會的發展，輔導青少年尋求有效的發展
途徑，加強青少年問題解決能力、挫折處理能力，以增加其成就
感。然而「張老師」並非萬能，因此必須結合其他社會福利相關
輔導機構及各級學校、家庭共同分擔社會輔導功能於不同層次、
分工共同爲青少年之輔導工作盡心盡力。

（二）評估並充實各地區「張老師」工作條件

　　爲使專任「張老師」工作之發展，未來以北、中、南設有三
中心爲基礎及分區或跨區團隊合作及區域發展，以加強「張老師」
專業化。

（三）加強人力資源之結合及規劃

1.歷年來參與「張老師」工作之人數幾達一萬人，分佈海內外，
多數仍積極參與相關工作，此影響力是十分值得重視，因此
如何成立如「張老師」聯誼會，邀請離職「張老師」再參與
有關之工作對「張老師」工作之推動必有其助力。

2.歷年來接受過「張老師」輔導之個案人次超過一百三十萬人，如何使這些曾受助於「張老師」者，有合適途徑回饋關心社會，亦值得規劃，因此或可成立「張老師」之友聯誼會，進一步追蹤輔導，或使其求助有路，助人有門，以達社會人關心社會之目標。

3.社會不少熱心助人者因限於「張老師」之資格限制，無法施展願望，亦可提供妥為規劃資源銀行，使其亦可共襄助人盛舉。

4.輔導服務工作必離不開輔導行政，專任「張老師」常因行政工作過重而離職，或可規劃非從事專業工作之行政志願服務人員系統。

5.現有之「張老師」指導委員會或諮詢委員系統外，另建立發展委員會或其他支持系統，結合更多人才參與，為「張老師」工作。

（四）企業化服務

服務工作之經營宜講求企業化，以求工作簡化提高工作效率，減輕工作同仁之負荷量，並加強「張老師」服務精神以提昇服務品質、工作經驗。

（五）前瞻性趨勢分析，做為未來工作之準備

如由求助「張老師」個案之人口變項及問題特性分析。社會青年之個案及家庭問題之個案若為「張老師」輔導服務個案之主流，則「張老師」整體工作策略，由訓練目標以至後續工作之督導、義務「張老師」之資格、預防策略及做法宜做有計劃合適之調整，並宜重新定位。

（六）增進機構之生產資源，減輕財力負擔

目前「張老師」之服務工作可概分為：(1)純義務性服務——如個案輔導工作；(2)半付費之服務——如測驗及部份訓練研習的收工本費；(3)全付費性之服務如——「張老師」企業代訓，未來

宜逐漸減輕經費負擔進而朝自給自足方針努力，以求機構之生生不息。

（七）「張老師」支持及激勵系統之建立

 1.建立足以鼓勵義務「張老師」服務動機之增強系統，如現有之金手獎、獎學金等。

 2.修訂原有實習工作之部份限制，加強與相關學系、研究所之實習，並主動至各輔導相關科系介紹機構服務工作之說明，並爭取優秀同學之參與，並由服務中作適當之培養及訓練，增加優秀義務「張老師」畢業後加入「張老師」機構從事專任工作的意願。

 3.「張老師」志願服務工作生涯計劃之輔導。

 4.專任「張老師」專業服務工作之生涯規劃及發展。

參考書目

吳武典（民72）學校輔導人員的養成，載於宗亮東等著，輔導學的回顧與展望。臺北：幼獅文化。

吳澄波（民67）虞犯青少年輔導工作之檢討與改進，張老師月刊，6，1。

張德聰（民74）義務「張老師」之人格特質、輔導效果、輔導效能相關研究，師大輔導研究所碩士論文（未出版）。

張德聰（民75）「張老師」親職教育之策略與作法，社區季刊，9，35，21-23。

張德聰（民84）諮商訓練基本模式，載於賴保禎編著，諮商理論與技術，481-490。台北：空中大學出版。

救國團「張老師」（民77），七十七年義務「張老師」儲備訓練計畫（未出版）。

劉安屯、張德聰（民79）救國團「張老師」二十年來的回顧與展望。救國團臺北諮商輔導中心「張老師」。

劉安屯（民72），「張老師」輔導工作的現況檢討與改進，載於
　　宗亮東等著，輔導學的回顧與展望，533-552。臺北：幼獅
　　文化出版。

附錄

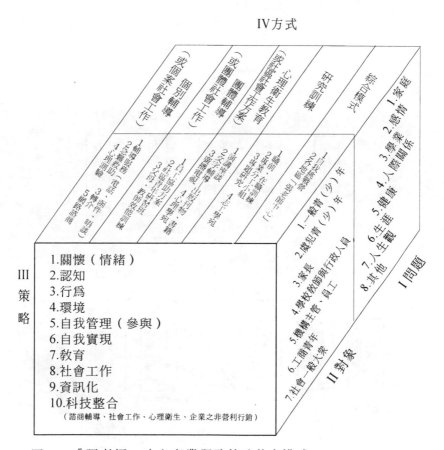

圖一：「張老師」助人專業服務策略基本模式

（張德聰，民87，修改自吳武典，民71）

圖二：「張老師」助人專業服務工作人員甄選與訓練流程圖（草
　　　圖）（張德聰，民87）

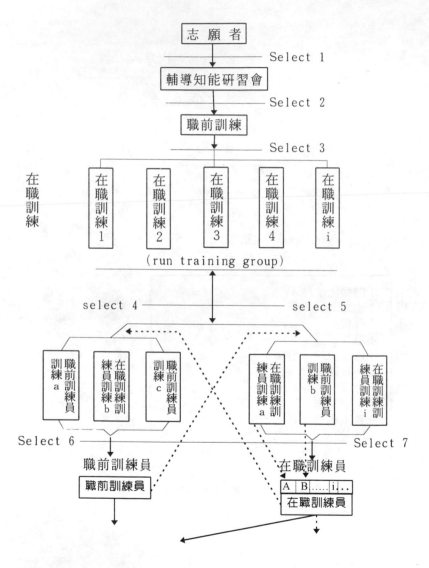

（續下頁）

（續上頁）

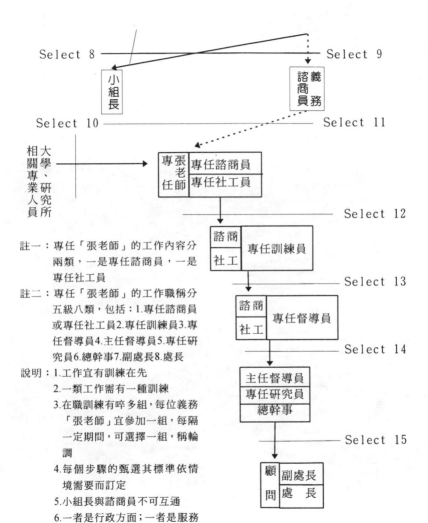

Select 8

Select 9

小組長

諮商員
義務商務

Select 10

Select 11

相關專業人員
大學、研究所

專任
張老師

專任諮商員
專任社工員

Select 12

諮商
社工

專任訓練員

Select 13

諮商
社工

專任督導員

Select 14

主任督導員
專任研究員
總幹事

Select 15

顧問

副處長
處　長

註一：專任「張老師」的工作內容分
　　　兩類，一是專任諮商員，一是
　　　專任社工員

註二：專任「張老師」的工作職稱分
　　　五級八類，包括：1.專任諮商員
　　　或專任社工員2.專任訓練員3.專
　　　任督導員4.主任督導員5.專任研
　　　究員6.總幹事7.副處長8.處長

說明：1.工作宜有訓練在先
　　　2.一類工作需有一種訓練
　　　3.在職訓練有啐多組，每位義務
　　　　「張老師」宜參加一組，每隔
　　　　一定期間，可選擇一組，稱輪
　　　　調
　　　4.每個步驟的甄選其標準依情
　　　　境需要而訂定
　　　5.小組長與諮商員不可互通
　　　6.一者是行政方面；一者是服務
　　　　技術的指導，專任如果資歷不
　　　　足，宜先有專任諮商員訓練

理論

與

實務

老觀念，新思潮
—談輔導的生態觀

吳武典

壹、楔子

---「只有問題家庭，沒有問題兒童；只有問題老師，沒有問題學生。」你同意這種看法嗎？

---Samenow（1983）在其名著「犯罪者的心靈深處」（Inside the criminal mind）一書中提到：「在學校拒絕犯罪少年之前，他們已經拒絕了學校。」或許有人覺得應該是這樣才對：「在犯罪少年拒絕學校之前，學校已經拒絕了他們。」到底孰先孰後？孰對孰錯？

---「今天你放棄我，明天我就放棄你！」幾年前這一句國中後段班學生的心情告白，為何使當時的教育部長，悚然心驚？它究竟代表什麼意義？

---人與環境究竟是什麼關係？是人造環境，還是環境造人？我們應鼓勵人定勝天、征服自然，還是師法自然、順其自然、天人調和？

　　這些問題涉及輔導的基本理念和基本策略，尤其對偏差行為學生及特殊兒童的輔導，更關係重大。對個人與環境之關係的討論，事實上由來已久，可追溯到 1930 年代 Kurt Lewin 建立的場地論（Field Theory）（Lewin, 1951）及五十年前 Roger Barker 及其同事根據田野研究所建立的生態心理學（Ecological Psychology）（Burnette, 1997）。今日看來，餘音繞樑，且有新義。例如 Conoley 及 Haynes（1992）即從生態觀提出輔導策略，並以生態法進行個案解析。筆者也曾嘗試從生態觀分析青少年的疏離感（吳武典，74c）及變局輔導策略（吳武典，民 83），也曾從內外因互動的觀點討論心理與教育診斷的要義（吳武典，民 79）。筆者深深覺得，輔導的生態觀雖是老觀念，卻是歷久彌新，在今日變局頻繁且深劇的社會，其意義與價值，更甚於往昔，它應是二十一世紀輔導的大趨勢之一。

貳、源起

　　生態學（ecology）通常並不被視為一個獨立的學門，而是又跨學門（cross-discipline），又含在各學門（within-discipline）的似舊還新的領域。它的基本概念除了來自心理學，尚來自於教育學、生物學、社會學和人類學。此外，雖然各學門對人類行為的解釋，各有所重，但幾乎都不能否認個體與其環境存在著某種關係。人類生態學者則一致認為人類行為乃是個體內在因素與外在環境互助的結果。

　　人類學家可能是最原始的人類生態學者。他們對偏差行為產生的文化環境之研究，大大豐富了我們對於問題或病態行為的了解。社會學家探究重要社會狀況與犯罪或異常行為的關係，也加強人類生態學的基礎。社會學家 Farris 和 Dunham（1939）在其經典之著「都會區的心理疾患」（Mental disorders in urban areas）一書中，提出了「集中區理論」及社會解組（social disorganization）的概念，並說明兩者與心理疾病的關係。他們認為心理健康的兒童具有下列三項條件：(1)與其所屬的永久性團體（如家庭）有親密情誼；(2)此種團體對其影響有一致性；(3)家庭與外在環境的關係相當和諧。在他們看來，所謂精神錯亂，並非指個人有一串的古怪行為，而是他的行為與環境不對頭。

最早應用生態理論處理特殊需求兒童問題且獲致重大成果的，當數 William Rhodes。他指出，兒童的情緒困擾是兒童與其環境惡性循環的結果，而不能只從兒童本身內在缺陷（如基因缺陷、腦神經功能失常、心理障礙等）加以解釋（Rhodes, 1967）。其後，許多學者（如 Apter, 1982; Hobbs, 1966, 1982; Kounin, 1970, 1975）根據生態觀的目標和假設，發展出許多輔導「問題兒童」的方法。

其實，醫學取向的生態學者也不反對個人與環境互動的影響。Thomas，Chess 和 Birch（1968）發現嬰兒出生即具有九種不同程度的氣質：活動量（activity level）、規律性（rhythany）、趨避性（approach/withdrawal）、適應性（adaptability）、反應強度（intensity of reaction）、反應閾（threshold of responsiveness）、情緒本質（quality of mood）、注意力（attention span/distractibility）和堅持性（persistence）（參見吳武典，民 74b；徐澄清，民 68），這些氣質在某種情境下，可能導致情緒困擾。換句話說，有些氣質在某種情況下會適應良好，有些氣質則否（Thomas & Chess, 1977）。

典型生態心理學者（如 Baker, 1978; Lewin, 1951）曾分析情境中的心理與非心理因素。如前所述，Baker 及其同事根據 Lewin 的場地論發展出「行為情境論」（behavior setting theory），所謂「行為情境」，乃是引發行為的小生態系統。不

同的情境（教室、遊樂場、童軍露營、體育競賽等），引發出不同的行為；同一兒童在不同情境裏，也可能表現完全不同的行為。他們發現「同響」（ synomorphy ）在情境中至為重要，心理疾病乃表示個體行為與環境配合欠佳，同響缺乏（ Baker, 1978 ）。

參、意義

　　基本上，行為的生態觀強調內外因素的互動與平衡。在解釋行為現象上，心理學界素來有兩種取向：內導向與外導向。生態觀則認為行為決定於內外因素的互動。以 Lewin （ 1951 ） 的術語來說，即「行為是個人與環境的函數」〔 B=f （ P,E ）〕。

　　內導向的行為觀，最典型的是心理動力模式（ psycho-dynamic model ）與生物物理模式（ biophysical model ）。前者強調動機（ motivation ）、需欲（ needs ）與驅力（ drives ）及不同發展階段的行為類型之探討；後者強調生理因素的特質會導致特殊行為類型。

　　行為模式（ behaviral model ）與社會學模式(sociological model)則關心外在的因素。行為論者著重從刺激─反應的連接、增強作用（如獎懲）及行為塑造來分析個人行為的發生和演變。社會學者則從環境（包括家庭、機構、社區、社會、文化）探討影響個人與群體行為的各種條件。

　　生態論（ ecological theory)兼重內在因與外在因的分析，也強調兩者的互動。它與內外導向模式之不同，如圖一所示：

　　Gordon （ 1982 ）指出：從生態的觀點，吾人檢視個體的行為，要同時了解其所處的環境、組織結構的變異性、目標設定、個人在環境中的生存能力及個人與環境兩者同時改變、改進的可能性。

心理動力觀　　　　生態觀　　　　行為觀
生物物理觀　　　　　　　　　　社會觀

◀ ⋯⋯⋯⋯⋯⋯⋯⋯⋯⋯⋯⋯⋯⋯⋯⋯⋯ ▶

內力　　　　　　　互動力　　　　外力

圖一：行為生態觀與內外導向模式之比較

（資料來源：Conoley & Haynes, 1992, p.179）

　　生態論者著重檢視生態系統（ ecosystems ），而不是個人
（ individuals ）。生態系統乃是一個個人與其環境互動而變化
的系統。每個生態系統有其歷史背景，也有其內在發展，是獨特
的，也是不斷演變的。兒童顯示「正常」，意謂著這個生態系統
是和諧的、平衡的；反之，如果生態系統不和諧、不平衡，則兒
童可能變得「偏差」（即個人行為與社會規範不一致）或失落（在
不能改變的環境中，行為茫然無效）。在此情況下，生態學者的
解釋是「系統失衡」了—即系統中的某些要素互相衝突。這種衝
突處稱為「失調點」（ point of discordance ），就在這一點，
兒童與其生態系統「合不來」。

肆、基本假設與目標

　　根據Conoley和Haynes（ 1992 ），生態論的基本假設如下：
1.每個人都是小社會體系中不可分割的一部分，而且是獨特
　的。
2.情緒困擾與偏異行為不應視為兒童內在的疾病，而應視為系
　統中的失調（ discordance ）。
3.「失調」意謂個人與環境配合的失敗--即個人能力與環境的
　要求或期待不一致。
　所謂「六小時的智障兒童」（在學校被認為是智能障礙，

在家庭與社區則被認為正常），或「在外一條龍，回家一條蟲」，或反之，就是最典型的「失調」例子。

根據以上假設，生態觀的輔導之基本目標便不是要建立一個特定的心理健康狀態或培養特定的行為類型，而是增進兒童的行為與其環境之調和。這樣的輔導並不需要另創新法，只需把現有輔導方法依生態的觀點加以組合運用既可。其具體目標如下：

1.增進個人本身的能力。
2.促進系統的改善。
3.增進個人與環境的契合度。

伍、策略與應用

生態觀極具包容性與彈性，並且強調「變」與「調適」，它可應用於教育、輔導、社會工作、心理衛生、精神醫學、組織發展、人事管理等各方面，對偏差行為學生及特殊需求學生的輔導，尤其適切。茲就生態心理學在輔導上的應用，略抒己見，以資拋磚引玉：

一、學生偏差行為的輔導

「變」是成長的本質，也是存在的本質。人無時無刻不在變，但變不一定是成長，有時它是一種衰退。偏差行為青少年，有成長的潛力，也有成長的本質—變；只是他們現在變得令人失望罷了。如何透過適當的介入（ intervention ），引導他們的潛力，改變發展的方向，使邁向獨立與成熟，是我們所面臨的共同課題（吳武典，民 83 ）。

自然界的「變」有生有息、有增有減，教育上的「變」卻是指向成長與創造，並不純任自然，而是強調共同責任。

「青少年是無辜的」、「只有問題家庭，沒有問題子女；只有問題老師，沒有問題學生」的說法，固然指出了部分事實，卻

不能據以作爲追究責任或推卸責任的藉口；充其量，是父母、敎師或主宰社會的成人用以自責、自省的惕語。從「生命共同體」的觀點，對於社會的任何異常現象，我們都應一體關懷，並共同努力，使之恢復常態或健康，而不是片面指責或歸咎。例如：「代溝」之產生，乃是時代現象，大家都有責任；要減除代溝的衝擊，兩代之間，必須同步改變，互相調適。

依此觀點，青少年偏差行爲的輔導，也應秉此原則，朝下列方向著手（吳武典，民83）：

1. 從自己變起：從愛護自己開始，做學生的要思考自己是否盡了學生的本分？做老師的要思考自己是否以身作則？
2. 助人改變：基於關愛別人的立場，欣賞別人的優點，鼓勵改正其缺點，並提供必的回饋、增強和澄清。
3. 改變環境：就從自己掌控的環境開始（自己的書房、家庭、班級、學校....），隨時檢查、檢討，消除各種迷思、污穢、污染和病源，改善我們的生態環境，使之適合大家生存、發展。

二、異常家庭的輔導

家庭的異常是許多學生偏差行爲的根本原因。家庭的異常有三種情形：

1. 家庭結構異常：包括失親家庭（父母雙亡、棄兒）、單親家庭（父母離異、父母一方死亡、未婚子女）、複雜家庭（家庭成分複雜、關係紊亂）。
2. 家庭功能失常：例如父母常不在家（孩子形同「鑰匙兒」）、父母常吵架（家庭像「戰場」）、子女受虐待（家庭像「集中營」）、父母不關心（家人如路人）、父母管敎態度不當（如縱溺、嚴酷、分歧、矛盾等）。
3. 家庭結構與功能雙重失常。

家庭結構的異常，很可能衍生功能的失常（如缺乏親情溫暖與家庭認同感），但最令人耽心的還是功能的失常；破碎家庭誠然值得注意，而結構健康、功能卻失常的家庭也不能忽視，其對子女產生不利的影響，往往不下於僅是結構異常的家庭。有些單親家庭，雖然結構上有缺陷，卻透過功能上的補償（如「父兼母職」或「母兼父職」），而使其不幸程度減到最少。

對輔導人員而言，家庭因素是相當不變的因素。對出身於不美滿家庭的學生。固然我們仍要掌握一絲變因，設法與家庭溝通，希望多少達成一些改變，但更重要的原則是：「家庭不變，學校變；父母不變，學生變。」因為學校與學習的因素是我們能掌握的。因此，筆者覺得對家庭不美滿的學生，我們的輔導策略有三（吳武典，民 83）：

1. 親職教育：以家長為輔導對象，使其關心子女，並改善管教態度與方法。

2. 愛的補償：讓孩子在學校裏得到愛的補償，班級如同大家庭，老師是「如父如母」，同學是「如兄如姊，如弟如妹」。

3. 心理建設：鼓勵孩子面對現實，接受磨鍊，不被不幸擊倒，反而愈挫愈奮、以堅強的自我，開創未來光明的前途。

三、變化氣質

從心理方面而言，氣質是一種與生俱來的行為方式或情緒反應，是相當先天的。一個人生下來就有這種氣質，而且表現出來的，每一個人都不一樣。根據心理學家的分析，這種氣質包括有九個要素：活動量、規律性、趨避性、適應性、反應的強度、反應閾、情緒本質、注意力、以及堅持性等（參見吳武典，民 74b；徐澄清，民 68）。

這九種要素是相當先天的，很小的孩子就表現出這些差異了。這些氣質本身沒有好壞，但是因為父母的期望有所不同，社

會的要求有所差別，以致於不同的氣質常有不同的結果。例如活動力特別高、適應性特別差、規律性特別低的孩子，就常不被喜歡，因爲這些孩子常常惹麻煩，常常辜負父母的期望，導致的外向性問題也比較多。

事實上，氣質和環境有密切關係。一個人從小生長在一個粗俗的低層社會中，往往養成動不動就打人，出口即三字經的不良習性。這也就是爲什麼我們要美化孩子成長的環境，且不止是物資環境的美化、淨化，心理環境的美化尤其重要。試想老師每天笑臉看著學生與經常怒斥學生，師生關係會一樣嗎？學習效果會一樣嗎？

四、常規管理

有效的常規管理應如何？這個問題，Kounin（1970, 1975）及其同事們曾作了深入的研究。他們藉錄影的設備實際觀察教室的活動，分析教師處理教室常規的行爲及效率。他提出了下列幾個重要的原則（參見吳武典，民74a）：

（一）對準目標（Withitness）：

教師需了解班級中正在進行的活動，當他需要制止違規行爲時，所找的是正確的對象，顯示出「腦後有眼」的能力。教師應避免：(1)找錯誤的對象加以申誡；(2)制止小問題，忽略大問題（如責罵一位耳語者，而讓兩個兒童在教室裡追來逐去）；(3)動作太緩（等到問題已傳染到全班或已惡化了才採取行動）。

（二）雙管齊下（Overlapping）：

一位有效能的教師能同時處理兩件事情，例如一面制止一個孩子的干擾行動，一面維持上課活動的進行；反之，一個缺乏效能的教師，往往熱衷於一個小小的違規行爲而忽略了主要的班級活動。

（三）維持動勢（Movement management）：

　　一個有效能的教師能維持班級活動趨向一個目標，運動不息，毫無滯礙；反之，一個無效能的教師則表現下列的缺點：

1. 翻來覆去的——就像玩翹翹板遊戲似的，停止某種活動，開始另種活動，不久又回過頭來，從事某種活動。

2. 過度逗留的——從事不必要的長談或長時間的固定活動，使整個活動的速度延緩下來。

3. 支離破碎的——可以一次完成的活動，卻支離破碎地分成許多段落，減緩了工作進行的速度。

4. 目眩神搖的——容易為不相干的刺激所吸引而遠離主要的活動。一個有效能的教師則是受目標支使的。

5. 隨意干擾的——一個有效能的教師不隨意以突然的命令、問題或聲明中斷兒童們正在進行的活動，他能體諒到全體學生的心向（反應傾向）。一個無效能的教師則隨他自己的需要任意擺佈時間。

（四）注意全體（Group focus）：

　　一位有效能的教師之注意力永遠是及於全體學生的，即使只令一人朗讀或背誦，他也能注意到全體的反應。關於這一點，有幾項技術：

1. 先發問，稍停，讓全體思考，再指名回答。

2. 以隨機方式指名回答，而不按照一定次序。

3. 要大家評鑑某生的答案。

4. 當某生回答時，目光巡視全班。

5. 預先提出一個需要大家思考的問題。

　　Kounin 的常規管理策略有兩個令人激賞的特點：第一、他強調的常規管理著重防患於未然，而非處理違規行為於已經發生，具有積極的教育意義；第二、他所用的方法，避免使用懲罰，有助於創造一個健康、和諧的班級氣氛，使教室成為一個真正有助於學習的環境（吳武典，民 74a）。

陸、結語

　　今日青少年問題日趨嚴重，其中學業問題與行為問題，往往糾纏不清，且常是互為因果（如低成就與中輟）；個人因素與環境因素，也難以釐清。診斷既有困難，處方更屬不易。在吾人尋求青少年問題解套方法之際，或許歷史悠久、卻已漸被遺忘的生態觀和生態法，是一條光明大道。尤其許多青少年問題其實源於疏離感（吳武典，民74c），如何使青少年與其所處的環境（家庭、學校、社區等）互相融和，建立建設性的關係，實在是今日輔導上的重大課題。「同步改變，互相調適」，應是不二法門。

　　此外，輔導的功能應不只是補偏救弊，在潛能發展上，也應著力。一個健康而有活力的生態環境，是促進個人潛能發展的最重要條件。在這方面，實在有更多值得開拓的地方。

參考書目

一、中文部分

吳武典（民74a）班級中的常規心理。載於吳武典：青少年問題與對策，69-80。台北：張老師文化事業公司。

吳武典（民74b）怎樣培養學生良好的氣質。載於吳武典：青少年問題與對策，101-116。台北：張老師文化事業公司。

吳武典（民74c）從疏離談起。載於吳武典：青少年問題與對策，127-136。台北：張老師文化事業公司。

吳武典（民79）診療教學中的內功與外功。載於吳武典：特殊教育的理念與做法，109-110。台北：心理出版社。

吳武典（民83）從「變」的觀點談青少年偏差行為的輔導。教師天地，69期，2-4。

吳武典（民85）偏差行為學生學校生活適應之探討。教育心理

學報，29 期，25-50。

吳武典，陳秀蓉（民 67 ）教師領導行為與學生的期待、學業成
　　就及生活適應之關係。教育心理學報，11 期，87-104。

徐澄清（民 68）：因材施教。台北：健康世界雜誌社。

二、英文部分

Apter, G.J. (1982). Troubled children/troubled systems. New
　　York: Pergemon.

Barker, R.G. (1978). Habitats, environments, and human
　　behavior. San Francisco: Jossey-Bass.

Barnetts, E. (1997). Learning about behavior by studying
　　environment. APA Monitor, July 1997.

Conoley, J.C. & Haynes, G. (1992). An ecological approach
　　to intervention. In D'Amato & B.A. Rothlisley (Eds.).
　　Psychological perspectives on intervention. New York:
　　Longman.

Farris, R. & Dunham, H. (1939). Mental disorders in urban
　　area. Chicago: University of Chicago Press.

Gordon, E.W. (1982). Human ecology and the mental health
　　profession. American Journal of Orthopsychiatry, 52,
　　109-110.

Hobbs, N. (1960). Helping disturbed children: Psychological
　　and ecological strategies. American Psychologist, 21,
　　1105-1115.

Hobbs, N. (1982). The troubled and troubling child. San
　　Francisco: Jossey-Bass.

Kounin, J.S. (1970). Discipline and group management in
　　classrooms. New York: Holt, Rinehart and Winston.

Kounin, J.S. (1975). An ecological approach to classroom

settings: Some methods and findings. In R. Weinberg &
F. Wood (Eds.). Observation of pupils and teachers in
mainstream and special education settings: Alternative
strategies. Minneapolis: Leadership Training Insti-
tute.

Lewin, K. (1951). Field theory and social science. New York:
Harper.

Rhodes, W.C. (1967). The disturbing child: A problem of
ecological management. Exceptional Children, 33,
449-455.

Samenow, S.E. (1984). Inside the criminal mind. Toronto:
Random House.

Thomas, A. & Chess, S. (1977). Temperament and development.
New Yory: Bruner/Mazel.

Thomas, A., Chess, S. & Birch, H. (1968). Temperament and
behavior disorders in children. New York: New York
University Press.

落實學校輔導工作的步驟

劉焜輝

壹、前言

我國學校導入輔導制度已經有相當時日,如果自頒佈「國民教育法」、「高級中學法」算起,亦有將近二十年的歷史,表面看來,學校輔導工作已經有法源依據,有明確建構,有專任輔導教師,然而,輔導工作在學校並沒有發揮預期的效果,也未得到全體教師的肯定,這是無可否認的事實。輔導教師捨本逐末,熱中於「工作坊」的辦理而忽略了學校輔導工作整體的推動,流弊所及,輔導的本質被置諸腦後,只注意到樹葉而罔顧樹幹與根部,惡性循環,投入再多的人力與物力也無濟於事。本文擬針對實施學校輔導工作的步驟,提供管見,供輔導界同仁之參考。

貳、學校輔導工作的實施步驟

目前,各級教育行政機關、學校行政人員尤其是輔導教師都認為自己已投入心血於輔導工作,之所以無顯著效果,乃是忽略

工作順位所致（劉焜輝，民 87 ），因此，輔導工作應循下列步
驟，依序實施：

步驟一、確定輔導工作的目標

　　說明：究竟學校輔導工作的目標何在，這是最根本的問題，
目前學校輔導工作的目標不是形同點綴就是相當模糊。茲以甲、
乙兩校爲例（均爲國中），所列工作目標如下：

　甲校—

1.協助學生認識自己，並適應環境，使其具有自我輔導能力，
　進而達到自我發展的目的。

2.了解學生各種能力、性向、興趣與人格特質，發現特殊學生
　及學生個別問題，給予適性引導及因材施敎之依據。

3.協助學生培養優良的學習的態度、方法、與習慣，使其養成
　主動求知的能力，並使其充分發揮個人潛能，以達人盡其才
　的目的。

4.協助學生培養正確的生活習慣與理想，以促進青少年身心的
　正常發展。

5.協助學生培養積極的生涯發展態度和生涯規畫能力，以發揮
　生涯輔導功效。統整各項專業輔導工作,充分運用社會資源,
　以達輔導功效。

6.加強敎師充實輔導知能，增進敎師身心健康，抒解壓力，落
　實學校與輔導工作配合。

7.推動全體敎職員工，參與學校輔導工作，發揮「人人爲輔導
　老師」的理想。

8.充實輔導設備，提供師生有利的輔導環境。

　乙校—

1.依據國中生身心發展的特質,協助學生了解自己、認識環境,
　以達自我發展的目的。

2.協助學生了解其能力、性向、興趣與人格特質，並發現特殊
學生，以達適性發展的目的。

3.依據學生學習心理，協助其養成良好的學習態度、方法與習
慣，俾能發揮其學習能力，養成自動自發、主動求知的學習
能力。

4.協助學生適應社會變遷中的人際關係，培養良好的生活習
慣，建立正確的人生觀，以促進群性的發展。

5.配合社會的整體發展，輔導學生建立應有的職業觀念，試探
其職業興趣與性向，並透過就業安置與延續輔導以發揮生涯
教育的功效。

6.結合家庭、學校、社區的力量，促進教師與家長的輔導知能，
以加強學校教育的效果。

　　分析甲、乙兩校的工作目標，1、2、4項係生活輔導，3
係學習輔導，4為生涯輔導，甲校的6、7、8，乙校的6均為
達成目標的補助辦法，不必列為工作目標。許多學校的輔導工作
連工作目標都找不到，可見事態之嚴重。工作目標乃學期末或學
年末評鑑輔導工作績效的重要依據，不可或缺。

　　做法：學校輔導工作的目標，可以依據學校需要確定，但是
至少要包括生活輔導、學習輔導、生涯輔導三個範疇，「輔導活
動課程標準」雖然規定「輔導活動」的依據，其目標亦為「輔導
工作」的目標，可做參考，但是目前「國民小學輔導活動課程標
準」中目標雜亂無章，遠不及「國民中學輔導活動課程標準」的
目標簡明扼要，檢附如下：

國小—

1.協助兒童了解自己的各種能力、性向、興趣及人格特質。

2.協助兒童認識自己所處環境，適應社會變遷，使其由接納自
己、尊重別人而達群性發展。

3.協助兒童培養良好的生活習慣與樂觀進取的態度，以增進兒

童的身心健康。

4.協助兒童培養主動學習態度以及思考、創造與解決問題能力。

5.協助兒童發展價值判斷的能力。

6.協助兒童認識正確的職業觀念與勤勞的生活習慣。

7.協助特殊兒童,適應環境,以充分發揮其學習與創造的潛能。

（教育部,民82）

國中—

1.協助學生了解自己的各種能力、性向、興趣、人格特質,並認識所處的環境,以發展自我、適應環境、規畫未來,促進自我實現。

2.協助學生培養主動積極的學習態度,有效的應用各種學習策略與方法,養成良好的學習習慣,以增進學習興趣,提高學習成就,開發個人潛能。

3.協助學生學習人際交往的技巧,發展價值判斷的能力,培養良好的生活習慣,以和諧人際關係,建立正確的人生觀,適應社會生活。

4.協助學生瞭解生涯發展的理念,增進生涯覺知與探索的能力,學習生涯抉擇與規劃的技巧,以為未來的生涯發展作準備,豐富個人人生,促進社會進步。

（教育部,民83）

步驟二、建立輔導工作組織系統

　　說明：學校輔導組織系統是推展輔導工作成效的關鍵,「國民教育法」和「高級中學法」頒布前的輔導組織頗能反映學校輔導工作的特徵,列舉如下：（劉焜輝,民85）

國民中學—指導工作推行委員會

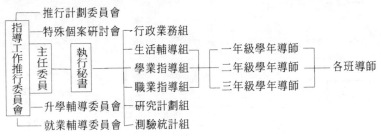

高級中學—輔導工作推行委員會

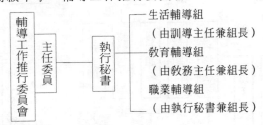

　　國民中學和高級中學均設有「輔導工作推行委員會」，出席委員包括各處室主任及有關組長、執行秘書及全體輔導教師、導師各年級代表、專任教師各學科代表。國民中學分組狀況常隨學校規模大小而異，因為無法定地位，執行秘書比照組長，組長均為義務職；高中部份出席輔導工作推行委員會委員相同，另增加主任教官，在委員會下面設「生活輔導組」、「教育輔導組」、「職業輔導組」三組，值得注意的是這三組組長分別由訓導主任、教務主任、執行秘書兼任，充分顯示輔導工作是全校性的特徵，全體教師均有參與感。

　　目前的輔導組織圖，繪製常有錯誤，舉例如下：

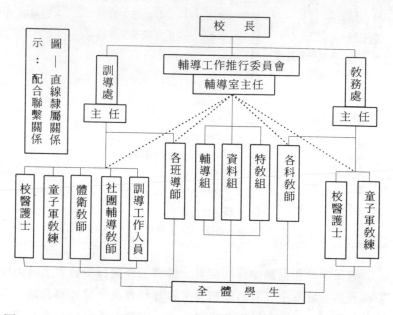

圖一：國民中學輔導工作組織系統（引自馮觀富，民 81 ）

　　圖一將「學校行政組織圖」與「學校輔導工作組織圖」混淆在一起，前者則教務、訓導、總務……各處室均應羅列，後者校長乃以「輔導會議主席」身份出現。國民中小學依據國民教育法之規定，因班級數多寡，輔導組織類型也略有不同。

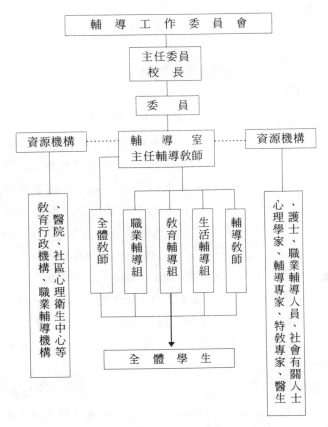

圖二：高級中學輔導組織系統表
（本表引自台灣省立高級中學輔導工作手冊）

　　圖二的錯誤是「委員」不應列出，「主任委員」應附在「輔導工作委員會」；且依據「高級中學法」，輔導室並未設組；「全體教師」並非歸「主任輔導教師」監督指揮。

　　做法：建立輔導工作組織圖應以「國民教育法」和「高級中學法」爲依據，茲舉例如下：

國民中學

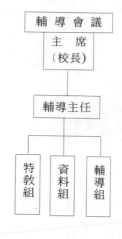

- 國民教育法第十條:「國民中學應設輔導室」
- 國民教育法施行細則第十二條:

「二、國民中學行政組織:

（一）六班以下者設教導、總務二處及輔導室。教導處分設教務、訓導二組。

（二）七班至十二班者設教務、訓導、總務三處及輔導室。教務處分設教學設備、註冊二組;訓導處分設訓育、體育衛生二組;總務處分設文書、事務二組。

（三）十三班以上者設教務、訓導、總務三處及輔導室。教務處分設教學、註冊、設備三組;訓導處分設訓育、生活輔導、體育衛生三組,二十五班以上者,體育、衛生分別設組;輔導室設資料、輔導二組,設有特殊教育班級三班以上者,得增設特殊教育組;總務處分設文書、事務、出納三組。」

- 國民中學輔導活動課程標準:「伍、輔導會議一、組織（一）依據國民教育法施行細則第十七條的規定,國民中學應定期舉行輔導會議。（二）輔導會議出席人員包括各處室主任及有關組長、輔導室主任及全體輔導教師,導師各年級代表,專任教師各學科代表。」

高級中學（高職準之）

- 高級中學法第十三條:「高級中學設輔導工作委員會,規劃協調全校學生輔導工作。委員會置專任輔導教師,由校長遴聘具有專業知能人員充任之。」
- 高級中學規程第廿三條:「高級中學輔

導工作委員會，由校長兼任主任委員，聘請各處室主任及有關教師為委員。」

　　值得一提的是目前的輔導工作組織圖以及分組情形雖然與從前稍有不同，輔導工作政策之擬定由校長主持之委員會會議通過則無二致。

步驟三、召開「輔導會議」或「輔導工作委員會議」

　　說明：早期的「輔導工作推行委員會」，各校都切實召開，出席人員熱烈討論，因為「『輔導會議』或『輔導工作委員會』是學校輔導工作的最高決策單位，校長是會議的當然主席，參加此會議的人選包括各處室主任、組長、教師代表、輔導教師、教官（高中）等，『輔導室』並非單獨發號施令的單位，而是執行『輔導會議』決議事項的單位。因此，學校全年度輔導工作計畫、行事曆、經費預算均應經過『輔導會議』通過才算『合法』。目前，各校切實依照此規定召開『輔導會議』的學校不多，縱使召開，也流於形式，並未發揮『輔導會議』的功能。」（劉焜輝，民78）尤有甚者，教育部訓育委員會為推動輔導工作六年計畫，要求學校另設「輔導工作六年計畫」執行小組，由校長擔任召集人，其職掌為：

1. 策畫年度輔導計畫行事曆。
2. 各項輔導教師之輔導工作之編配。
3. 協助各項計畫之推動執行。
4. 協助解決計畫推動衍生之問題。
5. 各項經費預算執行與監督。
6. 考核計畫執行之績效。
7. 其他。

　　政策上的錯誤，使學校輔導組織瓦解，「輔導會議」形同虛設，現在六年計畫過去了，學校輔導會議也早已不存在，許多學

校都以「行政會議」敷衍其事。

　　做法：無可諱言的，切實召開「輔導會議」或「輔導工作委員會」是挽救學校輔導工作的不二法門。有些學校雖然召開輔導會議，開會內容非常空洞，茲以會議記錄說明如下：

○○國民中學八十七學年度第一學期第一次輔導會議記錄
一、時間：
二、地點：
三、主席：
四、記錄：
五、出席：
(請假：　　　　　　　　　　　　　)
六、主席致詞
七、討論事項
　(一)提案一、「本校本學期輔導工作計畫草案」是否可行，請
　　　　　討論。
　　決議：
　(二)提案二、「本校本學期輔導工作行事曆草案」是否可行，
　　　　　請討論。
　　決議：
　(三)提案三、「本校本學期輔導工作經費預算草案」是否可行，
　　　　　請討論。
　　決議：
　(四)提案四………
八、臨時動議
九、散會

　　每學期開始召開之輔導會議，必須討論提案一、二、三，如有其他提案則列入提案四，以下類推，期末召開之輔導會議，應就提案一、二、三……提出執行情形報告，此乃輔導工作之「評鑑」，馬虎不得。

　　關於輔導會議的運作，筆者曾經做下列的說明（劉焜輝，民78）：

1. 「輔導會議」在推展學校輔導工作上眞的那麼重要嗎？
2. 「輔導會議」難道不能跟其他會議合併舉行嗎？
3. 如果校長不支持，也不召開「輔導會議」，又將如何？

　　就第一個問題而言，答案是非常肯定的，因爲依據「國民教育法」和「高級中學法」的規定，當前學校輔導工作最高決策單位是「輔導會議」（輔導工作委員會），輔導工作年度計畫與行事曆必須經過輔導會議通過才算「合法」，未召開輔導會議，學校輔導工作無法實施。

　　就第二個問題而言，「輔導會議」最好舉行，因爲每一種會議都有其獨特的功能，「校務會議」是以全校教師爲對象，如果在「校務會議」時討論輔導工作年度計畫與行事曆格格不入，效果不彰。又如果有些輔導教師常以爲「行政會報」可以代替「輔導會議」，實則不然。蓋「行政會報」只是各處室主任溝通意見、校長督導校務運作的組織，必須先有「輔導會議」通過年度輔導工作年計畫與行事曆之後，輔導主任再以「行政會報」報告該週工作預定以及確認需要各處室配合的情形。如果未先在「輔導會議」通過計畫與行事曆，則輔導室所擬訂的計畫並未經過全校認定，無合法性與合理性可言。

　　就第三個問題而言，如果校長不支持輔導工作也不召開「輔導會議」，輔導教師應該在學期開始擬定「年度輔導工作計畫與行事曆草案」，分別趨訪應該出席會議的委員，充分徵求他們的意見，如果有需要協調、修改的部份應該不厭其詳地溝通、修正，最後把「草案」經過有關人員簽名後呈請校長核閱。俟校長核可，再將「年度輔導工作計畫與行事曆」（已經不是「草案」而是正式的計畫）印發各有關人員。期末如果校長不召開「輔導會議」，輔導室應將「本學期輔導工作實施報告」（係根據學期開始的工

作計畫與行事曆撰寫）整理就緒，印發各有關人員徵求意見，如有建議事項亦一併處理，俟有關人員意見回收齊全後再整理最後報告，呈校長核閱。

步驟四、擬定「輔導工作計畫」與「輔導工作行事曆」

說明：「輔導工作計畫」是學校輔導工作的藍圖，「輔導工作行事曆」是完成藍圖的具體作法。缺乏前者，學校輔導工作將雜亂無章；欠缺後者，藍圖永遠不能兌現。針對「輔導工作計畫」與「輔導工作行事曆」的缺失，筆者有下列敘述：（劉焜輝，民79）

「第一，檢討『輔導工作計畫』與『行事曆』的關聯：各校『輔導工作實施計畫』多半抄襲『課程標準』或他校者，目標、工作內容、實施方式、經費及設備均已涵蓋，各校所定『輔導工作行事曆』理應將實施計畫所列工作項目很有計畫且有系統地列入行事曆中，然而，當你把兩者一一對照時必然會發現『輔導工作計畫』與『輔導工作行事曆』竟然脫節得離譜。此事說明輔導人員在推展工作時忘了『本』，只是盲目地實施其中的一部份，敷衍塞責，交差了事。

第二，分析輔導工作內容，看看是否兼顧學習、生活、生涯三個領域；我國學校輔導工作內容分為教育（學習）、生活、職業（生涯）三大項，訂有詳細內容，學生自入學至畢業〔小學六年，國中三年，高中（職）三年〕所實施的輔導工作應該對於每一個領域均能顧及，輔導教師可以把本校三年或六年來的『輔導工作行事曆』的內容逐條歸類，當不難發現工作方向與內容均有偏頗，很難自圓其說。

第三，檢討『輔導工作計畫』與『行事曆』的負責單位，

是否包括教務、訓導等有關處室；輔導工作是全校性的工作，因此，學校有『輔導工作委員會』的組織，由校長擔任主任委員，輔導會議出席人員包括校內各處室主管，並由校長擔任輔導會議主席，旨在確認輔導工作的內容及執行單位，並加強協調聯繫。因此，只要組織健全，學校輔導工作必然可以順利推展，毫無對立可言。目前各校輔導工作計畫與行事曆均忽略這一點，只有輔導室的工作項目，各處室及導師當然會袖手旁觀，而輔導室的工作亦甚少顧及對於校內教務、訓導工作的專業性支援，無異是自掘墳墓。」

茲以實例闡明如下：

（一）「輔導工作計畫」部份

1.甲校（86學年，國中）：

一、依據；二、工作目標；三、工作原則；四、工作組織；五、計畫期限；六、執行項目及進度；七、經費預算；八、考核；九、本計畫陳請校長核定後實施，如有未盡事宜，得經由輔導會議補充之。

2.乙校（86學年，國中）：

一、依據；二、目標；三、重點工作；四、工作原則；五、工作項目。

3.丙校（87學年，高中）：

一、輔導工作委員會章程；二、輔導工作委員會組織；三、輔導工作目標；四、工作聯繫與協調；五、輔導工作聯繫；六、輔導工作內容；七、輔導工作實施方式。

甲、乙、丙三校的輔導工作計畫略有不同，如何調整相當重要。值得一提的是每一項綱要的內容如果深入探討，仍有缺失，例如：

1.甲校

工作組織：

(1)成立輔導工作諮詢委員制度，參與輔導會議。

　　a.諮詢委員包括校長、各處室主任及有關組長、輔導教師、各年級導師代表、專任教師、各學科召集人及家長代表、教師會代表。

　　b.每學期定期舉行一至二次，規畫和檢討輔導工作計畫及推展情形。

　　c.諮詢委員平時負責聯繫溝通一般教師和家長輔導觀念，並提供輔導諮詢意見。

(2)成立輔導工作執行小組。

　　a.由校長擔任召集人。

　　b.成員包括各處室主任及有關組長。

　　c.每月召開小組會議，研議討論教育部六年計畫之輔導工作有關事宜。

(3)召開訓輔聯席會議

　　a.校長列席，由訓、輔主任輪流擔任主席。

　　b.成員包括兩處室主任、組長，並視個案研討需要，邀請專家學者、導師、家長或重要輔導人等參加。

　　c.每月召開訓輔聯席會議，研討學生一般輔導工作，並協調個案學生輔導策略事宜。

　　甲校成立「輔導工作諮詢委員」參與「輔導會議」，其實諮詢委員大多數均為教育法令明定之人選，輔導會議是學校輔導工作最高決策機構，「諮詢」則無此功能；又如「學校輔導執行小組」只是為了應付教育部六年計畫而成立，多此一舉；至於「訓輔聯席會議」，忽略了輔導與教務、訓導的關聯性，如果只是為了個案輔導，開「個案會議」或「個案會報」即可以發揮功能。

　2.乙校

　　重點工作：

(1)加強培養一年級學生愛班愛校、愛護社區、自動自發學習與適應新環境的能力。

(2)加強培養二年級學生穩定情緒，增進人際關係與生涯探索之能力，並做好進入國三生活的準備。加強培養國三學生因應考試壓力及做畢業進路規畫的能力。加強諮詢服務工作，增進教師及家長輔導能力。

乙校重點工作不夠具體，且多為例行工作，不必列為「重點工作」。

（二）「輔導工作行事曆」部分

「輔導工作計畫」與「輔導工作行事曆」是一體的兩面，沒有前者，不可能有後者，因此 ，「輔導工作計畫」，必須把「輔導工作的內容」具體列舉，然後根據「學校行事曆」的週數，將工作內容分配到各週，按週實施。目前各校輔導工作最大的通病是看不到「目標」→「內容」→「行事曆」的密切關聯，在架構上也頗不一致。以下試舉甲校、丙校之輔導工作行事曆為例（分別見表一、表二）。

表一中，「執行項目及進度」辦理時間欄如「適時」、「經常」等非常籠統，如「②辦理有關學習輔導之專題演講」在「行事曆」上應該列入週次、演講題目、主講人、對象等；該校各處室行事曆上「輔導室」並未將「執行項目」具體列出。

上列兩校輔導工作計畫中心的工作項目有幾點值得商榷：(1)目前有許多學校只有此工作計畫而無行事曆；(2)主辦單位均列「輔導組」、「資料組」等，全校性輔導工作已淪為輔導室工作，導源於此；(3)該校所列教育輔導（學習輔導）只有四項，可見學校輔導工作連最起碼的要求都沒有達成。

表一：甲校之輔導工作行事曆

類別	發 展 性 輔 導 工 作				
項目	(二) 學 習 輔 導				
內容	①實施有關學習態度、學習方法等學習輔導之班級輔導活動。	②辦理有關學習輔導之專題演講。	③辦理補救教學學生小團體學習輔導。	④分析學習輔導有關測驗之結果供相關人員參考。	⑤特殊學生之鑑定與安置。(1)實施智力測驗 (2)實施學習策略量表
實施對象	全體學生	全體學生	國一二學習困難學生	全體學生	⑤為特殊學生 (1)、(2)為全體學生
辦理時間	適時	經常	寒暑假	適時	⑤為十至十二月，(1)為一上，(2)為二上
承辦組別	輔導室輔導主任	輔導組、教務處、教學組	輔導室	資料組	⑤為資料組資源班召集人 (1)、(2)為資料組
協辦處組			教務處		教務處
辦理情形 完成					
辦理情形 未辦					
辦理情形 逾期					
備註 資源運用例舉					

表二：丙校之輔導工作行事曆

類別	項目	實施內容及方法	預定進度	負責人或主辦組別	協辦單位	辦理情形			備註
						完成	未辦	逾期	
三、教育輔導	①實施各項測驗及調查	1.舉行新生智力測驗並將結果提供參考。 2.配合輔導活動課實施「學科興趣調查」、「社會距量調查」，分析結果提供參考。 3.實施二年級賴式人格測驗。 4.實施三年級學生升學、就業調查意願。 5.家庭狀況及健康情形調查。	八　月 視需要 十一月 十二月 十一月	資料組 輔導老師 資料組 資料組 資料組 資料組					
	②實施學習方法輔導	1.訓練各科小老師制度。 2.安排有關學習方面的專題講座。 3.提供學生有關學習方法資料。 4.實施中途輟學生輔導。 5.實施轉學(班)學生輔導。 6.罰後學生輔導。	經　常 經　常 經　常 經　常 經　常 經　常	輔導教師 輔導組 資料組 輔導組 輔導組 輔導組	訓育組 副組長				
	③指導課外閱讀	1.配合輔導活動時間，推薦優良課外讀物。	經　常	輔導老師 輔導組					
	④升學輔導	1.舉辦校友座談會。 2.提供升學選校資訊。 3.舉辦升學就業資料展。 4.辦理升學宣導。	4~5月 經　常 五　月 4~5月	輔導組 資料組 資料組 資料組					

做法：

1. 名稱應為「○○縣（市）○○國民中學八十八學年度輔導工作實施計畫」（行事曆同）。不能稱為「輔導室工作計畫」、「輔導室行事曆」。

2. 輔導工作實施計畫宜包括：(1)依據；(2)目標；(3)組織與執掌；(4)工作原則；(5)工作內容；(6)經費預算；(7)其他。

3. 「行事曆」應列(1)週次；(2)日期；(3)預定工作項目；(4)主辦單位；(5)協辦單位；(6)備註。其中主辦單位、協辦單位應以處室列出，不能列輔導組、資料組為主辦單位。譬如「主辦單位：輔導室；協辦單位：訓導處」。至於輔導室各

組則可列在「備註」欄，表示職責所在。

4.「輔導工作內容」表示學校分爲「發展性輔導」、「預防性輔導」、「治療性輔導」，非常不妥，例如以「學習輔導」爲例，甲校列舉三類：

(1)發展性輔導工作： a.實施有關學習態度、學習方法等學習輔導之班級輔導活動； b.辦理有關學習輔導之專題演講； c.辦理補救教學學生團體學習輔導； d.分析學習輔導有關測驗之結果，供相關人員參考； e.特殊學生之鑑定與安置。

(2)預防性輔導工作： a.發現有學習困難的學生； b.學習困擾學生之輔導； c.資優生、低成就學生輔導。

(3)治療性輔導工作： a.各科特殊學生之設立； b.辦理補救教學學生學習團體輔導。

上面三種分類，在工作內容上有重複出現的事實，且作法未見具體，這是以輔導的功能層次做輔導工作分類的誤用。應該以「工作項目」羅列，因爲每一項目都包括治療性、預防性、發展性三個層面才對。

5.理想的編寫方式是根據「輔導活動課程標準」生活輔導、學習輔導、生涯輔導三大類的「項目」與「內容」設計「工作項目」，再根據各項目設計具體作法（如實施測驗、團體輔導……等），斟酌各年級需要分配在上下學期實施。換言之，「輔導工作計畫」應該具有完整性，一方面包括「生活輔導」、「學習輔導」、「生涯輔導」三大領域，各領域的具體內容又有其完整性，「行事曆」即具體呈現預定工作的過程，每一項都要明確具體。如「學術演講」就要列舉「演講題目」。

6.一項工作在「行事曆」上也可能出現兩次以上。譬如實施「性向測驗」，第一次爲「施測」，第二次爲「解釋測驗結果」，餘類推。

步驟五、重視「諮詢工作」與「研究發展」

　　說明：輔導工作是學校教育的核心工作，它的定位應該是對於教務工作和訓導工作的專業性支援。因此，除了以學生爲服務對象之外，更需要成爲教師、家長的諮詢角色。諮詢工作做得好不好，其實就是輔導教師的專業知能是否經得起考驗的最好見證。凡是在輔導工作實施計畫列有「諮商服務」並且確實做諮詢工作者，學校輔導工作都有相當水準。其次就「發展研究」而言，是檢討學校輔導工作，提昇服務水準的重要措施。唯有踏實的研究發展，輔導工作才不致故步自封。

　　然而，學校列舉「諮詢工作」、「發展研究」，內容是否適當，這是值得注意的。茲以甲、乙兩校之實例說明如下（分別見表三、表四）。

　　由表三中，甲校「教師輔導知能專題講座」因無「行事曆」可查，如何落實，不得而知，理想的方法是列出每一次的主題及實施辦法，經過輔導會議討論通過之後，依序實施。「教師茶話會」不宜列入「諮詢工作」，「安排教師參加校外研習」亦屬於一般性工作。「親職教育」欄「辦理專題講座」，「每星期一至二次」「全體學生家長」，不可能，可窺已流於形式。「研究發展」欄、「設定專題研究主題進行研究」應寫出本學校研究專題之主題。

　　表四中，乙校「教師知能研習」應以「輔導知能」爲主，非各處室知能研習，且應註明確實日期。該校「辦理時間」均不明確。

　　做法：「諮詢工作」應將輔導室所能提供之服務項目、具體做法、時間、地點、次數等明確列出，並告知全校教師和家長。「研究發展」宜每校至少選擇一個專題進行研究，擬定具體辦法列入輔導會議「提案」之一。

表三：甲校之輔導諮詢與研究發展行事曆

類別	項目	內容	實施對象	辦理時間	承辦組別	協辦處組	辦理情形			備註
							完成	未辦	逾期	資源運用例舉
輔導諮詢	(一)輔導知能研習	①辦理教師輔導知能專題講座。	全校教職	每學期六至九次	輔導組					①校內自行辦理 ②訓輔顧問列車 ③教師諮詢巡迴服務 ④其他研習
		②辦理本校個案研討會。	相關教師家長	每週至少一次	輔導組					
		③辦理教師茶話會。		每學期四次	輔導組資料組					
		④安排教師參加校外各項輔導知能研習。	全體教師	經常	輔導組					
	(二)親職教育	①辦理專題講座。	全體學生家長	每星期一至二次	輔導組					①教師中心諮詢專線 ②師大學生輔導中心諮詢專線 ③師大特教中心諮詢專線
		②辦理心韻父母自我成長班。	一般家長	每學期八次	輔導室					
		③辦理心韻父母效能訓練班。	一般家長	每學期一次	輔導室					
		④宣導並鼓勵家長參加校外相關活動。	全體家長	經常						
		⑤舉辦班級家長座談會，提供各種親職教育資料。	一般家長	一學期一次	輔導室	訓導處教務處				
	(三)諮詢服務	①出刊輔導簡訊。	全體師生	視需要	資料組					
		②出刊親師溝通刊物—敦化人。	全體家長							
		③提供輔導信箱服務。	全體師生家長	經常	輔導老師					
		④提供輔導諮詢專線服務。	全體師生家長	經常	輔導老師					
		⑤提供家長親職教育專線服務。	全體家長	經常	輔導老師					
		⑥提供輔導活動教學圖書雜誌錄音帶和錄影帶。	全體學生家長	經常	資料組					
研究發展		①設定專題研究主題進行研究。	輔導人員	視需要	輔導室					
		②各項測驗結果分析研究。	輔導人員	視需要	資料組					
		(1)各項輔導工作成效評鑑與檢討。	輔導室	視需要	輔導室					
		(2)實施專業督導。	輔導室	視需要	輔導室					

表四：乙校輔導諮詢與研究發展行事曆

類別	項目	內容	實施對象	辦理時間	承辦組別	協辦處室	備註（資源運用例舉）
五輔導諮詢	(一)教師知能研習	1.彙整各處室教師知能研習活動並統整規畫。 2.鼓勵並選派教師參加相關知能研習活動。 3.辦理教師改革研討會。 4.出版數學科、地理科生活化手冊。	全校教師 全校教師	適時定期 九月	輔導組 輔導組 輔導組		1.校內自行辦理。 2.訓輔顧問列車。 3.教師諮詢巡迴服務。 4.其他相關研習
	(二)親職教育	1.辦理○○國中快樂父母成長班。 2.宣導並鼓勵學生及家長參加校外相關活動。 3.出刊「快樂泉」。 4.提供親職教育相關資料。 5.辦理生涯媽媽團體。	學生家長 全體學生家長 同右 全體學生家長 全體學生家長	適時 適時 適時 適時 適時	輔導組 輔導組 資料組 資料組 輔導組		1.教師中心諮詢專線 2.師大學生輔導中心諮詢專線 3.師大特教中心諮詢專線 4.其他輔導機構諮詢專線
	(三)諮詢服務	1.出刊輔導線上。 2.提供輔導信箱服務。 3.提供輔導專線服務。 4.調查教師及學生需求，提供適當之幫助與支援。	全體師生家長 全體師生家長 全體師生家長 全體師生	定期 經常 經常 適時	資料組 資料組 輔導室 資料組 輔導組		
六研究發展	(一)專題研究	1.技藝教育分析研究。 2.各項測驗結果分析研究。	輔導人員 輔導人員	視需要 視需要	資料組 資料組		
	(二)輔導工作評鑑	1.各項輔導工作成效評鑑與檢討。 2.實施專業督導。	輔導室 輔導室	視需要 視需要	輔導室 輔導室	輔導室 輔導室	

參、結語

　　學校輔導工作經過多年來的努力，在觀念上，輔導工作的重要性已經建立共識，在做法上，似乎很努力地推動，但是，當「輔導工作六年計畫」過後，有沒有人冷靜地思考：「到底留下多少根？」，當教育部推出所謂「建立學生輔導新體制—教學、訓導、輔導三合一整合實驗方案」的時候，有沒有人冷靜地思考：其實三十年前推動的「指導工作」就是三合一，何來「新體制」？學

校輔導工作需要回到原點，冷靜去思考「到底輔導工作的實施，問題出在那裡，應該如何補救？」本文所述係筆者對於學校輔導工作的管見，最後引用「工作的順位」（劉焜輝，民87）一文的片段，俾供參考：

「輔導人員雖然培訓時間不夠長，應該足以推動輔導工作，近年來，國內各大學輔導科系讀完四年課程的『專業合格人員』陸續投入學校輔導工作，論時間，已經有十幾年的歲月，論人力，專業人員在編制上應該是差強人意。校長、輔導教師的努力也值得肯定。……

尚有若干缺失如下：

第一、未建構輔導行政組織：學校輔導工作的第一順位是建立輔導組織，先有組織，才能召開『輔導會議』，有了輔導會議，各處室主任才能體會到輔導工作本來就是各處室應該負起的職責，全校輔導工作的職責劃分才能明確、全體教師才能參與輔導工作。然而，目前欠缺健全的輔導組織，輔導工作始終在原地踏步，非常可惜。

第二、輔導工作計畫雜亂無章：學校輔導的第二順位是提出『輔導工作年度計畫』及『輔導工作行事曆』，前者是學校輔導工作的藍圖，後者是此藍圖的實踐步驟。目前雖然有計畫，卻雜亂無章，所以輔導工作行事曆空洞，不足為奇。學校輔導工作的內容包括學習輔導、生活輔導、生涯輔導三個領域，從初一到初三，從高一到高三，要作系統的安排，按部就班實施，才算完整。顯然的，輔導教師不了解學校輔導工作的內容，永遠看不到輔導的整體成效。

第三、輔導工作的評鑑未受重視：學校輔導工作的第三順位應該是針對所提出的輔導計畫評鑑其實施效果。唯有切實的評鑑，輔導工作才不致流於形式，才有可能逐年充

實。因輔導行政組織不健全，計畫項目是否得當、實施結果是否有效，均無人過問，說得更具體一點，輔導教師對於輔導工作不得其門而入，校長及其他教師也只好袖手旁觀，徒有熱忱，莫可奈何。

先把握三個順位之後，再進一步推敲每一順位的內容，譬如：(一)輔導會議的召開：『主席(校長)是否親自主持？委員是否踴躍參與討論？是否將順位二、三列入提案？共同討論？』(二)輔導工作計畫是否包括學習、生活、生涯三個領域？各領域的內容是否周全？輔導工作行事曆是否適當？實施過程中各處室職責是否明確？(三)『順位二』的計畫是否切實實施？如果是，成果如何？如果未切實實施，原因何在？如果切實檢討過，優點何在？缺點何在？如何改進……。

『順位二』的輔導計畫內容，三大領域都含蓋進去之後，可以加深加廣。『加深』指工作項目的深化，譬如『親職教育』可以由『演講』方式加深到『父母成長營』、『對父母實施諮商』之類；『加廣』指工作項目增加，例如人際關係項目可以從『班級輔導活動』時間的單元教學擴充到『社交能力成長營』、『人際關係欠佳學生之個別諮商』等。

『順位三』的評鑑工作是落實學校輔導工作的關鍵項目，必須根據『順位二』的計畫逐一評鑑，確實檢討，才能逐年改進。

以上三個順位是學校輔導工作的鐵則，缺一不可。任何一所學校，忽視此順位，輔導工作絕不可能收到應有的效果。台灣實施輔導工作三十多年，之所以每況愈下，其原因即在乎此。」

參考文獻

宗東亮等（民 67 ）輔導學的回顧與展望。台北：幼獅文化事業
　　公司。

張植珊（民 67 ）中國近六十年的輔導運動及其發展動向，收入
　　宗東亮等，民 67，輔導學的回顧與展望。

馮觀富（民 81 ）輔導行政。台北：心理出版社。

教育部（民 82 ）國民小學課程標準。

教育部（民 83 ）國民中學課程標準。

台灣省教育廳（民 72 ）高級中學輔導工作手冊。

劉焜輝（民 75 ）改革學校輔導工作的具體對策，諮商與輔導，
　　第 10 期。

劉焜輝（民 79b ）輔導工作計畫的通病，諮商與輔導，第 49 期。

劉焜輝（民 79c ）輔導會議的假面具，諮商與輔導，第 50 期。

劉焜輝（民 87 ）輔導工作的「順位」，諮商與輔導，第 153 期。

劉焜輝（民 85 ）輔導原理與實施。台北：天馬文化事業公司。

劉焜輝（民 81 ）高級中學輔導工作的檢討與展望，收入中國教
　　育學會編，二十一世紀的高級中等教育。台北：台灣書店。

諮商員的人格教育^(註)

陳金燕

壹、緒論

諮商輔導專業起源於歐洲，而在美國被發陽光大，國內的諮商輔導亦是由美國傳進，故深受美國諮商發展趨勢之影響。主導美國諮商輔導發展的兩個主要專業組織——美國諮商學會（American Counseling Association，ACA）及美國心理學會（American Psychological Association，APA）——均對美國諮商教育的範圍與內涵有明確的規範，美國諮商學會針對諮商教育提出了八項核心領域：人類成長與發展（Human growth and development）、社會與文化基礎（Social and cultural foundations）、助人關係（Helping relationships）、團體工作（group work）、生涯與生活型態發展（Career and

---

註：「人格教育」一詞在本文中特指：諮商員在接受諮商員養成教育的過程中，學習、培養從事諮商專業工作時應有的信念、態度與精神之歷程。撰寫本文過程中，曾有學者提及可考慮使用「道德教育」或「人本教育」等詞，因筆者尚未覺得更貼切的用詞，故仍先暫用「人格教育」一詞。

lifestyle development）、評估與診斷（Appraisal）、研究
與評鑑（Research and program evaluation）及專業取向（
Professional orientation）（CACREP，1994）；美國心理學
會則明示了十項專業核心：諮商心理學的專業議題（
Professional issues in counseling psychology）、諮商心理
學的理論與技術（Theories and techniques of counseling
psychology）、法律與倫理議題（Legal and ethical issues
）、個別差異與文化多元（Individual and cultural diversity
）、實務與實習訓練（Practicum and internship training）
、心理評量、診斷與評估（Psychological assessment，
diagnosis，and appraisal）、生涯發展與諮商（Career
development and counseling）、諮詢（Consultation）、課
程評量（Program evaluation）及督導與訓練（Supervision and
training）（Murdock，Alcorn，Heesacker & Stoltenberg
，1998）。雖然，美國的諮商教育涵蓋了社會、文化、法律、
倫理、生涯等向度，但是，仍不難可看出其以理論、技術的訓練
爲主之規範與特色（Rogers，Gill-Wigal，Harrigan &
Abey-Hines，1998），並以此爲其評量訓練成效的重點（Carney
，Cobia & Shannon，1998）。此種規範自然也影響到我國諮商
教育的規畫與執行，其中又以 ACA 的課程規定對國內諮商教育的
影響較明顯（國立高雄師範大學輔導研究所，民 87 ；陳金燕，
付印中；陳秉華、民 87 ；楊瑞珠，民 83 、民 87 ；蕭文，民 83
、民 87 ）。因此，國內有關諮商員養成教育議題的焦點也多以
「如何提昇專業能力的訓練」爲主，在各個層級的訓練過程中，
均以專業理論與技術的教導爲主體（陳金燕，付印中）。

　　然而，在以「人」爲核心的諮商專業中，除了專業知識與能
力之外，還有一項十分重要，但卻很少在諮商員養成教育中被明
確肯定的條件，筆者稱之爲「諮商員的人格教育」。所謂的「人

格教育」並非專注於諮商員是否遵行諮商專業倫理，亦非特指是否具備有效諮商員的人格特質；而是指諮商員在學習諮商專業的過程中，不僅在專業知能方面得到應有的訓練，更能就尊重專業及尊重生命之信念及精神上，有所要求與培養。因著此種信念及精神的培養，使諮商員在面對社會時，能謹守專業人員的社會責任；在面對個案時，能提供一個以尊重爲核心的諮商服務；在面對同業時，能有一份欣賞、包容的心胸；在面對自己時，能有一份無愧的心安。此種信念及精神的培養過程，不在於閱讀多少專業書籍、也不在於有多豐富的實務經驗，而是在於一種耳濡目染、潛移默化的教化過程。本文試圖從諮商教育與實務現況中可能存在的問題，論述諮商員之人格教育的重要性。

貳、諮商教育的發展與現況

　　國內諮商教育以「指導教育」爲濫觴，經過了由「指導」正名爲「輔導」的轉變後，有很長的一段期間是以「輔導教育」爲主體，隨著諮商理念的引進與成熟，目前是「輔導教育」與「諮商教育」並列，在中、小學體系中仍以「輔導教育」爲主，在大專院校及社區之系統裡，則傾向於以「諮商教育」爲重。

　　爲因應從 1968 年開始實施的九年國民教育，早期著重在輔導教育，其訓練架構乃以「學校輔導」爲主。此階段初期在訓練及實際工作之運作上，雖有「輔導」之名，但實際上仍是以「指導」爲主，而「諮商」的觀念則尚未被正式地引進。到了 1983 年才將「指導」正名爲「輔導」，而「諮商」觀念也漸漸地被引進。因此，在這個階段的教育訓練應屬「輔導教育」，而尚未進入「諮商教育」。此時的訓練架構與內容除了奠定心理學、社會學、心理測驗與統計等方面的基礎外，多爲與學校輔導工作及講授「指導活動課」／「輔導活動課」直接有關的科目。因此，此時期的教育目標乃以培育中學輔導老師從事生活輔導、職業輔導

與教育輔導爲主（吳正勝，民79；張植珊，民72；蕭文，民83）。

　　近十年來，隨著社會環境的變遷及諮商專業理念的引進，原本以培育中學輔導老師從事職業輔導與教育輔導爲主的輔導教育，因此受到了衝擊，逐漸開始在訓練課程上區分輔導與諮商之別。綜觀國內在諮商與輔導教育課程的設計上，除了受到台灣社會變遷致使各種社會議題（如：青少年問題、家庭婚姻問題、生涯取捨與規劃、老人問題、兩性關係等）日趨重要的影響外，也深受美國諮商學會所提出來的諮商教育課程認定標準所影響，並以前述之八項核心領域爲諮商教育的圭臬（國立高雄師範大學輔導研究所，民87；陳金燕，付印中；陳秉華、民87；楊瑞珠，民83、民87；蕭文，民83、民87）。此種趨勢將國內的諮商教育的視野拓展得更寬廣、更多元，也帶進了的更專精、分工的層次。

　　然而，目前諮商與輔導教育主要的潛在危機之一是：訓練管道多元化但品管不落實。除了以授予諮商與輔導學位的科系外，還有其他相關科系（如：心理系、社工系等）雖非以諮商輔導爲其主修，但亦在其課程中規畫諮商輔導相關課程；或由教育主管單位（如：教育部、教育廳等）委託院校開辦的各種學分班（如：輔導20學分班、輔導40學分班、碩士學位班等）及各種輔導知能研習會；或由民間機構自行開設的各種訓練課程或工作坊。此種多元化訓練管道的事實，因著缺乏有效的品管制度，也同時造就了無從分辨良莠的現象，影響所及則是：大家似乎都受過諮商與輔導訓練，但是，不同訓練管道所培育出來的效果如何，則缺乏一個具有公信力的品管制度。因此，不少學者均大力疾呼「落實專業督導制度」及「建立專業證照制度」的重要性（牛格正，民83；吳秀碧，民87；吳英璋，民83；邱美華，民83；陳若璋，民87；董華欣、張志彰，民83；鍾思嘉，民83；蕭文，

民 87； Miller，民 87)。站在一個諮商教育工作者及實務工作者的立場，筆者當然也是支持「落實專業督導制度」及「建立專業證照制度」的重要性。然而，不論是督導制度或證照制度，均乃藉助、依賴外在的力量來約束諮商員的行止，所謂「徒善不足以爲政，徒法不能以自行」(孟子-離婁-1)，筆者認爲：來自諮商員內在自我監督的信念及力量亦是不容忽視的。就如同學習開車的人，如果只學到了如何開車的技術，卻未養成開車應有的修養與態度，徒然有各種交通法規與罰則，終將無法有效約束或改善交通紊亂的現象。而此種信念及態度的養成，並非經由以專業能力與資格的訓練爲主的教育過程所能達到的。

參、從諮商實務工作的實例論人格教育的重要性

在以「輔導教育」爲主的時期，實務工作的內涵也是以學校輔導活動及學生輔導爲要。在「輔導教育」與「諮商教育」並列的現在，實務工作的場所與內涵則除了學校輔導及學生心理諮商之外，也擴展到社區、醫療及心理衛生等領域中，使諮商與輔導更接近社會大衆，也與人們的生活有更密切的關係，相對地，也襯托出社會大衆對諮商與輔導服務的需求。當「量」的需求開始激增時，「質」的問題也就逐漸浮現。目前所必須面對的是：在相關制度尚未落實、建立之前，應該如何規範諮商與輔導實務工作者，以確保其服務的品質呢？目前因著缺乏法治的約束力量，似乎只能依賴個人道德良心的規範。而即使是在相關制度確立、執行之後，是否就意味著所有的問題就都不存在了呢？這似乎也是值得存疑的。最明顯的例子是：世界各國均有醫師執照制度以確定醫師的專業資格與能力，卻仍無法確保民衆求醫時得到人性化的尊重與待遇之權益。因此，筆者試從一些實務上的問題與現象來說明：不論有無各種制度的建立與規範，如缺乏人格教育的培養，諮商員很可能輕忽對專業與對生命的尊重，而遊走於律法

與制度的空隙間。

　　首先，當諮商員以學生的身份（以下稱之為準諮商員）接受訓練的學習階段之際，必然會因課程要求而有實務或實習的機會，因此，為了落實準諮商員的學習，必須以個案的真實處境為其學習的素材。此時，準諮商員的「學習權」乃是建立在「個案的權益」之上。這一切應該都是在個案知情的情形下進行，也應該都是合於專業倫理的規範。然而，當準諮商員的學習權與個案的權益有所抵觸時，準諮商員及任課老師與督導者該如何取捨，則就不完全能從倫理手則或理論之中找到明確的規範與解答了，茲舉數例說明之。

　　例一：準諮商員無視於個人尚未準備好花費龐大的時間與精力從事實習工作，而僅以執著於個人學習進度的安排為考量，依學習計畫選修實習課程；或基於兩難的情形下，不得不忽視個人無法兼顧的事實而選修實習課程。在此情形下，被諮商的個案極可能因而無法得到專心的服務與協助，此時所涉及的問題無關乎理論與技術的優劣，亦未觸犯任何專業倫理，只是涉及「做完」與「做好」之間的差異而已。換言之，準諮商員並未直接損及個案的權益，只是因著未能全力以赴，而無法提供個案一個更好的服務。

　　例二：依規定在期限內「加退選」乃學生的權益，所以，準諮商員有權在實習過程中因個人考量而決定退選實習課程，任課老師或督導者亦無權禁止學生退選，而當其退選後，該課程的要求便與之無關。在此情形下，被諮商的個案勢必面臨突然被轉介或終止諮商的處境，此情此景亦與專業能力無關，也不在專業倫理的規範之中，只是涉及個人在做取捨時所考量的層面之廣度與周延性。亦即：準諮商員在衡量自己的學習權益與計畫時，個案的權益是否被慎重地列入其中。縱然任課老師或督導者可以要求準諮商員完成必要的善後程序，然而，準諮商員的處理心態則全

屬自由心證了。

　　例三：由於實習有其期限，所以當課程結束之際，就必然面臨實習結束的事實，除非學生表現不及格得要求其重修後繼續實習，否則課程結束了，諮商關係也應隨之告一個段落。此種情形下，如從倫理的角度考量，提前結案是不被鼓勵的，而實習期限也並未被列在轉介原因之中，繼續接案到自然結束似乎是較合於倫理的。但是，如從準諮商員的學生立場而言，在課程結束後被要求延續課程活動則似乎未盡合理，如何處理較爲恰當，也當然與諮商能力的高低無關，只是涉及了各人如何看待實習過程中的諮商關係。至於是選擇避免個案經歷轉介、重新建立關係而繼續諮商關係直至結案，或選擇維護個人權益而進行轉介或提前結案，端視個人的優先次序（ priority ）與取捨標準。如果準諮商員選擇繼續接案，從教學者立場考量，任課老師是否也仍能配合予以教學、督導事宜，則又涉及任課老師的優先次序與取捨標準了。

　　從上述例子中，可以明顯地看到：老師與學生在諮商教育過程中，除了專業能力的訓練之外，仍需要面對許多不在理論、技術範疇之內的議題，在此類議題的處置過程中，老師本身的態度與立場及處理原則爲何？是否清楚明確？不僅影響了當下事件的處理與發展，更重要的是：學生也在此親身經驗過程中，經由觀察、模仿老師的實際示範，而習得面對此類情形的方法，進而形成其處理類似情境的信念與態度。

　　其次，在完成課程學習階段後，準諮商員便得以諮商員的身份進入實務工作的階段，基於現今的實務工作條件與環境，多數的諮商員不僅是在缺乏專業督導的情形下從事諮商實務工作，更常被賦予擔任教學或督導者的任務，可能發生的情形更涉及了實務、教學、行政及學術研究等層面。

　　例一：因著現實的編制與組織架構，許多諮商員多身兼教學

者、諮商員、行政人員等多重角色與責任，難免因工作量過度負荷，而容易忽略專業服務或教學的品質，甚至個人在專業上的進修與成長。此種情形所涉及的根本關鍵也在於個人的優先次序與取捨標準，當體力有限、時間有限而工作無限時，諮商員該如何取捨？有人選擇適時地拒絕熱情邀約或工作任務以確保品質，也有人要求自己勉力地完成所有的工作以示盡職。在取捨之間，機構、社會大衆、個案、學生、自己及家人的位置應該如何排序？諮商實務、專業教學、學術研究應如何平衡？從現實中不難發現：有人傾心於諮商實務而無力於教學或學術，也有人專心於學術研究而視實務與教學爲陪襯，而致力於推廣、演講以提昇自己的知名度與影響力者亦大有人在，更有人試圖兼顧一切而未曾留下片刻空閒給自己。這些作法均無絕對的對錯，只是在取捨之際的拿捏，而這些問題的答案旣不在理論中、也不在倫理規範裡，而是存在於個人內心方寸的一念之間。

專業保密乃是衆所周知的倫理規範，保密有其但書，亦是不爭的事實。雖然，多數的諮商員都不會在這個大原則下，做出違反專業倫理的行爲。但是，卻很可能因爲信念及態度上的不經意而有所輕忽，固然，此種輕忽所引發的行爲均都不足以構成違反專業倫理之事實，卻明顯地展現了不夠尊重專業及個案的行止。

例二：諮商員都知道不要將個案記錄輕易洩露，同時，也多會將完成的記錄保存在安全的處所。但是，在撰寫記錄的過程中，卻常見有人在人來人往的處所撰寫記錄，雖未洩露個案所談的內容，但卻有任由個案的姓名或相關資料暴露於外之失；或臨時離座片刻，卻見撰寫一半的資料與記錄散落桌面，而未妥當收藏，雖可能只是離開片刻的時間，卻顯見其片刻的輕忽；或爲了小心保管而將相關資料攜帶回家或宿舍，卻忽略了可能在途中遺失之機率。凡此種種，均無關諮商能力或理論的訓練如何，而是涉及了基本的信念與態度的培養與否，此種信念則直接影響得諮商

員面對專業倫理的慎重程度。

　　例三：許多諮商教育者難免需要藉助實際案例輔助教學，在提供教學案例時，自然需要簡介相關資料，有人為了幫助學生深入瞭解，而將個案資料描述得鉅細靡遺，卻未曾深思究竟有必要如此詳述；有人則為了貼近學生的背景與經驗，便就近取材地選取校內個案為案例，而忽略了所討論的案例是否有可能被上課學生辨識出來；更有人信手拈來教學案例，卻渾然忘了該個案正是課堂上的學生。由於只是教學案例的引用，未必涉及洩密的倫理規範，但是，總是顯示出：諮商員為了教學而輕忽了實務上必要的謹慎之處。

　　除了保密及相關倫理的教導之外，在諮商訓練過程中，總會針對建立良好的諮商關係、適時選用適配的理論與技術、正確地運用特定的理論與技術等等，予以嚴謹的訓練。但是，所謂「見微知著」，若仔細觀察諮商室以外的一些小地方，便可以更真確、深入地看出一個諮商員是否真的尊重個案，抑或只是停留在理論上的「應該」。

　　例四：守時與否，顯然是不足以構成論斷一個諮商員是否遵守專業倫理的條件，亦無關專業能力之優劣。但是，有人因個人因素遲到或臨時取消諮商晤談，有人則因個案安排過於緊湊，而影響下一個個案的準時開始等等，均足以影響個案對諮商專業的信心與觀感，事實上，多少也展現了諮商員對諮商專業的看重與認同程度，及其對個案的真正尊重程度。此種情形發生在行程緊湊的資深諮商師的比例又常多於發生在新手諮商師身上，這多少也顯示了資深者因經驗的累積，而顯得不若新進者的戒慎恐懼，疏忽也就於焉而生。

　　筆者在此所提出的例舉，當然不足以涵蓋目前諮商實務中所發生的所有現象，但是，卻以足以顯現出：因現今諮商教育中缺乏對人格教育應有的重視而衍生的問題。同時也不難發現：雖然

，目前諮商教育的規畫與設計日趨多元、專精，但是，以理論、技術為主的專業知能訓練，仍不足以訓練出眞正符合「人本思想」或具有「全人觀念」的諮商員，因為，有太多的情況是超出了理論、技術所教導的範圍或專業倫理所規範的層面，這些是無法單從專業能力與資格的角度來衡量，而必須輔從關心人格的培養與薰陶著手。

肆、結語

　　筆者藉由前述實際例證，說明了人格教育在諮商員養成過程中的重要性，而在肯定其重要性之餘，筆者亦嘗試針對如何進行人格教育提出個人初步的觀點，以為後續在落實人格教育時的參考。筆者認為：諮商員的人格教育可從諮商教育工作者的身教及自我覺察能力的提昇兩方面著手。自古以來，中國人對老師的角色期待就有「經師」、「人師」之分，前者提供的是屬於知識性的傳授與教導，後者則是針對做人的態度與精神之培養。放在現代的教育觀點來看，可謂「言教」與「身教」。理論與技術的訓練屬於知識性的學習，有賴老師「言教」的指導功能，而信念、態度與精神之培養則需經由老師的以身作則為範本，透過老師行止的引導，使學習者得收耳濡目染、潛移默化之效。其次，根據筆者多年來以自我覺察訓練為題的研究及論述的體會與發現（陳金燕，民82、85a、85b、85c、86a、86b、87a、87b；陳金燕、王麗斐，民87；Chen，1998），筆者深信：自我覺察能力的提昇與諮商員的信念與態度之培養有密切的關係。因為，「有諮商員的『自我覺察』，才能避免可能的自我矇蔽，並充份發揮諮商的功效；有諮商教育者的『自我覺察』，才得以避開虛名的陷阱，並為諮商專業善盡把關之責。」（陳金燕，民82，69頁）。而透過自我覺察得以增進個人對自我的瞭解及養成尊重自己與他人的特質，更強化了個人在自我反省與檢視的信念與態度

之建立（陳金燕，85a、86a、86b、87b；陳金燕、王麗斐，民87）。

「學問之道無他，求其放心而已」（孟子-告子-11）。對於一個諮商專業工作人員而言，最根本的衡量指標本就不在於任何有形的律法，而是在於個人一念之間的取捨與轉換。唯有當諮商專業工作人員願意致力於使自己在面對社會、個案、同業及自己時，能謹守社會責任、尊重生命，抱持欣賞、包容的胸懷，並能有一份無愧的心安，諮商專業對人類社會才能有更積極的貢獻與助益。筆者深切企盼在諮商員養成教育的趨勢中，能將人格教育納入其中重要的一環。如此一來，則在兼顧專業能力與人格教育兩者的諮商員養成教育基礎之上，再輔以督導制度與證照制度的規範，必然可使諮商專業在內在自律及外力規範的情境下，發揮其最大的社會責任與功能。

參考書目

一、中文部分

牛格正（民83）諮商員的訓練、角色與功能。輔導季刊，30(3)，17-27。

吳正勝（民87）國民中學輔導活動課程的回顧與展望。載於中國輔導學會（編），邁向21世紀輔導工作新紀元。台北：心理出版社，483-502。

吳秀碧（民87）當今台灣督導工作的實施及未來發展發向。載於楊瑞珠、劉玲君及連英式（編），諮商輔導論文集：青少年諮商實務與中美輔導專業之發展趨勢。高雄：國立高雄師範大學輔導研究所，193-206。

吳英璋（民83）從不同層面的輔導區分輔導專業化之概念。輔導季刊，30(1)，3-6。

邱美華（民 83 ）輔導專業人員需要證照嗎。輔導季刊， 30(1)
　　，7-9 。

國立高雄師範大學輔導研究所（編）（民 87 ）二十一世紀諮商員
　　教育與督導與督導研討會論文彙編。高雄：同作者。

陳若璋（民 87 ）我國各級學校輔導諮商員證照制度架構之分析
　　與規劃。載於楊瑞珠、劉玲君及連英式（編）諮商輔導論文
　　集：青少年諮商實務與中美輔導專業之發展趨勢。高雄：國
　　立高雄師範大學輔導研究所，171-191 。

陳金燕（民82）從諮商員的「自我覺察」（Self-awareness）談諮
　　商員教育。輔導季刊，29(3)，62-69。

陳金燕（民85a）諮商實務工作者對「自我覺察」的主觀詮釋之研
　　究。彰化師大輔導學報，19，193-246。

陳金燕（民85b）諮商員養成教育中「自我覺察」訓練之基本原則。
　　諮商與輔導，125，14-16。

陳金燕（民85c）自我覺察訓練方案初探。輔導季刊，32(3)，43-50。

陳金燕（民86a）諮商實習中的自我覺察訓練。諮商與輔導，134，
　　16-22。

陳金燕（民86b）諮商實習過程中的專業倫理。學生輔導，53，
　　48-54。

陳金燕（民87a，3月）諮商員專業訓練應有之內涵：助人關係。
　　發表於二十一世紀諮商員教育與督導研討會。高雄。

陳金燕（民87b）諮商教育工作者於諮商員養成教育課程中實施「自
　　我覺察訓練」之原則、作法及成效研究。論文送審中。

陳金燕（付印中）台灣諮商與輔導教育之現況。載於顧明遠（編）
　　中國教育大精典。北京：北京師範大學。

陳金燕、王麗斐（民87）諮商學習者在「自我覺察」課程之學習
　　歷程與追蹤效果研究。論文送審中。

陳秉華（民 87 ）台灣學校輔導人員的養成教育及未來趨勢。載

於楊瑞珠、劉玲君及連英式（編）諮商輔導論文集：青少年
諮商實務與中美輔導專業之發展趨勢。高雄：國立高雄師範
大學輔導研究所，235-246。

張植珊（民 72 ）我國近六十年的輔導運動及其發展動向。載於
中國輔導學會（編）輔導學的回顧與展望。台北：幼獅文化
，15-76。

董華欣、張志彰（民 83 ）專業諮商證照法案之探討。輔導季刊
，30(1)，10-16。

楊瑞珠（民 83 ）碩士階層諮商輔導人員養成：目標、特性、課
程與展望。輔導季刊，30(4)，4-6。

楊瑞珠（民 87 ）時代變遷與諮商教育：後現代與多元文化的省
思。載於國立高雄師範大學輔導研究所（編）二十一世紀諮
商員教育與督導研討會論文彙編。高雄：國立高雄師範大學
輔導研究所，4-10。

鍾思嘉（民 83 ）輔導專業的效標。輔導季刊，30(1)，1-2。

蕭文（民 83 ）彰化師大輔導系所課程設計的理念。輔導季刊，
30(4)，1-4。

蕭文（民 87 ）當今台灣輔導工作現況及發展趨勢。載於楊瑞珠
、劉玲君及連英式（編）諮商輔導論文集：青少年諮商實務
與中美輔導專業之發展趨勢。高雄：國立高雄師範大學輔導
研究所，155-164。

二、英文部分

Carney, J. S., Cobia, D. C. & Shannon, D. M. (1998). An examination of final evaluation methods used in master's level counseling programs. Counselor Education & Supervision, 37(3), 154-165.

Chen, C. Y. (1998, Dec.). The self-awareness training

program in counselor-education. Paper will be presented at the Seventh International Counseling Conference: Relating a Global Community, Sydney, Australia.

Council for Accreditation of Counseling and Related Educational Programs (CACREP). (1994). CACREP Accreditation standards and procedures manual. VA: Author.

Miller, T. D. (民 87) Counseling supervision: Models, strategies, and issues. 載於高雄師大輔導研究所（編）二十一世紀諮商員教育與督導研討會論文彙編。高雄：國立高雄師範大學輔導研究所，85-98。

Murdock, N. L., Alcorn, J., Heesacker, M. & Stoltenberg, C. (1998). Model Training Program in counseling psychology. The Counseling Psychologist, 26(4), 658-672.

Rogers, J. R., Gill-Wigal, J. A., Harrigan, M. & Abey-Hines, J. (1998). Academic hiring policies and projections: A survey of CACREP- and APA-Accredited counseling programs. Counselor Education & supervision, 37(3), 166-178.

混沌理論對心理改變歷程探究
與諮商實務的啓發

林香君

　　近年來，一個整體性的科學典範（holistic scientific paradigm），改變人們對世界的觀點，掀起知識論的革命，當然也影響心理學領域的發展。一般系統論（General system theory）是此典範肇始的核心，從Bertalanffy（1968）進展到人工頭腦學（cybernetics或譯模控學），系統理論從解釋系統各種狀態進步到解釋系統如何回應環境的改變，仍無法解釋系統階層性組織的發展與轉化歷程。而今「混沌理論」（chaos theory）、「複雜系統理論」（complexity system theory）、「非線性動力系統」（nonlinear dynamics system）、「自組織理論」（self-organization theory）、「自動產生理論」（autopoiesis）這些互爲關聯的概念，爲系統階層性發展與轉化歷程提供了啓發性的解釋，特別是「自組織理論」中的「耗散結構論」（dissipative structure theory)對系統典範的發展有非常直接的貢獻。Briggs與Peat（1989）認爲這些理論可被放置於「混沌理論」的巨傘之

下，「混沌理論」成爲這些概念的共同代名詞。

　　「混沌理論」源自氣象學數學、物理學、化學、熱力學、生物學、天文學等自然科學，如今廣被應用於神經科學、醫學、社會學、人類學、文學、經濟學、及心理學，這些原本看似無關的學科，在非線性系統的共同基礎上，正以驚人的速度作橫向的科際整合，Pagels（1988）對此整合深具信心，稱之爲「科學的新綜合體」，並預示心與物的涇渭分明將隨著此「複雜性科學」的興起而消彌於無形。

　　在心理學方面，混沌理論被用來探索記憶的歷程（Freeman，1990，1991；Kohonen，1988）、睡眠的動力性本質（Roschke & Aldenhoff，1992）、學習的歷程（Carpenter & Grossberg，1987；Hanson & Olson，1990）、趨避衝突的模擬（Abraham, Abraham & Shaw，1990）、與動物制約的行爲分析（Hoyert，1992）；在臨床方面，家族治療、婚姻治療早已吸納系統觀爲其哲學依據，隨著系統科學典範日興，從非主流急速竄升爲主流，正大力撞擊傳統因果觀的治療假定（Capel，1985；Pendick，1993；Brennan，1995；Butz，1995；White & Daniels，1995），當然也直接衝擊著治療、諮商的研究方法論（Elkiam，1990；Gottman，1993；Pendick，1993）與實務應用（Brack, Brack & Zucker，1995；Wilbur, Kulikowich, Wilbur & Revera，1995；Chamberlain，1995）。本文擬分三部分，第一部分概述混沌理論的概念，第二部分連結混沌概念與諮商領域的關連，第三部分則聚焦於第二序改變的探討。

壹、混沌理論

一、混沌現象

　　「混沌」一詞原指雜亂無章的現象，混沌現象俯拾即是：裊

裊上升的香菸煙束爆裂成狂亂的旋渦、海洋、川流或浴缸內冷熱
水的對流、隨風飄舞的旗幟、詭譎多變的天氣、股價的波動、行
星運行的軌道、雲團的形狀、交通堵塞、湍流的水花、社會的動
盪……等不勝枚舉。仔細觀察，空中的星雲和水中的漩渦，兩種
完全不相干的物質卻呈現極相似的圖案；而完全相同的圖案不會
重複出現；街角捲起垃圾的小旋風與衛星雲圖顯示的暴風系其實
是同樣的氣柱轉動，不同系統中似有相似的結構，此「異質同型」
（isomorphism）足証「混沌現象」絕非一個「亂」字能了。長
久以來科學家都在探求自然的秩序，對於無秩序、不規律、不連
續的現象，不是視爲誤差就是束手無策置之不理，因爲線性因果
模式的思考無法了解混亂的眞貌，換言之這些混亂來自非線性系
統。然而複雜與混亂的背後隱藏著簡單的秩序，「混沌」不只是
雜亂無章，而是「亂中有序」（order out of chaos），是一個
系統發展與改變的歷程：從一個穩定平衡的狀態，瞬間達到能量
的極限，進入一段混亂的歷程，朝下一個全然不同的穩定結構發
展；「混沌」也意味著宇宙中可能存在有共通的法則（Gleick,
1987）。

二、新典範的誕生

混沌理論正處在發展過程中，雖然到目前爲止還給不出一個
公認的數學定義，但很多專家認爲，混沌理論是本世紀繼統計理
論、相對論、量子物理後一重大突破（姜德，1993；Gleick, 1987；
Andrea, 1991）。愛因斯坦指出牛頓力學不能反映高速運動的規
律；量子物理發現微觀粒子的運動也不遵從牛頓力學的規律，它
們會在空間不斷地互相轉化，必需用非線性微分方程才能表達。
一度人們以爲，以牛頓力學反映宏觀物體低速運動，以相對論力
學反映高速運動，以量子力學反映微觀粒子低速運動，如此「三
大力學」已成體系，似乎對這三個層次的問題都能圓滿地解決

了。實際上，力學給出的完全可逆和決定論的世界圖景，只是一種極爲罕見的例外。「……世界存在著不可逆性與不確定性。」（沈小峰，1987），「混沌出現，古典的科學便終止了」（Gleick，1987；林和譯，p6），混沌理論徹底瓦解了牛頓典範下的決定性宇宙觀與機械式因果觀，同時也批判統計理論中的偶然性。混沌的研究表明，我們的世界是一個有序與無序並存、決定（必然性）與隨機（偶然性）伴生、簡單與複雜一致，充滿辯証、吊詭的世界。

　　追溯混沌研究的根源，早在1890年，法國數學家兼物理學家 Henri Poncare' 就發現牛頓力學無法解決「三星問題」（three body problem），故提出新論：只要有些微干擾，行星運動就不能以線性等式加以計算，另闢非線性數學研究的新典範（Gleick，1987）。約同時期，奧地利物理學家 Ludwig Bolzman 提出粒子具有「遍歷性」（ergodicity），運動時不集中於空間的某一部分，而是在整個空間中不停地移動，故無法預測粒子的運動行爲（塗智敏，民82）。

　　電腦科學的發展使科學家對混沌現象的認識提高，1963年，氣象學家 Edward N. Lorenze 只用三條簡單的非線性方程式，分別代表氣壓、氣溫及風向丟入電腦中執行並列印出隨時間變化三個變數的量。有一次以相同條件計算，選出一組中間數值輸入，由於輸入的數值因小數點四捨五入造成千分之一的誤差，充竟導致整個氣候模型而有極大的誤差。於是 Lorenze 偶然地發現了「決定性混沌」（determined chaos）。不過他的發現等了十年才受到一群數學家的青睞。James Yorke 與李天岩在1975年發表「週期三意味混沌」（Period Three Implies Chaos）中始正式命名爲「混沌」（Gleick, 1987）。就此拉起混沌研究序幕。

　　1977年諾貝爾化學獎得主 Prigogine 研究非平衡系統熱力學，提出「自組織理論」（self-organization theory），終生

致力於結合自然科學與人文科學，其鉅著「混沌中的秩序」(order out of disorder)，使混沌研究邁向新里程。

三、混沌理論主要概念

(一)蝴蝶效應 (butterfly effect)

　　一個系統任何部分的些微差異，可能造成整個結構與行爲的徹底改變。此現象稱爲「對初始條件的敏感依賴」(the sensitive dependence on initial conditions)(Gleick, 1987, p8)；Lorenze也戲稱爲「蝴蝶效應」：在臨界條件下(即分歧點)時，北京的一隻蝴蝶鼓動翅膀，可能影響紐約下個月的暴風系。足見暴風不是簡單的線性因果模式，蝴蝶效應描述的是極微小元素的重要性。這個現象可以在生態系統與社會系統看到：在臨界情況下，任何的一點破壞都可能使整個生態系統產生劇變；社會中的任一份子，他的行爲在臨界情況下，會影響整個社會的變化(姜德，1993)，例如茶業稅事件與美國獨立革命，黃巾賊與劉邦建漢朝。這種失之毫釐差之千里，牽一髮動全局的現象，不可能精確預估，這是非線性系統的主要特徵。因此氣象變化是不可長期預報的，換句話說，對氣象變化只能作短期且局部性預報，不能作長期全球性預報。這就是自然系統(非線性系統)的不可預測性(unpredictability)，對一個系統的改變做全盤性的預測與控制是不可能的，混沌科學研究的目的並非預測與控制，而是了解眞象(Chamberlain, 1995)，所以混沌理論是描述性(非預測性)的理論模式。

(二)奇異吸子 (strange attractor)

　　任何對系統運動的描述都可以用連續時間序列上座標點的位置表示出來，在混沌理論中，這些點所存在的時間與空間位置，被稱爲「狀態空間」(或譯相空間)(phase space)，用以描述系統的變化歷程(Pagels, 1988; Gleick, 1988)，在狀態

空間中，會呈現系統運動行為的趨向，仿佛整個系統被一個具有
磁性的區域所吸引，這個磁性的區域稱為「吸子」（attractor）
（Briggs & Peat, 1989）。系統運動有朝向定點吸子（fixed point
attractor）：如瓶中的水受震盪最終呈靜止狀態；有朝向限點
循環吸子（limit point attractor）：如鐘擺運動；有準週期
性循環吸子（quasiperiodic cycle attractor）（圖一），皆屬
可預測的線性系統運動，而混沌的運動模式（pattern）則朝向
奇異吸子（strange attractor），會從一堆看似亂無章法的點
中浮現清晰可辨的圖形，1963年Lorenz以原始電腦所模擬的流體
運動，在三維空間中，浮現蝴蝶翅膀般的雙股螺旋，所有軌跡從
不重疊，而「奇異吸子」就躺在其中，所有的軌跡被奇妙地吸住，
環繞著吸子並絕不超過這個區域（圖一）（Gleick, 1988）。邱
錦榮（民82）讚嘆道：「面對有限空間中無窮盡卻又不交錯的路
徑，讓我們視覺上徹底的信服『混沌意味亂中有序』。」

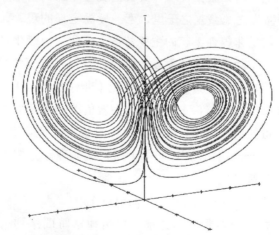

圖一：Lorenz奇異吸子（取自Gleick, 1988, p28）
（說明：三維空間中的一種雙螺旋，宛如蝴蝶翅膀的奇異吸子，此
圖已成為混沌拓荒者的章紋。顯示在數據表面一團混沌下，深藏精
緻的結構。若系統永遠不重覆自己，軌跡必須永遠不相互碰觸。）

（三）不可逆性（irreversibility）

　　llya Prigogine以「耗散結構」（dissipative structure）、「能趨疲」（或譯作熵）（entropy）解釋開放性系統（open system）（亦稱為自然系統，如人類的年齡、燃燒的木頭皆是），都是不可逆的歷程。「能趨疲」是系統內的能量，隨著時間越久能量越用越耗散，所以時間愈久系統愈易混亂瓦解，這是不可逆的歷程。「自然系統持續收集的訊息會儲存並影響當前與未來的活動，所以其運作不可能重來一次或回到起始線……牛頓力學假定自然系統會維持平衡，不可逆現象被視為穩定的、有秩序的宇宙裡的誤差或脫軌，然而這種自發的、不可逆的歷程正是混沌學研究關注的焦點。」（Chamberlain, 1995）。

（四）自組織（self-organization）

　　系統的組織結構按其形成方式與運行的過程可分為（被）組織與自組織兩類，一切按外部指令構成與運行的系統就稱為而（被）組織系統；外界只提供一定條件而不進行干預，由系統自發形成的結構稱為自組織系統（沈小峰， 1989 ），按此，所有的開放性系統（或稱作自然系統），包括人類皆為自組織系統，是自發的、開放的，主動吸收外界物質與訊息並消耗能量的系統。

　　雖然「能趨疲」是不可逆的歷程，系統並不只走向毀滅破壞，開放系統的自組織特性，會使用自身的能量，從混沌中重新組織建立新秩序。然而系統必需先使用新的方式與自身（不同部份間）或環境互動。一個系統從「能趨疲」耗散，轉向新秩序移動的歷程便是「複雜性」（complexity），Prigogine和Stengers（1984, p12）稱此歷程為「遠離平衡狀態」（far-from-equilibrium conditions）:「在遠離平衡狀態我們可能從無秩序轉換入秩序，反映系統與環境交互作用的新動力狀態會在此產生。」如此，當系統越是經驗混亂，越多的自發性重組便會發生，以建立一個全

然不同的秩序型態。

　　由於「自組織」的特性，系統本身主動決定外在訊息是否產生影響。一個訊息的起伏可能由於負回饋歷程（negative feedback）而維持子系統平衡，也可能由於正回饋歷程（positive feedback）而廢能（即熵）遞增破壞原結構，而在一瞬間達到分歧點（bifurcation point）（或稱臨界點、閾限值），但這無法預測（Anorea, 1991; Chamberlain, 1995）。據此，對混亂的出現實可以正向態度看待：混亂意味系統開始跳向更高層次、更複雜的整合。系統的演化是越高層越複雜，故其吸收環境訊息交換能量的速度必需越迅速，且回饋歷程的效能必需越高，各次系統間界限的彈性越強，才能供應系統運作所需的能量。

（五）間歇性的平衡（punctuated equilibria）

　　對開放性系統而言，永遠不可能真的達到平衡，系統在遠離平衡與趨近平衡（near-equilibrium conditions）之間轉換，只有間歇性的平衡。系統的改變是跳躍（leaps、jumps）、自發的歷程而非按部就班、一步接一步的有序歷程，系統累積壓力以抗拒改變（趨近平衡態）直到臨界點，在一剎那突然跳進改變歷程中（遠離平衡態）。在「趨近平衡狀態」是高度抗拒改變的，而在「遠離平衡狀態」則越能知覺系統與外在環境的差異，容易感知小的混亂與改變的分歧點（臨界點），故對改變的抗拒越低，（Chamberlain, 1995）。

（六）碎形（fractal）與自我模仿

　　Benoit Mandelbrot從棉花期貨價格的波動、電腦資訊交換的雜訊、康特塵（Contor Dust）、河水變化與海岸線形狀及長度的研究中發現了「碎形」（fractal）：對一個混沌圖形象進行局部的不同倍數放大，會發現其局部形狀與整體形狀是極相似的；大結構由與自己完全相同的小結構鑲嵌組成，大中有小，小中還有更小，因此同樣的模式不斷自我反射（self-reflexivity），反覆不斷的出現（圖二）（Gliek，1988）。這種自相似性包含著一個原理：混沌現象的變化雖是無窮無盡，毫無規則，但萬變不離其宗（姜德，1993）。碎形對科學家的另一個意義是任何奇怪的形狀也自有其意義。「這些凹褶和糾結絕非歐氏幾何古典形狀的瑕疵，它們常常是開啓物質本質的鑰匙。」（Gleick，1988；林和譯，p124）

（七）深層結構與普遍性

　　Mitchell Feigenbaum也許是第一位把混沌理論視爲宇宙普遍性的物理學家。普遍性意味著不同系統展現相同的行爲（即異質同形），雖然Feigenbaum只研究簡單的數值函數，「但他相信，他的理論擴充了一項自然的法則，適用於任何從秩序轉變成混亂的系統……眞實世界的系統也將以同樣式可辨認的方式運作。Feigenbaum的普遍性不僅指性質上的，而且是數量上的一致；不只是結構性的，而且是計量性的；所推廣的不只是形態，而且是能敲定精確的數字。」（Gleick，1987；林和譯，p233）。Feigenbaum指出所有看似混亂的「隨機性」（randomness）背後，都可能存在著深層結構：系統經由秩序進入混沌狀態都依循相當典型的「週期重覆」（period doubling）：如電子振動器初始震動在特定時間內都中規中矩，一旦加溫後，就開始紊亂，經延長到另一時段，又進入另一段中規中矩，如此週而復始由有序到無序，再由混沌恢復秩序的現象，顯現混亂中實蘊含一致的結構。「只要你用正確的方式看待非線性系統，它們的結構都是一樣的。」（Gleick，1987）。

(a)

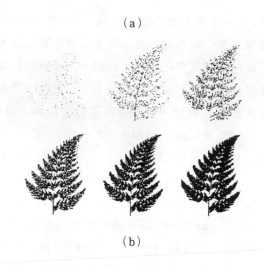

(b)

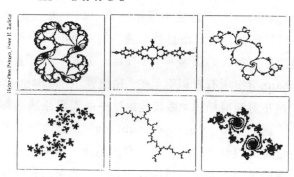

圖二：碎形與自我反射

〔說明：(a)每一點隨機置放，但逐漸的蕨類面貌顯現，只需幾條簡單規則，即
　　　足以包含所有訊息。（取自Gliek, 1987, p238）

　　　(b)Julia Sets（朱利亞集合）的各種花樣，同樣的模式不斷自我反射，
　　　任何一個小單位都反應整體結構的訊息（取自Gliek, 1987, p222）〕

四、耗散結構理論

自組織理論（ self-organization theory ）是討論世界如何自發地從混沌到有序、從簡單到複雜演化發展的歷程與規律：一個遠離平衡狀態的開放性系統，內在有動力性的有序起伏（ fluctuation ），當控制參數的變化達到臨界值時，系統從穩定變爲不穩定，就可能越過起伏發生突變，由原來的混沌無序的狀態形成一種時間空間或功能的有序狀態（沈小峰， 1989 ）。Prigogine 和 Stengers （ 1984 ）指出這種穩定有序結構需要不斷與外界交換物質與能量，依靠能量的耗散才能維持，Prigogine 因此把「耗散」與「結構」兩個對立的概念結合起來，提出「耗散結構理論」（ dissipative structure theory ），並獲頒 1977 年諾貝爾化學獎，是研究自我組織的最重要代表。

Prigogine 區分出自組織系統的「平衡性的改變」（ equilibrating change ）與「耗散性的改變」（ dissipative change ），平衡性的改變即動力性地維持系統基本結構在有序及不變狀態的「第一序改變」（ the first-order change ），當系統面臨夠大的壓力，使「秩序性起伏」（ ordering fluctuation ）達到臨界值，則旣存的功能關係就會崩潰，導致劇烈的振動起伏，終致系統重組，耗散性改變發生（即「第二序改變」（ the second-order change ）），這是系統結構非線性的轉化。耗散性改變的一個重要特徵是這種改變發生之前，系統是處於巨大衝擊，承受混亂的環境壓力或內在衝突，催化系統走向轉化。

耗散性結構會表現兩種行爲：一是趨近平衡（ near-equilibrium ），動力性的秩序被破壞，一是遠離平衡（ far-from-equilibrium ），動力性的秩序出現。只要是開放性系統，便是耗散性結構，便會消耗能量製造熵，但熵不一定會屯積在系統內，而是可以連續地輸出到環境中，交換新能量，以減低系統

內熵的總量。開放性系統只能存在於不平衡狀態，一旦達到平衡，則系統死亡（Prigogine & Stengers, 1984）。

耗散性結構自發性地發源自非平衡狀態，與外在環境互動。在趨近平衡態的系統，以重複的方式運作，秩序性起伏的動力逐漸被破壞，而在遠離平衡態的系統不穩定有彈性、且準備改變。一系統的組織（或結構）即指其運作歷程的模式（pattern），環境互動關係上的特徵。任何開放性系統在各子系統及環境上都是連接的點，越複雜的結構（如人類），越是大量的點互相連接，同時也需要更多的能量，以維持其連結，所以需要與環境越多的交換與互動，因此，越複雜的系統越不穩定，並且越容易改變。

究竟動力性的起伏被減弱（dampen）或擴大（amplified）端視系統與環境溝通的效能（effectiveness）而定，越能快速的溝通，則起伏越被減弱，系統維持其結構（Prigogine & Stengers, 1984），這個過程稱為負回饋（negative feedback），也就是第一序改變的歷程，也是預測性研究與機率統計，可應用的範圍，也是牛頓的決定性、機械性、線性、可逆的世界觀所及之處。（Caple, 1987）

越複雜的系統，就有越多的起伏威脅其穩定性，系統內有兩股競爭力量：通過溝通而穩定及擴大伏而不穩定，依其競爭的結果決定其穩定的閾限，在閾限值時，即使系統內任何部份小小的起伏，都會擴大而可能顛覆整個結構，這個過程稱為正回饋（positive feedback），也就是第二序改變的歷程，是不可預測、偶然隨機、不可逆的歷程。Prigogine 認為我們不可能預知分歧點（bifurcation）（即臨界點）會在何時發生，這是第二序改變的偶然性（happenstance）本質，但分歧點之後；決定性與可預測性再度接管。

貳、混沌抽象概念與人類心理的關連

　　混沌的抽象概念提供對心理發展與轉變歷程的一套隱喻與方法學的基礎：

一、開放性系統的連續體

　　數學上的奇異吸子、化學上的耗散結構、與心理學上的自我結構皆站在開放性系統的共同基礎上，是越來越複雜，越有組織的連續體，開放性系統透過異質同形的非線性動力互相連結，均以自我組織的原理運作：內在動力驅使系統自行重組成新結構這種驅使系統轉化（transformation），改變結構的動力是系統自己滋生的，外在環境的刺激只提供催化，人類心理系統與其他系統是同形但更爲複雜、轉化階層更高的自我組織連續體。

二、奇異吸子與自我結構

　　自我是主動的組織。自我經歷一系列的階層性發展後，變得越來越有秩序、且複雜。在正常發展下，當自我不認同原層次的意識，而認同更高層的意識時，自我就提升並整合原先的層次，每個層次的自我結構就像一個有界限奇異吸子，包含了這層次的潛能與同時也限制了系統行爲的軌道，每一層次的自我結構也以其界限界定該層次的心理行爲特徵。正如奇異吸子界限內的軌跡看似隨機而不可預測，自我的心理行爲在其界限內也是充滿各種可能性，不可預測的。例如一個自我的認知發展處於 Piaget 具體運思期的兒童能用感官及具體物體想像數目，但無法從假設性的抽象性思考，因這仍在具體運思發展層次界限之外，自我結構會繼續向更高層次認同，新的層次整合且包容先前的所有基本結構，如達到形式運思期後不只會思考感官具體的物體，也能進行抽象的思考，正如奇異吸子內的一股能量從一個狀態流向另一種狀態，變得更加混亂，而吸子的界限被擴大且更加複雜，然而仍然整合先前的狀態。

三、非線或動力與心理發展的複雜性

開放系統內的每個變數之間並非加減的關係，而是複雜的交互作用，一個變數的微小改變，都可能影響整個系統，每個變數都處於相空間的一個維度上，與其化維度的訊數互相發揮影響力。人類心理可被理解為一多維度相空間中的非線性動力系統，發展則意指沿著各維度的變數（包括認知、道德、情感、動機、知動能力、態度......）在時空變化下的交互回饋與演化的歷程。

四、奇異吸子與情感反應模式

兒童經由日常生活中的主要活動，在各個發展線上，體驗到強烈的情感，以組織自我經驗，例如兒童在遊戲中發現自己能影響週遭的人或物時，便經驗到有力量的感覺，於他自我效能感的建立，類似的經驗可能在生甘中重覆出現，於是自我效能感就像一個奇異吸子：每一次類似經驗就加強了吸子的運動模式，具磁性的吸子也主動地從環境中選擇性地牽引能量，一再地加深自我效能感，例如一個有自信的小孩，可能吸引老師父母再給他更多機會去嚐試，而更多的有效解決問題經驗又會回饋到小孩的自信心，相反地，一個害羞，承乏自信的小孩可能吸引大人的「保護」，以「避免挫折」，卻也減少了建立自我效能感的可能性。

想像在開始發展時，兒童在某一特定的發展線上經驗到強烈情感，像個定點吸子，當相似的情感在類似的相看給下一再重現時，便像是有限循環環吸子，而富能量持續累積到一臨界點，一個複雜組織的心理結構成形，猶如一張蛛網，錯綜複雜地連結回饋，此時便像是奇異吸子，所有的情感、記憶想像、幻想、認知思考......等能量都俱有此強烈情感經驗的特微，形成一個心理主題，在不超過界限的範圍內，無限地延伸。所以，當各個發展線都形成奇異吸子，透過自組織原理整合成整體複雜的自我結構複雜的，不過回饋迴路提供必要的溝通，以維持系統的穩定，這個

結構不是靜止固定的狀態，而是流動的歷程結構。

五、蝴蝶效應與自我結構

在非線性系統中，「對初始條件的敏感依賴」與迭代（迴饋）歷程，使得小小的輸入可能造成整個系統失衡而完全不可預測。許多人在生活中有種經驗，一些看似不重要的經驗，到頭來卻有重大影響，甚至改變一生。

六、奇異吸子是自我結構秩序與混亂、自由與決定並存的視覺隱喻

奇異吸子的視覺印象將自我結構內部安關的概念清楚呈現，雖然界限內（決定論）的行爲不可預測（自由意志），但絕非隨機（混亂）而是底函著某種規則（秩序），要以例子描述非淺性系統的交互關連，很難不失於太簡化，但電腦繪製的奇異吸子則在視覺上呈現了非線性系統整體特性的一個極佳隱喻。

七、耗散結構與自我結構

耗散結構說明系統如何維持穩定，以及新結構如何自發地出現，換言之，耗散結構整合奇異吸子的概念，並加上系統如何穩定及如何轉化（ transformation ）的解釋。自我結構是開放性系統，自然也是一耗散結構，一面維持其認定，一面繼續對環境中的流動能量開放，在物理科學，精確地定義與計量能量是可能的，但在心理學領域，能量是模糊而主觀的概念，但卻正個有用的概念，就物質層面看，人的確從環境中吸取能量（如攝食），然而心理能量也由感覺、知覺、思考、直覺、幻想、情感及夢……等心理功能組成，自我結構透過這種功能與環境中的能量（訊息）互動，根據自我組織原理，系統主動選擇訊息，產生起伏，回饋到系統自身，當回饋爲負時，系統維持穩定，即不改變

整體組織，歷程結構（運作模式）維持不變，在該階層（界限）內，自由地作任何「第一序改變」（換湯不換藥的改變），但當回饋為負時，系統趨於不穩定，當廢能累積到臨界值時，原潔構瓦解，進入混亂，而更高層次結構將自發地出現是為「第二序改變」。自我結構即以此階層性系統演化歷程，不斷地與環境交換能量，以維持穩定或擴大界限，發展更統整的新結構。自我結構的穩定與繼續存在，必須依賴持續的能量交換，能量的交換發生在與朋友的傾談、閱讀、寫作、與自然溝通......等各種活動的參與，耗散結構的概念也有助於對慢性憂鬱症患者的了解，一個慢性憂鬱患者就如一個封閉系統，無法與環境交換能量，廢能累積卻不耗散當累積到極大值時，能量交換完全停止，達到熱力平衡。Hannah（1990）關於情緒起伏的研究顯示情緒動力性的起伏，在能耗散情緒能量到環境中，並吸收新能量的情況下，最為有效而快速，慢性憂鬱症患者可能缺乏。這種健康的起伏，而是讓負向情緒不斷回饋到系統內持續堆積廢能。

近來耗散性結構理論被應用到人類，有生命系統，彰示人類的發展是一個解組再組織的持續變動歷程（Caple, 1987），人在日常生活中作調整，而不必改變其世界觀，大部份調整的歷程都只要按部就班，駕輕熟熟，成為生活的一部份。這稱為第一序改變，不需改變這個人結構的統整性。當外在壓力增大，系統內的起伏劇烈震盪，舊的連結不足以因應，此時系統便轉化自身的結構，用新的連結方式進入更高層次的秩序，每一個新的層次都較前一層次更加整合。更複雜的連結，也需要更多能量來維持。每一次轉化就把系統推向更不穩定、更易改變，這就是第二序改變，人類經驗到這種改變就不可能再逆回到低的層次，也不再用舊方式看世界。據此,可以正向態度看待混亂的出現：混沌意味著開始跳向更高層次、更複雜的整合。

參、心理的第二序改變理論

一、調適與改變的轉機

改變是諮商／治療領域關切的主題，混沌理論本身就是一個指涉改變歷的理論，人的心理既可視為開放系統，第二序改變的混沌現象於人的心理也必然存在，只是人對安全及可預測性的需求極高，害怕成長的結果是調適（ adjust ）；這也是許多治療學派的治療目標，一但環境變遷或個人不再願意調適時，此目標不合用，於是冒險尋求第二序改變才有可能。

心理諮商與治療領域中，最直接討論第二序改變歷程的，便是G. Bateson與Watzlawick等人對「問題形成與問題解決」的研究。他們以群論（Theory of Groups）及邏輯類型論（Theory of Logical Type）概念作為第一序及第二序改變的理論基礎，兩者不同之處在於(1)成分（成員）與整體（群）之間的邏輯關係；(2)成員間的運算規則。以簡單實例說明：一組數字集合，依加法規則運算，集合內成員可有各種組合卻毫不改變這個集合的定義，如（5＋2）＋1＝8，2＋（5＋1）＝8，這種改變維持了系統結構的不變，即為第一序改變，而當規則從加法變為乘法時，結果就不同了，如（5×2）×1＝10，這種改變呈現出集合在定義的不連接、跳躍或轉化的特性，新的系統結構產生，稱之為第二序改變，在這新系統內，第一序改變仍會發生，如5×（ 1×2 ）＝10，這是新規則下的新功能。（Watzlawick, et al, 1974）

二、問題的形成與問題解決

根據Paul Watzlawick et al（1974）的觀點，欲了解如何解決問題，必須了解問題是如何被創造及維持的，他們相信是解決方法造成問題，如果要解決問題則必須改變解決的方法。許多時候合乎邏輯的問題解決方式適用於日常生活的情況，但有些時

候合邏輯解決方法可能不只無效，甚至可能使問題更惡化，如失眠問題的解決，命令自己別東想西想快快入睡是合理的且相對的策略，可是常無法湊效，甚至越想越多，又如許多妻子不是默默獨自承受所有家事，就是用「嘮叨」的方法要求先生協助家事，往往並不因此而眞的感到減輕負擔，甚至家庭氣氛更加不愉快，在這些例子中，第一序改變無法產生所要的效果，因爲相對立的事物之間具奇特的相互依存現象，這使得處在困境中的人像瓶裡的蒼蠅，向左撞不是，向右撞也不是，又像是陷在泥沼中的車子，越轉動車輪陷得越深。這時出路並不在原來的脈絡中，而必須向更高層次的脈絡求解，系統本身的規則（或結構）必須改變。

圖三(a)的問題解決例子能清楚地說明第二序改變，用四條直線連接九點，唯一的規則是筆不能離開紙，很少人能迅速而成功解決這個問題，大多數人在解決過程中，都把九點界定爲一個正方形，這個「劃地自限」的界定，使得所有的解決方法都發生在這個正方形之內，而無法解決問題，因爲不論怎麼組合四條線，用何種順序組合，至少有一個點連不起來，也就是說當九個點被界定爲正方形時，所有的第一序改變都無法有解，解決之道在，解構正方形的知覺，重新界定這九個點，解答便藏在其中（圖三b）。

從四方形的假定到非四方形的假定，便是一種脈絡（思考模式、認知結構）的改變，即第二序改變，是一種瞬間的創造跳躍，不符合原脈絡的邏輯。

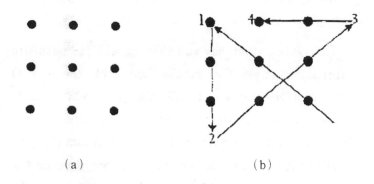

(a)   (b)

圖三：(a)九點問題；(b)九點問題的解決之道（取自夏林清譯，
　　　民85，p41-42）

三、第二序改變的原則

　　Watzlawick et al（1974）說明第二序改變的原則：

1. 第二序改變的應用範疇正是那些第一序改變的問題解決方
　法；因爲從第二序的觀點看，這些解決方法正是問題無解的
　關鍵。第一序改變的策略基於一般常理而產生的策略，而第
　二序改變的策略往往令人不可思議，不可預料，且超乎常理，
　過程中常存在著令人困惑或矛盾的現象。

2. 第二序改變的解決方法是處理此時此地（here and now）的
　情境；它直接處理問題的結果，而不去探討問題發生的假設
　性原因，重要的是問題是「什麼」（what），而不是「爲
　什麼」（why）。持系統觀的治療者，包括Perls都同意這
　個觀點（Perls, 1969, p47）。

3. 第二序改變的方法是讓問題情境，超脫於人們在嘗試解決問
　題時，所掉入的矛盾捆綁陷阱中，並將問題放在更高的框架
　中。

雖然不是所有的改變都需要第二序改變，但許多例子中，第二序改變唯一的希望：

「A system which may run through all its possible internal changes (no matter how much there are) without effecting a systemic change, i.e., second-order change, is said to be caught in a Game Without End. It cannot generate from within itself the conditions for its own change; it cannot produce the rules for the change of its own rules.」（Watzlawick, et al ,1974, p22)

根據Paul Watzlawick等人的看法，第二序改變是日常的現象，人們終會找到可能的解決方法，系統具自我修正（self-correct）的能力，也是自然界演化的必然規則，然而第二序改變也同時具有不可預測及瞬間跳躍的本質，有時在心力交瘁、耗盡能量之後出現、有時在夢中、有時靈光一現（Watzlawick, et al, 1974）。如此看來,，第二序改變歷程像是集聚必然性與偶然性的雙面夏娃。

四、第二序改變的催化方法

（一）改寫隱含的規則

Watzlawick等認為「經由矛盾而產生的第二序改變」是問題解決最優雅的形式。典型的例子如不鼓勵憂鬱症患者，要高興起來（第一序邏輯），而是接受沮喪的情緒，甚至要求當事人還要更加憂鬱，例如告訴當事人：「很明顯地，沮喪對你有重要的價值，不要太快改變沮喪（第二序反應）。」這往往使憂鬱的人較好過些，因為「高興」的指令與「憂鬱」隱含的規則（難過是不好的）其實是一致的，然而感覺是自然、自發的反應，非直接可控制的，當自發的行為被命令發生時，本身已陷入矛盾之中（就

像第一章所述「追求生命意義」一樣弔詭），這是一種雙重捆綁（double bind）的現象，結果這個人除了難過之外，可能還會對會為覺得難過感到愧疚，甚至生氣厭惡自己，真正使他沮喪的，反倒是這些對感覺的感覺，重重的壓制。別人善意地鼓勵，不只更鞏困了難過的存在，可能更糟地增加了愧疚感；相反地，當獲得允許可以覺得難過、沮喪時，改變了「感到難過是不好的」的隱含規則，一旦一個人能自由地去感受時，就不需去對抗難過，情緒會在難過之後自發地平復，這種接納情緒的觀點與Satir及Perls一致，Satir（1964）稱此為造成問題的常是「對感受的感受」，如果最初的感受可以被承認，感受是可以被轉化的；Perls（1969）強調當下與自我作真實的接觸（contact），情緒感受的覺察與接納是真實接觸之門。此處可借一個公案支持這個論點：一個和尚聽到母親去逝的消息後感到難過，眼淚掉了下來，另一個和尚看了便說：「出家人怎麼可以顯露七情六欲。」他回答道：「迂腐！我感覺想哭，我就哭。」

　　根據Watzlawick等的看法，矛盾介入與涉及改變情境的意義並開啓新反應可能性的歷程，常應用了重新框定（reframing）與困惑（confusion）的技術，這是達成第二序改變的重要技術。

　　重新框定是把一個情境從脈絡（規則）中抽取出來，放進另一組同樣能符合情境的新脈絡中，而新脈絡提供了不同的理解，且賦予新的意義，則新的反應就變得可能（Watzlawick, et al, 1974）。例如兄弟吵架可被重新框定為「努力吸引彼此熱烈的注意」，當當事人以此界定看得吵架時，很可能採取不同於以往「給對方『注意』」（即吵回去）的方式，吵架行為很可能消失，或者他們也可能採取其他更好的方式以滿足彼此的需要（被注意）。

　　家庭系統觀相信多元真實（multi-reality）而非絕對單一的真實，重新框定意味著創造「真實」。而使得重新框定成為有

效改變工具的是：一旦我們覺知更高層次的脈絡時，就無法輕易回到原來的格局或先前對「眞實」的建構中，就像一旦知道九點連線問題的解決方法之後，就不能再回到先前的無助狀態了。（Watzlawick, et al, 1974）

困惑技術是Milton Erikson（1964）根據自身經驗發展出的催眠技術（但不一定只用在催眠中），其操作是使用一種非預期的方式重新界定情境，使原來的參考架構都無法有效解釋情境，因而產生困惑的效果。在催眠中「困惑」使訊息的給予成爲可能，Erikson指出當事人想尋找新的參考架構以走出困惑情境，會使他急切地抓住任何具體訊息，這爲催眠與重新框定舖設良好的舞台。

至此可以看出Watzlawick等在治療上的操作，並不涉及情感層面的渲洩或問題成因的探討，他們催化出第二序改變最大的關鍵，在於他們在案主的後設邏輯層次上操作，而以一種狀似矛盾的策略作爲介入，而矛盾策略介入有效的基礎是下面四個步驟：

1. 以具體的語詞清楚界定問題，確認不是「假性問題」或抱怨。
2. 探查截至目前爲止企圖運用過的解決對策，了解無效的解決及問題如何被維持。
3. 對想達到的具體改變有清晰的定義，確定具體目標。
4. 形成與實行一個能產生此一改變的計畫，包括二項通則：(1)用當事人的語言，以其概念化眞實的方式提供給當事人策略；(2)矛盾策略介入。

這種藉由困惑、重新框定、矛盾策略，將維持問題的隱含規則在更高層次上重建的操作，與禪宗故事中禪師點化弟子的方法有異曲同工之妙，如下二則：

　　1.「一日，小和尚問道：『佛法有常乎？』

　　　　　老和尚曰：『無常。』

　　　　　另日，小和尚又問：『佛法無常乎？』

老和尚曰：『有常。』」

2. 「百丈和尚指著地上的水瓶問潙山：

『你不能叫它作水瓶，那你可以怎樣稱呼它？』

潙山把水瓶踢倒，揚長而去，於是百丈決定傳位

給潙山。」（引自李普士，民82）

藉著製造困惑局面，迫使人們跳脫「常與無常」、「變與不變」、「肯定與否定」的二分思維模式，而跳到更高層次去思考，這類似黑格爾的正反合反覆辯証的過程，不斷地提升到更高的框架去思考，創造第二序改變的可能性。

（二）擴大覺察

同樣爲破除二分思維模式的迷障，完形治療則大量地利用情緒能量，伴隨知覺的擴大而進入高一層次的整合。此外，Mahoney & Lyddon（1988）區分認知治療爲著重第一序改變的「理性主義認知治療」及第二序改變的「建構主義的認知治療」，指出「建構主義的認知治療」運用當事人的情緒經驗，以催化認知結構的改變，並創造新意義。不同於Watzlawick等的矛盾策略，這兩種催化方法都涉及情感層面。

Mahoney和Lyddon（1988），Lyddon（1990）將當代20多種認知治療（cognitive therapy）依其哲學，理論及實務上的差異區分爲兩大類：理性主義（rationalist）及建構主義（constructivist），理性主義的認知治療著重在促使第一序改變的發生，而建構主義的認知治療著重在催化第二序改變。

Mahoney認爲理性主義認知治療強調理性思考的重要性，在技術諮詢與敎導的關係之下協助當事人，如Ellis的RET，假定認知決定情緒反應，故治療任務在挑戰當事人的信任並提供正確而理性的想法，以消除非理性認知及所產生的情緒反應，換言之，從理性主義的觀點，情緒—特別是負向而強烈的情緒—是非理性認知所導致的，治療即是有效地藉理性思考控制其負向情緒

（Mahoney & Lyddon, 1988）。相對的，建構主義認知治療在認知的本質、治療的目標、問題形成及情緒在改變歷程的角色等方面的假定上，挑戰理性主義認知治療。建構主義認知治療的假定建基於人是自我組織的、發展的系統，能主動建構或創造個人及社會的主觀眞實（realities），故其治療目標在催化當事人自我建構新的意義，將問題視爲「伴隨著情緒失衡的發展性挑戰，情緒在改變歷程中是具有重要功能的角色，建構主義治療者傾向於鼓勵當事人情緒經驗的表達與探索，認爲情緒經驗能催化認知結構的改變，並創造新意義。按Mahoney等人的看法，這兩類認知治療，並非孰是孰非，孰好孰壞，應視當事人主客觀的需求而決定選擇第一序或第二序改變。

肆、結語

一、關於諮商／治療的研究

　　牛頓經典科學給我們描述的世界是一個靜態的、簡單的、可逆的、確定不變的、世界，形成一種解析的、量的、機械的宇宙觀；而我們眞正面對的卻是一個動態的、複雜的、不可逆的、隨機的、質變的世界，只有對複雜性進行深入的研究，才能爲人們描繪出一個更貼近現象的世界圖景。

　　在社會人文科學—特別是心理學，努力地跟追求機械的世界觀所奠下的科學典範的認同，卻一步步犧牲了人類的完整與複雜的本質，終於使心理學像個徬徨遊走於自然與人文之間的「孤獨的騎士」（余伯泉，民79）。直到心理學認清人類是不可切割的開放性系統，研究者對系統的觀察同時與整個系統交互作用，研究者的主觀性無法排除，這才開始認同其他人文學科的研究典範，質性研究方法逐漸受重視。然而遺憾的是，透過質性研究心理學或許找到自我認定，但這也意味著正式承認自然與人文的決

裂，事實上混沌理論與質性研究對人的觀點是如此一致，「混沌
的理念跨越不同學門，是各種系統的宏觀共相。混沌詰問科學成
規，抗拒全盤貫之的化約主義。」（Gleick, 1987），自然科學
與人文科學本可整合。Pagels（1988，牟中原等譯，p253）談到
尋找科學與人性之間的橋樑時寫道：「爲了搭起科學與人性間的
橋樑（正如某些科認知心理學家企圖作的），我們應該像一個科
學家，而不應該拋棄自然科學的基礎來作這件事，否則將沒有任
何一座橋可以溝通兩端。」

　　在心理學各學門中，諮商與治療是最迫切需要理論與實務的
合一，因此，歷程研究是時勢所趨。混沌理論是探究歷程的科學，
即是一套描述與解釋變化歷程的架構，也是一套複雜的研究方法
學。Brennan（1995）企圖引証後現代觀點（postmodern
perspective）及混沌理論以解決諮商與治療領域長久以來理論
與實務的分裂現象，Brennan指出後現代（歐陸於第一次世界大
戰後，而美國於第二次世界大戰後至今）主義，因知識論觀點改
變；懷疑(1)排除主觀性時知識可能存在嗎？(2)知識經由線性的
歷程被獲得嗎？(3)知識如何被表達？後現代主義的論點轉向歷
程（人如何得知）而非結果（所得知識的內容）。相信知識的建
構是複雜的對話的歷程，「眞實」非絕對的，乃是相對的，考慮
環境脫絡對知識建構的影響，而混沌理論雖源自實証的科學研
究，其觀點與後現代主義相似，推翻牛頓機械世界觀——一切是線
性、規則、可預測的假定，開放系統與環境互動混亂無序才是常
態、非線性才是主角，觀察才是系統的一部份。Brennan 認爲過
去理論與實務分裂是受制於線性、二分、化約的思考典範，而今
當從後現代主義及混沌理論觀點，採多元眞實、視人爲完整系統
考慮環境脈絡的新典範時，治療者不必削足適屢，硬套理論模
式，而可用新的態度了解現象，建立自已的理論（Brenna, 1995）

二、第一序或第二序？－諮商／治療實務上的選擇

　　根據Prigogine之說，第二序改變是必然會出現但是不可預
測何時出現，因此，「只可催化不可追求」（Kroeker, 1987），
Shapiro（1985）探討人格氣質類型與改變類型的關係，發現直
覺—情感型（NF：intuition-feeling type）的人，對於冒險與
改變有較開放的態度；Kroeker（1987）指出NF型的諮商員常過
於追求促二序改變的價值，堅持這樣的價值可能會產生不切實際
的期待，因爲第二序改變常不可預測出現的時機，他認爲這正如
Frankl（1978）描述快樂是可遇不可求，越求越不得〔"happiness
must ensue and cannot be pursued……the more we aim at it,
the more we miss our aim"(p.75)〕，第二序改變亦如此，如
果不把第二序改變當作追求的焦點，也許會有機會與之邂逅，過
於擁抱此爲目標，可能使諮商員陷入專業枯竭，或淪爲虛無論
者。因此，諮商員可催化第二序改變所需的脈絡，但不追求其必
然出現，下面是四項建議：

1. 第二序改變的概念必須被連結到當事人改變的經驗，如當事
　 人日常生活沒有這種改變經驗，最好不要提到這種概念。
2. 第二序改變因涉及放棄原先的模式，必然也並存著混亂，冒
　 險又脆弱、害怕，是必須讓當事人了解且評估的，在進入戲
　 劇化的轉變，重建自我認定與世界觀的第二序改變歷程之
　 前，人們特別需要一份對自我穩定的感覺。
3. 諮商員要能區分當事人與自己的界限，釐清是自己的需求還
　 是當事人的需求。
4. 催化第二序改變的脈絡，底涵的基礎是一份尊重與信任，擴
　 大當事人的信念與價值系統的同時，也必須尊重其原先的信
　 念與價值系統。

參考書目

一、中文部分

余伯泉（民79）獨立後的遺忘：心理學的發展與陷阱之批判。當代，54期，38-53。

沈小峰（民76）混沌初開。中國社會科學出版社。

林和譯（民80）混沌：不測風雲的背後。台北：天下文化。

邱錦榮（民82）混沌理論與文學研究。中外文學，22卷，12期，51-66。

姜德（民82）混沌理論及其發展簡介。歐華學報，3期，146-149。

二、英文部分

Abraham, F.D., Abraham, R.H. & Shaw, C.D. (1990). A visual introduction to dynamical system theory for psychology. Santa Cruz, CA: Acrial Press.

Andrea, N. (1991). The Application of Chaos Theory to The Understanding of Psychological Transformation. PHD dissertation of Pepperdine University.

Bertalanffy L.von. (1969). General system theory. NY: Brazill.

Brack, C.J., Brack, G. & Zucker, A.Z. (1995). How chaos and complexity theory can help counselors to be more effective. Counseling and Values, 39, 200-208.

Brennan, C. (1995). Beyond theory and practice: A postmodern perspective. Counseling and Values, 39(2). 99-107.

Briggs, J.P. & Peat, F.D. (1989). Turbulent mirror: An

illustrated guide to chaos theory and the science of wholeness. New York: Harper & Row.

Butz, M.R. (1995). Chaos theoy, philosiphically old, scientifically new. Counseling and Values, 39(2), 85-97.

Caple, R.B. (1985). Counseling and self-organization paradigm. Journal of Counseling and Development, 64, 173-178.

Carpenter, G.A. & Grossberg, S. (1987). Discovering order in chaos: Stable self-organization in neural recognition codes. Annals of the New York Academy of Science, 504, 33-51.

Chamberlain, L. (1995). Chaos and change in a suicidal family. Counseling and Values, 39(2), 117-128.

Cziko, G.A. (1989). Unpredictability and indeterminism in human behavior: Arguments and implications for education research. Education Researcher, 18(3), 17-25.

Elkiam, M. (1990). If you love me, don't love me: Constructions of reality and change in family therapy. New York: Basic Books.

Erickson, M.H. (1964). The confusion technique in hypnosis. The American Journal of Clinical Hypnosis. 6(3), 183-207.

Freeman, W.J. (1991). The physiology of perception. Scientific American, February, 78-85.

Gleick, J. (1987). Chaos: Making a new science. NY: Viking.

Gottman, J.M. (1993). The roles of conflict engagement, escalation, and avoidance in marital interaction: A longitudinal view of five types of couples. Journal of counseling and clinical psychology, 61, 6-15.

Hanson, S.J & Olson, C.R. (1990). Connectionist modeling and brain function: The developing interface. Cambridge, MA: MIT Press.

Hoyert, M.S. (1992). Order and chaos in fixed interval schedules of reinforcement. Journal of the Experiment Analysis of Behavior, 57, 339-363.

Kohonen,T. (1988). Self-organization and associative memory. New York: Springer-Verlag.

Kroerker R. (1987). Facilitating second-order change in the counseling encounter. Journal of Humanistic Education and Development. 25(4), 150-154.

Mahoney, M.J. & Lyddon, W.J. (1988). Recent developments in Cognitive to approaches counseling and psychotherapy. The Counseling Psychologist, 16, 190-234.

Lyddon, W.J. (1987) First- and second-order change: implications for rationalist and constructism cognitive therapies. Journal of Counseling and Development, 69, 122-127.

Pagels, H.R. (1988). The dreams of reason: The computer and the rise of the science of complexity. NY: Bantam.

Pendick, D. (1993). Chaos of the mind. Science News, 143, 138-139.

Prigogine, I. & Stengers, I. (1984). Order out of chaos:

Man's new dialogue with nature. NY: Bantam.

Shapiro, S.B. (1985). The development and validation of an instrument to measure student orientation to humanistic instructional values. Educational and Psychological Measurement.

Roschke, J. & Aldenhoff, J.B. (1992). A nonlinear approach to brain function: Deterministic chaos and sleep EEG. Sleep, 15, 95-101.

Watzlawick, P., Weakland, J.H. & Fisch, R. (1974). Change: Principles of problem formation and problem resolution. Norton & Company. (〔變－問題形成與問題解決〕，夏林清，鄭村棋譯（民85）。台北：張老師）

Wilbur, M.P., Kulikowich, J.M., Wilbur, J.R. & Revera, E.T. (1995). Counseling and Values, 39, 129-143.

White, L.J. & Daniels, M.H. (1995). Rethinking uncertainty and chaos: Possibilities for counseling. Counseling and Values, 39(2), 82-83.

員工協助方案與諮商師的角色

林家興

員工協助方案（Employee Assistance Programs，簡稱EAPs）
是許多員工協助服務或員工諮商服務的通稱。員工協助方案在許
多不同的地區與不同的時期，各有不同的名稱。它的服務方式與
內容，如同它的名稱一樣，仍然是一個變動中的概念與方案。本
章將根據有關文獻，說明員工協助方案的發展背景、組織模式、
服務內容、諮商師的角色、成效評量，以及未來展望，希望有助
於讀者對於員工協助方案的瞭解。

壹、發展背景

員工協助方案（EAPs）是從美國開始發展的。根據 Dickman
和 Challenger（1988）的歸納，美國 EAPs 的發展可以分為三個
時期。第一個時期大約從 1940 年代到 1960 年代，以 Occupational
Alcoholism Programs（OAPs）為主要名稱。可以說 EAPs 的前
身便是 OAPs。OAPs 主要由戒酒成功的員工，在公司裡推展戒酒

無名會（Alcohol Anonymous）開始的，由於它成功地替公司省錢，增加生產力，使酗酒員工恢復健康，因此，逐漸擴充其服務內容與對象，以及逐漸有諮商專業人員的加入。

第二個時期大約從 1960 年代到現在， EAPs 的名稱開始流行，除了戒酒成功的員工擔任諮商師之外，不同的專業人員，如社會工作師、心理師、諮商師及醫師等也加入了這個領域。 EAPs 比 OAPs 提供更多元的服務項目。協助員工處理的問題，包括婚姻家庭問題、情緒心理問題、財務與法律問題，以及各種藥物濫用問題。

第三個時期與第二個時期部份重疊，大約從 1980 年代到現在，代表這個時期的員工協助方案，通常稱為 Employee Enhancement Programs（EEPs）。這個名稱反應 EEPs 不再是為公司的生產力與利潤而存在，而是一種員工福利，強調壓力管理、全方位保健，以及以建立健康生活方式為目標的員工服務。

EAPs 的發展，從不為企業經營者所知到今天普遍受到大企業主管所重視，顯示一定有它存在的價值與貢獻。美國工作人口中，曾使用 EAPs 服務的比率，從 1980 年代的百分之十二，提高到 1990 年代的百分之三十六（Cunningham，1994）。美國名列財富雜誌前五百大的公司中（Fortune500），超過四分之三公司提供某種形式的 EAPs 服務（Feldman，1991）。雖然名列 Association for Labor-Management Administrators and Consultants on Alcoholism 1989-1990 團體會員名稱的 EAPs 超過七百個。但是據估計，全美國已超過五千個 EAPs 在提供員工協助（Hosie，West，& Mackey，1993）。

EAPs 是一項花錢的方案，為什麼越來越多的公司會提供員工協助方案？理由可以歸納如下（Challenger，1988）：

1.可以降低成本。降低醫療費用、預防工傷意外事件，提高生產力。

2. 可以留住人才。透過 EAP 的協助，可以留住百分之七十到八十有困擾的員工，避免流失有經驗的員工。

3. 可以改善勞資關係。協助勞資共同解決問題，達到雙贏的局面，共同協助有問題的員工。

4. 可以提供員工及家屬額外的福利與照顧。

5. 可以建立公司以行動關心員工的形象。幫助有問題的員工保住工作，保住婚姻與家庭，甚至保住性命，使公司形象大為改善。

　　EAPs 可以說是現代企業組織的必需品，而非裝飾品。 EAPs 不再停留在一個理想或概念的層次，而是一個廣為接受的事實。在美國工商界，因為員工酗酒所造成的經濟損失，估計每年達一千四百四十二億美元；因為心理健康問題所造成的經濟損失，估計每年達一千零二十三億美元。此一數字使得許多精明的企業經營者認識到 EAPs 的必需性與重要性（ Challenger ， 1988 ）。

貳、組織模式

　　員工協助方案的組織設計隨著不同機構的不同需要，而有不同的考量。綜合學者專家（ Cunningham ， 1994 ； Carroll ， 1997 ； Reddy ， 1997 ； Phillips & Older ， 1988 ）的研究，員工協助方案基本上可以分為機構內、機構外及混合三種模式，茲說明如下：

一、機構內模式（ In-house or internal model ）

　　機構內的 EAP 模式，諮商師是公司編制內的職員，和個案是同事關係。通常大公司比較有可能聘請專任的諮商師，在公司內成立 EAP，來協助員工處理各種工作與生活問題。機構內模式有以下的優缺點（ Carroll ， 1997 ）。

優點：

1. 諮商師瞭解機構的系統與文化。
2. 諮商師可以評估機構對個案的影響。
3. 諮商師可以正式或非正式的介入機構的結構。
4. 諮商師可以從機構中取得回饋。
5. 諮商師有彈性扮演多重角色。
6. EAP 設在機構內，方便員工使用。

缺點：

1. 諮商師對個案的評量較爲主觀。
2. 諮商師容易受機構的影響。
3. 諮商師容易被個案視爲管理人員或資方的代表。
4. 諮商師容易被管理人員利用去處理勞資問題。
5. 諮商師容易涉入機構的政治。
6. 諮商師不容易維護個案資料的保密。
7. 諮商師受僱於機構，在忠於機構與忠於個案之間，常會有衝突。
8. EAP 的編制較小，欠缺人手、不同專長以及同儕的支持與諮詢。

二、機構外模式（Contact or external model）

　　機構外模式是一種日漸普遍的模式，由專門提供員工協助的機構，向公私立機構提供 EAP 服務，以按員工人數計費方式和雇主簽約，提供服務。機構外模式不僅適合一般大機構，也適合一些中小型機構。小公司聘請專任的 EAP 諮商師是不經濟的，於是可以外包給 EAP 專業機構，較爲經濟可行。提供 EAP 專業服務的機構，包括醫療機構、社會服務機構、心理衛生機構，以及私人開業的團體（Cunningham，1994）。機構外 EAP 模式的優缺點如下（Carroll，1997）：

優點：

1.諮商服務可以不受機構內政治的影響。

2.可以提供組織協助與員工協助雙重服務。

3.可以提供較清楚的個案資料的保密。

4.可以提供較多元化的服務。

5.可以提供具備不同專長與技能的諮商師。

6.機構不必為諮商誤醫而負責。

缺點：

1.諮商服務以營利為目的。

2.不易提供針對不同公司個別化的服務。

3.諮商師可能不智的捲入機構的政治。

4.諮商師不瞭解機構的文化。

5.諮商師被視為外人。

6.諮商師無法改變或教育整個機構。

三、混合模式（Blended model）

　　有的機構會同時提供機構內 EAP、機構外 EAP 和工會 EAP，讓員工選擇使用，通常員工福利比較好的大公司，會採用混合模式的員工協助方案。

　　至於哪一個模式的比較好呢？有關這方面的比較研究，到目前為止，仍然十分有限。或許，更好的問法是：什麼樣的 EAP 模式最適合什麼樣的公司？由什麼樣的專業人員提供才可以達到最佳的服務？

參、服務內容

　　員工協助方案的設置在於提供即時的、專業的協助，給有個人問題的員工，以避免造成工作問題、曠職、工傷意外、同事間的人際衝突，甚至開除。 EAPs 在企業界之所以日漸普及是因為每個員工或多或少、或早或晚，總會遇到一些生活上的問題，如

壓力、酗酒、吸毒、家庭衝突、人際困擾、財務危機等,這些個人問題勢必影響工作的品質和生產力。當企業主願意提供人力資源與經費來設置 EAPs ,不僅可以作為員工的福利,甚至可以建立一個穩定而有效率的工作團隊(Lewis & Lewis , 1986)。

一、服務對象

EAP 的服務對象是機構中的員工及其家屬。員工則包括各級員工,上自經理、領班,下至第一線員工。家屬則包括員工的配偶、直系親屬,以及與員工生活在一起的重要他人。

EAP 除了服務有困擾的員工,也對一般員工及管理階層提供服務,包括各種教育訓練與預防推廣。 EAPs 除了提供員工協助服務,也可以提供組織發展與改變的服務。因此,可以說, EAPs 的服務對象是雙重的,包括整個組織及組織中的個人。

員工接受 EAP 的服務通常透過自行求助或轉介的方式。除了個案自行主動求助外,轉介的方式包括:督導轉介、同事轉介、家人轉介以及工會轉介等。 EAP 個案的問題類型有很多,最常見的是:感情、婚姻與家庭問題、心理與情緒問題,以及酗酒與藥物濫用問題;最近幾年,工作壓力有顯著增加的趨勢。(Feldman , 1991 ; Magruder , 1988)。

二、服務項目

員工協助方案的服務項目,可以很少,也可以很多,主要因組織模式及機構需求的不同而有所差異。服務項目少的 EAPs ,至少會提供評量與轉介(assessment and referral)的服務。根據 McClellan 與 Miller (1988)的研究, EAPs 最常包括的服務項目,有下列十項,每項之後的百分比代表百分之幾的 EAPs 有提供該項服務:

1.評量(91%)

2.診斷（54%）

3.轉介（96%）

4.短期諮商（58%）

5.出院或治療後追蹤（82%）

6.對管理人員提供諮詢服務（78%）

7.對督導提供訓練（90%）

8.對員工提供教育服務（80%）

9.參與政策規劃（61%）

10.個案管理（53%）

　　機構外模式的 EAPs ，除了提供服務員工的項目之外，通常也會提供給機構有關在職訓練、管理諮詢、組織發展的服務。根據 Hosie ，West 與 Mackey（1993）的調查研究，百分之七十至九十四的 EAP 諮商師提供諮詢服務給工商機構，協助解決行政與組織上的問題；百分之六十至九十二的 EAP 諮商師曾參與組織行為的評鑑，及從事推展 EAP 及評鑑 EAP 成效的工作。

肆、有效 EAPs 的組成要件

　　並不是每一個 EAP 都能夠做到它所承諾的目標與成效。機構雖然設置了 EAP ，如果沒有用心的規劃與經營，勢必無法充分發揮其協助員工與協助組織的功能。Dickman（1988）認為一個有效的 EAP ，應該具備下列要件：

1.有來自管理階層的充分支持與背書。一個想成功的 EAP ，一定需要來自最高階層的背書與積極投入。

2.有來自工會的充分支持與背書。在有工會組織的企業機構裡，一個有效的 EAP ，需要得到工會的支持與背書。

3.機構有書面的、明確的支持 EAP 的政策；亦即機構以明確方式表達支持 EAP 的哲學與方案。

4.專業保密。所有員工有權要求得到 EAP 的協助來解決他們的

問題，同時明確知道他們的個案資料會受到嚴格的保密。

5.領班、督導及工會代表均受過正確瞭解與使用 EAP 的訓練。
這項訓練每年至少應舉辦一次，讓領班、督導及工會代表明
瞭 EAP 的轉介流程，早期發現早期治療，以及辨識問題員工
的基本認識等。

6.EAP 的費用主要由公司或保險支付，雖然大部分 EAP 的服務
是免費的，如果有需要員工付費的話，其負擔不應太多，最
好由健康保險或社區服務機構來吸收。否則，員工利用 EAP
的意願勢必大為減少。

7.聘用優秀的 EAP 專業人員。EAP 諮商師除了具備基本的諮商
專業知識，還需要充分了解社區資源與組織行為的知識。對
於員工常見的問題，如酗酒、婚姻與家庭問題等，也應有所
具備。

8.具備綜合服務的功能。一個有效的 EAP 要能夠滿足員工的各
種需要，協助員工解決各類型的問題。甚至包括財務與法律
的諮詢服務、托兒與親職教育的服務。

9.方便員工前往使用。一個有效的 EAP，其設置地點要遷就員
工工作或住家的地點，除了方便即時求助的需要，同時也要
具備專業保密的必要，使員工可以放心的去使用。

10.經常向員工宣傳 EAP 的存在。EAP 的諮商師要經常性地，
透過各種管道，向員工說明 EAP 的存在及其服務。而且是向
各級員工及其家庭廣為宣傳，鼓勵大家充分使用。

11.方案評鑑。要確保 EAP 的功能與效益，EAP 諮商師要定期
收集個案的回饋資料，評估 EAP 的成效，並做必要的改善和
強化。

一個有效的員工協助方案通常是不斷地教育員工及督導正
確瞭解及使用 EAP。諮商師也會製作書面資料提供大家做參考，
這些書面資料通常說明下列事項（ Cunningham ， 1994 ）：

1. 誰可以使用 EAP？
2. 什麼問題可以求助 EAP？
3. EAP 提供哪些服務？
4. 服務地點在哪裡？
5. 經費從哪裡來？是否免費？
6. EAP 有哪些專業人員？
7. 有無專業保密？
8. 求助 EAP 是否會影響考績或升遷？

　　充分的說明有助於減少員工對 EAP 的疑慮，增加員工使用 EAP 的比率，以及增加督導轉介員工的比率，成功的 EAP 不能只靠一、兩個 EAP 諮商師，還需要得到督導及管理人員的支持。

伍、諮商師的角色

　　諮商師進入企業界從事員工諮商的機會越來越多，所扮演的角色是什麼？所面臨的挑戰是什麼？所需具備的訓練又是什麼？這些問題是本節所要探討的內容。

一、多重角色

　　根據 Carroll（1997）的歸納，在組織中的諮商師，他所扮演的角色是多重的，除了是諮商師之外，還包括：訓練者、員工福利者、諮詢者、員工權益維護者、人事顧問及組織改變者。組織中的諮商師常常因為工作的需要，以及企業主的要求，而擴充其角色與功能。由於 EAP 諮商師經常要扮演多重角色，難免會遭遇許多專業倫理上的衝突，其工作上所面臨的挑戰也很大。

二、工作的挑戰

　　McLeod（1993）探討在企業組織中工作的諮商師，其所面對的工作挑戰包括：

1. 來自公司的壓力，要提出公司所要的業績表現。
2. 不容易維護個案資料的專業保密。
3. 需要向企業主證明 EAP 費用支出的合理性與必要性。
4. 需要忍受專業上的孤獨，缺乏同業的支持與互動。
5. 需要不斷地教育機構裡的同事有關諮商的價值。
6. 需要證明花錢請諮商督導的必要性。
7. 要學會避免因個案量太多或行政工作太多所帶來的工作壓力。
8. 需要適應來自同事的羨慕和忌妒。
9. 需要設法爭取足夠的辦公室與諮商室的空間。

　　此外，EAP 諮商師在企業組織中的長期生涯發展，通常缺乏升遷機會，生涯發展的路徑較為模糊。由於 EAP 諮商師要扮演多重角色，如果對角色的分際拿捏不好，往往會導致角色混淆與衝突，造成更大的工作壓力。再加上初任 EAP 諮商師的人，通常欠缺經濟學的背景、對組織結構不瞭解、對勞資關係不清楚，以及對酒精及藥物濫用的諮商知能不足，所面臨的工作壓力和挑戰，自然比資深的 EAP 諮商師要多的多。

三、專業訓練

　　目前從事 EAP 工作的專業人員來自不同的專業訓練，包括諮商輔導、社會工作、應用心理、及人力資源等。根據 Hosie，West與 Mackey（1993）的問卷調查，在美國從事 EAP 諮商工作的職員中，具備諮商碩士與社工碩士的諮商師最為常見。然而，傳統的諮商碩士或社工碩士的訓練，並不足以使學生能夠勝任 EAP 諮商師的工作，Orlans（1992）認為 EAP 諮商師應該具備下列知識與能力：

1. 組織行為的原理與動力。
2. EAPs 的設計與實務。

3.員工諮商的專業倫理。

4.工作壓力的診斷、管理與預防。

5.生涯諮商。

6.酒精與藥物濫用的諮商。

7.有督導的 EAP 諮商實習。

　　為專門培養 EAP 諮商師，英國少數大學設有 Diploma in Counselling at Work，以短期研習方式，提供 EAP 諮商師訓練。在美國，則有 Gerstein 與 Shullman（1992）主張在大學諮商心理學系內，增設兩門課程，一是 Occupational counseling psychology，另一是 A seminar in counseling psychology in business and organizational settings，將有助於諮商心理師從事 EAP 工作。

陸、評量研究

　　有關 EAPs 的評量研究，特別是成本效益的研究，有日漸增加的趨勢。要說服企業主增加支出投資在 EAP 上面，研究人員必須提供具體的數據來說明 EAPs 的經濟效益。 Dickman 與 Challenger（1988）以具體數字說明 EAPs 的經濟效益是：每一美元花在 EAP 的成本效益是三美元；即花一美元可以替公司節省三美元。有的公司則報導，每一美元 EAP 的效益是十七美元。以下則引述幾個著名的評量研究，來說明 EAP 的成本效益：

一、美國衛生福利部的研究

　　美國衛生福利部在全國設置十六個員工諮商服務中心，對十五萬名員工提供服務。研究人員評量三十個月之間，接受 EAP 服務的二千五百名個案，以未使用 EAP 的員工為控制組加以比較，結果得到以下的發現：

1.每名個案的諮商成本是 991 美元。

2.每名個案因接受諮商在六個月之間，使機構節省 1274 美
　元。
3.每一美元用在 EAP，在六個月之後，得到 1.29 美元的回收。
4.估計每一美元投資在 EAP 上面，最終可以回收 7.01 美元
　（ Maiden ， 1988 ）

二、美國麥道飛機製造廠的研究

　　麥道公司於一九八九年進行一項財務影響的評估研究，比較
該公司在 1985-1988 四年期間，實施 EAP 之前與之後，對財務影
響有何不同。研究結果指出，四年的 EAP 替該公司省下五百一十
萬美元。亦即，每一美元用在 EAP，得到四美元的回報（ McDonnell
Douglas ， 1989 ）。

三、底特律愛迪生電力公司的研究

　　Nadolski 與 Sandonato （ 1987 ）針對底特律愛迪生電力公
司 67 名員工接受 EAP 的諮商服務，六個月諮商結束時，以及結案
六個月後的成效，進行研究。結果得到以下的發現：

1.工時損失減少百分之十八，工作日損失減少百分之二十九。
2.申請健康保險給付的件數減少百分之二十六。
3.停職處分的人次減少百分之四十。
4.工作傷害有百分之四十一的改善。
5.工作品質增加百分之十四，工作量增加百分之七。

　　從以上的評量研究，可知 EAP 是對員工及企業主兩利的雙贏
措施。工商業經營者越來越明白 EAP 的重要性，沒有 EAP 的設
置，公司將會在勞工傷害、曠職、醫療保險及生產力降低上，造
成更大的支出。有 EAP 的設置，反而可以提高生產力，改變公司
形象，節省更多的支出等。

柒、未來展望

　　現代的 EAPs 與早期的 EAPs 已不可同日而語。早期的 EAPs，其服務內容與範圍十分有限，通常處理的對象只限於員工本人，而不包括家屬，所處理的問題，只限於酗酒問題。早期 EAPs 的存在與服務，很少讓全機構的人知道，其服務方式也十分被動，很少從事教育與預防的活動。數十年的發展下來，EAPs 已有極大的擴充與發展，茲說明如下：

1. 機構類型大為擴充。 EAPs 已從工商企業機構擴充到一般非營利的公私立機構，如政府單位、醫療機構、學校機構，以及社會服務機構。

2. 問題類型大為擴充。 EAPs 所處理的個案問題，從酗酒問題擴充到各種員工的心理、家庭與財務問題。 EAPs 不再限制求助問題，只要員工有任何需要， EAPs 諮商師均會設法透過評量、轉介與處置三種方式來幫助員工。

3. EAPs 的服務方式與活動，從單方位走向全方位，從單科服務轉為全科服務。除了針對有困擾的員工提供傳統的協助，EAPs 也逐漸加強有關預防與提昇健康的服務，包括壓力調適、身體的保健，以及心理與情緒的保健。

4. 重視醫療成本的控制。由於醫療成本不斷增加，如何強化 EAPs 的功能，以控制醫療成本的增加，是許多企業主關切的問題。如何結合 EAPs 福利與健康保險，使員工得到最大的照顧，而又不會增加支出，是未來 EAPs 努力的方向。

5. EAPs 的發展從美國擴充到其它國家。 EAPs 在美國興盛之後，逐漸也受到其它國家企業主的重視。例如， EAPs 在澳大利亞發展的很好，這是因為各公司 EAPs 的經費是由政府負擔的原故。英國在這方面也有很顯著的發展，英國公司受其國情與文化的影響，逐漸將傳統的員工福利轉型為員工協助方案（ Reddy ， 1997 ）。在台灣，根據陳桂芬（民 85 ）

的報導，中國石油公司即設有 EAP，實施員工協助。

綜合言之， EAPs 的未來趨勢，將走向以全人爲服務目標，以系統取向，處理人的心理、情緒與健康問題。 EAPs 將以全方位的姿態蓬勃發展下去。我國企業界與政府機構，可以配合現行的員工福利措施，參酌 EAPs 的概念與作法，推動員工協助方案或軍警公敎人員協助方案。

參考書目

一、中文部分

陳桂芬(民 85)。員工協助方案—以中國石油公司爲例。勞工行政， 95 期， 15-23 。

二、英文部分

Carroll, M. (1997). External counselling provision for organizations: An overview. In M. Carroll & M. Walton(eds.), Handbook of counseling in organizations (pp.74-89). London: Sage.

Challenger, B. R. (1988). The need for employee assistance programs. In F. Dickman, B. R. Challenger, W. G. Emener. & W. S. Hutchison (eds.), Employee assistance programs: A basic text (pp.5-8). Springfield, Illinois: Charles C. Thomas.

Cunningham, G. (1994). Effective employee assistance programs: A guide for EAP counselors and managers. Thousand Oaks, CA: Sage.

Dickman, F. & Challenger, B. R. (1988).Employee assistance programs: A historical sketch. In F. Dickman, B. R.

Challenger, W. G. Emener, & W. S. Hutchison (eds.), Employee assistance programs: A basic text (pp.48-53). Springfield, Illinois: Charles C. Thomas.

Dickman, F. (1988). Ingredients of an effective EAP. In F. Dickman, B. R. Challenger, W. G. Emener & W. S. Hutchison (eds.), Employee assistance programs : A basic text. (pp.110-121). Springfield, Illinois: Charles C. Thomas.

Feldman, S. (1991). Today's EAPs make the grade. Personnel, 68(3), 8-13.

Gerstein, L. W. & Shullman, S. L. (1992). Counseling psychology and the workplace: The emergence of organizational counseling psychology. In R. Brown & R. W. Lent (eds.), The handbook of counseling psychology (2nd edition)(pp.591-625). New York: Wiley.

Hosie, T. W., West, J. D. & Mackey, J. A.(1993). Employment and roles of counselors in employee assistance programs. Journal of Counseling and Development, 71, 355-359.

Lewis, J. A. & Lewis, M. D. (1986). Counseling programs for employee in the work place. Monterey, CA: Brooks/cole.

Maiden, R. P. (1988). EAP evaluation in a federal government agency. Employee Assistance Quarterly, 3(3/4), 191-203.

Magruder , D. W. (1988). A national EAP program: An example. In F. Dickman, B. R. Challenger, W .G. Emener & W. S. Hutchison (eds.), Employee assistance programs : A basic text (pp.139-145). Springfield, Illinois: Charles C. Thomas.

McClellan, K. & Miller, R. E. (1988). EAPs in transition: Purpose and scope of services. In M. J. Holosko & M. D. Felt (eds.), Evaluation of employee assistance programs (pp.25-42). New York: Haworth.

McLeod, J. (1993). The organizational context of counseling. Centre for counseling studies , Keele University.

McDonnell Douglas (1989). McDonnell Douglas Corporation's EAP produces and data. The Almacam , August, 18-26.

Nadolski , J. N. & Sandonato, C. E. (1987). Evaluation of an employee assistance program. Journal of Occupational Medicine, 29(1), 32-37.

Orlans, V. (1992). Counseling in the workplace: part I-counseling perspectives and training. EAP International, 1(1), 19-21.

Phillips, D. A. & Older, H. J. (1988). Models of service delivery. In F. Dickman, B. R. Challenger, W. G. Emener & W. S. Hutchison (eds.), Employee assistance programs: A basic text (pp.133-138). Springfield, Illinois: Charles C.

Reddy, M. (1997). External counselling provision for organizations. In M. Carroll & M. Walton (eds.), Handbook of counselling in organizations (pp.74-89). London: Sage.

身心障礙者生涯輔導

林幸台

壹、前言

　　生涯的概念已廣為國人所認知，然而對身心障礙者而言，此一概念似乎尚未產生實質的作用，探究其因，可能在於對身心障礙者的認識不足，甚至有人認為身心障礙者沒有生涯發展可言，尤其是重度障礙者，連就業都有困難，遑論生涯發展，再加上近年來經濟景氣持續低靡，失業率之高創歷年所未有，遂引起社會各界的恐慌，許多人或更以此為由，認為一般人就業都有困難，還能談到殘障者？

　　然而身心障礙者亦為社會的一份子，而工作權是憲法保障的基本人權，身心障礙者保護法第一條開宗明義宣示：「維護身心障礙者之生活及合法權益，保障其公平參與社會之機會。」第四條又規定：「身心障礙者之人格及合法權益，應受尊重與保障，除能證明其無勝任能力者外，不得單獨以身心障礙為理由，拒絕其接受教育、應考、進用或予其他不公平之待遇。」換言之，從

憲法保障生存權、工作權、身心障礙者保護法及就業服務法等有關維護身心障礙者權益的規定，再再顯示無論何時何地，政府都有義務採取必要的措施、推動各項服務方案，以協助殘障者解決就業問題。

法律反應社會正義，雖然其規範可能僅止於條文所列項目或內涵，但這種尊重身心障礙者的立法精神應擴及所有有關其生存、生活、生涯的課題。事實上，職業生活只是整體生活中的一部分，雖然就業可以謀得生活所需，但更重要的是在職場及平日生活中，能透過人際間的往來、發揮其才能的機會，發展健全的生活態度，建構其為獨立存在的個體。

在現代社會愈趨複雜、變化愈趨急遽的情勢下，身心障礙者的生涯發展可能更為艱難，更需要輔導工作者給予必要的協助。本文主要目的在從生涯的角度，探討相關的理論及其與身心障礙者生涯發展與選擇的關係，進而歸納適用於身心障礙者生涯輔導的策略與方法，以就教於先進。

貳、生涯發展理論與身心障礙者

一、生涯輔導理論

理論是專業的指標，更是實務工作的依據與基礎，但以往有關生涯發展的理論尚未臻完善，許多學者的評論，即指出其立論基礎多以男性、白人、中產階級或學生為主，因此並不適用於女性或少數種族者（ Bowman, 1993; Fitzgerald & Betz, 1994; Fouad, 1993 ），就身心障礙者而言，更缺乏適當的理論基礎（ Conte, 1983; Curnow, 1989; Hershenson & Szymansik, 1992; Osipow, 1976; Roessler, 1987; Thomas & Parker, 1992 ）。

Conte（1983）認為造成此種現象的原因可能包括下述之一：

1. 認為障礙者的發展模式及成長經驗如同無障礙者，因此無需給予特別的考慮或額外的理論概念。
2. 身心障礙者的經驗與障礙的本質使得障礙者迴異於他人，以致生涯發展理論不能亦不該用於障礙者。
3. 理論過於理論化或正處於形成階段，尚無法應用於各類障礙者的生涯發展課題。
4. 不熟悉障礙者的生活與經驗。

　　雖然如此，復健諮商工作早已採用傳統的生涯理論，以描述或預測身心障礙者職業選擇與職業成功的可能性，但其重點較偏於工作上的適應，在生涯發展與選擇方面仍有待進一步的研究（Hershenson & Szymanski, 1992; Rubin & Roessler, 1994）。生涯輔導理論繁多，以下即將相關的理論歸為三大類，分別從特質論、發展論、及認知論三者說明其要義及對身心障礙者的適用性。

二、特質論

（一）人境適配論（person-environment interaction theory, PE theory）

　　適配論原係特質因素論（trait-factor theory），其基本概念可溯自本世紀初年輔導之父 F. Parsons 所倡議之職業輔導三大原則：個人分析、工作分析、及二者之適配。特質論假定個人均有穩定的特質，工作亦有一組特定的條件，將個人與工作相配，即為其最佳的抉擇；若個人特質與工作條件愈接近，發展成功的可能性即愈大。同時特質論亦假定職業選擇為一種認知的歷程，個人可藉由推理的方式作出適當的決定（Brown, 1990），惟此一假定未能考慮個人面對實際情境時的情緒反應，故已有相

當多的批評（Gelatt, 1989）。

　　關於個人特質方面，特質論者認為個人所擁有的特質有極大的個別差異，但都可經由測驗工具有效地加以評量。基於此一假定，加上心理計量學數十年來長足的發展，實務工作者大量使用性向、興趣、以及價值觀等測驗工具，成為職業輔導工作的標準流程，但也帶來許多的批評（Crites, 1981）。由於傳統特質論在使用測驗工具以及個人特質與工作條件之間如何推理的種種限制（林幸台，民76），近年來若干學者已將其過於僵化的假定加以調整，提出所謂人境適配的觀念，認為個人擁有積極找尋、甚至創造有利於其展現特質的環境，而非被動地遷就工作條件的要求。在此一過程中，個人會影響環境，整個環境情勢也會影響個人，人境之間形成一種互動的關係（Rounds & Tracy, 1990）。

　　以適配論的觀點探討身心障礙者的生涯抉擇，有其可取之處，長久以來一直是職業復健工作的重要基礎（Rubin & Roessler, 1994），特別是近年強調人與環境間互動的觀點，已較傳統特質論的說法更具彈性，但測驗工具的使用仍必須特別注意：目前常用的生涯輔導評量工具多無法適用於身心障礙者，無論在測驗內容、施測方式、或結果解釋（常模對照）方面，都有極大的限制，因此除須特別考慮到身心障礙者的狀況外，應強調生態評量的觀念，在客觀化測驗之外，同時將周遭影響個人發展的因素一併納入評估範圍，從整體的角度了解個人的狀況，以免因其障礙問題而產生評量上偏差。

　　至於環境或工作條件方面，以往因較偏重以人配事的觀念，忽略個人積極主動的可能性，因此個人特質與工作條件之間的媒合，往往是人遷就事、受雇者遷就雇用者，「合則來、不合則去」的作法，使得身心障礙者受雇的機會少之又少。但人境適配論的

觀點已能注意人境之間存在著互動的關係，加上近年所強調的職務再設計（ job accommodation ）與支持性就業（ supported employment ）的觀念，若障礙者與環境之間有所差距（ discrepancies ），即可透過此等措施，將工作環境、任務或流程做物理上或功能上的調整，或在就業現場提供必要的教導或支持，應可增加身心障礙者就業成功的機會。

特質論另一受人詬病之處是其未能觸及個人的特質如何發展而來、如何協助其發展等課題。身心障礙者無論與生俱來的障礙（ congenital disability ）或後天致殘（ acquired disability ），都會影響其所擁有的特質，因此僅談論其特質如何與環境適配，似乎仍止於「因應」現況所作的努力，事實上在其作出任何抉擇之前，仍有相當大的空間，可加強其潛能的發展，惟此並非特質論或適配論所強調的重點，屬於特質論本身的弱點。

(二)類型論（Holland‘s typology）

Holland（ 1996 ）根據其多年臨床經驗與研究，認為大多數人皆以其對職業的刻板印象作為選擇職業的基礎，同時亦反映其人格特質；換言之，職業興趣即人格於學業、工作、嗜好、休閒活動上的表現，可以反應出個人的自我概念、生活目標、甚至創造力等特質。個人基於過去經驗的累積，加上人格特質的影響，形成其職業抉擇；同一種職業就吸引具有相同經驗與人格特質者，彼等對許多情境會有相同的反應模式。個人即依其人格類型，尋求足以發揮其能力、展現其態度與價值觀、以及可解決問題並適當扮演其角色的職業環境，而工作上的適應、滿足、與成就就決定於人格與環境間的諧和程度（ congruence ）。

這種觀點實即簡化的特質論，不過 Holland 以職業興趣代表人格特質，並將人分為實用、研究、藝術、社會、企業、事務六

種類型，外在環境亦可歸納爲上述六種型態。六個類型之間存在
程度不同的相互關係，可在二度空間上，依其相似程度構成一正
六角形，在六角形上距離愈近者相似度愈高，反之則愈低；至於
個人在六個類型上的區分程度則可視爲興趣（人格）分化與否的
指標，在生涯輔導與諮商上具有臨床意義。

　　Holland 的理論架構完整、清晰易懂，其所編製的工具以及
相關資料，如自我探索量表（ Self-Directed Search ）、科系
指引（ college majors finder ）等，具有相當實用價值，已廣
爲生涯輔導工作者使用。惟其特質論的色彩仍不免受到批評，尤
其在人格特質的發展方面，此一理論忽略社會因素、機會因素、
以及環境變項的考慮，對後天致殘的身心障礙者有其適用上的限
制，而對先天性的身心障礙者，亦可能因其普遍缺乏足夠的生活
經驗與發展空間，所評量之以及興趣類型恐難完全反應其原貌，
因此即使已有簡版的量表適用於教育程度較低的受試者，但由於
身心障礙者缺乏探索經驗，對於各種職業活動的陌生，仍可能減
縮其興趣範圍，再加上體能或心智功能的限制，認爲自己無法勝
任該項任務，卻未考慮使用輔助性工具或職務再設計的可能性，
以致將之排除於可資考慮的範圍外，影響其明確的抉擇。

　　總之，類型論簡單明確，其架構相當具有參考價值，若能特
別注意測驗工具的限制以及身心障礙者受限於早期經驗的問
題，避免過早囿於障礙所帶來的負面影響，則對心智功能正常的
障礙者仍有其適用的空間。

（三）明尼蘇達工作適應論（ the Minnesota theory of work
　　　adjustment, TWA）

　　Lofquist & Dawis（ 1969 ）等人早在 1960 年代即在特質論
的重鎮－－明尼蘇達大學，整理當時有關就業問題所作之研究，
進行「工作適應專案研究」。其後數十年，不斷修訂其立論基礎，

形成目前強調人境符應的適應論（ person-environment cor-
respondence, PEC ）的理論（ Dawis, 1996 ）。

　　工作適應論認為選擇職業或生涯發展固然重要，但就業後的
適應問題更值得注意，尤其對障礙者而言，在工作能否持續穩
定，對其生活、信心、與未來都是一重要課題。基於此種考慮，
Dawis 等人乃從工作適應的角度，分析工作適應的因素。他們認
為每個人都會努力尋求個人與環境之間的符合性，當工作環境能
滿足個人的需求（ satisfaction ），又能順利完成工作上的要
求（ satisfactoriness ），符合程度隨之提高。而個人與工作
之間存在互動的關係，個人的需求會變，工作的要求也會隨時間
或經濟情勢而調整，如個人能努力維持其與工作環境間符合一致
的關係，則個人工作滿意度愈高，在這個工作領域也愈能持久。

　　事實上，工作適應論仍屬於特質論的範疇，不過已將其重點
擴及個人在工作情境中的考慮，強調就業後個人需要的滿足，同
時亦考慮能否達成工作環境的要求。前者主要涉及個人工作人格
的問題，包括其價值觀、需求、能力、技巧等，Dawis 與 Lofquist
編有「明尼蘇達重要性問卷」（ Minnesota Importance Ques-
tionnaire ），及用以評量個人的價值觀與心理需求。在工作任
務方面，與環境的要求有關，涉及工作任務與條件的分析以及環
境所提供的增強系統，因此需要對於工作環境進行生態評量，「職
業性向組型」（ Occupational Aptitude Patterns ）與「職業
增強組型」（ Occupational Reinforce Patterns ）兩份工具，
即用以分析工作環境的性質。輔導人員藉上述工具可增進當事人
對自我及環境的探索，協助個人確實掌握其個人的需求與工作的
需求，進而增進其適應效果。

　　工作適應論強調就業後的行為與適應，忽略在就業之前的生
涯發展問題，是與其他特質論者相同的弱點。此外，工作適應論

雖是美國聯邦政府支助下以失業者為主要對象所發展的理論，但在如何協助身心障礙者開創可能的生涯之路方面，仍未能提供具體明確的方法，是其另一限制。

（四）賀森紳工作適應論（Hershenson's theory of work adjustment）

　　賀森紳（ Hershenson, 198.. 1996 ）從復健諮商的角度，採用特質論的觀點，提出工作適應的兩個主軸：個人與環境，個人方面包含三個依序發展的領域，且分別與環境相對應：

1. 工作人格（ work personality):包含自我概念與工作動機，係學前階段發展的重點，與家庭環境有密切關係。
2. 工作能力（ work competencies ）：包含工作習慣、體能、工作相關能力、及工作情境中的人際技巧等，主要係學校教育中學習經驗的成果。
3. 工作目標（ work goal ）：主要受同儕或參照團體的影響。

　　上述三大領域先後依序發展，但三者之間具有動態關係，譬如學校生活經驗成功與否將影響其先前所發展的自我概念，成功的經驗可能改善其原有負面的自我概念，失敗的經驗可能修正其早期無所不能的自我觀，修正後的自我概念狀態又對其能力的發展產生助益或構成某種障礙；同樣的，發展工作目標時，與之無關的自我概念亦可能隨之逐漸消退。總之，三個領域以動態平衡關係持續發展，某一方面有所改變，另一方面亦隨之改變以保持平衡。

　　個人的三個領域除彼此間的互動外，亦與環境互動，其結果即工作適應。工作適應層面亦可分三個向度：工作表現（ work performance ，指工作產品的質與量）、工作角色行為（ work-role behavior ，指在工作情境中適當的行為，如穿著、負責、遵從指示、同事相處融洽等）、工作滿足（ work satisfaction ，

指個人從工作中獲得滿足感）。工作表現與其工作能力及工作人格有關，工作角色行為即其工作人格的反應，亦與工作能力中的工作習慣有關，工作滿足則涉及工作目標及工作人格。

　　賀紳森的理論源自身心障礙者的復健，身心障礙首先影響其工作能力的發展，同時亦對工作人格與工作目標造成衝擊。對於後天致殘者，其工作適應就與工作能力受到的影響程度、特定的工作任務、以及職務再設計的可能性有密切關係，如風濕性關節炎對成衣廠工人的影響，就遠超過對律師的影響，因此後天障礙者需要加強工作能力或以新工作能力替代、重建其工作人格、重組其工作目標（ Hershenson, 1981; Hershenson & Szymanski, 1992 ）。對於先天障礙者而言，情況可能有所不同，由於工作人格發展在先，因此身心障礙兒童特別容易在學校生活中，感受到學前階段所形成的人格特質與學校能力表現之間的衝突，從家庭到學校的轉銜容易產生斷層現象，連帶的也對從學校到職場的轉銜，產生負面的影響。譬如學障兒童在入學前可能養成積極正向的人格，但學校的學習經驗所帶來的挫折，可能使其自我觀脫序，進而形成不切實際或過度貶抑的工作目標（ Hershenson, 1984 ）。因此，除採取前述對後天致殘者的輔導策略外，必須重建個人所處的環境，使其不致因社會因素的負向作用，造成無法突破的困境。

三、發展論

　　生涯發展的觀點已普遍為人所接受，但迄今最受重視者仍屬 Super 的生活幅度與生活空間理論（ life-span, life-space theory ）。所謂生活幅度是指橫跨一生的發展歷程， Super （ 1990 ）將之分為成長、探索、維續、及衰退五個階段；階段之間轉銜時期，或遇到環境變遷（如經濟衰退、人力供需情況改

變）或個人生活發生變化（疾病、受傷）時，即產生一小循環，
形成新的成長、探索及建立期。

　　至於生活空間則是指在發展歷程中，個人所扮演的各種角
色，如子女、學生、休閒者、公民、配偶、父母、工作者、退休
者等。Super 認為個人一生所扮演的角色事實上都是自我概念的
具體表現，換言之，自我概念是個人生涯發展歷程的核心。自我
概念包括個人對自己的興趣、能力、價值觀念、人格特徵等方面
的認識，它是稟賦的性向、生理組織、觀察與扮演各種角色的機
會、以及長輩與同儕對其角色扮演所給予的評價等因素交互作用
下的產物。工作滿意與生活滿意的程度即有賴個人能否在工作
上、工作情境中、及生活型態上找到展現自我的機會。

　　Super（1990）的理論統整發展心理學、差異心理學、人格
心理學、現象學、以及有關職業行為與發展的長期研究結果，匯
聚成為完整系統的架構，更因其不斷引進新思潮、修訂增添，將
傳統的職業輔導引入新時代的主流，對生涯輔導具有重大貢獻，
而且其全方位發展的論點，在規劃轉銜服務上尤具意義。

　　發展論重視生涯發展歷程，因此亦注意到身心障礙狀況對其
發展的影響，Super（1957）在其早期著作「生涯心理學」（The
Psychology of Careers）中，即提及障礙的內在（個人稟賦的
狀態）與外在（社會負面的態度、價值觀、刻板印象）因素，同
時亦將生涯前（pre-career）與生涯中（mid-career）兩種障
礙狀態加以區隔。Super 認為對大部分職業而言，身心的障礙形
成阻隔現象，而由於自我概念是生涯發展的重心，因此協助障礙
者發展切實的自我概念是生涯輔導的一大要務。

　　身心障礙者廣泛缺乏經驗，身心障礙兒童普遍缺少諸如遊
戲、工作角色的幻想、生涯角色的扮演等一般兒童常有的活動經
驗，早期經驗的不足勢將影響後期的發展，因此 Super 非常重視

探索期的活動，透過相關活動的參與，可以促進個人對於自我以及環境的了解與認知，而有助於個人生涯的發展。由於個人面對日趨複雜、多變的生涯情境，因此 Blustein（1997）主張情境豐富觀的生涯探索（ context-rich perspective of career exploration ），亦即生涯探索時，必須同時探索所處情境、背景或脈絡中的相關因素，而非僅止於探索職業角色，才能使生涯探索具有在生涯發展上的正向意義。

探索可能發生在任何的人生階段，但在進入或正在進行一個新的人生階段時特別重要，每一個階段的轉換，並不完全決定於生物的成熟，也受到生理與社會因素的影響，對於身心障礙者而言，這一方面尤其值得注意。保持一種探索的態度，可以協助個人不斷隨著所處環境與社會變化，更新對自己與環境的認識，因而進一步做出較佳的選擇。這種探索的態度與精神，無論對常人或身心障礙者，都是生涯發展歷程必要的條件，對先天障礙者的生涯輔導更應特別強調；對於中途致殘者，亦可以 Super 所強調的發展階段中小循環概念，協助其重新的探索與建立自我。

四、Krumboltz 的社會學習論（ social learning theory ）

社會學習理論為 A. Bandura 所創，Krumboltz 將之引入生涯輔導領域，認為影響個人生涯抉擇的相關因素有四：遺傳與特殊能力、環境及重要事件、學習經驗、任務取向的技能；在個人發展歷程中，四種因素交互作用，形成個人對自我與世界的信念，進而影響其學習、抱負及行動。不當的生涯信念可能產生下述問題而影響其生涯發展（ Mitchell & Krumboltz, 1990 ）：

　1.未能覺察問題的存在而失去補救機會；

　2.未能運用所需的能力作決定或解決問題；

　3.因不當的理由排除可能是有利的選擇途徑；

4.因不當的理由選擇拙劣的途徑；

5.自覺能力不足而感到悲傷或焦慮以致無法達成目標。

Krumboltz 強調興趣是學習的結果，因此職業選擇的關鍵在學習，而非興趣本身，職此之故，生涯輔導的重點在於提供多樣的學習經驗，參與各種不同性質的活動，學習寫作、樂器、完電動玩具、與朋友交往等，所學到的技能都可能在日後派上用場；融合於普通教育的生涯教育方案、職業資訊的提供、有關生涯抉擇的模擬活動、角色模範的學習經驗、乃至職場實習或社區實作等，也都有助於其建立正確的生涯信念。若以往已有不當的學習結果，造成其目前生涯的困境，則需先行以認知行為改變技術加以矯正，並提供正向的學習經驗，培養適切的自我觀與世界觀（Mitchell, Jones, & Krumboltz, 1979）。

生涯問題之由來也可以 Bandura 所提出的的自我效能預期（self-efficacy）加以解釋：一個人對自己的能力、以及運用該能力將得到何種結果所持的信念，也就是對自己能否成功地達成任務的看法，是預測其行為的重要指標，而實際的能力或既存的結果反而是次要的狀態（Mitchell & Krumboltz, 1996 ）。不過一個人對事務的認知仍與其實際的表現與經驗有密切關係，身心障礙者受困於經濟、人際、以及焦慮、情緒調適等心理問題，其自我效能常較為低落（Mitchell, Brodwin, & Bonoit, 1990 ），因此如何協助其調適障礙所帶來的困境、增進其對自我的評價，是順利展開其生涯發展的重要課題（Strauser, 1995）。

總之，社會學習論強調學習的重要，其意與 Super 重視探索有相近之處，不過社會學習論所強調的學習範圍更廣，不限於狹隘的生涯課題而已。以往可能因其障礙，在基本能力學習之外，常忽略生活、工作、休閒等相關活動的參與，針對此一缺失，應特別注意增加其各種學習機會。對於後天障礙者，除新學習經驗

的加強外，尚可採用 Krumboltz（1991）所編製的生涯信念量表
（Career Beliefs Inventory），找出不合理的信念施予必要
的認知改變策略，透過替代性經驗、口頭的說服、情緒的喚起及
成就表現等方法，提昇其自我效能。

五、綜論

　　由上所述可知：目前並未出現完全以身心障礙者爲基礎的生
涯發展與工作適應理論，就目前的情況而言，沒有一個理論完全
符合個案（包括一般常人），也沒有一個理論完全不能適用於身
心障礙者，關鍵在於如何針對個案的特殊需要，找到適當的輔導
與介入措施（Szymanski & Hanley-Maxwell, 1996）。

　　綜合上述有關的理論，可歸納下述結論作爲身心障礙者生涯
輔導實務工作上的參考：

1. 生涯是一個發展的歷程，早期的發展必然影響後期。身心障
礙者的生涯發展歷程，可能較常人受到更多的限制，諸如生
活接觸層面較爲狹窄、普遍缺乏角色扮演機會、關鍵時期學
習經驗不足等，致其能力明顯偏低，對其生涯發展構成不利
的因素。至於後天致殘者的發展階段中輟，可能須經再循環
的過程，重新經驗與探索。

2. 生涯發展與個人的信念及自我效能有密切關係。身心障礙者
在發展過程中，經歷種種阻礙與挫折，無形中影響其生涯信
念、生涯自我概念、以及就業意願等，致使其生涯旅途更形
困難。健全的工作人格發展有賴提供其展現能力的機會，藉
成就表現提昇其信心與自我效能，同時亦發展出適切的生涯
目標。

3. 大多數生涯發展理論係以個人變項爲主要考慮，近年雖已有
逐漸重視環境變項的趨勢，但似乎尚未有所統整（Dobren,
1994）。一般人認爲障礙者的困難在其生理或心理的問題，

因此輔導或復健多以此為重點，採取傳統「臨床」或「心理醫學」的模式（Cottone & Emener, 1990），以適應障礙（adjustment-to-disability）為導向。事實上，環境變項對身心障礙者生涯發展的影響作用不亞於個人變項，社會制度的設計、規範，甚少考慮身心障礙者的需要，而社會負向的態度（偏見、歧視、刻板印象等）更限制其接受教育或就業的機會，對身心障礙者造成的影響可能更甚於其身心的障礙。

4. 外在環境條件（人力市場、就業措施、無障礙環境等）對身心障礙者構成另一不利條件，尤其在經濟衰退、就業市場混亂時，更增加身心障礙者適應上的困難，也顯示身心障礙者生涯輔導的必要性。適切的輔導方案除針對個人所需設計各種介入措施外，亦應考慮職場環境、社會與經濟條件的配合，從制度面提供可行的輔導措施。

5. 人境適配論採取較為寬廣的角度，除注意到個人特質與環境條件的配合外，亦強調個人擁有積極探索、規劃生涯的主動性，加上生態取向的整體評估模式，將有助於了解身心障礙者的長處與弱點，而科技輔具與職務再設計等措施，更可改善或彌補身心所受到的限制，提供適切的生涯發展與選擇機會。

參、身心障礙者生涯輔導的實施

身心障礙者的生涯輔導與一般的生涯輔導有相同之處，但因其身心障礙所帶來的困難或限制則是輔導工作者必須加以注意。以下即從基本原則、策略、方法等向度，分別說明可供參考的輔導措施。

一、基本原則

（一）障礙形成期的考慮：

　　身心障礙者的障礙何時形成，與其生涯發展有密切關係。先天障礙者普遍缺乏探索生活經驗的機會、影響其對各種事務的接觸與了解、間接地限制其發展的空間，因此在其發展過程中如何及早提供各種探索與學習的機會，是一重要關鍵。後天致殘者如仍保有其能力或特質，可能必須在心理復健方面，加強其適應現況、面對障礙的能力，若原有能力受到損傷，則應斟酌存留的能力，或以再教育及訓練，培養新能力。

（二）障礙類別與嚴重程度的考慮：

　　不同障礙型態與嚴重程度，對其生涯發展與選擇也將產生不同的影響，故應有不同的對策與服務方式。如心智功能較低者，其生涯發展可能僅止於探索或暫時性的建立階段；心智功能正常、其障礙偏於表達或動作方面者，則應依其最適當的溝通方法，提供必要的協助；至於多重殘障者，可能需要多方面的考慮與配合，特別是科技輔具與職務再設計的措施，均值得納入輔導範圍。

（三）避免強制性介入：

　　為使身心障礙者能獨立自主生活，必須避免強制性介入，而應將重心置於當事人本身，從當事人中心的角度設計適宜的輔導方案（Marrone, Hoff, Helm, 1997），舉凡生涯評量的方式與內涵、方案的設計與執行等，均應鼓勵當事人主動參與，藉以逐步培養其自我決定（self-determination）的能力（Field, Martin, Miller, Ward & Wehmeyer, 1998）。此外，先天性的身心障礙者經驗有限，後天致殘者又可能不必要地剔除可供選擇的方向，因此在完整評估各種可能途徑之前，必須避免錯誤的引導或過早的下定論（Blustein, 1992）。

（四）輔導方案的設計應重視如何強化（empowering）其可能擁

有的能力與信心:

　　任何一次的輔導介入措施,在整個發展歷程中都只是一個單一事件,而身心障礙者生涯發展的問題往往持續存在,並不僅發生於職業選擇而已,因此輔導者應考慮如何使此一經驗產生持續性的效果。換言之,輔導的目標不只在解決當前的問題(找工作),更重要的是強化其所欠缺的部分,爲未來的發展作好最佳的準備。

(五)重視生涯探索:

　　對身心障礙者而言,學校或工作環境都存在著障礙,但其實際的影響必須經由個人直接的判斷,因此各種形式的探索就顯得非常重要。興趣是性格的具體反應,也是生涯發展的原動力,而大部分的興趣都是習得的結果,因此提供接觸各種活動的機會、深入探索個人興趣所在、逐步培養其能力與信心是身心障礙者生涯輔導的重點。

二、輔導策略

(一)評量策略

　　提供身心障礙者適切的生涯輔導,必須先從各個相關向度了解其困難所在,以對症下藥。在輔導之初,除以職能評估方法,透過心理測驗、工作樣本、情境評量、功能評量等措施,了解其生理條件及一般所強調的身心特質外,更需要進一步分析其生涯認定程度、工作人格、自我效能等心理層面的狀況。此外,有關其所處的生態環境(包括家人、親友、同學或同事、師長及其他相關人員等),更需以生態取向的評量模式(ecological assessment),從整體角度進行評估,以了解其對當事人的影響作用,同時可作爲發展社會支持網絡的基礎(陳靜江,民 84; Parker, Szymanski & Hanley-Maxwell, 1989)。

　　完整的評量資料可統整個人經驗、技能、價值觀，若再納入其產品樣本、抉擇歷程、相關人士資料等，可形成一套生涯檔案（portfolios），不僅可供當事人對自己的發展有深入的了解，亦可藉此檢視其進展情形，找出需要加強的部分，甚至負起應負的責任（McDivitt, 1994; Sarkees-Wircenski & Wircenski, 1994）。

(二)介入策略

　　輔導方案的設計必須依據當事人的狀況與需要，對心智正常者的介入方式，可針對其需要，參考一般生涯輔導的策略，加以規劃，惟須考慮其障礙與限制，給予更大的彈性，如聽覺障礙者的溝通問題，在個別諮商時可以口語輔佐筆談，視覺障礙者可以語音訊息替代書面資料。心智功能較低或無法正常運作者，則應特別考慮其對介入方案的接受程度，以遊戲的方式，提供能切實了解、吸收的資料，而實務方面的經驗，更有助於其探索。

　　從生涯發展的觀點言，介入的時機應自學前階段即開始規劃，在家庭充分的配合下，從小就在多樣的社會互動過程中，提供其探索自我（能力、興趣）的機會，培養健全的自我觀與工作人格。對後天致殘者所採取的介入措施，則有必要從心理建設開始，藉漸進的成就表現、替代經驗等方法，恢復或重建其信心與自我效能（Strauser, 1995）。

(三)支持策略

　　身心障礙者的生涯發展與周遭人士有密切關係，更需其密切的協助與配合，因此輔導方案的設計與執行，都必須結合相關人士，藉其所提供的資源與角色模範，在自然情境中協助當事人有效學習各種技能，進而形成自然的支持網路，於方案結束後提供持續的協助。

　　建立支持網絡並非身心障礙者生涯輔導特別的措施，在一般

的輔導方案上，爲使其效果得以持續，亦常有必要建立長期穩定
的社會支持網絡。對身心障礙者而言，社會支持網路的建立，另
一目的則在敎導一般社會大眾，由平日的接觸進而了解、接納身
心障礙者，於無形中消除偏見或歧視，成爲身心障礙者最佳的支
持者，下述支持性就業中自然支持的模式即爲一具體例証。

三、特殊輔導方案

(一)生涯探索方案

　　身心障礙者普遍缺乏生涯探索的機會，因此在學校教育
中，必須依學生年齡與程度，設計多樣化的探索活動，逐步增
加其對自我與環境的了解：

1. 心理評量：各種適切的評量資料，除可供教師設計個別化敎
   育（轉銜）方案的依據外，均可作爲學生自我認識與接納的
   參考。評量結果可能無法完全反應其全貌，但仍可作爲刺激
   其思考的起點，探索自己的長處與弱點。
2. 模擬情境：在實際參與或親身經歷前，以角色扮演的方式先
   行練習，藉此融會貫通以往所學的片段知識與技能，不僅可
   增強其信心，亦有探索自我長處與弱點的功效。
3. 社區參觀與實作：社區是身心障礙者生活的重心，亦是其最
   可能工作的場所，因此在學期間，透過參觀、實習、以至實
   際工作等方式，了解所處的社區環境，充分掌握各種可供運
   用的資源，同時發揮探索自我能力、興趣的效果。
4. 角色模範：邀請已畢業、工作穩定、或生活滿意的學長，回
   校與在校學生座談，以親身經歷講述其生涯的發展過程，無
   論挫敗或成功經驗，均是有效的社會學習。
5. 電腦輔助系統：目前頗受重視的電腦輔助生涯輔導系統
   （ computerized assisted career guidance system ），
   已能適用於身心障礙者（ Sampson, 1994 ）。系統具有線上

施測、結果解釋，乃至模擬式的活動及相關資訊，均可供探索之用。

(二)轉銜服務方案

對身心障礙者而言，任何一個環境的轉換都可能帶來適應上的問題，在學校教育方面，從國小到國中、國中畢業後的升學或就業，都是一種生活與學習型態的改變，至於離開學校到社會上就業，更是人生一大轉變，再再都需要有適當的轉銜輔導（transition services）。

轉銜方案必須結合校內外相關人員、機構代表、社區資源人士以及當事人本身（或其監護人），共同會商適合當事者所需的協助，以教導、訓練、實作經驗、功能性評量、乃至諮商輔導等方法，協助身心障礙者發展就業與經濟方面的獨立、社區與家居生活的安排、獨立行動與活動的能力、同儕團體關係的建立、性生活與自尊的培養、休閒娛樂的參與等能力，為順利轉銜作好準備（林宏熾，民 86; Kohler, DeStefano, Wermuth, Grayson & McGinty, 1994; Levinson, 1998; Wehman, 1996）。

(三)支持性就業

職場的環境不同於學校或家庭，對身心障礙者而言，其適應問題可能更為複雜。因此以往先訓練後就業的方式，可能因訓練情境有別於職場環境，以致於就業後仍有適應問題。支持性就業（supported employment）即針對中重度障礙者的需要，強調先就業再訓練的方式，將訓練置於實際的工作場所，針對環境中所發生的狀況，直接教導或處理，身心障礙者的適應問題，在職場中會一一浮現，但也能逐步解決（Powell, et al., 1991）。

工作教練（job coach）是執行支持性就業的關鍵人物，在執行任務之前，必須採用工作分析的方法，將當事人的工作做一整體的了解，除基本能力的訓練外，再就該職場特別的需要（人

際、工作情境等），規劃適宜的訓練方案，逐步實施至其已能熟悉、適應為止，隨後工作教練即逐漸退出職場，由自然支持者（natural support resources）提供少量必要的教導，讓當事人能完全融入工作環境。不過由於工作教練仍係外來人士，不一定完全了解職場的文化與運作模式，因此近年漸有以自然支持替代工作教練的趨勢，使自然發生的資源在輔導人員的規劃及引導下發揮其更大的功能（花敬凱，民 87；Rogan, Hagner & Murphy, 1993 ）。

(四)職務再設計

　　職場的設施常是造成身心障礙者就業困難的原因之一，輔導人員在工作分析中若發現某項任務構成身心障礙者工作上的困難，如不加調整即無法完成任務，則可與廠方協商，調整其工作時段、流程、份量，或提供輔助性器具，減少因障礙所產生的問題（如產量較少、品質不佳等）。在職場環境上若有物理條件的障礙(如職場空間、行動或動線的障礙)或相關資源不便的情況，亦可在專家指導下，配合政府所提供的補助措施，協調廠商增置必要的設施（如坡道、停車位、傳真機、電腦軟體等），協助身心障礙者得以克服功能上的限制。

　　職務再設計（ job accommodation ）的目的並非降低身心障礙者的產量或品質，而是為適應其困難而設計的彈性處理措施。事實上對常人而言，亦常採用此等方法而作調整，如已相當普遍的彈性工時制，即為上班族帶來許多方便，其結果不僅未降低其產值，反而可能因人性化的設計而提高其工作情緒。許多研究亦發現只要有效排除職場的障礙因素，就可增加身心障礙者發揮潛能的機會（ Brodwin, Parker & DeLaGarza, 1996 ）

三、諮商人員

　　生涯輔導人員具有諮商、諮詢、協調的功能，而針對身心障礙者的特別狀況，生涯輔導工作者可能需要增加教育、規劃、及倡導（ advocacy ）的角色，教育方面主要在以教導的方法，啓發身心障礙者新的思考或情緒反應方式，以因應障礙的限制；規劃的角色則重在建立當事人與社區的需求之間新的連結管道，使其有更多機會參與社區活動，亦使一般人士藉此機會接觸身心障礙者，了解其需求與困難所在，提供必要的協助；倡導角色的功能係考慮維護身心障礙者應有的權益，以引進目前對身心障礙者的發展尚屬缺乏的必要資源為主要目的（ Szymanski, Hershenson, Ettinger & Enright, 1996 ）。

　　為發揮上述多種角色功能，生涯輔導工作者必須了解社會變遷的方向與趨勢對身心障礙者的影響，尤其在社會對障礙者的態度並非十分正向的時刻，更需要注意其學習機會是否受到剝奪，在提供適切的介入方案時，更應注意輔導人員與當事人間的工作同盟（ work alliance ）關係，使當事人（及其監護人）在互信、互賴的情境中主動參與輔導方案的規劃與執行，務使其在輔導人員協助下，建立正確的生涯信念。

肆、結語

　　社會的變遷增加個人生涯發展的不確定性，這種狀態似乎已無可避免，但這並非意味生涯規劃的不可能，反而可能激起更多關心生涯發展的人，注意到如何因應這種變遷，使個人有比較穩定自主的發展。這一理念對於身心障礙者而言同樣具有意義：生涯輔導的重點不僅在於幫助其解決當前的問題，更重要的是在變遷的社會中，強化其因應變遷、調適自我、乃至開創未來的能力與信心。換言之，生涯輔導工作不應以處理身心障礙者的就業問

題爲滿足，在規劃輔導方案之前，即應將更長遠的目標一併納入考慮，從整體發展的角度實施生態評量，同時兼顧工作能力、性格、目標的引導與發展，使其在變遷的社會中亦有獨立生活自主的機會。

　　身心障礙者的生涯輔導工作目前尚缺乏完整的理論基礎，各種策略或方法的效果也有待多方的嘗試與驗証，因此短期內可能無法看到其實質的成效，但長遠來說，不僅對身心障礙者個人的生涯發展是一重要的關鍵，也是減輕社會負擔、提昇人力素質的必要服務措施。因此值得所有關心生涯輔導課題的有心人士共同努力，讓身心障礙者一如常人般，能獲得適當的照顧與服務。

參考書目

一、中文部分

林宏熾（民 86）身心障礙者的終生轉銜與生涯規劃。特殊教育季刊，64，5-11。

林幸台（民 76）生計輔導的理論與實施。台北：五南。

花敬凱（民 87）自然支持：重度身心障礙者就業服務的新趨勢。特殊教育季刊（印刷中）。

陳靜江（民 84）生態評量在支持性就業的應用。載於許天威編：殘障者職業訓練與就業輔導之理論與實務。台北市：行政院勞工委員會職業訓練局。

二、英文部分

Blustein, D.L. (1992). Applying current theory and research in career exploration to practice. The Career Development Quarterly, 41, 174-184.

Blustein, D.L. (1997). A context-rich perspective of career exploration across the life roles. Career Development Quarterly, 45, 260-274.

Bowman, A. (1990). Career intervention strategies for ethnic minorities. Career Development Quarterly, 42,14-25.

Brodwin, M., Parker, R.M. & DeLaGarza, D. (1996). Disability and accommodation. In E.M. Szymanski & R.M. Parker (Eds.), Work and disability: Issues and strategies in career development and job placement (pp.165-207). Austin, TX: PRO-ED.

Brown, D. (1990). Trait and factor theory. In D. Brown, L. Brooks & Associates (Eds.), Career choice and development: Applying contemporary theories to practice (pp.13-36). San Francisco: Jossey-Bass.

Conte, L. (1983). Vocational development theories and the disabled person: Oversight or deliberate omission. Rehabilitation Counseling Bulletin, 26, 316-328.

Cottone, R.R. (1986). Toward a systematic theoretical framework for vocational rehabilitation. Journal of Applied Rehabilitation Counseling, 17(4), 4-7.

Cottone, R.R. & Emener, W.G. (1990). The psychomedical paradigm of vocational rehabilitation and its alternatives. Rehabilitation Counseling Bulletin, 34, 91-102.

Crites, J.O. (1981). Career counseling: Models, methods, and materials. New York: McGraw-Hill.

Curnow, T.C. (1989). Vocational development of persons with

disability. Vocational Guidance Quarterly, 37, 269-278.

Dawis, R.V. (1996). The theory of work adjustment and person-environment-correspondence counseling. In D. Brown, L. Brooks & Associates (Eds.), Career choice and development (3rd ed., pp.75-120). San Francisco: Jossey-Bass.

Dobren, A.A. (1994). An ecologically oriented conceptual model of vocational rehabilitation of people with acquired midcareer disabilities. Rehabilitation Counseling Bulletin, 37, 215-228.

Field, S., Martin, J., Miller, R., Ward, M. & Wehmeyer, M. (1998). Self-determination for persons with disabilities: A position statement of the division on career development and transition. Career Development for Exceptional Individuals, 21, 113-128.

Fitzgerald, L.F. & Betz, N.E. (1994). Career development in cultural context: The role of gender, race, class, and sexual orientation. In M.L. Savickas & R.W. Lent (Eds.), Convergence in career development theories: Implications for science and practice (pp.103-117). Palo Alto, CA: Consulting Psychologists Press.

Fouad, N.A. (1993). Cross-cultural vocational assessment. Career Development Quarterly, 42, 4-13.

Gelatt, H.B. (1989). Positive uncertainty: A new decision-making framework for counseling. Journal of Counseling Psychology, 36, 252-256.

Hershenson, D.B. (1981). Work adjustment, disability, and

the three r's of vocational rehabilitation: A conceptual model. Rehabilitation Counseling Bulletin, 25, 91-97.

Hershenson, D.B. (1984). Vocational counseling with learning disabled adults. Journal of Rehabilitation, 50, 40-44.

Hershenson, D.B. (1996). Work adjustment: A neglected area in career counseling. Journal of Counseling & Development, 74, 442-446.

Hershenson, D.B. & Szymanski, E.M. (1992). Career development of people with disabilities. In R.M. Parker & E.M. Szymanski (Eds.), Rehabilitation counseling: Basics and beyond (2nd ed., pp.273-303). Austin, TX: PRO-ED.

Holland, J.L. (1996). Making vocational choices: A theory of vocational personalities and work environment (3rd ed.). Odessa, FL: Psychological Assessment Resources.

Kohler, P.D., DeStefano, L., Wermuth, T.R., Grayson, T.E. & McGinty, S. (1994). An analysis of exemplary transition programs: How and why are they selected. Career Development for Exceptional Individual, 17, 187-202.

Krumboltz, J.D. (1991). Manual for the career beliefs inventory. Palo Alto, CA: Consulting Psychologists Press.

Levinson, E.M. (1998). Transition: Facilitating the postschool adjustment of students with disabilities. Boulder, CO: Westview Press.

Lofquist, L.H. & Dawis, R.V. (1969). Adjustment to work.

Englewood Cliffs, NJ: Prentice-Hall.

Marrone, J., Hoff, D. & Helm, T. (1997). Person-center planning for the millennium: We're old enough to remember when PCP was just a plan. Journal of Vocational Rehabilitation, 8, 285-297.

McDivitt, P.J. (1994). Using portfolios for career assessment In J.T. Kapes, M.M. Mastie & E.A. Whitfield (Eds.), A counselor's guide to career assessment instruments (3rd ed., pp.361-371). Alexandria, VA: The National Career Development Association.

Mitchell, A.M., Brodwin, M. & Benoit, R. (1990). Strengthening the worker's compensation system by increasing client efficacy. Journal of Applied Rehabilitation Counseling, 21, 22-26.

Mitchell, A.M., Jones, G.B. & Krumboltz, J.D. (Eds.). (1979). Social learning and career decision-making. Cranston, RI: Carroll Press.

Mitchell, A.M. & Krumboltz, J.D. (1990). Social learning approach to career decision making: Krumboltz's theory. In D. Brown, L. Brooks & Associates (Eds.), Career choice and development: Applying contemporary theories to practice (pp.145-196). San Francisco: Jossey-Bass.

Mitchell, A.M. & Krumboltz, J.D. (1996). Krumboltz's learning theory of career choice and counseling. In D. Brown, L. Brooks & Associates (Eds.), Career choice and development (3rd ed., pp.233-280). San Francisco: Jossey-Bass.

Osipow, S.H. (1976). Vocational development problems of the

handicapped. In H.Rusalem & D.Malikin (Eds.),
Contemporary vocational rehabilitation (pp.51-60). New
York: New York University Press.

Parker, R., Szymanski, E. & Hanley-Maxwell, C. (1989).
Ecological assessment in supported employment. Journal
of Applied Rehabilitation Counseling, 20(3), 26-33.

Powell, T.H., Pancsofar, E.L., Steere, D.E. Butterworth,
J., Ifzkowitz, J.S. & Rainforth, B. (1991). Supported
employment: Provided integrated employment opportu-
nities for persons with disabilities. New York:
Longman.

Roessler, R.T. (1987). Work, disability, and the future:
Promoting employment for people with disabilities.
Journal of Counseling & Development, 66, 188-190.

Rogan, P., Hagner, D. & Murphy, S. (1993). Natural supports:
Re-conceptualizing job coach roles. Journal of The
Association for Person with Severe Handicaps, 18,
275-281.

Rounds, J. & Tracy, T.J. (1990). From trait-and-factor to
person-environment fit counseling: Theory and process.
In W.B. Walsh & S.H. Osipow (Eds.), Career counseling:
Contemporary topics in vocational psychology (pp.1-
44). Hillsdale, NJ: Erlbaum.

Rubin, S.E. & Roessler, R.T. (1994). Foundations of
vocational rehabilitation process (4th ed.). Austin,
TX: PRO-ED.

Sampson, J. (1994). Computer assisted career guidance:
Disabilities issues bibliography. (ED 388936)

Sarkees-Wircenski, M. & Wircenski, J.L. (1994). Transition planning: Developing a career portfolio for students with disabilities. Career Development for Exceptional Individuals, 17, 203-214.

Savickas, M.L. & Lent, R.W. (Eds.) (1994). Convergence in career development theories: Implications for science and practice. Palo Alto, CA: Consulting Psychologists Press.

Strauser, D.R. (1995). Applications of self-efficacy theory in rehabilitation counseling. Journal of Rehabilitation, 61(1), 7-11.

Super, D.E. (1957). The psychology careers. New York: Harper & Row.

Super, D.E. (1990). A life-span, life-space approach to career development. In D. Brown, L. Brooks & Associates (Eds.), Career choice and development (pp.197-261). San Francisco: Jossey-Bass.

Szymanski, E.M. & Hanley-Maxwell, C. (1996). Career development of people with developmental disability: An ecological model. Journal of Rehabilitation, 62(1), 48-55.

Szymanski, E.M., Hershenson, D.B., Ettinger, J.M. & Enright, M.S. (1996). Career development interventions for people with disabilities. In E.M. Szymanski & R.M. Parker (Eds.), Work and disability: Issues and strategies in career development and job placement (pp.255-276). Austin, TX: PRO-ED.

Thomas, K.T. & Parker, R.M. (1992). Applications of theory

to rehabilitation counseling practice. In R.M. Parker & E.M. Szymanski (Eds.), Rehabilitation counseling: Basics and beyond (2nd ed., pp.34-78). Austin, TX: PRO-ED.

Wehman, P. (1996). Life beyond the classroom: Transition strategies for young people with disabilities (2nd ed.). Baltimore, MD: Paul H. Brookes.

從悲傷的心理形成機制論悲傷治療

許文耀

　　過去有關闡述悲傷（ grief ）的兩個主要理論，分別為 Freud
（ 1917 ）的心理分析論及 Bowlby（ 1980 ）的依附理論。不管二
者的理論有多大的差異，他們均在陳述「病態的悲傷」是如何發
生以及如何處理。

　　根據心理分析論，當喪失心愛的人之後，個人會面對企圖抓
回原有的情感連鍵（ ties ），以及無法再投入情感能量於此位
死者之間的衝突。因此就哀傷的心理功能而言，是個人藉著過去
與死者的相處經驗的再整理，而形成的悼念，使個人釋放他與死
者的連結糾纏。所以走過哀傷的終點是個人的原慾（ libido ）
不再投入於死者，而能轉注於新的客體（ object ）。由此可知，
如果因失去愛人而受挫的哀傷需求無法「走透」（ work
through ），哀傷是無法克服的。就心理分析論而言，病態的悲
傷就是個人與死者間存在「愛恨交織」（ ambivalence ）的狀態，
此種狀態會使個人的病態悲傷發展成臨床上的憂鬱症。

　　依附理論強調悲傷的生物功能，此理論認為悲傷會使個人想
要重回與死者的依附關係，因為分離會帶來焦慮。當個人認為永

遠失去此種依附關係是件不可能的事時，便帶來病態的悲傷。唯
有個人重新定義自己與所處的情況，藉著認知理解歷程重新塑造
「內在的表徵模式」（ internal representational model ），
才可走透悲傷。

　　Bowlby （ 1980 ）認為悲傷發展有四個階段，開始時，個人
面對失去死者，顯現出麻木及錯愕。接著會進入思考與尋回的階
段，此刻個人會藉各種方式表現出其實死者並未過世，因為他希
望死者能再與其生活在一起。個人於此階段，會因此種期待的落
空而生氣，同時會伴隨著不耐與焦躁。隨著時間的拉長，個人發
現他與死者的依附關係不見了、停止了，便進入悲傷歷程的第三
階段—放棄尋回與死者的依附關係。此時，個人陷於憂鬱、傷感
的情緒裡頭，並且厭惡去看未來的發展。如果能順利走出此種哀
傷，個人進入第四個階段，他會打破原先與死者的依附關係，重
新與他人建立新的連結。走出悲傷之後，個人又可重新拾回他原
有的興趣與發展新的生活。

　　Kubler-Ross （ 1969 ）在其「死亡與瀕死」（ On death and
dying ）一書中，說明失落的五個發展階段：否認、生氣、討價
還價、憂鬱及接受。此種看法與 Bowlby 的論點是相似的。

　　這些有關悲傷的發展歷程及階段說，深受臨床人員的喜好，
並常運用於處理及輔導個人因失落所帶來的悲傷。事實上，運用
此觀點所進行的輔導效果不見得是正向的，如同 Pattison
（ 1977 ）所說的：「臨床人員會對那些具悲傷的人並沒有依這
些悲傷階段來發展而感到生氣，因為他們常要求這些個案的悲傷
應該要如 Bowlby 所說的來發展及經歷其悲傷，才是正確的。」
（ p.304 ）

　　Wortman 與 Silver （ 1992 ）整理悲傷的研究，發現有關悲
傷的發展階段論並未得到支持，甚至有些結果違反階段論。這些
研究結果指出悲傷過程的情緒反應變化階段、種類會因人而異

的。因此個人的悲傷歷程中並不會出現某類的情緒反應，究竟是他已走過，還是未發展至此階段就不得而知了。另外，有些人的悲傷發展是同時出現不同階段的反應，有些是在這些階段中來回地跳來跳去，有的甚至是一開始就快速地跳到後面階段的反應。

先撇開悲傷階段論的缺點於一邊，心理分析論與依附理論強調悲傷中的負向情緒，因此輔導的重點是處理及克服這些負向情緒。但是這些理論有另一個缺失，那就是並未陳述個人面對此種失落對其往後的身心健康的影響，以及影響的機制何在。換句話說，這些理論並未說明為何面臨這些失落事件時，有人崩潰了，但有些人的身心狀態並未受到損害。

因此本文由其它的心理病理觀點，提出悲傷發生歷程的另一些看法。

首先介紹由 Strobe 與 Strobe（1992）提出的「失去配偶的不足模式」（deficit model of partner loss）。不足模式根基於認知壓力模式（cognitive stress theory），個人的壓力源自於知覺外在環境的要求（situational demands）與個人因應資源的失衡（perceived imbalance）。換句話說，當壓力事件發生時，個人覺察自己的因應資源無法負荷外在的要求，或是個人因應失敗後，此事件會帶給個人負向的影響。由此觀之，不足模式認為個人面對失落事件時，需評估外在要求與因應資源的互動對悲傷的影響。

配偶間的關係如同社會群體，彼此間享有權利與義務的分配。但是配偶的關係又比其他團體的關係，更具相互間的社會支持功能。配偶間的依附使得彼此能完成很多個人心理及社會的功能，這些功能不見得是其他團體成員可以滿足配偶中的任一成員。因著某一配偶的逝世，另一個人由於相互依附關係的終止，導致其平常賴以依恃此配偶的功能頓時消失，而產生功能不足。這些不足的功能包括喪失實質支持（instrumental support）

（例如：養育孩子及經濟來源），喪失確認支持（validational support）（例如：來自配偶的意見回饋，以確認自己的想法），及喪失情緒支持（emotional support）（例如：獲得照顧與關愛）。另一方面，如果死者是生者的生命核心，配偶的過世會帶給另一配偶喪失社會認同。

　　同樣面對喪失配偶的失落事件時，個人的因應資源會影響此事件帶來的衝擊，而決定了悲傷的程度，因為因應的良窳會影響個人處理失落帶來的哀傷之能力。因應資源可分為個體內及個體間兩種型態，個體內的資源包括個人特質、能力，及幫助個人應對失落的技巧。個體間的資源包括社會支持及經濟能力等。

　　不足模式認為影響個人面對配偶過世的壓力事件的因素可區分成兩類，一為易受傷害因子（vulnerable factors）及復原因子（recover factors）。易受傷害因子指的是那些會增加個人因失落經驗帶來的傷害，例如負向情緒，或情緒的不穩定等，而復原因子則是會減緩此種傷害性，甚至增加個人的適應力。當個人陷於失落的哀傷中時，易受傷因子會使悲傷加遽，但是隨著時間演化，此種狀態會下降，此時如果個人擁有復原因子會加速他的適應，但是缺乏此種復原因子，個人留在悲傷的可能性仍大，此時對個人的身心狀態是較不利的。

　　另外，Strobe 與 Strobe（1992）認為對失落是否具期待性（expectedness）及具內—外控的信念，亦會影響悲傷的因應。Strobe 與 Strobe 認為如果配偶的過世是非預期的，但是另一配偶的信念是內控時，可減緩哀傷的效果；如果此配偶的內控信念是低時，則對此種非預期性的失落會顯現出較嚴重的憂鬱情緒及身心症狀，這些症狀甚至會延續兩年以上，毫無改善。為何會如此？因為哀傷的配偶面對此種突然的失落，頓失控制，而提升其憂鬱。不具內控的人，因處處仰賴死去的配偶，使得他無有效的因應資源來處理失落。另一方面，如果他不相信自己可以改善此

種現象，面對此種突來的壓力，更會加深自己毫無能力來控制這些結果的信念，而使憂鬱更惡化。如果配偶的過世是可預期的，會使另一活著的配偶在死亡事件發生之時，有較多的機會練習控制（例如：分享哀傷、疾病的處理等），此時個人的控制信念就比較不會影響哀傷的因應。

就上述的整理，不足模式與 Freud 及 Bowlby 的觀點不同之處是：

1. 不足模式強調社會支持的重要性。
2. 悲傷不能只考慮配偶關係功效的停止，另需考慮其它因素（例如：因應資源）
3. 悲傷輔導不能只處理負向情緒或病態悲傷，需同時考慮失落事件對身體健康的威脅，往往身體功能的衰退會帶來情緒的惡化。
4. 壓力模式強調悲傷的處理需檢查在因應過程中的認知策略及行動計劃。

由壓力模式的觀點來看，悲傷輔導在於評估面對失落事件時，有哪些易受傷害的因子及復原因子，藉此評估來消除易受傷害的因子及增加復原因子。

Dohrenwend（1978）提出圖一的生活壓力與心理病理的關係模式。在此模式中，易受傷害因子與復原因子的互動影響壓力事件與身心健康的關係。此模式不同於悲傷階段論的地方是，悲傷階段論認為需走完這些階段，才能克服悲傷，但是壓力模式則認為個人擁有較多的因應資源時，能較快地走出悲傷。

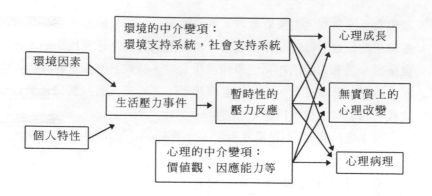

圖一：生活壓力與心理病理的關係模式（摘自 Dohrenwend, 1978 ）

　　如果悲傷的情緒內涵之一是憂鬱，或許可從憂鬱的心理病理觀來探討悲傷的形成。

　　Oatley 與 Bolton （ 1985 ）從社會認知理論的觀點，認為個人面對失落事件所產生的憂鬱症狀，是該失落事件破壞了他與逝者間的角色關係，之所以如此，乃源自於逝者是平時提供該個體自我認同的主要來源；失去此位重要的人物後，個人無其他替代性的角色，而無法維持其自我認同，因此憂鬱症狀油然而生。

　　從社會認知理論的角度，一個人的自我認同可由所扮演的（種種）角色（ role ）來理解。在個人扮演的角色中提供給他來滿足自己的生活目標、計劃及期待。個人於社會環境中所扮演的角色是以長期的練習，因此相當的熟練及具有一定的慣性，所以可幫助個人完成主要的社會目標。完成這些目標後，會使個人感受到有價值感及被尊重感，進而增加自我認同感。另一方面，藉此角色扮演，亦會增強與他人的關係。一旦此種關係破裂，角色功能喪失後，就會影響個人的自我價值感。

　　Oatley 與 Bolton （ 1985 ）以圖二來說明個人角色扮演的認知表徵歷程，在此圖中，視角色為社會目標與所需的計劃資源間

的和諧（coherence）狀態。個人為了完成此種和諧（角色），
便會衍生出行動來完成該角色所賦予的目標及計劃。由圖二可
知，一旦個人藉著目標策略及計劃完成角色功能後，個人會將此
行動內化成自我模式的表徵。此種表徵意謂個人知覺其在社會的
地位，以及和他人的關係。在與他人的關係中，個人會利用內在
的自我模式與他人模式來設計符合關係中之角色扮演所需的計
劃策略及欲完成的目標。

　　例如，個人認為丈夫的角色應該是忠誠的，學生的角色應是
勤奮的(等。完成此種角色後，又會內化到自我模式與他人模式。

　　根據此種觀點，當個人的自我模式與他人模式存立差距時，
個人的和諧狀態會失衡，而發生憂鬱。

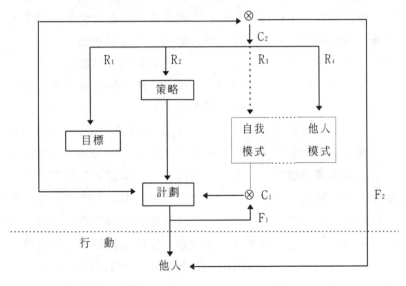

圖二：角色基模剖析圖（摘自Oatley & Bolton, 1985）

　　由圖二來看，目標可規劃出行動。在生命的歷程及與不同的
重要他人的關係演變過程中，這些目標會增加、修改，或是有所

限制。因此在不同的角色扮演過程中，便會造成目標間的衝突。

爲了達成這些目標，個人會有計劃，這些計劃可由練習及已貯存的基模產生，已具習慣性的計劃稱爲策略。在角色基模中認爲計劃與策略並不僅是個人的內在認知歷程，它還需別人的參予。因此爲了完成角色，個人必須知道自己和別人的意圖，並且能夠相互知曉彼此的意圖，如此才能達成和諧狀態。

爲了完成此種和諧狀態，個人必須完成兩種比較，一是行動與自我及他人模式的差距（ C_1 ），另一是行動與目標間的差距（ C_2 ），一旦有差距，便會產生不愉快的情緒。爲了逃避此種負向情緒，個人會調適自己的目標、計劃及策略，來維持與他人互動的和諧。

由此來看，一旦個人失去逝者而無法完成目標及角色扮演，進而失去維持角色基模的運作時，個人會困在憂鬱的愁城裡，而無法自拔。因此病態的悲傷乃是失去自我認同，行動、目標與自我模式及他人模式的差距的組合。所以，悲傷輔導或治療的重點是藉著另尋別種角色的扮演、練習，重新尋回自我認同感。

爲了能完成新角色的扮演，個人需進行自我調適。 Carver 與 Scheier （ 1981 ）認爲，個體若要完成各項目標，其行爲必須具有「自我調適歷程」，對一個嬰孩而言，學習走路便是重大的目標，對一個成人來說，工作、人際關係、追求心儀的異性，均可能是調適的重點。 Carver 認爲當個體開始決定自我調適，完成某項目標時，首先將提高自我注意，並確認目標，以及目標、現況的差距如何，並企圖降低其中的差距（ discrepancy ），所謂「降低差距」也就是「達成目標」的同義詞。在調適過程中，若是遇到挫折或障礙，則個體將停下來進行「結果預期」的評估（ outcome expectancy ）—目標達成的可能性。評估後，有兩種可能：(1)樂觀預期（目標可能達成），個體繼續努力，並產生正向情緒（ Stotland, 1969 ）；(2)不利預期（目標很難達成），

則放棄此目標，並產生負向情緒（Carver & Scheier, 1990）。

　　Carver 與 Scheier 的概念，用來模擬人類整個自我調適歷程，請參見圖三。

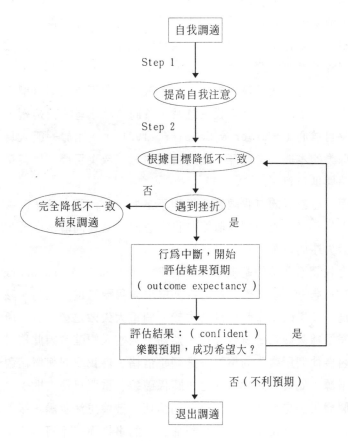

圖三：自我調適流程圖（Carver & Scheier, 1990）

　　一般狀況下，一個人在調適過程中受阻，無法完成目標，初步會產生負向情緒，但負向情緒是否持續，則有賴個體對狀況的評估。當評估的結果是「差距無法降低」時，負向情緒才會持續

下去（ Wicklund, 1975 ）。在一個實驗中，研究者將受試者分成兩組，告知這兩組受試者，他們的演講能力被測驗出低於一般人，不同的是讓其中一組認爲其演講能力「可以改善」，另一組則被告知「不可能改善」。接著，給予高／低自我注意的操弄（傾聽自己／他人的演講錄音帶），發現唯有在「不可能改善＋高自我注意組」，才會產生負向情緒，並設法逃離自我注意（在實驗中縮短聽錄音帶的時間）（ Steenbarger & Aderman, 1978 ）。

　　可見，唯有當個體覺察事情不可能改善，但不肯放棄目標，繼續對「差距」予以高度自我注意時，負向情緒才會一再延續，進而打擊自尊心（ Carver & Scheier, 1981 ）。由於一般人具有自我保護的本能，會選擇，逃避自我注意、放棄目標，以避免負向情緒與低自尊。

　　然而，憂鬱者的自我調適歷程卻不是如此，他們在無法改善的情況下仍不肯放棄目標，繼續自我注意而飽受負向情緒之苦，呈現調適失序的現象。

　　在自我調適理論的基礎下，學者 Pyszczynski 與 Greenberg（ 1987 ）進一步以憂鬱者爲對象，提出自我調適維持理論。該理論認爲，憂鬱的產生起初是發生於一個重大失敗之後。並非所有人經歷這種失敗均會導致憂鬱，然而，某些人的確會因此積鬱成疾，因爲他們所喪失的事物，是關乎情緒、自我認同與價值觀的重要來源（如親人／愛人死亡、關係破裂、重要目標失敗），這導致個體失去自尊並造成極度負向情緒，破壞生活步調，接著掉入了無止盡的循環：一再要得到那失去的事物而終不可得，又無法放棄此目標；因爲他們不懂另覓目標來替換。接下來，在失去的事物上過度自我注意，加重了負向情緒、內在歸因（事情會變成這樣全是我不好）低自尊、行爲缺損（ behavior deficit ），而形成憂鬱的自我注意風格（ depressive self-focusing style ），本理論的架構如圖四所示。

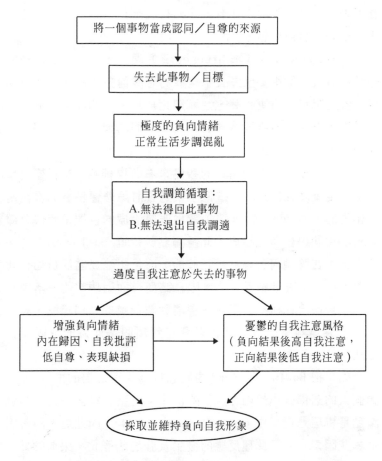

圖四：自我調適的維持理論：憂鬱的發展、持續示意圖
（ Pyszczynski & Greenberg, 1987, p.129 ）

　　研究指出，當受試者剛得到負面結果時，憂鬱組與控制組起
初均會提高自我注意並產生負向情緒，但過一段時間之後，控制
組已經不再自我評估，唯有憂鬱者還持續地自我注意
（ Greenberg & Pyszczynski, 1986 ）。對這些無法降低的差距，
憂鬱者不肯放棄目標以逃離自我注意的嫌惡感，反而繼續自我注

意下去，並對此負向事件有較多的自我評估，進一步導致悲觀看
法，維持了負向情緒。

根據 Pyszczynski 與 Greenberg 的理論，研究者認為憂鬱者
經歷此重大挫敗後，已失去了自尊的憑據而對可能的失敗更加敏
感，因此對目標將更執著，進而類化成為未來的調適模式—容許
差距長期存在，不肯放棄。若再加上個體的因應能力減弱，則調
適的失序有可能不斷重演。

本文由壓力及自我調適的觀點來看悲傷輔導，在科學哲學的
層次上是屬理性主義的，這似乎與過去討論悲傷輔導的看法是不
太相同的。Worden（1983）認為悲傷治療的目標是解決分離衝
突並催化悲傷任務的達成，此種論點較接近 Bowlby 的看法。其
實本文不在強調何者論點是正確的，而是想論述諮商員如何建構
悲傷，將會影響其輔導策略。因為諮商員面對個案的失落通常會
感到不舒服，此種不舒服往往會觸動諮商員的悲傷經驗，諮商員
對失落哀傷經驗的建構就會影響其判斷個案悲傷的成因及處理
方式。

如果把 Bowlby 及 Freud 的觀念視為處理悲傷的本質，亦即強
調個人的悲傷是由於內在狀態的演化；而壓力模式及自我調適的
論點是處理悲傷反應（grief reaction），因此處理的著眼點
是哪些因素介入了此種反應的發生及強度的變化。果真如此，似
乎只是治療目標的不同，並無對悲傷形成理論的觀點差異。

悲傷階段論者認為唯有接受悲傷才算走出悲傷，此種論點存
在一項問題：「何謂真實的悲傷（real grief）？」Cochran
與 Claspell（1987）曾強烈地指出沒有任何的指標或症狀統攝
出悲傷是什麼。換句話說，悲傷是無明顯的外在型態
（pattern），此問題不解決，我們無法評估個案是否達成悲傷的
任務。正因為悲傷經驗的多樣性，諮商員硬要用某一模式或觀點
去詮釋個案的悲傷，那是不公平的。

　　既然悲傷經驗是多變化的、因人而異的。Hale（1996）建議悲傷治療的過程中，治療者要儘量地放空（not-knowing）自己原本具有的哀傷模式，不要用已存在的知識見解去了解、探索及解釋個案的悲傷。唯有放空，才能逼近個案的內心世界；此種逼近，促使個案去發現自己是如何建構自己的悲傷，藉由此種了解，個案可以重新建構自己的悲傷經驗，而找出新的意義。

　　因失落帶來的悲傷，必會帶給個人需進行生活的調整以及生命的調適，但是個人要往哪兒去？個人需面對哪些衝突？個人會因客體的失落，所帶來生命意義的質疑？只有當事者知曉。因此悲傷治療的重點在於增強個案知曉失落事件所帶來的心理變化，以及生活角色的安排與重組。所以每個具有悲傷經驗的個案故事都是獨一無二的，沒有理由用一規範及法則來化約個案的悲傷處在何種狀態。

　　讓個案可以描述、解說自己的悲傷經驗是重要的，因為這可以使個案明瞭悲傷的意義。要能如此，諮商員是否能知道自己的預設，以及此預設是否會形成干涉，且能發展出此時此刻的放空，都是進行悲傷治療的要素。如果能逼近個案的悲傷內心世界，便可依一般的輔導原則進行悲傷輔導或治療。

　　筆者認為諮商員欲要進行此種放空，需平時能不斷地檢視自己的習性。這些習性是盲點，我們都不太知曉它是如何運作的。但是如果治療者願意在日常生活中檢視每種讓自己困頓、讓自己會有理所當然、理當如此的經驗，探索這些經驗在內心的變化，且能開放。假以時日，必能知道失落、悲傷對自己的終極意義。如此的練習，可幫助自己進行悲傷治療時，較能逼近個案的悲傷實體。

參考書目

Bowlby, J. (1980). Attachment and loss: Vol.3. Loss: Sadness and depression. New York: Basic books.

Carver, C.S. & Scheier, M.F. (1981). Attention and self-regulation: A control-theory approach. New York: Springer-Verlag.

Carver, C.S. & Scheier, M.F. (1990). Origins and functions of positive and negative affects: A control-process view. Psychology Review, 97(1), 19-35.

Cochran, L. & Claspell, E. (1987). The meaning of life: A dramaturgical approach to understand emotion. London: Greenwood Press.

Dohrenwend, B.S. (1978). Social stress and community psychology. American Journal of Community Psychology, 6, 1-14.

Hale, G. (1996). The social construction of grief In N. Cooper, C. Stevenson & G. Hale (eds.). Integrating perspectives on health. Buckingham: Open University Press.

Kubler-Ross, E. (1969). On death and dying. New York: Macmillan.

Oatley, K. & Bolton, W. (1985). A social-cognitive theory of depression in reaction to life events. Psychological Review, 92(3), 372-388.

Pattison, E.M. (1977). The experience of dying. Englewood Cliff, NJ: Prentice-Hall.

Pyszczynski, T. & Greenberg, J. (1987). Self-regulatory

perseveration and the depressive self-focusing style: A self-awareness theory of reactive depression. Psychological Bulletin, 102, 122-138.

Steenbarger, B.N. & Aderman, D. (1978). Objective self-awareness as a nonaversive state: Effect of anticipating discrepancy reduction. Journal of Personality, Jun, 47(2), 330-339.

Strobe, W. & Strobe, M.S. (1992). Bereavement and health: Processes of adjusting to the loss of a partner. In L. Mortada, S.H. Filipp & M.J. Lerner (eds.). Life crises and experiences of loss in adulthood. Hillsdale: LEA.

Wicklund, R.A. (1975). Discrepancy reduction or attempted distraction? A reply to Liebling, Seiler, and Shaver. Journal of Experimental Social Psychology, Vol. 11(1), 78-81.

Worden, J.W. (1983). Grief counseling and grief therapy: A handbook for the mental health practitioner. (Second Edition). New York: Springer Publishing Company, Inc.

Wortman, C.B. & Silver, R.C. (1992). Reconsidering assumptions about coping with loss: An overview of current research, In L. Montada, S.H. Filipp & M.J. Lerner (eds.). Life crises and experiences of loss in adulthood. Hillsdale: LEA.

校 園 危 機

吳英璋

「危機」指稱的是某件事情的發生對個人造成暫時性的心理解組（disorganization）狀態，個人主觀覺得能力不足以應付該情境，且日常使用的問題解決策略與方法似已無效，因而帶有相當強度的情緒反應；不過這種狀態並不是只能形成負向的結果，也可能形成正向的結果。亦即危機是一種危險狀態，但也是一種轉機。所以有學者主張「危機就是作決定的時刻（crisis is a time of decision），個人的判斷與作法將影響經歷這個轉折點（turning point）的改變是更好或更壞。」

校園危機的主體可以是每一位學生、每一位教職員、每一位家長、或每一位與學校相關的社會人士，所以校園危機指稱的是某件與學校相關的事情之發生，造成了某一（些）學生、或某一（些）教職員、或某一（些）家長、或某一（些）相關社會人士的暫時性心理解組狀態，落入了危險，也形成轉機。另一方面，校園危機的主體也可以是整個學校，亦即某件事情的發生，造成了整個學校運作上的「暫時性解組」，整個學校落入了危險狀態，但也可能是一個轉機。

　　以個人的層次或學校層次討論校園危機都必須回歸到學校是一個教育單位，而教育的目標是令學習者經由各種學習經驗，獲得知識，建立面對生活的各項技能，與培養解決困境的策略與方法，因而能爭取個人的幸福，滿足個人的需求，並且貢獻社會。所以校園危機事件的處理原則是將之視爲教育的契機，轉化成眞實具體的生活教育。

　　學生在學校的任何一瞬間，都有學習。上課時，看著老師和善的笑容，眞誠溫暖的態度，以及和顏悅色的表達，即形成喜歡老師、喜歡老師教的科目，甚至喜歡有老師在的教室的條件化反應(conditional responses，CR)。請看下圖的分析：

　　　「笑容」、「眞誠溫暖的態度」，以及「和顏悅色的表達」三種刺激皆能反射性的引起「舒服、愉快、覺得安全」的反應，所以前者可以作爲非條件化刺（unconditioned stimulus，UCS），後者則爲非條件化反應（unconditioned responses，UCR）。某位老師甲如果與前述之 UC 一起出現在學生面前，即會形成正統條件化歷程（classical conditioning）。如下：

　　CR 是類似 UCR 的反應，意即「老師甲」這類刺經過條件化歷程，也能反射地引起某種程度的舒服/愉快/安全的反應。這項學習，會類化到老師教科目老師出現的教室；也可能經由高階的條件化歷程，形成這類結果。

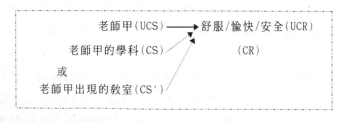

圖一：教室裡的正統條件化歷程說明

　　下課與同學發生爭吵，不論其結果如何，至少會形成正統條件化與工具條件化的反應，也可能同時形成模仿學習與認知學習；甚至上廁所，清掃教室與校園也隨都時有新的學習（參見圖二之分析與說明）。

　　經由上述之學習歷程微觀分析說明，可以瞭解學校裡平時即存有的任何狀況，都在影響學生，更何況是涉入了某項校園危機事件裡。

　　從個人的層次來討論，校園危機可以區分成身心成長性的危機（developmental crisis）與突發性的、情境性的危機（accidental situational crisis）」。前者指稱的是學生因身心成長上的變動所造成的危機。例如國中三年從十三歲到十五歲的身心變化，大致上可以分成身體的成長，認知的發展以及心理社會（psychosocial）發展三方面來討論。身體的成長方面：女孩子的初經、男孩子的初次射精、骨骼肌肉的變化、長得高長得矮、第二性徵的發展等等，對孩子個人而言，若沒有恰當的協助，可能都會造成危機，轉而影響其自我概念（self concept）、自我意像（self image），甚至自尊（self-esteem）。認知發展發面，這個階段正是皮亞傑指稱的形式運作期（formal operation）的發展與成熟的臨界期（critical period），一個人在這方面的發展成熟度直接影響了他對周圍世界的「認知」；於其中，社會認知的發展更會強烈地影響他的社會關係。而在心理社會發展方面，Erikson的身心發展理論仍很值得重視。他以「自我認同的成長危機（adolescent identity crisis）」稱呼這個階段的成長任務。不過，這三方面身心成長的危機是孩子的成長危機，是他們的「危險」與「轉機」，也是他們的「可能變得更好也可能變得更差」的心理歷程。亦即這些危機並非身爲老師或家長的直接危機，只有在孩子們「變得更差」時，才有可能轉成老師或家長的危機。老師與家長必須能體認孩子們的成

「下課與同學發生爭吵」，同學本人與同學的行為皆為某生的刺激，其互動的情形可以分析如下：

某生乙　　S_1　　R_2（回罵）　　S_3　　R_4（作出種威脅的動作）　　S_5

某同學　　R_1（罵乙）　　S_2　　R_3（更大聲的罵）　　S_4　　R_5（退怯的反應）

被罵（USC）　──→　不舒服／生氣（UCR）

某同學（或乙生）（CS）　　　　　　　　（CR）

某同學以言語罵乙，他的行為（R_1）即成為乙的刺激（S_1）；受這個刺激的引發，乙回罵回去（R_2）；R_2即成為某同學的刺激（S_2），S_2隨即引發某同學更大聲罵（R_3），而R_3即為乙的刺激（S_3），轉引發了乙作出脅性的動作（R_4），引發了某同學退怯的反應（R_5），R_5成為乙的刺激（S_5）……。在這些過程中有正統條件化的學習歷程：

經過這項吵架，兩個人都會形成看到對方即會覺得不舒服／生氣（即使尚未被罵，亦會有此項反應）。在這過程中，也有工具條件化的學習歷程：

（續下頁）

（續上頁）

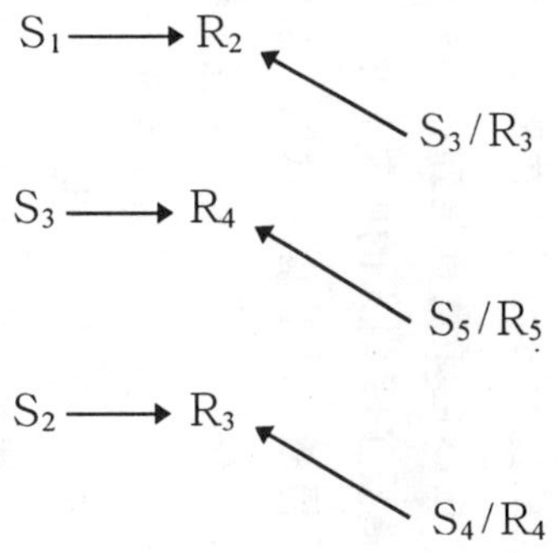

某生乙被罵（S1），回罵回去（R2），結果是對方更大聲罵（R 3／S 3）。乙被大聲罵（S3），作出威脅的動作（R4），結果是對方是對方的退怯（R5／S5）。

某乙經過這段吵架，以後在接受到某同學罵他的刺激，乙將傾向於做出威脅的行動，而不是回罵回去。某同學接受到乙的回罵（S2），表現出更大聲罵（R3），結果是被威脅（R4／S4）。經過這個歷程，某同學經過乙的回罵將較不可能出現更大聲罵。

另一方面，乙的威脅性動作可能是某同學從未有的行為，他在「看」到某乙作出自己作出這種威脅動作後，即將之記錄在認知歷程中，並將化成內在的認知組型（internal cognitive pattern）而藉以組成新的、類似於該威脅動作的行為組型。於未來其在他恰當的情況下，表現出來，此即為模仿學習的學習歷程。（類同於父親如何打兒子，兒子會以相類似的方式打弟弟。）

S₁ —→ R₂

S₃ —→ R₄　　S₃／R₃

S₂ —→ R₃　　S₅／R₅
　　　　　　　S₄／R₄

而兩者相互相互罵的內容，則可能經由工作記憶（working memory）的操作，而融入長期記憶，形成了認知學習。上廁所，隨時可能出現「新的狀況」新的歷程，而藉由正統條件化的歷程，學習到對廁所的不舒服／厭惡；也可能經由工作條件化歷程，學到「如何上廁所」最方便。清掃教室也可能如此。

圖二：下課時段的學習歷程分析說明

長危機，因為個人是很容易忘記自己的身心的成長，尤其是心理的成長過程，似乎長大成人了就不再記得自己在小學一、二年級時，是以何種心理狀態看待父母親、老師、同學，以及周圍的世界。許多人都提到過，畢業多年再回到小學母校去之際，會感覺到「我的小學怎麼變小了」；小時候覺得很大的操場，整個縮水了。儘管有這種感覺，但是只有很少數的人會去追究「那個時候」個人持何種心理狀態去認知這個世界，而多數的人只是以現在的心理狀態（包括各種心理能力）去理解或解釋那種感覺，因此，這些人也很容易以「大人的眼光」看待小孩，而不容易體認孩子成長的危機。國中生通常都長得蠻像個成人了，更容易被父母或師長「當作成人」看待，也因此而容易形成國中生「不容易克服的身心成長危機」。所以「體認」孩子的身心成長危機，並儘量讓自己回到十三、四歲的心理狀態去瞭解孩子，自然容易將這種成長過程視為當然。有這種體認，作父母或師長的可以讓孩子感受到他是被瞭解、被完全接納的，並且以這份瞭解與接納作基礎，協助孩子變得更強、更健康。

　　第二類的危機是突發性的、情境性的危機。相對於可預測的身心成長性危機，這類危機是突發性的，如：學校被縱火、某位同學發生意外等。另一方面，這類危機的發生，並不是源自於個案內在的變化（如：身心的成長），而是外在環境的變化，所以也被稱為是情境性的危機。由於這類危機是外在的變化，欲瞭解它的作用，首先要釐清「它造成了哪些人的暫時性的心理解組」，且使他們陷入「危險」與「轉機」的狀態。試以「某班教室被縱火」為例，當天晚上被通知趕往現場的校長、主任、輪值人員以及老師是被影響了，不過，校長及時與消防與警察人員商量，控制住消息的傳播，避免了「謠言」的發生，也減少了「被影響者」的範圍；另外，校長明確地指揮儘可能的立即處理現場，並將之隔離開來，也減輕了火災現場對第二天到校學生的影響程度。第

二批受影響的是受縱火教室的學生，他們是受害者；而當發現縱火者本身也是該班的學生時，整個受影響的範圍似可推測如下圖：

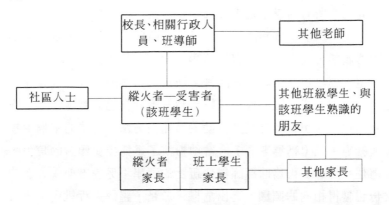

圖三：情境性危機（教室被縱火）的可能影響範圍

　　如果這件事情有明確的報導，且儘速讓可能被影響的每一個人都有相同的瞭解，亦即不會有各種不同的訊息、揣測、或謠傳，通常較不會引起相關的人們落入「暫時性的心理解組」。以上述之案例來看，校長與消防、保安人員有了默契，與學校裡預先組織好的危機處理小組商量後，立即向全校老師說明，並請導師回到班上向同學們轉述；另一方面也選定學校之發言人，任何家長、社區人士、或媒體記者有疑問，暫由「發言人」說明，也將這件事情的複雜性降到最低。因此，大多數的老師、其他班級的學生、學生家長（縱火者的家長除外），以及社區人士都不會形成「暫時性的解組狀態」，所以「危機」只發生在：

縱火者—受害者 ，縱火者家長 以及 校長、相關行政人員、導師

三個範圍。不過，為了預防萬一，最好仍有一套方法來瞭解其他人是否受到影響。譬如設立暫時性的「其他老師—校長」、或「其

他老師-輔導主任、輔導老師」、或「其他老師-某些接受過這方面的訓練的老師」管道,以方便任何一位老師心中有疑問,可以獲得立即的回應。老師的層次得到妥善的照顧,才可能由全校老師共同注意所有的學生是否有那一位落入了危機狀態。

確定了「受影響範圍」後,接著是瞭解「影響的程度」。落入危機狀態,個人的認知與情緒兩方面都可能「波濤洶湧」,但不一定全部呈現在個人的意識裡,所以,如果讓個人有機會完整地傾訴出來,則一方面他可以較清楚意識到自己的狀態,另一方面協助他的人也較容易規劃協助的策略與方法。上述的案例中校長與輔導主任(輔導老師)恰當地扮演了這種接受傾訴的角色,先穩住了導師,再協助導師穩住班上的同學;另一方面縱火者的父母也獲得相同的照顧,走出危機。於是,整個過程就剩下「縱火者」的處理了。

在這個例子裡,由於校長、主任皆有豐富的處理危機的經驗,且學校裡預先就有危機處理的組織與演練,因此整件事情僅只造成了少數人的危機,而這些人也都獲得妥善的協助,所以沒有人「變得更壞」(包含「縱火者」在內,都獲得了不同程度的成長)。

情境性、突發性的危機會因其內涵而有不同的影響力量。例如:有位同學在學校自殺、有位同學因打群架而被重傷、有位同學被勒索而受傷、有位同學意外(車禍)死亡、老師意外罹難等等,這些突發事件的影響範圍與影響程度都會有不同。不過,當學校有恰當的先前準備,且有相當多的老師熟悉危機的處理歷程,而能各守其位共同處理,通常都能將校園危機轉化成教育的契機。

以下為某國中的校園危機處理小組的組織圖,以及應對自我傷害類的突發事件之作業要點與處理流程,作為學校形成「恰當的先前準備的參考」。

某國中校園危機處理小組組織圖：

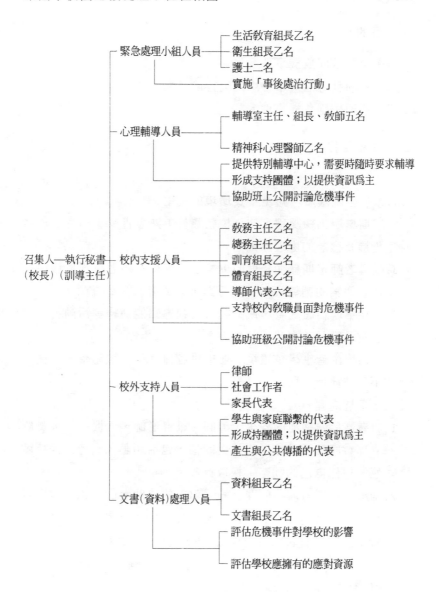

某國中「校園危機」處理作業要點：

一、目的：

（一）預防校園危機事件發生。

（二）會同輔導危機事件中之高危險徵兆個案。

（三）處理校園危機事件。

二、作業要點：

（一）預防處理

1.改善校園環境，避免不良環境的產生。

2.定期舉辦訓練課程，使全校教職員工熟悉青少年的身心成長危機及應急的處理原則。

3.輔導老師定期參加年度的專業訓練課程，熟悉校園危機中高危險個案的輔導策略、技巧與可資應用的社區資源。

4.定期舉辦親職教育、成長團體、輔導知能訓練等活動，提供全校教職員工自我成長教育。

5.協助學生適應學校環境，並提供各種活動來激勵學生，使之不易被挫折打敗。

（二）危機處理

1.對有高危險徵兆的學生，導師、輔導老師、危機小組成員應立即會同輔導並給予支持與關懷，包括傾聽、支持、保持敏感、信任自己的判斷，採取行動。

2.輔導人員應扮演一個關心的、真誠的協助者的角色，鼓勵學生將其內心的感受與想法儘可能完整地表達出來，共同尋求解決該學生面對實質的或主觀的、抽象的壓力。

3.經由衡鑑，瞭解了該學生的想法或行動，輔導人員應當做到：

(1)與該生直接討論他的感受。

(2)恰當地表達輔導人員對他的關心，使他覺得他並不孤單。

(3)態度上要積極,但表現則要冷靜,容許學生依他的節奏表達他的內心感受。

(4)協助學生釐清面對壓力的心理狀態。

(5)多強調環境與個人的可改變性。

(6)採取幫助的行動,如:聯絡家人與重要的朋友,共同解決目前緊急的壓力。

(7)瞭解輔導人員本身的限制,在必要時,立即聯絡其他專業人員。

4.召開個案會議—由輔導主任主持,召開導師、訓導主任或生教組長及個案相關人員、全體輔導老師及小組成員共同研討危機處理的步驟,採取一致的行動。

(三)事後處治:成立事後處治委員會

1.委員:事後處治委員即本校危機處理小組成員。

2.任務:

(1)評估校園危機事件對學校的影響。

(2)評估學校所擁有的應對資源。

(3)實施「事後處治行動計畫」。

(4)於高危險時期,建立一特別輔導中心,讓全體學生們清楚知道,當他們有需要時可以「隨時」來要求輔導。

(5)協助班級召開討論這件危機事件的討論會。

(6)支持校內教職員工面對這件事。

(7)形成以提供資訊為主的支持性團體。

(8)產生與家長聯繫的代表。

(9)產生與公共傳播聯繫的代表。

3.工作細則:

(1)評估危機事件對學校的影響--------全體委員

(A)收集並驗證有關此事件的所有資料。

(B)評估此事件對學生的影響並找出需特別注意的團體。

　　　　(C)評估此事件對教職員工的影響，並且幫助涉入的教職
　　　　　　員工。
　　(2)評估學校的資源------------------------全體委員
　　　　(A)危機小組是否不會有個人感情或情緒涉入？
　　　　(B)對個別的成員或整個學校而言，他們如何受此事件的
　　　　　　影響？
　　　　(C)需要多少校外資源，如：其他學校或社區的危機小組
　　　　　　成員的協助？
　　　　(D)危機小組應有權力選擇必要的顧問來協助處理。
　　　　(E)小組在必要情況下，應可擴大到包括社區裡的輔導專
　　　　　　業工作人員，地區精神科專科醫師或不同宗派的神職
　　　　　　人員。
　　(3)介入及實行行動計畫
　　　　(A)通知學生及教職員工。這項工作應選擇在班級或小型
　　　　　　團體中進行，不要集合全體師生作報告，並將報告限
　　　　　　制在告知事實而非個人揣測，並提供必要的支持。--
　　　　　　----教務主任、訓導主任、輔導主任
　　　　(B)清楚說明學生如何／何時／在那裡可以得到幫助，例
　　　　　　如：那些學生可以個別地或以團體形式進行會談。--
　　　　　　----訓導主任、輔導主任
　　　　(C)小心照顧受影響較大的高危險學生。------導師、輔
　　　　　　導教師
　　　　(D)找出高危險的學生，並擬訂照顧計畫。----導師、輔
　　　　　　導教師
　　　　(E)指定一危機小組成員去和家長接觸。------校長
　　　　(F)指定一危機小組成員去和大眾媒體接觸。--校長
　　　　(G)決定何時聯絡校外專業人員。-------------輔導主任
　　(4)成立特別輔導中心------------------------輔導主任

(A)提供學生關於此事件的訊息，事後處治的計畫及社會
　　可用的資源。

(B)回顧一下有那些因應方法。

(C)評鑑有那些學生處於危機當中。

(D)評鑑有那些學生需轉介到校外的專業機構。

(5)幫助班級的討論------------導師、訓育組長、輔導教師

(A)閱讀緊急通知要記。需注意班級學生可能先前已討論
　　過此一危機事件。

(B)這是一個班級討論會，而非一個治療的過程。

(C)表現出有信心、鎮靜、明確及鼓勵的態度。

(D)自由討論大家的感覺，並請保持不批評的態度。

(E)讓學生發洩他們的感情及對此事件的關心，有各種感
　　覺都是十分正常的，而學生中的感覺也許會有很大的
　　差異。這些感覺也許會很快地改變。

(F)減少任何有批判性的字眼，將討論針對如何解決問題
　　及如何使用更好的方式來應付此一事件。

(G)避免有指責的情形出現，如可以說「那不是我們可以
　　決定的」、「我們並不是偵探」。

(H)再次引導表達出生氣的感受，如說：「生氣是很多在
　　遇到這種事情都會有的反應，你在生氣時，都做些什
　　麼？」。

(I)討論會領導者將在接下來的幾天之內看到很明顯的悲
　　哀的徵兆，這是十分正常而且可被接受的。

(J)需仔細觀察是否有不尋常的反應，並且尋求進一步的
　　介入。

(6)支持校內工作人員。-----------------------校長

危機小組將評估高危險的校內人員並建議他們如何因
應，並且對較受影響的老師提供支持，通常幫助教職員會

間接使學生受益。

(7)幫助支持性團體的進行。----------輔導教師、輔導主任

此團體是由特別輔導中心評估後決定成立的支持性團
體,危機小組的成員或心理衛生之專業機構應助其進行。

(8)聯絡當事者學生家長的代表。------訓導主任、校長指定

(A)向家長表示學校的關心,以及在學校將有的一些處理
程序。

(B)徵求他們的同意以便告知其他學生及教職員有關死亡
的資料。

(C)瞭解家長對這件事有何安排。

(9)聯繫大眾傳播媒體的代表。--------教務主任、校長指定

(A)發言者最好是危機小組之成員,最好是事後處治的成
員。

(B)訊息應儘量依事實報導,不要渲染。

(C)應禁止接觸學生和教職員,而只限於和危機小組代表
接觸。

(D)應提供媒體以下資訊:

a.關於危機事件的一般性報導。

b.關於學校發生此事件的特別報導。

c.應促使媒體報導地區的協助資源。

探 險 之 旅

—對 Whitaker 荒謬技術(absurdity)的回應

郭 麗 安

壹、愛己而後能治療的生活哲學

從事家族或婚姻治療的實務工作者都會對象徵／經驗
（ symbolic-experiential ）學派家族治療大師 Carl Whitaker
印象深刻；他以跳脫傳統，色彩鮮明，與煽動性強的諮商風格為
名。 諮商工作對他而言，貫徹人工頭腦理論（ cybernetics ）
的結果並非去重建案主原有的生活秩序，反而是有意的去引發混
亂與瘋狂，藉以誘發當事人的創意性經驗（ creative
experiencing ）。 Whitaker 可說是使用「經驗性心理學」
（ experiential psychology ）此名詞的第一人（ Whitaker &
Malone, 1953 ），其獨樹一格的治療手法在他提供給後進治療師
的「生活寶典」（ Whitaker, 1976, p.164 ）中可一窺究竟。 以

下即是他個人的專業生活信念：

1. 將每一位重要他人貶至你後面。

2. 學習愛人；最好的練習對象是小嬰兒。因為三歲以上之小孩已很難讓我們湧出無條件的關愛。

3. 尊重自己的任性與衝動，並對自身行為的序列常持質疑態度。

4. 喜愛配偶勝於小孩，對待配偶宜孩子氣。

5. 隨興且重複的打破慣有角色結構。

6. 學習從自身的主張中攻、守，或撤退自如。

7. 護衛自身無能之處且將之視為最珍貴之武器之一。

8. 與人建立長期之關係，方可向對方表達恨意時還帶有安全感。

9. 成長乃至死方休之事：若能對生活發展出荒謬之感則可超越人世之經驗。一旦能放下「捨我其誰」的心態則可減少同類相殘之機會。

10. 發展原級之生活模式，並與安全的人共創無厘頭之互動模式。此外，與同行成立吐苦水團體，以免將工作的垃圾帶回家殘害配偶。

11. 學會柏拉圖說的：「練習死去」。

上述這些生活信念，歸納而言，不脫愛人與愛己兩方面的態度。而其中最優先強調的則是愛己，就愛己而言，尊重自身的缺點與衝動，並能正視人性中虐人為樂的本質，並透過親密的人際關係與勘破生死來化解。就愛人而言，以純真無邪，充滿彈性，打破刻板角色的方式為之。以上所述對一般人而言，可說是有點離經叛道，積極奉行下來，可能會被家人標示為自私、善變、任性，或出爾反爾。甚至會被精神科醫師診斷為反社會、自戀型，或邊緣性人格異常。然而，對經年累月涉入在個案本人或家庭系統裏糾結不清的專業家族治療師而言，如何在日常生活中還能自

愛愛人，這套生活寶典幾乎可說是具有保守該活水源頭之作用。在我看來，這十一點的內容都是對強者，或者是救世主生活哲學的一種逆向操作，帶有禪意的生活或許是在日常生活中經常被迫扮演家庭救世主的Whitaker自我平衡的一種方式吧。

不過，也許就是在根本上，Whitaker擺脫了專業英雄的自我期許，因之荒謬，誇張的治療手法與技術才在其身上有了開展的機會。他最為人熟知的一次荒謬演出大概就是他在治療「熱鍋上的家庭」（Napire & Whitaker, 1978）時與家庭成員之一大打出手。此種acting-in的技巧中最常被使用的是諮商師的沈默（silence），可用來增進諮商情境中的情感與親密度。此外，用來挑戰案主的煽動性言詞與行為均有擴大諮商關係張力與飽滿諮商師情感之功能。沈默技巧易使，弄錯至少不致對案主造成太大的威脅。但具有兩面刃性質的荒謬技術，卻不是時時可用。對Whitker而言，他的荒謬除了來自性格，主要還是因為「窮而後工」（Keith & Whitaker, 1978）。在諮商情境陷入僵局，前無進路後無可退，將活生生的整個人投入，挾著創意與膽識奮力一搏，往往卻因此打開家庭成員禁錮已久之情感，重創治療生機。

多年來，多在學術的殿堂中仰望、驚嘆Whitaker能全心投入家庭系統的探險，大玩荒謬技巧而能全身而退。近年，隨著工作對象的改變，中年人的案主逐漸成為工作的重心，日復一日面對案主與自身的無能為力，受挫之餘，竟也有了「荒謬」的心得。茲舉一例說明。

X女士，中年未婚，銀行上班。有十年的焦慮與憂鬱症病史。其焦慮之因乃恐懼十年前結識但又因故錯失姻緣之男士會來工作場所，萬一排在她的窗口，她一定會不知所措且肯定會丟臉極了。為此她多年來數次請調於不同之分行服務，但仍終日忐忑不

安，深恐他那一天會翩翩駕到。十年來藥石罔效，多位精神科大夫及諮商師均治療過她，轉介單上也都強調她對治療的「抗拒」。初次見她，她毫不猶豫地便給了我個下馬威，一開口便問我能不能治好她，若沒把握則最好明言以免浪費彼此時間。「妳都願意花十年的時間恐懼那件事，為什麼會在諮商這件事上這麼斤斤計較」？案主愣了一下，開始努力說明那十年的恐懼多麼有事實的基礎，而她的身心又受到了多大的創傷。「我完完全全，分之百相信妳的害怕，若我是妳我根本就不敢去上班了，幹嘛還要為五斗米天天擔驚受怕，沒道理嘛」。小小的諮商室頓時充滿詭異的氣氛，兩個中年女子熱切地互比誰的膽子小，以及誰比較缺少那五斗米。從這裡開始案主從一個被動、等著看諮商師變把戲的角色一躍為主動、想重創人生好戲的覷睚女子。

　　荒謬具有摧毀諮商師與案主所面對的「現實」的功能。原本X與諮商師的現實是被一個十分頑強的非理性的恐懼所罩住，過去每個諮商師與X本人都想奮力去說服彼此那個非理性的恐懼有多麼的不應該，多麼的值得去除，卻又都無功而返。而當一位諮商師完全認同她的恐懼，甚至還把自己的恐懼借給案主時，案主與諮商師頓時超越了現實的困頓，改變了「被非理性想法罩住」的現實情境。

　　X第二次出現時，告訴我她還是要那份工作，但是「我得想個好法子讓對方萬一出現時我可以讓我的同事代理我的業務，那樣我就可以不用面對他」。「難喔，銀行是公共場所，他硬是要排在妳那個窗口，妳有什麼理由臨時要妳的同事跟妳換位子」？接下來X自己想了多種不高明的白謊引來諮商師的陣陣搖頭。「何不坦白告訴同事他對妳是一種心理創傷？反正這是事實嘛」，「萬一他們問是什麼心理創傷呢，我能告訴他們真相嗎，說我多後悔當年錯過了他？說我難怪到現在還是個老姑婆？」X

第一次給自己機會，也允許自己看到悔恨與怨忿。「那當然是萬萬不可，十年來都忍了，怎可毀在此時，讓同事知道他傷害妳這麼深，不是太抬高他的身價嗎？唉，他害妳害得這麼慘，妳一定也恨死他了，連我都討厭他，害我陪妳在此坐困愁城」。忽然，Ｘ大叫一聲「我知道了，我可以告訴我的同事他長得很像我的殺父仇人」，這回輪到諮商師傻眼了，殺復仇人確實是個極端巨大的心理創傷，但這個理由也未免太扯，太過於荒謬了。探究之下，原來案主的父親眞得是死於意外車禍，是被個男士撞死的，時間也是十年前。

　　源於諮商師的荒謬技巧，讓案主也看到了自身的瘋狂因子，因之打開了現實生活的桎梏，也活化了原本死去了的自發性。第一次會談中的荒謬演出是治療師自導的一個吉光片羽（fragment）;第二次的會談，當荒謬成了一個過程（process），案主搖身一變成了Wihtaker（1975）所形容的堆疊比薩（Pisa）斜塔的主角，一個接一個的荒謬想法堆疊上去終至壓垮斜塔。案主回到地面上，腳踏實地自我解套。

　　Ｘ第三次沒出現，她來了張謝卡，說她十年來的失眠與憂煩都不見了，何需再來見我。

　　荒謬的技巧，使用的目標非只著眼在適應，而在增進案主或整個家庭的成長。它的出現也非蓄意或刻意的安排，通常都是連諮商師都覺得快被打敗了，而靈光忽然一閃的結果；此外，它也是Whitaker（1975）口中唯一能救贖沈悶無聊的諮商氣氛的良藥。奇妙的是，就如同Batson（1977）所言，案主自會學習到這套創意哲學，且能在實際情境中舉一反三，帶著更多的彈性與創意離開會談室。

貳、學習荒謬

　　荒謬技術之所以不盛行，除了諮商師本身的個性不好此道外，很關鍵的因素是 Whitaker 並沒有努力去開展，陳述，研究它，以至於後來的使用者多屬心領神會型的治療師。要學荒謬，典型的 Whitaker 手法是包含六個步驟：

1. 案主或夫妻或家庭先呈現一個症狀—如強烈的想法或恐懼「我恨死我老公」；治療師即深表同意，「男人確實很難搞定」。

2. 治療師做出推論「老公既然如此難纏，何不休了他？」

3. 將案主接下來的回話推到更高一層級的荒謬，如「我不能離婚，他不會給我孩子」，「妳真的很愛孩子，不過為了他們妳可以再多犧牲一點，妳要把孩子留給父親才對，如此孩子才有機會認識父愛」。

4. 案主試圖推倒荒謬「你有沒搞錯？做這麼愚蠢的建議」。

5. 諮商師堅持他的荒謬，當案主發現推倒荒謬的意圖並無成效，原有固著的想法不得不被突破，而帶來了類似禪學中的開悟經驗（ enlightenment experience ）。

6. 諮商師接受，祝福案主進入健康的，或開悟的經驗。

參、為什麼荒謬技術會帶來開悟

　　對生命的本質而言，人類的思緒是荒謬的；對理性的思維而言，人類的感受也是荒謬的。就如同絕大部份的人在年輕時拼命工作的理由是退休時可以逍遙人間，唯其時已多是時不我與；也如同人類皆知生命有時盡，但愛人離去時仍難捨不忍捨，當我們企圖舉止有度時，卻往往背棄了真實的人性。更重要的是，當我們努力於「成為」自己時，就停止不了「表演」的斧鑿痕。這些都是真實生活中具自傷性質的矛盾。人生本質的悲喜交織的情狀即是荒謬，荒謬既是哲學上的暗喻也是存在的本質。透過諮商師

的荒謬點化，案主不僅看到了與己身不同的對事情的想法，也有了學習的可能。諮商師的荒謬示範，更啓動了當事人開放，眞實，與自發性的角色。Batson（1955）將心理治療定義成是一種改變認知架構的歷程，藉著諮商師的能力，轉化案主過往接觸世界的法則，而荒謬技巧，往往就成了此種轉化的觸媒。

　　一旦諮商室中的荒謬爲案主所接受，即有可能對他的眞實生活歷程中的屈辱發展出免疫力，在荒謬的生活情境中進出自如。透過諮商師的親身示範，案主除了能全力投入生活體驗，又能對生活體驗保持一種客觀的距離，於是往後生活中的挫折與焦慮便變得較易容忍。Yoder（1994）曾對一罹患強迫性思考的病人進行八次的治療，治癒的關鍵在於使用既具荒謬無稽也帶有矛盾意向（paradoxical intention）的策略。當案主 Ron 陳述自己會在開會時胡言亂語，腦袋瓜子晃動不已，形象鐵定會崩潰時，Yoder 告訴 Ron：「誰在意你形象崩潰？誰喜歡開無聊安靜的會？如果你能製造笑話大家都會記住你，感謝你。所以下次開會請你做你自己，盡量出糗就好了」。藉著接納自己無稽的恐懼並「意圖」要出糗，Ron 從具強迫性質的思考桎鋪中釋放出來。

肆、個人風格的建立

　　許多同行在工作多年後，發現傳統個別治療的主流理論固然對其助益不少，但也感受到自身內在的個別化呼喚也很強，Whitaker（1978）對處在專業認同危機，或試圖建立個人風格的同行有一些建議：

　　1.探索自身的荒謬可笑之處，並正視己身的無能脆弱；如果諮商師在沒有面對自身的荒謬可笑處之前即使用荒謬技巧在案主身上時，極易成爲一種策略性之攻擊，對案主不啻是種暗箭傷人之把戲。

2.家族治療的工作需全神貫注，應充分發展左右腦的功能，偏廢任一半腦均無益於專業工作；右腦的功能與非智性，創意有關，努力開發的結果方可碰觸及使用自身的「瘋狂」（craziness）。

3.諮商師若不敏於自身的虐人衝動（sadism），且安然與之相處的話，將很難施展荒謬技巧。願意接觸的話，諮商師可能會發現有些看來混亂與困惑的特質非但不具迫壞性，且是好玩的，就像母親與嬰兒玩耍或戲謔，是頗自娛娛人的。

4.與副手合作可增益主動與負責的諮商風格。此外，經由另一諮商師的介入，治療系統與家庭系統的距離更易於調整或互補。

5.關懷（caring）是諮商品質的要素； 它的表現在於諮商師的個人風格而非言語。

6.諮商師會談時的主動與引導技巧表現的最好時機往往源自挫敗而非事前規畫之策略；機關算盡的結果反而有礙成長。

伍、改變的層面

家族治療中所謂第一序列（first-order）的改變仍脫離不了在原有的情境中使用相同的問題解決策略（frames）；第二序列（second-order）的改變涉及以完全不同的方式重新框視（reframe）情境；第三序列（third-order）的改變涉及教導案主學會自我重新框視的能力。 Watzlawick ， Weakland 和 Fisch（1974）認為所謂的第一序列改變仍然不脫以案主「舊有的常識」範疇來解決問題。從這個角度來看， Whitaker 的荒謬技巧足以動到第二或第三序列的改變。不過，仍然要強調的是，荒謬是無法預期無法事先計畫的一個技術，事實上，對Whitaker而言，即如前述，最好的技術來自諮商師在情境中的創意，而非

事前的規畫（Neill & Kniskern, 1982）。就如同 Whitaker 與
Keith（1981）所言:「所有治療技術的終極目標是終結技術」，
治療者的關懷，活力，堅毅，與高深莫測（unpredictable）的
性格才是最有效的治療工具（Nichols & Schwartz, 1995）。

陸、諮商師的存在經驗與經驗學派諮商師

經驗學派治療師對治療的領悟主要來自臨床經驗而非來自
研究（Keith & Whitaker, 1982），因之，經驗學派治療師在
做諮商時大抵是採取主動且充滿個人風格的手法，他們並不想藏
在專家的面具後面做個制式的治療者，此即意味著全身投入的歷
程中，諮商室中的他們也會經驗到脆弱易受傷害，或是沮喪，生
氣等感受，這是存在的經驗，不可逃避不需隱藏。Whitaker 甚
至批評有些不勝任的治療師會借用理論來控制本身於治療情境
中所產生的焦慮（Guerin & Chabot, 1992），而隔絕了真實的
體驗。Whitaker 與 Keith（1981）曾說過，如果治療師自身在
諮商室中一無所獲則案主也將一無所獲。所以，Whitaker 在他
的諮商室中即充分地去體驗他個人彼時彼刻的「存在經驗」。他
可以隨著案主的陳述而大笑，而哀怨，而憤怒，甚至還會打瞌睡。
當家庭成員問他何以睡著時，他並非禮貌性地找個藉口搪塞過
去，而是誠實的表達他認為談話實在太過於無趣了。有個例子足
以說明上述這種狀況，Wihtaker 的徒弟 Keith 在與一對夫妻做
第三次會談時，其氣氛一如前兩次的沉悶與無聊，也是從事諮商
專業的妻子當事人於晤談快要結束時問 Keith:「我們這樣要談
到哪裏去? 你現在到底想要做什麼」? 治療師的回答是:「我什
麼事都沒做，我只是想快點度過這次的晤談，這次晤談像是原始
晤談的第三張複寫紙寫出來的」（Keith & Whitaker, 1982）。

在 Carl Rogers 的治療哲學與治療情境中，諮商師此時此刻的自我坦露被視爲是重要的治療態度與利器； Whitaker 將此概念往前推了一大步，他認爲在諮商室中的存在經驗不獨爲當事人的體驗，也爲諮商師所共享與感受；當事人從諮商師的自我坦露中得到人性的支持與印證，同樣地，諮商師本人也在充分覺知自我的狀況下得到了經驗擴展的喜悅。所以，諮商的目標除了幫助當事人改變故習外，諮商師本人也從此歷程中開始自我轉化與改變。

柒、什麼人能用與善用

Whitaker 認爲接受過治療的諮商師比較有機會善用荒謬技術，這些治療除了個別諮商外，還包括婚姻諮商與家族諮商，藉以增加治療者的創造力，此即說明了創造力與荒謬技術間的關係。當然，對諮商專業的新手而言，在諮商室中要以所學理論去展現技術都還有點手忙腳亂之際，遑論創造力的表現。但是，任何一個好的諮商師，絕難拿著固定的解決問題的處方給案主而能行遍天下，相反的，他們的思考模式較天馬行空，允許看似不相干的事件放在同一個認知機模裏處理（ Down, 1988 ）。尤其在探討案主內在的心理動力與外在的環境動力之間的關係時，其間人性心理的幽微深邃，更需一個有創意的諮商師方能理解與洞察。Carrington（ 1987 ）即認爲不管是學校心理學家，臨床心理師，或是諮商師都急需創意的訓練。當然，一個有創意的諮商師憑一己之力也難獨創一個充滿新意的解決案主問題的技巧，最重要的是，就如同前述的 X 女士的案例，諮商師的荒謬外加當事人的強烈改變動機，方有了創意的諮商互動。

曾有一個家庭來看我，父親罹患老年失智症， IP 母親是個

含辛茹苦照養一家人的典型女性，兒女四人均成年且已各自嫁娶。來做家族治療的原因是 IP 自丈夫發病以來的數月脾氣變得暴躁，對待丈夫失去往日的耐心，即便子女得空回家探望父母時也遭受母親的冷言冷語，對子女提議將父親送入安養院以減輕己身的負擔也充耳不聞，子女覺得母親與過往溫柔婉約的樣子有了很大的出入，便全家一起出現，希望諮商師能幫助母親回復以往知足常樂的性格。在前面三次的會談中，子女不斷陳述母親過去是如何的慈愛；母親則再三地重複伺候先生拉拔孩子長大的辛苦；失智的男主人靜坐一旁無言無語；對談完全失焦。第四次會談時， IP 終於發飆，數落子女在丈夫失智後的分家一事上是如何虧待了她，其怨憤情緒一發不可收拾，責罵子女搶家產的守法簡直像是紅衛兵。一方面是因家中的秘密外洩，另一方面是 IP 的又哭又叫，令家中在場的其他成員尷尬不已。瞭解分家事件的來龍去脈，以及母親所受的委屈後，諮商師問母親：「要跟一群紅小鬼周旋真不簡單，看，您老公都被搞得失智了，只有您還挺得住，這麼多不肖的子女中您看到底誰是紅衛兵頭頭？」諮商室中的氣氛開始凝結，各個人面面相覷，母親眼光掃射全場後，幽幽的說：「他們其實都算是孝順的孩子」。已成年的子女鬆了一口氣後開始流淚，軟弱的孩子便要有慈愛的母親來相配，慈母果然重新登場。

捌、結語

也許有人會批評荒謬技巧太過操弄，甚至是徒然無功。然而臨床上它的效果的確已被證實，它讓我們瞭解心理治療本非真實的生活情境，它是新生活或新想法的實驗，或是一種探險之旅。依 Whitaker 的說法，心理治療就如同由專業的領航者帶著遊客

泛舟在險峻的科羅拉多河，拼命找尋生路。雖然「導遊」曾經來此一遊，但無法順利返航的風險依然存在。遊客也許同意共此一遊但亦有可能拒絕同行。拒絕者最常見的說法是：「你是在說笑吧」，或是：「我不懂這樣做有什麼意義」。在此情況之下，當事人偏好的會是中規中矩的問題解決諮商模式，就如同站在一旁觀賞別人泛舟於科羅拉多河，十分之安全。而這種幫助當事人找到「適應」（adaptation）的方法的諮商模式非爲 Whitaker 所喜，因爲保有安全的同時往往也會喪失了親身體驗人生瑰麗風景的機會，並阻絕了創意之可能，他要做的是「成長」（grow）當事人，因之，冒險就成了必要的精神。

Whitaker 的「導遊」式的治療手法確實也遭受過像不夠優雅，笨拙，甚至太過突兀的批評，像 Martin（1994）就覺得他低估了荒謬手法的傷害性。在理論與技術被嚴謹遵行的諮商心理學界，Whitaker 的「無理論」（nontheory）的立場，確實是對傳統治療方式的一種反動，他所創的「象徵/經驗學派」事實上是揭示了建構主義的興起，傳遞了挑戰強勢文化，制式的價值觀與思考模式的精神（Cory, 1996）。檢驗 Wihtaker 的實務表現，他可謂是樂於顛覆傳統的角色型態與角色定義。以台灣諮商界發展的成熟度看來，學習使用他的荒謬技巧應不是種荒謬的想法。

參考書目

Bateson, G. (1955). A theory of play and fantasy. American Psychological Association Psychitric Research Reports, 2, 39-51.

Carrington, C.H. (1987). Where are we? What is our challenge? And why? Counseling Psychologist, 15(2), 271-274.

Downs, J.R. (1988). What critical thinking can do for you as a counselor. TACD- Journal, 16(1), 41-48.

Guerin, P.J. & Chabot, D.R. (1992). Development of family systems theory. In D.K. Freedheim (Ed.), History of psychotherapy: A century of change(pp. 225-260). Washington, DC: American Psychological Association.

Hunsley, J. (1993). Treatment acceptability of symptom prescription techniques. Journal of Counseling Psychology, 40(2), 139-143.

Keith, D.V. & Whitaker, C.A. (1982). Experiential/symbolic family therapy. In A.M. Horne & M.M. Ohlsen (Eds.). Family counseling and therapy. Illinois: F.E. Peacock.

Martin, P.A. (1994). A marital therapy manual. London: Jason Aronson Inc.

Nichols, M.P. & Schwartz, R.C. (1995). Family therapy: concepts and methods (3rd ed.). Boston: Allyn & Bacon.

Neill, J. & Kniskern, D. (Eds.). (1982). From psyche to system: The evolving therapy of Carl Whitaker. New York: Guilford Press.

Watzlawick, P., Weakland, J. & Fisch, R. (1974). Change: Principles of problem resolution. New York: Norton.

Whitaker, C. (1975). Psychotherapy of the absurd: With a special emphasis on the psychotherapy of aggression. Family Process, 14, 1-15.

Whitaker, C. (1976). The hindrance of theory in clinical work. In P.J. Guerin, Jr. (Ed.), Family therapy: Theory and practice. New York: Gardner Press.

Whitaker, C. (1978). Struggling with the impotence impasse: Absurdity and acting-in. Journal of Marriage and Family Counseling, 4(1), 69-77.

Whitaker, C.A. & Malone, T.P. (1953). The roots of psychotherapy. New York: Blakiston.

Whitaker, C.A. & Keith, D.V. (1981). Symbolic-experiential family therapy. In A.S. Gurman & D.P. Kniskern (Eds.), Handbook of family therapy. New York: Brunner/Mazel.

Yoder, J. (1994). Paradoxical intention: The case of Ron. The international Forum for Logotherapy, 17, 108-113.

電 話 諮 商

修慧蘭

壹、何謂電話諮商

在通訊科技如此進步的時代中，透過電話可以提供許多種的服務，如訊息查詢、求援、報警、甚至聽笑話，多數人也都會利用電話來獲得某些服務。如打「一〇四」查電話號碼；「一一九」、「一一〇」求援、報警等；除此之外，許多機構也都會透過電話服務方式，進行資訊提供或接受大衆的意見，例如「〇〇法律服務中心」、「〇〇消費者諮詢專線」。電話在現今生活中，已超越原來雙方聯絡的功能，而是可以利用電話進行許多實際的服務工作。綜合言之，電話可以提供的服務可分爲以下四種。

一、提供立即建議

例如在一些較危機、緊急狀況下，如中毒、被毆、受傷等狀態下，除去打電話報警外，其實也會尋求立即性建議，以了解當時應立即作何處置。

二、提供資訊

例如法律服務、消費者服務專線等。接電話者以專業知識，用友善的語調提供打電話者所需要的訊息。由於此種服務是針對生活中的一些具體事件，如消費、法律事件，因此彼此在談話時並不需深入地探討個人內心的想法或感受，但為了瞭解對方所遭遇的狀況及是否明白所提供的資訊或建議，在談話過程中常會去問問題並澄清。

三、提供諮詢

例如兒童保護專線。當事人遇到生活中的一些困境、或不知如何面對處理時，不論是當事人本人、或第三者打電話來尋求解決辦法時，接電話者需了解問題狀況，評估可能的危機及當事人的需要，然後才能給予某些建議，因此在此過程中，接電話者需要使用一些諮商技巧，如基本的傾聽、同理、反應、澄清、問問題、摘要等，才能清楚了解對方的問題並提供所需的意見。

四、提供支持

此種電話服務主要是透過諮商技巧的運用，表達接聽者的願意傾聽、且能讓打電話來的人覺得在此匿名狀態下是安全、被接納與被了解的，使其得到心理上的支持，或因共同經驗而分享到對方的經驗而獲得幫助。例如，類似康復之友機構所設立的專線，接聽電話的人主要是「過來人」，他們在走過一段人生經驗後（如疾病、生活變故），對此經驗有頗深的心得，願意以經驗加上一些諮商技巧的運用，幫助目前亦正在遭逢此事件的人。但此支持者也必須很清楚自己的界線，不可以因自己的經驗而強迫對方如自己般地處理問題，重要的是如何支持對方、陪伴對方。

電話能提供上述四種服務，那能利用電話進行諮商嗎？最早使用電話來進行心理問題服務的應屬英國，英國在西元一九五三

年由牧師 Dr. Chad Varah 創設「撒馬利亞電話」（Telephone Samaritan），協助有自殺意圖或企圖的人。美國也在一九五八年於洛杉磯設立「自殺防治中心」，使用電話專線服務有自殺企圖的當事人；之後又有「危機調適中心」、「年輕人專線」、「藥物、毒品控制中心」等機構產生，將電話服務對象擴展至較大的領域。我國在一九六九年的七月一日，於私立馬偕醫院成立「馬偕生命線」，十一月十一日救國團成立了「張老師」專線，亦開啓了我國利用電話提供心理服務的工作（張老師月刊，民 69）。介紹了利用電話進行心理服務的歷史後，也許令人好奇的是，這些性質的服務是所謂的電話諮商嗎？還是上述的四種服務之一？那電話諮商又和上述四種服務功能有何不同呢？

　　根據 Rosenfield（1997）之定義，電話諮商（counseling by telephone）是指一位受過專業訓練的諮商員與另一當事人，經由電話、在一次或較長的關係下，使當事人探索自己、了解環境、或解決危機。由於是一諮商過程，因此期間所牽涉到的契約、費用、規範等均與面對面諮商相同。唯一不同的即是：一是面對面；一是利用電話。Rosenfield 認爲在 1980 年之前，多數人會認爲無法用電話進行諮商，因爲諮商員看不到當事人，且透過電話傳達，聲音也會失眞，另外也無法要求當事人訂定諮商契約等。但目前由於通訊科技的進步，不只是電話聲音品質的改進，甚至已進展至視訊（video phone）傳播的能力；更重要的是因專業訓練的人才越來越多，已培養出許多諮商員散佈在各機構中，而各機構爲了服務更多的人，往往也開闢電話專線，因此這些專業諮商員即把原有面對面諮商轉移至使用電話，而使電話也具備了提供諮商的功能。雖然 Rosenfield 認爲可以使用電話進行諮商，但實際上在進行「電話諮商」的卻不多，較多的專線是使用諮商技巧提供上述的服務。他認爲電話諮商（counseling by telephone）與在電話中使用諮商技巧（using counseling skill on the telephone）是不同的，雖然彼此有部分重疊的地方，例如部分的諮商技巧是相同的，但彼此有著不同的目的與歷程。電話諮商員須注意諮商歷程，如注意可能發生的情感轉移、反轉移現象，需要採用諮商理論與模式；一如面對面諮商般，電話諮商的當事人是可以選擇諮商員，彼此有契約關係，言明付費方式或進行家庭作業等。但若是利用諮商技巧提供諮詢、支持或訊息等，雖然為了瞭解當事人的問題，接聽電話者也必須使用傾聽、同理、摘述等諮商技巧，但其目的多數只是希望透過電話在較短的時間內給予當事人一些協助、建議，甚至是以電話當作面對面諮商的前驟。例如目前我國有些機構即是徵求義工擔任電話服務員，透過義工的協助，鼓勵有需要進行諮商的當事人進行面對面的諮商。因此我們已瞭解，電話諮商與面對面諮商應無多大的差別，但使用電話提供心理服務的不一定是在進行電話諮商，而是使用某些諮商技巧提供諮詢、支持或建議等。

　　由上可知電話諮商與在電話中使用諮商技術是不同的，而電話諮商與面對面諮商雖有相同部分，但也有其特殊性。就電話諮商的特性言，方便性及匿名性應是其與面對面諮商不同的地方，當事人可以不受地理環境影響以電話與諮商員晤談，不必"現身"於他人面前，此種方便與匿名性應是為何有那麼多人會採用電話尋求心理協助的原因。但此種方便性與匿名性也有可能因此被誤用或濫用。例如目前許多提供電話心理服務的機構，均會接到一些濫用電話的人打來的電話，即使是真有心理困擾想尋協助的人也會因匿名性高，心中存有「反正別人不知道是"我"打的，因此即使"我"不依約定去做，如說好要再聯絡的，即使不再聯絡也不會覺得不好」的想法，此種狀態下即可能造成當事人並未積極的投入諮商關係，而結果影響了諮商效果。另由現象面來看，不論是由電話提供諮詢、支持或諮商等，常是一次即結束（ one-off ）的晤談，因此電話諮商的上述特性，也可能會是電

話諮商的一種限制。而面對面諮商需要當事人前往諮商機構，對於某些人而言，也許造成許多不便與掙扎，甚至放棄不去求助，但凡願意接受面對面諮商者可能已顯現出其較能投入此專業關係中，因此也變成是一種有利於諮商關係的特性。

上述的定義與區別，其目的並不在於鼓勵各機構均需要提供電話諮商或面對面諮商等，而是認為提供電話服務的各機構應清楚此電話專線所提供的服務性質為何？功能為何？然後才能根據此性質對內訓練、甄選服務人員，對外宣傳服務項目，以協助需要的人，並使有需要得人得到最妥善的服務。以往常聽到的一種現象是，打電話的人希望透過電話獲得一些建議或訊息，但接聽電話的人確認為此專線是一種諮商服務，其目的在自我了解，結果彼此均感受到挫敗與不滿，因此實有必要對內與對外均澄清此電話專線的性質。

貳、電話諮商的技巧

由於電話諮商與面對面諮商唯一的不同只是在於一個是面對面，一個是利用電話，其所要求的諮商員特質、諮商關係的建立、諮商的歷程、倫理規範等均相同。但不可否認的，由於無法面對面，對諮商員而言，的確失去了一些可以了解當事人的線索；且由於電話的匿名性高，對於當事人是否真誠呈現自己，或是利用電話本身即是一種不敢面對自己的態度等議題，一直均是不贊同電話可進行諮商的人所懷疑的部份。但對於那些支持可以使用電話進行諮商的人士而言，上述的問題是可以透過技巧的訓練來改善的，尤其是對聲音品質的敏感與掌握。由於電話諮商所使用的諮商技巧無異於面對面諮商，因此，本篇只針對聲音品質的敏感與掌握此部分技巧及特殊要注意的部分特別加以說明如下。

一、對諮商員本身聲音品質的掌握

　　Rice與Kerr（1986）利用人際過程回憶法（Interpersonal Process Recall，IPR），請28對諮商員／當事人，針對談話過程給當事人的知覺是被瞭解的、無助益的、或是不舒服的等不同感受，來瞭解所謂的「好的諮商員」的聲音品質（Vocal Quality）。研究結果發現聲音品質可分為以下七類：

1. 溫和的（softened）：是一種放鬆的聲音且帶有適當的能量，傳達出諮商員的投入與親密。此種聲音品質有助於彼此關係的建立。

2. 有變化的（irregular）：在音調（pitch）與說話步調上是有變化的，會跟隨著當事人的情緒、步調而改變。此種聲音品質顯示諮商員努力地想要接近、了解當事人。

3. 自然的（natural）：是一種不會太放鬆，但也不會太投入的標準型式的聲音品質，是一種和當事人保持一些距離，但又不會太遠的感覺。

4. 明確的（definite）：這是一種帶有較高的能量的聲音，但因過於明確、飽滿，易阻礙了當事人表達自己不同感受或想法的機會。

5. 限制的（restricted）：此種聲音品質是指雖然在內容上呈現出想幫助、想接近當事人的語句，但其聲音卻讓人覺得有些距離。

6. 特定型式的（patterened）：例如諮商員不論是表達何種訊息、何種感受均採用特定型式的語調，如諮商員的尾音一直都是往下墜或往上揚的，如此不但阻礙了諮商員的表達，也較無法敏感到當事人的變化。

7. 有氣無力的（limited）：一種沒有生氣、單調、無能量的聲音品質，甚至是一種干擾的聲音，完全無法讓當事人感覺到諮商員的投入，甚至會使當事人覺得被拒絕、被評價。

上述七種聲音品質,前三種聲音品質,即溫和的、有變化的、及自然的聲音被認爲是好的諮商員所呈現出來的聲音。

但除了上述聲音品質外,個人說話的音量、速度、重音、停頓等現象,及表達的內容也會使人感受不同。例如當諮商原因轉頭而使音量變小、或因時間不多、或太疲倦而使速度加快或變慢,均易讓當事人覺得諮商員可能不耐煩、不想聽等負向印象,不過此種聲音變化的現象,也可能是諮商員的一種情緒、想法的反映方式,可能是內心的不耐煩、或不想談的表示方式,因此諮商員必須時常覺察到自己的聲音。很多機構爲了避免手執聽筒造成手酸、耳熱等不適現象而影響了聲音品質,如因手酸而換手拿聽筒,而造成聲音變小等現象,因此改採用耳機式電話,如此不但方便,也不會因頭部轉動不同方向而影響了聲音,但據筆者了解,在使用耳機電話時,也有部份人因不習慣耳邊掛一耳機而影響了談話過程。

二、對當事人聲音的覺察

電話諮商最常被懷疑的即是諮商員無法看到當事人,無法了解當事人的許多心理變化,但是否沒有了視覺來源的訊息即無法了解對方呢?如前述所說,電話諮商員可透過對聲音的敏感度去了解當事人,例如當事人說話速度、頻率高低、聲調的變化、停頓、出現重音、或上述聲音特徵的變化,速度由快變慢,頻率由高變低等,均是諮商員應去覺察並予以反應的部份,以澄清個人對當事人的了解。例如當事人說著一件很急著想要立刻解決的事,雖然我們看不到她的表情,但從聲音的低沈、緩慢則覺得有些不一致,則諮商員可以試探性語氣去澄清當事人的感受或需要等。又如當有沈默發生時,諮商員可以不急著去打破沈默,然後想想在沈默前是誰在發言,如果是諮商員說完後發生了沈默,則可以表達是否是諮商員說了什麼,讓當事人受到了一些影響;或

是沈默之前是當事人自己在說，然後就不說了，則也可以用試
探、關心的語氣去了解當事人。不論當事人自己是否覺察到上述
各種聲音的變化，但對諮商員而言，去覺察、去反映、並了解是
很重要的一件事。

三、對外在環境聲音的覺察

當進行電話諮商時，應避免有外在環境的干擾，不論是車聲或吃
東西的聲音、或電話雜音。因此在諮商過程中電話諮商員也要注
意到當事人的外在環境是否有雜音，如果有，則可立即做出反
應，建議當事人作一些改變。例如當諮商員突然聽到有一些微小
的雜音，可能是當事人在吃東西，或一邊做什麼事情，或聽到有
門鈴聲、有另外的人聲時，均應提出詢問，並徵求當事人同意做
一決定，是停止手邊的事繼續談話，或先處理手邊的事，等方便
時再打電話。當然在此討論過程中，需要告訴當事人為何不可邊
吃邊討論，讓當事人了解談話的重要性。

四、諮商員本身的專心投入

由上述三項的說明中已可了解，做為一位電話諮商員，不僅
要聽內容，還要"非常"努力地從各種聲音中了解當事人，因此
諮商員本身的覺察、專心程度即顯得非常重要。當然不論以任何
形式進行諮商的諮商員均需要專心的投入，但 Rosenfield
（ 1997 ）特別指出一種電話諮商員常見的行為，認為此種行為
可能有礙於諮商員的專心，那即是在諮商室中一邊聽電話一邊記
錄、作附註的行為。許多電話諮商員認為一邊聽一邊記會有助於
自己的記憶與整理，但 Rosenfield 卻提出相反的說法，因為一
邊記錄時多數是針對當事人所說的內容加以記錄、整理，而且在
此記錄過程中，勢必無法再分心去聽到當事人所說的內容、聲音
表情與外在環境等；何況，如果一位面對面諮商員不需要作筆

記，若有不清楚、矛盾的訊息出現時，可立即反映、澄清、面質，為何電話諮商員即必須先記下來，然後再找機會去反映、澄清、或面質呢？因此建議電話諮商員也應學習放掉記筆記的行為，而是專心投入在諮商過程中。

五、電話諮商在預備階段應注意的事項

由於電話諮商如同面對面諮商般亦是一互動歷程，因此在正式進入諮商前應建立清楚的契約，在當事人打來的第一通電話時，即應針對此契約部份加以澄清及討論；相對地在此第一通電話中，諮商員須很快又簡要瞭解當事人的求助目標，及自己可以提供何種協助，然後讓當事人負起部分責任，決定是否要投入此諮商關係中，例如由當事人從電話中形成對諮商員的印象，由其做自我決定。在此契約協定中，討論事項包括：

（一）時間的安排：

例如每週幾次，那一時間打進來，每次有多少時間，總共約幾次等。一般言，諮商的頻率常是一週一次，每次五十分鐘，約四至六週做一評估，然後再決定是否要繼續及訂定另一目標。若是在危機狀態下的當事人亦會安排一週兩次或三次的諮商，但每次的時間則可較短些。不論彼此的約定為何，重要的是當事人是否能進入此諮商結構中，除非有危機狀況，否則應避免讓當事人太常在非約定的時間內打電話進來。即使是在危機臨時狀況下打電話進來，諮商員所進行的經常不是一完整的晤談，而只是一支撐（holding）工作，例如，讓當事人瞭解為何他覺得目前有危機？及幫助他為自己做一些事情以因應此危機，直到下一次晤談的來臨。

（二）費用的討論：

例如費用多少？何時付？如何付？付給誰？……等。有些機構的做法是要求當事人在每次晤談後，下次晤談前須以現金或支

票等方式寄至機構中,也有些是探事先預付四次的方式,不論探
何種方式,均須與當事人討論,讓其清楚其責任爲何。

(三)聯絡方式的討論:

例如由誰打給誰?若打不進來,如何處理?或當事人在約定
時間內未打電話進來怎麼辦?……等事項的討論。一般言,均是
由當事人打電話給諮商員,當然,諮商員在約定時間內一定要在
電話旁等候。若晚打進來五至十分鍾,可和當事人約定仍進行原
訂的五十分鐘,或只進行 45 或 40 分鐘;但若超過十分鐘以上,
則可視情況取消此次晤談等。

(四)保密的約定:

如同面對面諮商般,須讓當事人瞭解保密的規範及例外情
形。

(五)適當的電話諮商行爲:

告訴當事人一些適當的電話諮商行爲,例如找一個不受干擾
的環境打電話,在談話中不要一邊吃東西,或做其他事,而是很
專心的進行諮商。

當正式進入第一階段後,其諮商歷程與將面對的各種狀況則
如面對面諮商般,在此不再說明。

參、電話諮商的發展趨勢

雖然部份諮商員並不認爲可使用電話進行諮商,但也看到越
來越多的機構、或諮商員已肯定電話諮商的價值及功能,尤其電
話本身的方便性、時效性,對於那些距離專業諮商機構過於遙
遠、或不方便出門的人而言,電話諮商是一項極有價值的服務方
式。爲了滿足不同的人的不同需求,目前透過電話通訊科技的發
達,英國已發展出其他類的服務方式,茲將此發展趨勢介紹如
下:

一、對聽障者的電話諮商方式

為照顧到聽障者之需求，已發展出一種 textphone 的機器，可將話語轉換成文字，當然在轉換過程中又將失去一些了解彼此的非語言線索，但此種諮商方式畢竟已考慮到殘障人士們的需求，不會因其身體的障礙而失去了尋求心理協助的機會。此部份的發展趨勢也是值得我們國內諮商界注意並加緊努力改善的。

二、利用電話進行團體諮商的工作

Emma 於 1990 年徵求在進行個別電話諮商的一些有嚴重焦慮障礙的當事人，志願參與一為期十二週的電話團體工作，其性質較傾向是一自助性團體。每週在固定時間內所有成員均同時透過遠距傳訊公司（ telecommunication ）讓彼此均聽到每一位成員的聲音（基本上，團體人數不可超過八人），每次通話時間一小時，但在兩次團體之間，成員需配對進行電話聯絡，當作是每週的家庭作業。雖然此種電話諮商方式還很新，並不普遍，但對於無法採用以往傳統的面對面團體諮商的人而言，如不方便出門的人、受地理環境限制的人、或對匿名性有較高需求的人，此種協助方式，的確讓其找到一適合的管道。

綜合言之，我們肯定每個人都有求助的需求，當有需要專業的諮商時，希望不會因為外在環境因素（如地理）、或個人身體殘障因素而阻礙了當事人尋求諮商的管道。也就是說，如何發展出不同的諮商管道來協助不同的族群將會是未來一趨勢。當然不同的協助管道（如用電話、面對面、文字等）會因傳播媒介的限制而影響到諮商的歷程，但也不應為了此種限制而剝奪了某些人有可能獲得協助的機會。重要的是，身為一位電話諮商員如何加強自己專業諮商能力，充份掌握在此傳播媒介物下所可能蒐集到的所有訊息，並充分利用此媒介物將諮商員自己的態度、信念及行為等傳遞出去。

參考文獻

一、中文部分

張老師月刊（民 69）我國電話諮商的發展障礙。張老師月刊 5，
　　2，66-82。

二、英文部分

Rosenfield (1997). Counseling by telephone. London: SAGE.

Rice, L.N. & Kerr, G.P. (1986) Client and therapist vocal
　　quality. In L.S. Greenberg & W.M. Pinsof, The
　　psychotherapeutic process: A research handbook. N.Y.:
　　Guilford.

夢的心理諮商

鍾思嘉

　　夢是一種意象和感覺的語言，它是屬於做夢者的創作，
而且端賴做夢者如何去解釋和運用它（Cushway & Sewell,
1994）。

　　有人早晨醒來記不得晚上自己曾經做過夢或回憶不起做過
的夢；有人則事隔多日對做過的夢仍記憶猶新。有人多次做同樣
一個夢；有人一段時日做像連續劇的夢。有人回憶夢境印象深
刻；有人半夜從恐怖夢境或夢魘中驚醒。無論是上述何者，夢在
人的生命裡具有其不容否認的意義。當然，有時候做的夢可能只
是「日有所思，夜有所夢」的瑣事拼湊，但有時做的夢卻對於人
的日常生活有重大的影響，這種影響可能是智慧的提醒、警惕或
情感抒解、創造力的發揮，也可能是與心理的困擾、身心疾病有
著密切的關係，尤其是後者對於心理諮商工作者而言，更應有其
值得重視的地位。
　　然而，事實上看到的是在諮商中當個案提出他做過的夢時，
許多諮商和心理治療工作者對這類個案資料多半不知所措，或者
草率地推論個案的夢與其內心過度焦慮、缺乏安全感等有關，而

將這個可能對個案有重大意義的資料棄之一旁。正如 Means 等人
（ 1986 ）所稱：「在大多數近代諮商和心理治療中，夢的解釋
依然是一個被忽視的技術。」他們認爲這種忽視的理由有二：其
一是夢被視爲神秘的現象，夢的解釋過程是一種較複雜且難解的
藝術，其二是夢的解釋有某些特定理論基礎，而且解釋的方法很
少能在這些特定理論之外應用。

　　如果追本溯源而觀之，這種被忽視的現象不足爲奇，因爲夢
在心理學領域中所遭受的待遇亦是如此。雖然自 1900 年佛洛依
德的「夢的解析」一書出版以來，夢有一段近八十年的漫長歲月，
被排斥在心理學的學術殿堂門外，原因無它，夢被心理學家認爲
非科學且不適合做實証研究。因此，即使在心理學領域偶見一些
夢的描述，充其量只是在心理學教科書中找到與意識、睡眠或知
覺有關的少部份內容而已。直至八十年代以後，越來越多的心理
學者對夢的研究產生興趣，才使得夢漸漸受到重視。在此一期
間，一些諮商與心理治療的學者和實務工作者也開始接受個案夢
的資料以進行個別諮商和治療，以及運用夢的分享在一些工作
坊、團體諮商和治療中，而且他們的努力得到相當不錯的成效。

　　強調重視夢的諮商，並不是宣稱它可以取代諮商和心理治療
其他的技術，它只是其中之一；同時，也不是意謂著從事諮商和
心理治療工作者必須接受夢的分析訓練才能解釋個案的夢。事實
上，其眞意乃在於了解夢對於人們是有意義的且有正向幫助的，
尤其是個案的夢對其產生極大困惑或期待對夢有所覺知時，諮商
和心理治療工作者能協助個案將其夢結合個案日常生活資料，以
增進其自我察覺和拓展創造力。因此，夢是臨床上可以掌握且加
以運用的重要資料。

壹、夢工場的模式

　　回顧夢的歷史，從埃及、希臘，乃至中國、猶太等古文明國

家，都把夢視為來自於神的訊息，其作用不外乎傳遞和溝通神的旨意、解答人的疑惑、獲得心靈力量或具有療癒的功能。Garfield（1974）在她所著的「創造的夢」（Creative Dreaming）一書中解釋說，人們並不需要相信夢有神或宗教的特殊意涵；她認為其本質是從想要做的夢中尋找一個能清楚表達的平靜安祥之處，以及專注和想像欲做的夢以達身體放鬆。更明白的說，自我建議（self-suggestion）的成分很重要，而且如同外在的建議（如催眠等）一樣地有力量。因此，我們可以從古文明對夢的解釋中學習到夢可能引發健康的意象，而且能從夢中的改變來改變人們清醒時刻的態度；換言之，夢對於人的情緒和身體有其良好的影響。

在未介紹實際夢的心理諮商方法與技術之前，有必要先就過去對夢有不同見解的各家諮商與心理治療學說做一摘要性的說明。

一、佛洛依德的夢學說

佛洛依德把夢看做是「通往潛意識的忠實之路」，一些不被意識清醒時所接受的壓抑或隱藏記憶、慾望或衝動，在夢裡可以毫無保留的呈現。從檢視自己的夢和病人的夢，他發現潛意識壓抑的願望在睡夢中可以獲得替代性的滿足；因此，他相信夢反映出未獲得滿足的願望得以實現。他曾以一位小男孩夢到自己吃光一整籃的櫻桃為例，其原因是小男孩在白天時不被允許吃櫻桃之故，這例子是直接的願望實現，也是他所謂的夢的「明顯內容」（manifest content）。然而，佛洛依德認為人隨著年齡成長，早年發展的一些慾望無法在現實中實現，而被壓抑或不被心靈意識接受時，這些慾望會在夢中以另一種形式出現，而且會造成意識清醒時極大焦慮，這種隱藏或偽裝的夢，他稱之為夢的「隱藏內容」（latent content）。以前述小男孩夢到吃櫻桃的例子，

他認爲在成年人的夢中，可能表示他想跟母親發生性關係的戀母情結，這種夢的僞裝功能不僅讓做夢者釋放被禁止的慾望，而且允許做夢者隱藏慾望的本質以讓睡眠不受干擾。因此，佛洛依德認爲夢的功能有二，一是睡眠的守護者，另一是不被接受慾望的安全殼。

由於夢的隱藏內容（原始僞裝的部份）是從夢的「明顯內容」（做夢者的敘述）轉化而來的，而爲了解其隱藏內容佛洛依德採用夢的解析方法是自由聯想，亦即分析者要求個案對夢的各個部份自由地敘述（漫談），然後嘗試找出其與個案最近生活事件的聯絡和所蘊含之意。因此夢的解析是一段漫長的過程，頗爲費時費力。佛洛依德也相信大多數人的夢有其普遍性的象徵符號，如房子代表人的身體、國王和皇后代表父母、水通常代表出生或生命力、旅行可能象徵死亡等。最常爲人知且被批評的是，佛洛依德認爲在夢中出現的許多象徵（ symbols ）具有性的本質，如雨傘、木棒、樹、槍或其他似棍棒之類的物品代表是男性的生殖器官，而洞穴、房間、廚具或一些容器則代表是女性的生殖器官。

佛洛依德對夢的看法除上述性象徵的描述爲人詬病外，他認爲夢是被壓抑的童年慾望亦被近年來的研究證明並非完全如此，因爲不少研究者發現夢只是思想的回憶和過去事件，所謂的「白天的殘留」（ day residue ）。此外，一些研究者亦不同意夢是睡眠的守護者之觀點，因爲他們研究的發現，許多人即使夢到性或攻擊的明顯內容依然睡得蠻愉快的。

佛洛依德的夢學說和夢的解析方法雖然遭到許多批評，因爲他的觀點多建立在病例上；但是無論如何，必須承認佛氏的學說對於後世夢的研究和諮商學說的發展都是一個重要的里程碑。

二、容格的夢學說

容格與佛洛依德對夢的觀點最大的不同之處是，他相信夢是

潛意識正常、有創意的表達，而非如佛洛依德所言之受干擾的心理活動。他認為夢常反映出朝向健康和成熟的內在驅力之運作，而這種驅力是可以與意識心靈彼此合作。同時，容格強調夢中的象徵應由諮商與心理治療工作者引導個案充分表達其含意，而不是囿限於公式化的分類和解釋；而且，象徵是具有語言和合理描述，且能清楚表達（至少是部份）的明顯內容，而非偽裝的隱藏內容。因此，他不太強調夢的解析，而認為個案敘述夢的經驗本身就是一個重要的治療過程。他特別探究人類心靈重要的象徵，如宗教神話、民間傳說等，這是存在於每個個體內心深層的一些普遍共通的象徵，他稱之為「集體潛意識」（ the collective unconscious ）。

由於容格強調夢與做夢者目前的生活的狀況有關，因此夢是潛意識心靈的自我表達，夢的成分或象徵正是描繪出做夢者的心情、情緒或部份的人格特質；夢中的「我」代表著做夢者的「自我意識」（ conscious ego ），而且夢的功能是幫助人們恢復心理的平衡。誠如上述，容格不同意佛洛依德採用夢的解析方法，因為他認為這種解析可能會使個案離夢的主題太遠；雖然他並沒有任何一個清楚的解是夢的方法，但是他會採用的冥想、藝術和想像等不同的方法來幫助個案描述夢和了解夢的意義，而且通常採用個案一系列的夢，而非單一的夢。

對於容格的夢學說的批評亦有不少；首先，如果說佛洛依德過渡強調夢中潛抑的性象徵，而容格則過於忽略了性象徵，在他的著作中很少有論及身體和生理感官等內容。其次，雖說尊重做夢者對自己夢的解釋，不需去作夢的解析；但相對地，容許個案廣泛的解釋夢，卻很難讓實務工作者從他的觀點中獲得一些有助益的導引。

三、波爾斯的夢學說

　　完形治療學派的創始人波爾斯早年雖然接受的是心理分析學派的訓練，但他反對潛意識的觀念，而重視做夢者「此時此地」（here and now）的語言和非語言行爲。波爾斯把夢看做是「通往統整的忠實之路」，因爲他認爲經由夢的諮商使我們人格失去的部份得以復原，進而成爲更統整或完整。不同於佛洛依德視夢爲願望的思考，他認爲夢是一種存在的訊息（existential message），而夢的功能在於解決未竟事物（unfinished business）以及統整人格的各個片斷部份。同時，他也相信在夢中的各個角色或物體都是我們人格的某個部份的投射，而我們必須重新擁有人格的這些片斷部份而成爲完整。

　　完形治療的方法是經由做夢者以第一人稱敘述故事，且以現在式將夢重現在此時此地，而最常用的是空椅法，讓夢中的不同角色進行對話，以澄清和統整人格的衝突部份。波爾斯將衝突的兩個對立角色稱之爲「優狗」（top dog）和「劣狗」（under dog），優狗指的是人格中的權威、批判、自以爲是的部份，且會對劣狗做出不切實際的要求，而劣狗則是人格中怨懟、直率和被操縱的部份；波爾斯將個案這兩個彼此衝突的部份藉由「演出」（acting out）而加以統整。他的觀點與容格的說法頗爲類似，將夢中的角色和物體視爲做夢者人格潛抑的部份，諮商與心理治療即是協助個案統整人格中原已分離的潛抑部份，進而形成人格整合的自我。因此，完形治療是幫助自我察覺而至統整的實踐方法。

　　波爾斯的夢學說也有其限制，因爲對於個案較長而複雜的夢加以演出和對話頗爲費時費力，尤其是一些不願或不善表達的個案較不易達成統整效果。此外，其治療方法雖然生動，但對情感或情緒的衝激很大，有些個案較難接受，甚至可能會排斥。

四、法拉戴的夢學說

　　從 1972 年第一本書「夢的力量」（Dream Power）開始，法

拉戴（ Ann Faraday ）運用容格和完形的許多觀點，強調夢是反映做夢者現今生活的情事，而不是如佛洛依德所言的願望實現和偽裝。她最大的貢獻是將夢的解釋分爲三個層次，無論從三者中的任何一個解釋，如波爾斯的完形觀點，只要做夢者滿意，解釋合理的便是適當的解釋。

　　法拉戴認爲夢的解釋第一個層次是「向外觀」（ looking outward ），這類型的夢是所謂「日有所思，夜有所夢」的白天殘留記憶，而且是發生在剛睡覺不久的睡眠循環階段，這種夢多屬做夢者白天遇見的事物，如電視節目中的影像、一段社交的對話、家事活動等。因此，夢到的東西在眞實世界中是可以找到客觀的事實，只是做夢者在白天或清醒時沒有清楚地意識或覺知到而已。舉例而言，如果夢到屋子著火，原因可能是擔心廚房瓦斯有漏氣現象，而且還未找人修理。雖然這種夢具有警告或提醒的作用，但是法拉戴認爲做這種夢只要重新檢視現實生活的事物並加以處理（如找人換瓦斯管）即可，而且做夢者很快會忘記，通常不值得多加解釋和探究。

　　第二個層次較第一個層次呈現較多的意義，它包含某種訊息和少數的象徵，通常這些夢是有關於與周遭他人互動的關係和情感，其訊息不難了解，象徵亦相當明顯。這種類型的夢是因做夢者內在的心態和衝突，經由夢這面鏡子呈現變形的外在現實，它雖是做夢者對外在人際情境的主觀知覺，卻仍有其客觀的事實。對於這類的夢，法拉戴曾舉出一位男性個案爲例，他夢到自己和父親在激烈地比賽划船，表面上的意思是感到受控制和限制；但是在晤談中，這位個案逐漸體認到他有些話想跟父親說，但在現實中因某些理由避而不談。這層次最好的解釋方法是協助個案了解這些人際關係中未察覺到部份。

　　夢的解釋第三個層次，法拉戴認爲是洞察做夢者最深層的自我，稱之爲「向內觀」（ looking inward ）。這類型的夢無關

於外在世界的人事物,而是內在衝突或分離的自我。法拉戴曾舉一例說明此類夢,某一女性個案夢到女王來到她家拜訪,雖然她事前已打掃整理,但仍見到處散落著紙片。法拉戴運用完形治療的空椅法,讓這位個案和夢中的女王對話,逐漸幫助個案察覺到女王象徵著常要求整潔的權威母親,而散落的紙片代表著她自我的創造力部份。後來這位個案察覺,是因為自己具有寫作的才華和興趣,卻被母親阻止從事這類的行業而產生的夢。法拉戴認為這種層次的夢採用完形治療的技術,來幫助個案達到自我察覺和統整是很有效的。

貳、夢的語言

　　近二十多年來,歐美國家坊間有不少所謂夢字典或夢辭典的書問世,企圖對於形形色色的夢加以分類和解釋。然而,事實上這類工具書在諮商與心理治療上的用途不大,因為夢之所以有意義端賴做夢者是否認同和接納,而非借助於外在賦予的公式化的解釋。儘管如此,夢的象徵、隱喻(metaphors)或意涵仍有類似語言文法結構的規則,可以提供諮商與心理治療工作者一些引導。根據 Weiss(1986)和 Faraday(1974)的研究介紹五種主要的夢語言如下:

一、夢象徵

　　任何夢中的意象和行為都可視為一些事物的象徵,而解釋的原則是尋找其包括明顯意義和潛藏意義的共通特徵。舉例而言,狗對於大多數人而言是忠實的朋友,因此夢到狗可能代表忠實、忠誠之意。當然,狗對其他少數人亦可能有不同的意涵,如凶惡、恐懼、依賴、愚蠢、信任等。而站在容格創稱的集體潛意識「原型」(archetypes)觀點,夢中的動物經常代表著人們內在的「動物性」部份,特別是在文明社會規範下被壓抑的野性、原始、

本能等特質。因此，Cushway 和 Sewell（ 1994 ）認爲雖然夢有
其個人的特殊意義，但是在同一個文化傳承中，象徵仍可能有其
共同的意義。

　　不只是事物的象徵，人物也可能代表一些意義。 Faraday
（ 1974 ）指出，即使某個人已不活在世上，但他在夢中出現亦
可能代表一些象徵價值。舉例而言，有人經常夢到去世的祖父
母，其可能象徵一個有智慧、有愛心的人，因爲在做夢者孩童的
經驗，祖父母正是呈現這種正向特質的人；當然，也可能是負向
的特質，如嚴厲、冷漠等。此外，Cushway 和 Sewell（ 1992 ）
還認爲一些數字、舉動、顏色、姓名和口語等也有象徵的重要性，
不能忽視；例如，一位在大學唸書的女子對自己的一個夢感到困
惑，因爲她夢見自己和另一個女同學在 265 寢室聊天，房間的號
碼非常清晰，奇怪的是學校沒有這個號碼的寢室，後來在團體諮
商中的一位成員推測可能是日期，她立即想起五月二十六日她的
母親來學校找她，跟她說話的是她的母親，而且場景不像寢室，
好像在父母的家中；之後，引發她發現其實是她對母親反對她上
大學，而忽略了家庭之類的話而一直有內疚之故。

二、戲劇化

　　另一種常見是戲劇化的夢語言，其特色是把事實加以渲染擴
大，有時可能是蠻可怕的情節；例如，與父母的意見不同在夢裡
出現的可能是眞實的戰爭。Cushway 和 Sewell（ 1994 ）曾描述
一個令個案驚恐的夢，個案夢到自己深入敵軍的堡壘，而且丟擲
一個手榴彈到堡內，赫然發現炸到的是她的男友。事後，他們幫
助她察覺到是最近她和男友爲了搬家有所爭執，而產生戲劇化的
誇張的夢境。因此，諮商和心理治療是幫助個案察覺這看似荒謬
的劇情，其實是與自己生活事件有關聯。

三、濃縮和膨脹

　　在夢中有時一些想法和印象會濃縮成單一意象，例如某女士常夢到自己住的房子，但是這房子是古舊式的建築，和自己現在實際住的新式住宅完全不同。在諮商中，個案察覺到前者很像自己童年的家，以及大門代表著幼小時的一個心理障礙，而且影響到目前自己和家人的關係。

　　膨脹則是濃縮的相反意義，通常是同一個意象不斷重複出現在夢中，或是不同的象徵形式出現在夢裡。例如，某男士常做自己經歷一個令人挫折的旅行夢，夢到自己坐火車橫越沙漠，火車拋錨改乘吉普車；後來吉普車油盡改為騎馬，最後馬累倒了，最後自己掙扎地走在荒漠流沙中。在諮商之初，他覺得這個夢沒有什麼道理，在後來諮商過程中，漸漸察覺到是反映自己目前工作上受人排擠，而引起的無力感。

四、隱喻 (metaphors)

　　夢的象徵意義常可以從夢的意象或行動來發現其中隱喻，而隱喻是指語言的風貌已被轉化為不同於表面意思的事物。在諮商初期去檢視夢的隱喻是蠻有用的，Faraday (1974)曾提供幾個常見的隱喻，簡要介紹六種如下：

1. 跌落 (falling) 通常是夢到從懸崖或高樓的邊緣掉落，或者滾下山坡，其隱喻的意義可能是與個人最近的挫折有關，如事業失敗、失戀等。

2. 飛翔 (flying) 通常是成就感、情緒高漲或高度的心靈、宗教信仰狀態等隱喻，也可能是企圖逃跑或逃避某些不愉快的事物。

3. 掉牙齒 (teeth falling out) 通常是攻擊慾的壓抑，或者不守承諾、丟臉等隱喻，也可能是代表長大成人。

4. 赤裸 (nudity) 全身或部份裸露通常表示害怕曝光，或者是想在某些方面展現自我；被人脫褲子可能表示缺乏準備或害

怕成為別人的笑柄；在街上裸奔則可能是希望自己更開放、誠實，或者是希望別人注意到自己。

5. 考試（ exeminations ）考試也是常見的夢，它可能表示生命中正接受考驗或想要證明自己；也可能是通不過某項考驗或不能達到某個人期望等。

6. 死亡（ death ）死亡的夢是不少人常提到的，值得特別注意的是其有多種可能的隱喻，然而大多數人都認為這是不祥或可怕的預感，且導致焦慮緊張；如果夢到別人死亡，更可能造成嚴重的焦慮和罪惡感。其實，這種隱喻的可能性不是沒有，但是死亡也可能有正向的意義，如某個重要的生命時期或關係結束，所以可能是年輕人離開父母而獨立，也可能對現在生活感到滿足。

五、角色顛倒

容格認為這種夢代表著自我隱藏或不為人知的部份，也許是性別(如男性夢到自己是女性)、年齡(如成人夢見自己是小孩)、種族 (如夢到自己是黑人) 、職業 (如老師夢到自己是船員) 等顛倒角色。

參、客觀的方法

Cushway 和 Sewell (1994)將解釋夢的方法分為兩大取向，一是客觀的方法，一是主觀的方法。至於諮商中採取何種取向的方法沒有一定標準或規則，如前述再三強調的：夢屬於做夢者，而夢的解釋則是諮商工作者和個案合作的成果。雖然諮商和心理治療工作者根據自己的經驗可以建議採取何種取向的方法，但是個案的意願、能力、特質等都是重要的決定因素，並且得視夢的型態和個案的喜好。當然，諮商工作者的能力和意願亦是很重要的方法選擇因素，因為我們絕不能用一個自己感覺不能勝任的方

法。

通常，客觀的方法對較長的夢較有幫助，因為有較多場景和人物，也較為複雜。同時，個案如果是傾向於理性或邏輯思考的特質，亦較多建議採取客觀取向的方法。以下介紹三種主要的方法和步驟：

一、細說夢的舞臺

這種方法是由個案以局外人的立場來敘述自己的夢開始，讓個案拉開距離去觀察夢中的自己，其步驟如下：

1. 諮商員先請個案以旁觀者的身份及現在進行式來述說夢，並且注意做夢者自我（dream ego）做什麼；舉例而言，鼓勵個案如是說：「做夢的人在馬路上狂奔，發現身上沒有任何衣物，做夢的人覺得很丟臉……」

2. 之後，請個案以「某人」、「某地」、「某事」等來代替原先描述的人事地物時；舉例而言，引導個案如是說：「某人在某個地方做某件事，發現身上沒有任何東西，某人覺得很丟臉……。」這種代替的方式是刻意將個案跟做夢者自我拉開距離，通常個案做如此表達時會有困難，需要諮商員做一些示範。

3. 協助個案澄清和發現每一個夢中過程的情緒，如：「狂奔時感覺驚慌，而且發現身上沒穿衣服感到羞恥……。」

4. 諮商員請個案回到夢中的情景，詢問他一些問題，以下有一些參考問句：

   (1)這（人或物）對你有什麼意義？

   (2)在夢中有沒有出現一些特別的人名、數字、文字或顏色？

   (3)你認為這個夢有沒有什麼隱喻或含意？

   (4)你覺得夢裡有沒有什麼奇特、矛盾或衝突的地方？

   (5)你覺得夢裡有什麼衝突或未解決的情況？

(6)你覺得夢裡有沒有什麼正向或已獲得解決的情況？
5.請個案描述印象最深刻的夢中情節。
6.請個案以直覺給自己的夢一個名字。
7.詢問個案夢對自己清醒時的啓示爲何。
8.最後詢問個案在日常生活中，對於夢的意義是否要做某些決定或採取某些行動。

二、夢的客觀化

　　Williams（1984）認爲夢的客觀化包括一系列的問題，提供諮商員可依循的解釋過程，以獲得統整性的概念架構。這種方法有些類似上述細說夢的舞臺，它不同之處是個案不需要敘述夢的全部細節，因此較爲省時省力。通常，這方法較適合過去有處理夢經驗的諮商員。介紹其步驟如下：
1.諮商員請個案以第一人稱及現在式描述夢。
2.其次，請個案以局外人身份指出做夢者自我在夢中做的和沒做的事，特別是一些動作。
3.然後，詢問以下問題，必要時加以解釋：
(1)在夢中有沒有雷同或矛盾的情景？它們的關係如何？
(2)夢中是否有一些次序性？
(3)夢中重要的象徵是什麼？和不同象徵之間的關係爲何？
(4)夢中有什麼衝突或未解決的情況？
(5)夢中有什麼正面意義的象徵或已獲得解決的情況？
(6)是否有與其他夢中有關連的事物？
(7)夢中是否有一些沒有出現的關係或解決之道？
(8)對於夢中一些特別人物有什麼總結性的看法？
(9)從夢中學到什麼？

三、關鍵問題

　　Williams（1984）提出另一種類似前述兩種的方法，不同的是個案不需要完整地敘述夢，因此對一些只記得部份或有點模糊夢境的個案特別有用。其步驟如下：

　1.請個案以第一人稱，現在式或過去式描述均可，但以現在式描述較生動。

　2.提供一個問卷，由個案選擇性回答，不一定全部回答，也可以跳著回答或用圖畫的方式，而諮商員得留意個案是否有刻意逃避某些重要的問題。

　3.問卷中的題目如下：

　　(1)你（作夢者自我）在夢中的表現是什麼？

　　(2)夢中有哪些象徵對你有重要的意義？代表什麼？

　　(3)在夢中的情緒或感覺有哪些？

　　(4)在夢中的動作或行為有哪些？

　　(5)夢中有哪些人物是矛盾或角色顛倒的？

　　(6)夢中有哪些正向的象徵？

　　(7)夢中有哪些是你想逃避的啓示？

　　(8)夢中有哪些對你有幫助的啓示？

　　(9)夢中有哪些是需要自己回答的疑問？

　　(10)夢中有哪些是對你的要求？

　　(11)爲什麼此刻你會夢到這個夢？

　　(12)夢中的事是否在實際生活發生過？

　　(13)夢建議你採取哪些行動？

　　(14)爲什麼會做這個夢？

　　(15)爲什麼夢裡沒有採取不同的處理方式？

　　(16)爲什麼夢所說的在眞實生活做不到？

　　(17)在夢裡幫助你的人或物代表眞實生活中的什麼人或物？

　　(18)對於夢的結果你有什麼選擇性？

(19)你可以接受夢裡的哪些情節？

(20)如果在夢中的自己更積極主動的話，會發生什麼事情？

(21)夢帶來哪些新的問題？

肆、主觀的夢解釋

主觀的夢解釋著重於做夢者以直覺（ intutive ）與夢中情感（ feelilng ）進行接觸，通常把夢帶到「此時此地」的生活，亦即將夢的素材重現；因此，個案必須進入夢的情感內容，進而引導出個案對自我內在或對他人的衝突的洞察。主觀的解釋不同於客觀的分析或象徵的意義，它對於法拉戴所謂夢的第二個和第三個層次特別有用（見前述）；然而，因為涉入的情感較深，諮商員應尊重個案是否接受此法及中途停止的選擇。以下介紹四種主要的方法和步驟：

一、完形的夢諮商

完形治療有關夢的觀點如前述，在此不再贅言。其步驟如下：

1. 鼓勵個案以第一人稱和現在式重頭敘述夢。

2. 幫助個案說出夢中的主要成分，他可以選擇說出對於下列的人或物的感覺：

(1)感到最奇怪或不確定的人或物。

(2)感到最有感覺的人或物。

(3)夢中值得留意的不在場之人或物。

3. 以空椅法引導做任何角色或人物之間的對話，目的在發現潛在的衝突、限制成長的阻礙。

4. 允許不同夢意象表達，直到對立的「優狗」和「劣狗」出現。

5. 諮商員支持「劣狗」站起來對「優狗」表達自己的需要，對話時可能呈現夢中存在的（ existential ）訊息。

6. 讓個案繼續對話，而後轉至「熱椅子」（ hot-seat ）的技巧，
　 以探索任何夢帶來的意義。

7. 引導個案思考夢對自己現在生活說了些什麼，以及自己想做
　 些什麼樣的改變。諮商員在做結論前，應幫助個案思考夢中
　 存在的訊息及逃避的事物。

8. 回饋和分享是很重要的，無論是個別諮商中由諮商員做回
　 饋，或在團體諮商中由其他成員對個案做分享。

9. 諮商員在回饋中，強調的是個案的感受統整，而非解釋夢或
　 建議。同時，諮商員可以分享自己的感覺或經驗，通常的用
　 語是「當你在做……，我注意到……，我感到……。」

10. 此外，諮商員在進行時應常提醒個案對自己的感覺和想法
　　 負責。

二、夢的心理劇

　　心理劇（ psychodrama ）的創始人 Moreno （ 1987 ）認為真
正的洞察來自直接表達情感的宣洩經驗，而心理劇的目的在幫助
個案尋回自發性和創造力，進而察覺和改變原先固著或刻板的想
法和行為。心理劇有其完整理論和技術，以下僅介紹一些基本原
則和步驟如下：

1. 諮商員（在心理劇中稱作導演）選擇說夢的個案（在心理劇
　 中稱作主角）。

2. 諮商員一面請個案回憶他的夢，一面根據個案敘述開始佈置
　 場景，通常運用簡單的道具來代表一些物品，如以椅墊或抱
　 枕表示桌椅等。

3. 諮商員請個案選擇團體中的其他成員來扮演自己敘述夢中
　 的人或物（心理劇中稱作替身或配角），個案可描述這些人
　 或物的特性和行為，由替身或配角揣摩扮演，也常用角色互
　 換方式讓個案示範替身或配角的特性和行為。

4.當戲進行時後,諮商員隨時要求個案做角色互換,以澄清夢中出現每一個人物。

5.當演夢到某個高潮點,通常能帶給個案或多或少的情緒釋放,以及對夢有所洞察或越清楚的訊息了解。

6.有時,個案希望表演不同的劇,也許是不同的夢過程或結局,也許是不同於夢的真實生活,諮商員可依其需要再演一場新劇。

7.心理劇的結束是分享,無論是配角、替身或觀眾均可對個案分享自己的感受或經驗,尤其是對個案的同理和支持最重要。

三、夢的雕塑

夢的雕塑(sculpting)類似前述的心理劇,通常著重於夢中的某一個重要或印象深刻的情景,而且多數運用在團體諮商中,其步驟如下:

1.個案口頭描述夢中一個重要的情境,諮商員協助個案根據描述擺設出夢的場景,可使用某些道具或替代物。

2.請個案從團體中挑選成員來扮演不同的人物角色,並且將他們擺在不同的位置和擺出不同的姿勢,扮演的成員多數是似「泥塑」似地定住,且盡量以姿勢來代替口頭說明,如權威的母親可能站在高椅上叉著腰和伸手指著扮演個案的成員。

3.等個案將雕塑全景擺設妥當,然後進入場景中取代原先扮演自己的成員位置和姿勢。

4.請在雕塑場景中的每一個人物角色說一句話,常用的句子是:「我是(描述身體位置和姿勢),我覺得……。」。舉例而言,如:「我是高高在上,我覺得很有成就。」或「我從高樓頂墜落,我覺得害怕死了!」諮商員提醒成員表達的

字句要越短越好。

5.請個案用自己的意思表達扮演的角色；有時亦可請他取代每一個人物的角色，表達第四步驟的例句。

6.問個案對整個雕塑場景是否想有變動，如果有。可以依照個案意願調整位置或姿勢。

7.假如雕塑場景有些變動，請雕塑中的成員從新的位置或姿勢再說一次第四步驟的例句，如：「我依然高高在上，我覺得有些擔憂。」或「我從高樓頂掉下時，我覺得有些飄飄然。」

8.請個案分享自己的經驗與任何察覺。

9.雕塑中的每一個成員跳出扮演的角色與個案分享自己的感覺和經驗，包括他們的實際生活經驗。

10.請團體中其他未扮演角色的成員做分享和回饋。

11.最後，請個案總結自己從夢中得到的訊息和其對自己生活的意義。

四、重回夢境

這種方法通常是希望解決一些夢境的問題，或者是期望了解未完成夢的後續發展；有時，也會在想改變夢魘（nightmares）的不好結果時運用。進行的方式是讓個閉上眼睛，教導冥思、自我暗示催眠等活動，引導至深度放鬆狀況後，重新回到夢裡，看到夢中情景。Cushway 和 Sewell（1994）發現這種方法對高焦慮或恐懼的夢特別有效，雖然有些個案需要諮商員從旁引導，但大多數的個案都能感受到重回夢境，並且經驗到當時的情緒。其實施步驟如下：

1.請個案以第一人稱和現在式描述自己的夢。

2.諮商員幫助個案進入放鬆狀態。

3.諮商員提出一些引導問題或建議：

(1)從那裡可以切入你剛才說的夢裡？請用第一人稱描述每

一個細節。

(2)夢中有哪些情景你想改變的？

(3)現在，讓夢境繼續下去，並且說出發生什麼事。

(4)你希望對自己的夢做不同結果的選擇嗎？

(5)你需要任何人或事物的幫助嗎？

(6)把能幫助你的人或事物帶進夢裡，看看會發生什麼事？

(7)有什麼困難或阻礙嗎？如果有,你能不能想法子來解決？

(8)你有沒有想在夢中做些什麼？

(9)還有什麼想說的嗎？如果沒有,請慢慢地在你認爲適合結束的地方停下來。

(10)向你的夢告別吧!

(11)請慢慢地張開眼睛，回到現實來。

4.請個案分享過程中的經驗，切記勿做任何分析或解釋。

5.請個案總結夢和現實有關連的地方。

伍、結語

　　夢在諮商和心理治療中應佔有一席之地，有關於夢的心理諮商並非意謂著它能替代其他的諮商技術，其重點亦不在分析或解釋個案的夢，雖然其方法中仍有分析的成分。對諮商和心理治療工作者而言，除了眞誠地接納個案敘述的夢，還可以主動地激發個案對夢的興趣，使其願意將夢帶進諮商過程中得以澄清和處理，同時結合其他的諮商和心理治療技術，幫助個案獲得最好的幫助。當然，要如何運用起來得心應手，則有賴學習者不斷的自我充實和經驗累積了。

參考書目

Cushway, D. & Sewell, R. (1994) Counseling with dreams and

nightmares. London: Sage.

Faraday, C. (1972) Dream power. New York: Berkley Books.

Faraday, C. (1974) The dream game. New York: Harper and Row.

Freud, S.(1976) The interpretation of dreams. Harmondsworth: Penguin Books.

Garfield, P.L. (1974) Creative dreaming. New York: Ballantine Books.

Goldman, E.E. & Morrison, D.S. (1984) Psychodrama: Experience and press. Iowa: Kendall/Hunt Publishing Co.

Green, C. (1968) Lucid dreams. Oxford: Institute for Psychophysical Research.

Jung, C. (1978) Man and his symbols. London: Picador.

Jung, C. (1982) Dreams. Henley: Ark Paperbacks.

Means, J.R., Palmatier, J.R., Wilson, G.L., Hickey, J.S., Hess-Homeier, M.J. & Hickey, S. (1986) Dream interpretation. Psychotherapy, 23(3), 448-452.

Moreno, J.L. (1987) in J. Fox (ed.) The essential moreno. New York: Springer.

Perls, F.S. (1969a) Gestalt Therapy verbatin. Lafayette, California: Real People Press.

Perls, F.S., Hefferline, R.P. & Goodman, P. (1969) Gestalt therapy. New York: Julian Press.

Shohet, R. (1985) Dream sharing. Wellingborough: Turnstone Press.

Ullman, M. (1996) Appreciating dreams: A group approach. London: Sage.

Ullman, M. and Limmer, C. (1983) The variety of dream experience. New York: Continuum Publishing Company.

Ullman, M. & Zimmerman, N. (1983) Working with dreams.
London: Hutchinson.

Weiss, L. (1986) Dream analysis in psychotherapy. New York:
Pergamon Press.

網路諮商服務的發展
及其所涉及的倫理問題

王智弘、楊淳斐

壹、前言—網路諮商服務是重要的發展趨勢

　　諮商專業開始在網路上提供諮商服務有兩個主要的原因其一是由於電腦與網路的普及與發達，形成極便利的溝通媒介與工作環境，有利於諮商工作的推展，其二是隨著上網人口的增加與網路社會的興起，使得諮商專業必須因應社會變遷與當事人的需要而投入網路世界，以延伸專業工作的服務範圍。因此，在諮商工作中應用電腦與網路乃成為必然的發展趨勢，在美國與加拿大利用網路提供收費諮商服務的情況已相當常見（錢基蓮，民86；Sampson, Kolodinsky & Greeno, 1997；Shapiro & Schulman, 1996）；就國外的情況而言，大多為私人開業的收費服務，包括個別開業或聯合幾位專業人員共同開業的情形，提供各種有關生活、人際、愛情、生涯、性、婚姻、藥物濫用、精神疾病……等各種主題的諮商或諮詢服務等（Yahoo, 1998），以其中較著名的美國網路諮商大型網站 Shrink-Link 為例，其由六位心理學家

與一位精神科醫師組成，每封 E-mail 回函收費爲 20 美金，該網站宣稱回函通常可在 24 小時內回覆，至多亦不會超過 72 小時，其個案服務量以 1995 年 2 月份的數據來看，當月求助的付費當事人已超過 450 位（ Shapiro & Schlman, 1996 ），值得注意的是，由於上網人數的持續增加，此等網路諮商的需求仍不斷在擴大。

　　就國內情況而言，亦有諮商機構提供網路上的諮商服務，包括學校機構（主要是大專院校的學生輔導中心，如中山大學，中央大學等）和社區機構（如高雄張老師，台北市生命線等）（王燦槐，私人通訊，民 87 年 2 月 9 日；吳百能，民 83；阮文瑞，民 87；彭武德，民 86）都逐漸投入網路諮商服務的行列。就現有資料顯示，國內尋求網路諮商服務的人數仍不算太多，比如高雄「張老師」每月平均個案量 55.7 件，約每天兩人次（彭武德，民 86 年 12 月），台北市生命線每週平均個案量 5.69 件，約每天一人次（阮文端，民 87），一般的回函時間約要 5 到 7 天。就一個以義工爲主體的社區機構而言，上述的服務規模大約要投入五到十位的人力（網頁維護人員與諮商人員）與相當的財力（電腦設備、數據機、租用網頁與連線費用等，若自行架站則費用更高），隨著個案需求量（即工作量）的增加，投入的人力與財力也會相對提高。事實上，高雄張老師與台北市生命線的網路諮商服務個案量仍持續在增加之中（彭武德，私人通訊，民 87 年 8 月 23 日；鍾錦鈿，民 87），顯示國內網路諮商的需求量也有增加的趨勢，諮商專業對此一發展現象應加以重視，並有所因應。

　　網路的無遠弗屆與便利快捷確實提供了一個推展諮商服務的極佳媒介，讓諮商服務不在網路社會中缺席，也是諮商專業所應努力的方向，但是利用網路實施諮商服務，對諮商專業而言，是極爲陌生的經驗，其中所涉及的倫理問題更十分複雜，事實上，此等服務型態已持續地引發了諮商與心理治療專業的討論與爭議（王智弘，民 87a，民 87b；楊明磊，民 87；Childress &

Asamen, 1998 ； Lee, 1998 ； Morrissey, 1997 ； Sampson, Kolodinsky & Greeno, 1997 ； Shapiro & Schulman, 1996 ； Sleek, 1995 ； Sussman, 1998 ），許多專業人士對網路上的保密狀況感到憂心，對網路諮商服務的效果抱持懷疑。平心而論，對網路諮商服務抱持謹慎的態度是十分必要的，不過對此一新起的發展趨勢加以研究與探討，以期能興其利而除其弊，也是諮商專業應加以面對與努力的課題。特別是在國內正積極推動網路建設，上網人口又快速增加，且在已有實務機構提供網路諮商服務的情況下，對此等服務型態及其可能涉及的倫理問題的討論，已有迫切的需要。基於此等需要，本文擬就網路諮商服務目前的發展及其引發爭議的相關倫理主題加以探討。

貳、網路諮商服務的意涵

要探討網路諮商服務，首先對其意涵加以討論是很有必要的，因為對「網路諮商」一詞而言，專業界仍存有許多不同的看法，為求方便起見，本文將其分為定義與用語兩方面依序加以探討。

一、定義

關於「網路諮商」服務的定義，在美國全國合格諮商師委員會（ National Board for Certified Counselor, NBCC, 1998 ）的描述是：「當諮商師與分隔兩地或處遠方的當事人運用電訊方式在網路上溝通時，所從事之專業諮商與資訊提供之實務工作」。就此等定義而言，指出服務的內容包括了「諮商」與「資料提供」兩部份，所謂資料的提供較傾向「諮詢」功能的發揮，亦即「網路諮商」可說是包含了「諮商」與「諮詢」的服務內涵。不過，這樣的定義有人持不同的看法，有人認為網路上的諮商服務內容應以諮詢為主，做的是資料的提供（ Sleek, 1995 ），以

不涉及專業「諮商」過程為宜,因此,應以「網路諮詢」一詞稱之。特別是目前的諮商服務主要是以 E-mail(電子郵件)和 chat(線上交談)的型式為主(Childress & Asamen, 1998),有人認為這只是「函件輔導」的延伸。亦有人認為,在透過網路與視訊設備的協助下,彼此見到容貌、聽到聲音,所進行的即時個別諮商活動,方稱得上「網路諮商」(楊明磊,民 87)。上述這兩種說法,前者強調服務內容的謹慎;後者強調名詞定義的明確,顯然各有見地,也多少反映出諮商專業界中不同的立場。

就現況而言,由於在網路上提供助人專業服務尚未有法定的認可,既無資格認定也無執照制度來加以管制與保障,再加上專業人士的立場仍相當分歧(Morrissey, 1997),因此,針對此一定義有必要持續加以討論以求共識,筆者認為,可行的方案之一是對網路諮商兼採廣義與狹義的定義,廣義者,用以泛指「在網路上提供的各種諮商服務」,可以「網路諮商服務」一詞稱之;狹義者,則特指「在網路上以一對一的特定專業諮商關係為基礎所持續進行的專業諮商過程」,其用語可以「網路個別諮商」、「網路團體諮商」等稱之。而從此一討論的過程可以發現,定義與用語是息息相關的。

二、用語

在網路諮商服務的用語方面,最常見的用語包括:

1. WebCounseling(網路諮商, Bloom, 1997; Morrissey, 1997; NBCC, 1998);

2. online counseling 或 on-line counseling(線上諮商, Bloom, 1997; Suler, 1996);

3. cyber counseling 或 cybercounseling(電腦諮商或網路諮商, Lee, 1998, Apr; Morrissey, 1997; Yahoo, 1998);

4. online therapy, on-line therapy 或 online psychotherapy

（線上治療，Sleek, 1995 ; Suler, 1996 ; Yahoo, 1998 ）；

　5.E-Mail therapy （電子函件治療， Shapiro & Schulman,
　　1996 ）等。

　其中並以 1 、 4 兩種用語最爲普及，從用語來看，目前仍是各說各話（各用各詞），未有定論。國內專業人士的用語，有稱爲「網路諮商者」，有稱爲「網路諮詢」者，亦有稱爲「網路輔導」者，筆者認爲此等用語的多元是自然的現象，反映了助人實務界不同的觀點與工作方式。由於在網路上所提供的諮商服務內容，可包括輔導、諮詢及諮商等各種內容，不同名詞的使用有時可互相融通，有時則標示出工作的主要型式與焦點，有時只是反映出個人習慣而已，彼此並無必然的排他性，其未來發展可能還是以「約定俗成」爲宜。

參、網路諮商服務的型態

　網路上的諮商服務型態最爲國人所熟知的是 Homepage 的資訊服務，事實上，由於網路技術的發展所致，網路諮商服務的型態不斷推陳出新，目前在網路上所提供的諮商服務型態主要包括以下各項：

一、首頁（ Homepage ）

　在全球資訊網（ World Wide Web ， WWW ）上設置首頁（ homepage ）以介紹機構、提供輔導與諮商之相關資訊、刊登活動廣告等。一般而言，詳細的內容會包括機構成立的宗旨、性質、服務對象、發展沿革與軟硬體設備概況，機構的地點、位置、連絡方式（電話、傳眞、行政專用之 E-mail 信箱）與服務時間，機構的服務內容、收費（或不收費）標準與付費方式，諮商師的陣容與專業背景，機構的相關的活動訊息報導、與預定活動的報名方式，相關心理與輔導資訊（文章）的提供，常見問題的回答

選輯（FAQs，frequently asked questions），其他各種網路諮商服務（BBS、E-mail、心理測驗、Talk或Chat，以及Real-time video等）的相關訊息與使用規定，與相關資源網站的提供或超連結等。國內目前已有許多高中以上學校之輔導室或學生輔導中心及社區機構有Homepage的服務，比如陽明大學、台灣大學、高雄張老師、台北市生命線、彰化師範大學附設社區心理諮商與潛能發展中心等。

二、電子佈告欄（BBS）

藉由電子佈告欄（Bulletin Board System, BBS）進行公開的問題回答與諮詢。一般而言，BBS主要在提供一種公開討論與諮詢的園地，屬於大眾心理學的服務性質，雖然諮商人員會對BBS上所提出的個人問題加以回答，但其著眼點則主要在提供所有閱讀者一般性的知識或常識，藉以宣導或澄清相關心理與輔導觀念，鼓勵潛在當事人應用諮商服務等，而不在提供過於個人化的諮商或諮詢。因此，通常會對刊登的內容與功能，加以清楚說明與限定，並隨時加以回應與管理，以避免一般人之不當使用與當事人之不當揭露，而造成傷害，對於需要尋求正式個別諮商服務的當事人則建議其尋求個別諮商服務的途徑予以轉介。國內最早提供BBS服務的諮商機構應為中山大學諮商輔導中心，目前中央大學學生輔導中心、高雄張老師亦有提供此等服務。

三、心理測驗

在網路上提供心理測驗在技術上問題不大，透過CGI互動程式，當事人可以很方便的完成填寫程序，較複雜的問題是測驗的著作權、專業人員使用資格的限制、測驗的不當使用、專業人員對測驗結果解釋上的限制及當事人對結果的誤解等，都是應加以考慮與克服的難題，中山大學諮商輔導中心在民國83年即曾在

校園區域網路上提供自助式的「職業資料探索系統」，目前臺灣師範大學電腦適性測驗研究室亦有提供線上的心理測驗服務。

四、電子郵件（E-mail）

以電子郵件（ E-mail ）進行對個別當事人的諮商或諮詢，此方法是目前網路諮商服務中最受矚目與常見的方式，國外的收費諮商機構如美國的 Shrink-Link 或加拿大的 Help-Net，或國內的免費社區機構如高雄張老師或台北市生命線，學校機構如臺灣師範大學學生輔導中心，皆有以 E-mail 方式提供的諮商服務，其進行的方式有兩種，一種為不建立一對一特定專業關係（如 Shrink-Link 、臺灣師大，每次回函可能由不同人為之），另一種為建立一對一特定專業關係（如 Help-Net ，高雄張老師及台北市生命線，特定之當事人由特定之諮商員持續加以回函），前者近似諮詢型式，後者近似諮商關係。

五、即時線上交談 Chat（Talk）

以即時線上交談的方式從事諮商服務， Talk 是一對一的交談方式，諮商人員與當事人利用線上文字傳輸的方式進行即時的交談，可進行個別的諮商服務，而 Chat 則可允許諮商人員與一群當事人同時進行線上的文字交談，以進行團體的諮商服務。國外有計時收費的 Talk 與 Chat 的諮商服務，其單位收費價格又較 E-mail 為高。國內最早提供 Talk 服務的應屬中山大學諮商與輔導中心，自民國 83 年即開始試行此等服務。

六、網路電話（I-phone）

I-phone即是網路電話（ internet-phone ），利用電腦網路、網路電話軟體與聲音輸出入設備（喇叭、麥克風），即可在網路上進行網路電話交談，此等服務方式頗似電話諮商，其最大的優

點是當諮商員與當事人相隔遙遠時，可大幅減輕當事人長途電話費的負擔，因此透過網路電話諮商使得諮商員得以藉由聲音互動的方式服務遠方的當事人，特別可以解決傳統上當諮商員或當事人有一方因居住地遷徙而可能造成諮商中斷的困難。不過，此等服務方式目前並不普遍。

七、即時視訊（Real-time video）

即時視訊是諮商員與當事人利用電腦網路與視訊設備進行即時的諮商服務活動，由於藉由螢幕可見到彼此容貌，透過喇叭可聽到彼此聲音，因此更為接近真實的諮商服務活動。由於視訊設備所費不多（新臺幣一萬元以內），且國外自去年（1997）開始已有專業人士加以應用，因此，楊明磊（民87）認為，國內亦可能逐漸引進此一趨勢。目前運用即時視訊所遭遇的困難，除視訊設備尚不普及之外，網路的頻寬（bandwidth，電腦網路可以傳送的資料量，通常以每秒可以傳輸電腦位元組的數量來衡量）問題是最大的難題，影像與聲音的傳送需要大量的資料（即電腦位元組）傳輸，網路上的塞車問題是此等服務方式的最大障礙，會使原本透過網路傳送影像與聲音時所產生的時間延遲問題，更變得雪上加霜，因此要使此等服務能夠普及，還有賴政府與民間投入龐大的資金，以改善網路的基礎建設。

根據上述之七種網路諮商服務型態加以分析，其所涉及的專業服務關係不一，就第一種服務型態（Homepage）而言，所提供的是一種推廣服務，自然不涉及專業上的「諮商」過程，殆無疑問。

就第二種服務型態（BBS）而言，由於是以公開方式提出問題，無法保密，以公開方式回答，乃就一般大眾所可普遍探行的因應策略加以回應，無法針對提出問題者的個別特殊狀況有周詳的考慮。因此，稱不上是正式的「諮商」過程，但是因所討論的

問題可能是眞實的個人問題，若參照美國心理學會倫理辦公室主任 Dr. Stanley 的說法，將網路上的服務可分爲兩大類，針對大眾提供答案的方式，可視之爲媒體心理學取向的知識分享，至於直接針對個人問題加以回答的，則須受倫理守則所規範（Sleek，1995）。即此等服務型態，雖以大眾爲服務主體，但是以個人問題爲探討主題，仍應有倫理的責任與考慮，因此，對上述因公開形式所帶來的服務限制，諮商人員應在 BBS 版面上加以公告，在使用者一進入版面時，即以顯著方式加以提醒，以免損及當事人的權益。並對有需要接受個別諮商服務者提出轉介的建議。

　　第三種服務型態（心理測驗），若是提供自助式的網路測驗服務，則諮商員與當事人並未有直接的專業關係建立，但是由於測驗係由諮商專業人員所提供，因此諮商人員對測驗實施與使用的相關問題仍有其倫理責任（包括著作權、當事人使用後造成的影響等），因此應有周圓考慮，並提供當事人充份的使用說明與尋求專業服務的指引。若是測驗的提供係以透過網路互動的方式進行，則諮商員與當事人的關係與正式的諮商關係無異，應依專業倫理要求而行。

　　至於第四至第七種服務型態，由於都是由諮商員針對當事人的個人問題提供專業的服務，皆已具備正式的「諮商」形式，諮商員與當事人所建立的關係，應視爲專業的諮商關係，須依專業倫理要求而行。

　　不過，就現況而言，仍有許多不同的看法有必要在此加以探討。有人認爲，所謂正式的「諮商」應指面對面的工作型態，因此「即時視訊」方能稱爲「網路諮商」（楊明磊，民 87），E-mail 的服務型態只能算是「函件輔導」的一種型式。有人則指稱「I-phone」的服務型態只能算是「電話輔導」的一種型式，更有許多人認爲網路上的諮商服務充其量也只能算是一種「諮詢」

的服務或網路上只適合提供「諮詢」服務。此等觀點皆有其立論之處，畢竟，不論函件、電話或網路都無法取代傳統面對面的諮商，持謹慎的態度是有其必要的。不過，不論是考慮傳統以來所爭辯的「以電話或函件的服務方式是否可視為諮商？」的問題，或思量新起的「以網路的服務方式是否可視為諮商？」的問題，都不能不面對當事人的實際需要與社會多元變遷的事實。

由於網路諮商服務有其不可忽視的優點與價值，包括（楊明磊，民 87；Sampson, Kolodinsky & Greeno, 1997；Sussman, 1998）：(1)方便：提供地處偏僻或距離遙遠者、行動不便或受限者、使用網路者、不願或猶豫尋求傳統諮商者的諮商機會，且不受服務時間的限制，以及當事人有更大的機會可選擇切合其需求的專家求助或得到自助式的服務資源，有時也有利於家婚諮商與團體諮商之人員聚集；(2)經濟：諮商員減少場地設備的費用，當事人諮商、交通的費用與時間；(3)有利於諮商過程：包括可提供多媒體互動，相關資料的傳輸，有利於家庭作業與測驗的實施與結果的呈現；(4)有利於諮商記錄與追蹤：諮商過程可完整記錄，容易保管、取閱，更可設定結案後的追蹤與一定年限後資料的銷毀，記錄的完整性與處理方便亦有助於從事諮商研究；(5)有利於諮商督導：不論是即時督導或事後督導，都非常便利，特別是當有危急狀況發生時，可即時監控與處理。

網路上的諮商服務由於具有上述的可能優點，以及在網路設備與技術的快速改進的情況下，使得此等服務型態得以快速的向前發展，因此，在維持高水準的專業服務與維護當事人的最佳福祉的前提下，如何以一具前瞻性和動態演進的觀點來看待「網路諮商」服務，是有必要的，此一觀點對探討網路諮商服務所涉及的倫理議題亦具有同等的價值。

肆、網路諮商服務引發倫理的爭議

　　到目前為止，對於在網路上提供諮商或心理治療的服務行為，助人專業學會的反應不一，就現有的資料加以分析，可以發現各專業學會都已瞭解在網路上提供專業服務是一必然的發展趨勢，只是各個專業學會的反應速度不一，倫理立場亦處於調整之中，本文試從美國諮商學會（ACA），美國心理學會（APA），與美國全國合格諮商師委員會（NBCC）三個專業學會的倫理立場加以探討。

一、美國諮商學會（ACA）

　　美國諮商學會（American Counseling Association, ACA）目前尚未對網路諮商服務有直接的條文規定，不過其於 1988 年所制定的倫理守則，即已納入有關使用電腦於諮商工作中的相關條文規定，在其最新的倫理守則上亦保留此等規定（ACA, 1995, June, A.12；Computer Technology p.34），相關條文如下：

1. 電腦之使用：當電腦功能應用於諮商服務時，諮商師應確保(1)當事人在智力上，情感上與生理上均有使用此等電腦功能的能力；(2)此等電腦功能為符合當事人的需求；(3)當事人了解此等電腦功能的目的及操作;(4)當事人使用到電腦功能時，諮商師應對當事人加以追蹤以改正其中可能產生的誤解，發現是否有不恰當的使用情形，並評量當事人是否有後續的需求。

2. 限制之解釋：諮商師應確實對當事人適切的解釋有關電腦科技的限制，此為諮商關係中必要的一部份。

3. 得以使用電腦功能：諮商師在諮商服務中應對所有當事人提供均等的機會而得以使用電腦功能。

　　由於上述的規定只對電腦在諮商上的使用做出一般性的原則規範，因此，ACA事實上並未就網路諮商服務發布正式的文件以說明其倫理立場，不過據ACA前任主席Courtland Lee的說法，

制定倫理守則是勢在必行的（Morrissey, 1997）。因此，ACA
應會在下一版的倫理守則中納入相關規範。

　　基於同樣的需要，國內助人專業學會亦有必要就此一課題加
以討論，並爲制定指導方針或倫理守則預做準備。

二、美國心理學會（APA）

　　美國心理學會（American Psychological Association，
APA）倫理委員會（1997, Nov 5）曾發表的聲明指出，由於該
學會之倫理守則並未對電話治療、電子會議或任何以電子型態提
供之治療服務有特定的規定，因此並沒有任何守則規範禁止此等
服務，若有因此等服務所引發的倫理申訴將以個案方式加以處
理。可見美國心理學會對有關網路諮商的倫理考慮，目前尚未有
所定論，但該學會在同一聲明中亦指出，由於透過電話、電子會
議和網路提供服務的情況快速增加，在新版的倫理守則修訂完成
之前，倫理委員會謹提出若干較相關的守則條文（包括在其倫理
守則中之 1.03，1.04，1.06，1.07，1.14，1.25，2.01-
2.10，3.01-3.03，4.01-4.09，5.01-5.11 等條文），以做爲
會員在提供上述類型服務時的參考。將上述倫理守則條文加以歸
納，其中最主要之倫理主題包括（王智弘，民 87a）：(1)資格
能力，(2)評量，(3)專業關係，(4)知後同意，(5)保密以及(6)
其他相關倫理考慮等，這些主題正是網路諮商服務主要涉及的倫
理問題。

　　從美國心理學會的立場來看，有關在網路上提供專業服務的
相關倫理規定，應會納入下一版本的倫理守則之中，由於網路服
務的多樣化與快速發展，以及專業人士的看法仍有分歧，專業學
會的反應雖然顯的得有些慢半拍，但也是不得不謹慎爲之。

三、全國合格諮商師委員會（NBCC）

　　在美國助人專業學會之中反應最快的應屬全國合格諮商師委員會（ National Board for Certified Counselor ，NBCC ），為探討關於網路諮商的問題，美國全國合格諮商師委員會在1995年即指派了一個任務小組，對網路諮商的實務發展狀況與可能涉及的問題加以研究，該委員會宣稱，他們雖不鼓吹網路諮商，也明瞭此種做法在學界仍存有爭議，但為因應日益增多的網路諮商服務發展趨勢，並希望能減少因此等服務型態而可能造成對諮商員與當事人的冒險與危險，因而開風氣之先，先是制定了指導方針（ guidelines ），後又將之發展成倫理守則（ Bloom, 1997 ）。由於是率先提出，因此倍受各界矚目，也引發不少爭議。

　　NBCC 的做法雖然有些大膽,他們也知道此一守則的實際約束力也有待評估，但是其反應社會變遷與當事人需要的能力卻有可取之處，因為，已有越來越多的人投入網路諮商服務的實務工作，不但在做法上各行其是，在人員素質上也是良莠不齊、真假莫辨，對當事人的福祉已造成極大的威脅，因此， NBCC 的做法實瑕不掩瑜，可提供國內助人專業組織的參考。

　　NBCC 所制定的網路諮商倫理守則（ Standards for the ethical practice of Web Counseling ，1998 ）主要內容包括13 條：

　　1.在實施網路諮商與督導時，應審閱現有的法律規定和倫理守則以避免違犯。

　　2.應告知網路當事人有關網路使用之安全措施，以確保當事人／諮商師／督導員間溝通之安全性。

　　3.應知會當事人有關每一次諮商之資料會被如何保存、保存多久的訊息。

　　4.網路諮商師或網路當事人不易確認對方身份時，應採取必要措施以避免冒名頂替的狀況，比如使用暗語、數字或圖形等以利辨識。

5. 當在網路上諮商未成年人時，若父母／監護人的同意是有必要的，應對父母／監護人的身份加以確認。

6. 在與其他電子資源（網路機構）分享網路當事人的有關資料時，應遵循適當的資訊透露程序。（因為在正式或非正式的轉介過中，網路上資料訊息的傳送極為方便，諮商師應採取必要措施與程序以力求諮商資料的保密）。

7. 網路諮商師對網路當事人的自我揭露應謹慎，揭露至何種程度應有適切的理由。（網路諮商師亦應有自我保護的概念）

8. 應與所有適切的諮商師資格檢定團體和執照委員會的網站有所連結，以保護消費者的權益。（在 Homepage 上應作超連結，以供網路當事人查詢諮商師資格或提出服務不當或倫理的申訴之用，以確保當事人權益）

9. 應連繫全國合格諮商師委員會（ NBCC/CEE ）或者網路當事人所居住的州或省的執照委員會，以獲得在網路當事人所住的地區中至少一位可連繫到的諮商員的名字。（諮商師應連繫當事人鄰近地區的諮商師，以取得其同意擔任必要時當事人就近求援的對象，同時亦應提供給網路當事人其鄰近地區危機處理電話熱線的號碼）

10. 應與網路當事人討論當網路商師不在線上時，如何連絡的程序。

11. 網路諮商師應在網站上提醒當事人何種問題是不適宜於使用網路諮商的。（可能包括：性虐待、暴力關係、飲食失常及已有現實扭曲症狀的精神疾病等）

12. 應對當事人解釋由於網路技術的緣故而造成誤差的可能性。（比如雙方所處的時區不同，因網路的傳輸而造成傳送與回覆資料的時間延遲等）

13. 應對當事人說明由於缺乏視覺訊息，而造成網路諮商師或當事人彼此間產生誤解的可能性及其因應之道。

　　NBCC訂定網路諮商倫理守則引發了很大的爭議（Morrissey,
1997），贊成者有之，質疑者有之，質疑者的最主要意見是，網
路諮商難以規範且情況尚未明朗，大家對其所知有限，冒然訂定
倫理守則，對此等非傳統性且帶有冒險成份的諮商形式是一種不
當的鼓勵?不過就如同 NBCC 執行長 Thomas Clawson 所言，雖然其
明白制定倫理守則「必然會引發爭議與負向反應」，但是他預言
「即時視訊不久將普及至家用電腦」，「網路諮商會演進，但不
會消失」（p.6）。ACA主席 Courtland Lee 也指出「對 ACA 而
言，發展網路諮商的倫理守則亦頗為重要， NBCC 的做法給我們
一個很好的基礎」（p.6）。可見，專業學會明瞭網路諮商服務
是必然發展的趨勢，也對網路諮商所涉及的倫理問題十分看重，
但是，因為在許多狀況仍未明朗的情況下，在態度上不免仍有其
斟酌與謹慎之處。事實上 NBCC 在訂定上述守則後仍在其協會網
頁上進行有關網路諮商的調查，並持續徵求專業人員的意見以期
能制定更完備的倫理守則。為因應網路諮商快速發展的特質，此
等努力值得肯定與學習。

伍、網路諮商服務涉及的相關倫理問題

　　諮商目前的發展，專業學會及諮商與心理學界已發表的倫理
立場和相關看法加以統整，網路諮商涉及的倫理問題包括（王智
弘，民 87a；民 87b）：資格能力、專業關係、知後同意、評量
診斷與技術使用、保密與預警、避免傷害、收費與廣告、多元文
化的考慮、當事人接受服務的公平性等。由於網路諮商服務仍在
快速的發展與演變之中，不斷有新的相關問題被提出與探討，本
文就目前最受關切者加以討論，希望有拋磚引玉的功效，期待諮
商專業界的同仁與先進們能一起來關切此一重要的發展趨勢，並
共同討論其所涉及相關問題的解決之道。

一、資格能力

　　首先是資格能力的問題，提供網路上諮商服務的網路諮商師，除了應具備諮商專業能力之外，還應具備使用網路的能力。由於網路被視爲一新興與強勢的媒體，爲掌握媒體的特性以提供最好的服務，網路諮商師最好要接受媒體心理學（ media psychology ）方面的訓練（ Sleek, 1995 ）。此外，因爲網路有其跨國界特性與並已形成其獨特的網路文化，所以，多元文化的訓練亦十分必要。

　　其次是有關執照與法律管轄權的問題，比如應否建立特屬於網路諮商的執照制度？以及，由於網路的無遠弗屆，當服務的對象已跨省（如美國各州）、跨國時，諮商師的專業資格能力或執照能否被網路當事人居住地的當地政府所承認？在諮商師與當事人分屬不同國度或法律制度時，法律管轄權又如何歸屬（ Childress & Asamen, 1998; Sampson et al, 1997 ）？再來是，在網路上對諮商師之身份與資格的認證十分困難，應如何解決？此等問題因涉及電腦科技、法律制度與國際事務等課題，除有待助人專業界一一加以探討之外，跨學門的研究合作亦勢在必行，最後更需透過立法程序與國際間的協調合作方能逐次解決。目前當務之急應爲專業學會致力於倫理守則的修訂以規範專業資格，專業教育機構規畫相關課程以培養提供網路諮商服務的專業人員。

二、專業關係

　　提供網路諮商服務的專業人員與尋求服務的當事人是屬何種關係呢？其中涉及一項關鍵的問題，網路上提供的諮商服務是不是屬於諮商或治療呢？因爲大部份的情況顯示，網路上的諮商服務更像是問題的諮詢或忠告的提供。雖然提供網路諮商服務的人都認爲此等服務型態並非爲諮商或治療的取代方式（ Shapiro

& Schulman, 1996；Sleek, 1995），但是，許多的網路諮商服務的廣告與說明方式，都隱約有其為提供諮商或治療服務的暗示，特別是在網路當事人的諮詢問題皆由同一專業人員回答，且持續相當長的時間時，更接近是一種諮商或治療關係。因此，在網路上提供諮商服務應考慮其實質服務內涵，當由諮商員針對當事人的個人問題而提供專業的服務時，實際上已具備正式的「諮商」形式，諮商員與當事人所建立的關係，應視為專業的諮商關係，須依專業倫理要求而行。因此必須遵守倫理守則在專業關係上的相關規範（中國輔導學會，民 78，伍；ACA, 1995, A；APA, 1992, 1.04, 4.02）。此外，就目前以文字溝通為主的服務方式，使得在專業關係中產生投射、移情及反移情的可能性大增（Childress & Asamen, 1998），因此，網路諮商服務專業人員應敏察此等問題，並適時使用立即性的技術以澄清專業關係，必要時應考慮轉介的需要。

三、知後同意

提供網路上的諮商服務應進行適當知後同意程序（ACA，1995，A.12b；APA，1992，1.14，4.02；NBCC，1998，2，3，4，5，11，12），因此應對當事人告知相關訊息，此等訊息包括兩大類，第一類是特定訊息，在當事人欲尋求進入諮商關係時須加以告知。內容包括，網路諮商的特性、型態、保密的規定與程序，及可能的限制（如電腦科技的限制、服務功能的限制、網路功能的限制、保密的限制、何種問題不適於使用網路諮商等）等；第二類是一般訊息，則應刊登於機構或私人開業的Homepage 上，以普遍告知所有可能使用諮商服務的服務對象或大眾。內容包括，諮商師的專業資格，收費方式，服務的方式與提供的時間或所需的處理時間（比如，說明有提供 E-mail 的服務，而其回覆時間需幾小時或幾天等）等。其中特別是網路安全上的

顧慮與因應方式（主要是保密的困難與避免洩密的設計）等訊息。在進行上述特定訊息之知後同意程序時，應確認當事人是否已成年，若網路當事人為未成年人，諮商員應考慮獲得其家長與監護人的同意（NBCC, 1998, 5; Shapiro & Schulman, 1996），以免有侵犯監護權之虞。

四、評量、診斷與技術使用

透過網路來提供服務，不論是心理測驗服務或是一般的諮商過程的評量程序，如何診斷評量當事人的心理特質與問題症狀成為一項很大的挑戰，由於以目前的溝通方式，大多缺乏對當事人的口語和肢體的觀察，做臨床上的判斷十分困難，而可能在診斷或評量上有所誤差，因而造成解釋上的失誤，有時更會因傳輸的失誤而有資料的遺失，增加評量與診斷工作的限制，在加上諮商師在技術上的使用亦受到上述類似的限制，則可能造成所提供的諮商服務無法針對或滿足當事人的需要，甚至造成傷害（Childress & Asamen, 1998；Ford, 1993；Morrissey, 1997；Shapiro & Schulman, 1996）的後果，即使是以即時視訊提供服務，其透過螢光幕的平面影像與經由麥克風與喇叭傳導而來的聲音，亦有訊息的簡化與失真。因此，專業人員對此應加注意，並應向當事人說明造成彼此溝通上誤解之可能性及可能因應之道（NBCC, 1998, 13），比如，在彼此溝通與資料傳達時應有反覆確認的過程。此外，若是在網路上分派家庭作業或網路上提供的評量方案與心理測驗是自助式的型態，則當事人是否會因為資料傳遞或操作上的誤差，或是因其對內容主觀的誤解而導致不利的結果，亦是諮商師應密切加以注意和追蹤（ACA, 1995, A.12a: Sampson et al, 1997），以避免對當事人造成不利的影響。

五、保密與預警

　　網路上的保密與資料的安全性是一個相當大的問題（Lanford, 1996），其解決之道包括兩方面：系統管理方面與諮商程序方面。首先，網路諮商服務的實施必須在電腦系統管理與網路安全性上有周全的措施與考慮。由於電腦病毒、電腦駭客（hacker）與叛客（punk）是造成資料被侵入或破壞的可能威脅（白方平，民85；尚青松，民83）。因此，電腦系統的安全性管理措施十分重要，包括1.物理安全管理（加鎖、警衛、監視攝影機、保全系統等）2.人事安全管理（資料分級、人員授權分級）3.行政安全管理（制訂與執行安全程序）等，而其具體的做法包括：(1)電腦使用者的認證--使用資訊鑰匙（密碼、問答程序）、物理鑰匙（磁卡、IC卡）、生物鑰匙（聲音、指紋、視網膜、臉型、掌型、簽名）等來加以管制；(2)接觸與經手資料的管制--檔案設定密碼、人員設定權限；(3)稽查制度與偵測闖入--記錄並偵測電腦的簽入及使用情形；(4)損害控制與評估--當有闖入發生時執行之通報程序、資料備份、驅逐闖入、監控闖入、關閉失竊帳號、要求額外認證等；系統被闖入過後的系統復原與損害預防等；(5)防火牆--系統與外界的安全過濾設施；(6)資料庫管理系統；(7)密碼系統（White, Fisch & Pooch, 1996）等管理措施。

　　由於上述系統管理與網路安全措施的實施，牽涉到電腦技術、軟硬體設備等，有關人員、經費的相關問題，提供網路諮商服務的機構與人員應就其可行之相關條件，盡可能求其措施之完備。至於諮商專業人員可能在電腦科技的專業知識與技術上有其限制，則應藉由在職進修與諮詢電腦專業人員等方式，以加強有關系統管理與網路安全的相關知識與具體措施。

　　其次，在諮商程序方面，網路諮商師除個人應嚴守保密的分際之外，還必須確實考慮實施下述安全措施的必要性，以維護當事人的隱私，相關措施包括：如何確認彼此的身份（NBCC, 1998,

4），設定密碼，資料傳輸時的加密程序（ encryption ）及資料保管避免貯存於硬碟上（ Childress & Asamen, 1998 ），特別是要告知當事人有關網路上的安全性限制、技術性誤差的可能性及因應措施等（ ACA, 1995, A.12b ； NBCC, 1998, 2, 12 ），特別是以 BBS 型態服務者更應小心各種造成當事人傷害的可能。有關保密及其實務上的相關作法，楊明磊（ 民 87 ）有精采的論述，讀者可加以參考。

保密的要求除來自倫理守則和規定之外，我國於民國八十四年八月十一日公布之「電腦處理個人資料保護法」亦對當事人個人資料之保密做法賦予法律上的強制性，網路諮商師應加注意。

不過，保密亦有其例外，當面臨當事人可能自我傷害或傷害他人時，諮商師應盡其預警責任，以及當事人涉及兒童虐待案件時，諮商師應盡其舉發義務，網路諮商師應搜集完整的資料，以評估此等狀況發生的可能性，以善盡預警與保護的責任。只是，此等保密例外的考慮，在當事人為匿名的情況或是身處遠地時，是有所限制與難以執行的，這也是網路諮商服務易受爭議之處（ Shapiro & Schulman, 1996 ）。不過，就實務工作的觀點來看，當可能發生傷害事件的機率越高，可據以判斷的線索越明確，可能受害者的身份越可辨識，此等預警責任與舉發的要求才越迫切，諮商師在面臨可能涉及此等問題時，應立即向督導與機構報告，並諮詢諮商、倫理、法律、社工或兒保專家的意見，以利作成判斷並採取行動。

六、避免傷害

由於受限於網路的服務型態，為避免當事人因無法獲致適切服務而受到傷害，應對接受服務者加以篩選，對涉及性虐待、暴力關係、 患有嚴重精神疾病及處於危急狀況之當事人，或是其它所探討的問題可能不適於使用網路諮商者（ NBCC, 1998, 11 ）

應加以轉介。而對適於接受服務者，亦要能多方考量以避免當事人受到傷害，具體的做法包括，評估當事人的需求及使用網路諮商服務的能力（ ACA, 1995, A.12a ），提供網路當事人相關資源網站與其居住所在地可尋求協助之諮商人員訊息與危機處理熱線電話，以及網路諮商員不在線上時如何聯絡的程序等（ NBCC, 1998, 8, 9, 10 ），並要對諮商服務的效果加以追蹤（ ACA, 1995, A.12c ）等，以避免網路當事人求助無門，或已受傷害而不自知。此外，由於網路是一門發展迅速的新科技，使用新科技時可能有不可預知之潛在危險存在，諮商師對此應有危機意識（ Childress & Aramen, 1998 ），而對網路諮商服務的提供抱持謹慎的態度，並隨時注意網路諮商服務的最新發展狀況與研究文獻，以不斷充實相關知識與經驗，以提昇個人的服務品質，防止意外傷害的產生。

七、收費與廣告

一般而言針對大眾問題的公開答覆是不收費的，但是針對個人問題的電子郵件回覆則可能收費，特別是採用信用卡付費的方式（ Sleek, 1995 ），根據 Sampson 等人（ 1997 ）的抽樣調查顯示，網路諮商收費自一封 E-mail 要 15 元美金，至 60 分鐘的 chat 要 65 元美金不等。至於收費的標準爲何方爲適當，專業人員應考慮自身的工作負荷與當事人的經濟能力加以斟酌。其次在有關廣告方面，由於網路諮商的提供需透過網站的設置與管理，提供諮商服務的網站在搜尋機器中呈現時，常像是電話分類廣告頁，如何提供充份與正確的訊息，避免不實的宣傳與誤導當事人是網路諮商服務人員在設計網頁內容時應加以注意的（ Shapiro & Schulman, 1996 ）。因此，諮商機構或私人開業的專業人員應在 Homepage 上提供完整與正確的資訊，以供潛在的當事人做爲尋求與選擇專業服務的參考。

八、多元文化的考慮

由於網際網路的國際化特性，網路上的當事人來自於其他的居住區域，包括不同的縣市，不同的國家，甚至不同的洲大陸，比如張老師、生命線都有來自國外的網路當事人（阮文端，民 87；彭武德，民 86 ），如何考慮當事人所處地域的特性，特殊事件及文化因素等（ Sampson et al, 1997 ）頗爲重要。因此，多元文化與泛文化的考慮較傳統的諮商更爲需要，特別是對網路文化的瞭解更是此等服務方式有別於傳統諮商服務之處，其中較特殊的包括：(1)網路流行用語：比如英文縮寫用語（ LOL = laughing out loud 是大笑；UOK ? = Are you OK ?是你還好吧？），以及字元組合用語（ :-o 是驚訝；:-@是尖叫）等。(2)網路沉溺現象：包括網路上癮（ internet addiction ）的可能性（ Young，1996 ），以及網路孤立（ isolation ）—因實際人際互動的減少所造成的人際關係孤立現象（ Sleek, 1998, Sep ）等，都是網路諮商師所要加以注意的。網路諮商師應熟悉網路上的流行用語，以利於增進與網路當事人之間的溝通，並應注意所服務的網路當事人有無過於沉溺於網路的現象，發現當事人確有此等狀況時，應加以引導以尋求在現實生活經驗與網路生活經驗上的平衡，而能同時從兩種經驗中受益，必要時，可協助其學習實際人際互動的技巧，提昇其從事人際活動的意願，並拓展其現實生活中之人際互動經驗。

九、當事人接受服務的公平性

由於網路的普及程度不一，如何力求所有當事人均能公平的得到諮商服務的機會（ ACA, 1995, A.12c ），亦即有相同的可接近性（ accessibility，戚國雄，民 87 ），而保障當事人之公平待遇權（ justice, Kitchener, 1984 ），是網路諮商服務另一要考慮的倫理問題，應提供多種型態與管道的諮商服務，包括

傳統面對面的服務型態、函件、電話以及在網路諮商服務上力求多元化，以增加當事人的選擇機會。其次是要結合政府與民間的力量以積極推動網路建設以促進網路諮商服務的普及化。這都是推動網路諮商服務時所必須努力的方向。而最基本的做法包括在網頁設計上兼顧各種機型與瀏覽器的接收性等因素，以盡可能讓配備不同軟硬體電腦設備的當事人都能使用到所提供的網路諮商服務，則是專業人員提供貼心服務的具體表現。

　　上述的探討主要是針對重要的網路諮商倫理議題加以討論，無法完全涵蓋所有的倫理情境與個案狀況，在面對特定的倫理情境時，可依據現有的倫理守則與倫理原則，並考慮網路諮商的工作型態與特性，而做出適切的判斷，遇有困難時，則應尋求諮商、倫理、法律、電腦等相關專業人士的意見以集思廣益，以期能有較周全的處理方式與解決方案。此外，也可利用網路上的資源，進入「諮商專業倫理研究室」網站（網址在www.ncue.edu.tw/~ethic/）中的「網路諮商專題」網頁，搜集相關的訊息與資料，以提供實務上倫理判斷的參考。

陸、結語──妥善因應網路諮商服務的發展趨勢

　　網路諮商服務是一新興且快速成長的諮商服務型態，專業人員目前普遍的看法，主要著重於提供諮詢的功能，甚至視之為引導當事人尋求正式諮商或治療服務的途徑（Sleek, 1995），而不將此等服務當作取代面對面正式諮商或治療的方式。其中的原因除受限於目前的網路諮商服務仍存有軟硬體設備的缺失之外，網路保密上的限制與溝通訊息的簡化與失真等問題，都造成諮商成效上的限制，基於專業的要求與倫理的考慮，專業人士應注意此等限制，並對網路諮商服務抱持慎重的態度。

　　不過，由於電腦科技的不斷發展，數位革命（齊若蘭，民 84）已然來臨，網路頻寬的提昇、網路即時視訊技術的進步、人與電

腦之間界面的改進等因素，會不斷改變人類的生活經驗與溝通方式，再加上虛擬實境（virtual reality，模擬眞實，金祖詠，民 84 ）技術的出現與不斷的演進，除了網路中面對面的諮商型態可能在不久的將來得以在國內實現之外，各種可能的諮商服務型態勢必會隨著科技發展而出現，有些現有的問題與限制可能在日後將得以克服，但新的問題與挑戰則旋將接踵而至。其中所涉及的不只是技術問題而已，衝擊最大的是觀念上的調整與行爲方式的改變（ Lanford ， 1996 ），這對所有的助人專業而言，都是一項無法避免也不容忽視的課題。

　　因此，如何在維持高水準的專業服務與維護當事人的最佳福祉的前提下，以前瞻、動態與演化的觀點來看待網路諮商服務發展的趨勢，並藉由持續的相關探討與實徵研究以檢驗網路諮商服務所引發的效益與缺失，在專業概念與行爲上加以不斷調整，在倫理問題上予以妥善因應，並在專業教育訓練課程與專業學會倫理守則上加以及時的修訂，這不但是基於服務當事人的當務之急，更是在快速變遷社會中諮商專業謀求永續經營所必須面對的重大課題與挑戰！

（本文承東勢高工輔導室劉慈倫老師提供許多寶貴資料與意見，謹此致謝！）

參考書目

一、中文部分

中國輔導學會（民 78 ）中國輔導學會會員專業倫理守則。輔導
　　月刊，20 （ 1 、 2 ），6-13 。
王智弘（民 87a ）網路諮商涉及的倫理問題。教育部訓育委員會
　　主辦，高雄張老師承辦，網路諮商工作研討會，高雄，國立
　　中山大學，87 年 2 月 9-10 日。

王智弘（民87b）網路上提供諮商服務所涉及的倫理考慮。國立
　　中央大學哲學研究所，應用倫理研究通訊，7期，1-6。

白方平譯（民85）捍衛網路（C.Stoll原著，The cuckoo's egg:
　　Tracking a spy through the maze of computer Espionage）。
　　台北：天下文化。

阮文瑞（民87）台北市生命線協會，E-mail心理輔導個案統計
　　報告【線上資訊】。網址：www.lifeline.org.tw目錄：
　　pro，檔名：pro.html。

吳百能（民83）電腦網路在輔導工作上的應用。諮商與輔導，
　　105，43-45。

尚青松譯（民83）電腦叛客（K. Hafner與J. Markoff原著，
　　Cyberpunk : Outlaws and hackers on the computer
　　frontier）。台北：天下文化。

金祖詠譯（民84）模擬真實（B. Sherman和P. Judkins原著，
　　Glimpses of heaven，visions of hell：Virtual reality
　　and its implication）。台北：時報文化。

戚國雄（民87）資訊時代的倫理議題-兼談網路倫理。應用倫理
　　研究通訊，5，12-18。

彭武德（民86，12月）「張老師」電子諮商服務系統的回顧與
　　前瞻。「張老師」通訊，20，6。

楊明磊（民87）在網路上進行即時個別諮商的相關議題。學生
　　輔導，56，100-109。

齊若蘭譯（民84）數位革命（N. Negroponte原著，Being
　　digital）。台北：天下文化。

錢基蓮編譯（民86年9月27日）網路諮詢:心理治療新趨勢。民
　　生報。

鍾錦鈿（民87）87年度E-Mail個案統計分析【線上資訊】。網
　　址:www.lifeline.org.tw目錄:pro，檔名:87mail.html。

二、英文部分

American Counseling Association (1995). Code of ethics and standards of practice. Counseling Today, June, 33-40.

American Psychological Association. (1992). Ethical principles of psychologists and code of conduct. American Psychologist, 47, 1597-1611.

Bloom, J.W. (1997). NBCC introduces its standards for the ethical practice of WebCounseling [on-line]. Available FTP : Hostname: www.nbcc.org File: wcintro.htm

Childress, C.A. & Asamen, J.K (1998). The emerging relationship of psychology and the internet: Proposed guideline for conducting internet intervention research. Ethics and Behavior, 8, 19-35.

Ford, B.D. (1993). Ethical and professional issues in computer-assisted therapy. Computers in Human Behavior, 9, 387-400.

Kitchener, K.S. (1984). Intuition, critical evaluation and ethical principles: The foundation for ethical decision in counseling psychology. The Counseling Psychologist, 12(3), 43-55.

Lee, C. (1998, Apr). Counseling and the challenges of cyberspace [on-line]. Available FTP: Hostname: www.coounseling.org Directory: ctonline/sr598 File: lee498.htm.

Lanford, D. (1996). Ethics and the internet: Appropriate behavior in electronic communication. Ethics and Behavior, 6, 91-106.

Morrissey, M. (1997). NBCC Web counseling standards unleash

intense debate. Counseling Today, Nov, 6, 8, 12.

National Board for Certified Counselor (1998). Standards for the ethical practice of Web Counseling [on-line]. Available FTP : Hostname: www.nbcc.org File: wcstandards.htm.

Sampson, J.P., Kolodinsky, R.W., & Greeno, B.P. (1997). Counseling on the information highway: Future possibilities and potential problems. Journal of Counseling and Development, 75, 203-212.

Shapiro, D.E. & Schulman, C.E. (1996). Ethical and legal issues in E-Mail therapy. Ethics and Behavior, 6, 107-124.

Sleek, S. (1995, Nov). Online therapy services raise ethical questions: The internet offers psychology new opportunities. [on-line] Available FTP: Hostname: www.apa.org Directory:onitor/nov95 File: online.html.

Sleek, S. (1998). Isolation increases with internet use. APA Monitor, Sep, 1, 30, 31.

Suler, J. (1996). Online psychotherapy and counseling (on-line). Available FTP: Hostname:www1.rider.edu Directory: ~suler/psycyber File: therapy.html.

Sussman, R.J. (1998, June). Counseling online [on-line]. Available FTP: Hostname: www.coounseling.org Directory: ctonline/sr598 File: sussman.htm.

White, G.B., Fisch, E.A. & Pooch, U.W. (1996). Computer system and network security. Boca Raton, FL : CRC Press.

Yahoo (1998). Top: Business and Economy: Companies: Health: Mental Health: Clinics and Practice: Online Therapy.

〔on-line〕 Available. FTP: Hostname: www.yahoo.Com Directory: Business_and_Econ_/Clinics_and_Practices File: online_therapy.

Young, K.S. (1996). Internet can be as addicting as alcohol, drugs and gambling, says new research. (on-line) Available FTP: Hostname: www.apa.org. Directory: releases File: internet. html.

團體歷程研究的新工具
—Hill 口語互動的矩陣

潘正德

壹、團體歷程的基本觀念

一、團體歷程的意義

團體歷程（ group procrss ）是指團體發展過程中所形成的各個階段，及各個階段所包含的種種特徵。從互動的觀點來看，團體諮商歷程爲團體中成員與成員、成員與領導者之間行爲互動的總和（陳碧玲，民 79 ）。Bendar 和 Kaul （ 1978 ）將團體歷程分爲現象（ phenomenon ）及互動（ interaction ）兩種內涵。次現象爲重點的研究，通常會檢視團體的凝聚力、自我表露、成員之間的回饋及團體結構等（ Fuhriman, Dtuart & Gray, 1984 ）；而以互動爲重點的研究，通常會檢視團體的凝聚力、自我表露、成員之間的回饋及團體結構等（ Fuhriman, Dtutart & Gray, 1984 ）；而以互動爲重點的研究，則針對成員間的口語與非口語互動進行探討。陳若璋、李瑞玲（ 民 76 ）指出：團體歷

程包含領導者及成員的角色、地位、口語與非口語內容、團體規範、凝聚力、團體氣氛及工作型態等變項。

「團體」為多人的組合。多人組合的團體，其互動的類型、焦點、形式，將因團體的不同，而有所差異（陳若璋等，民 76）。其差異的多寡、原因，一直是團體歷程所欲探討的主題。方紫薇（民 79）指出：團體歷程研究的最終目的，在於想找出造成團體效果的有意義變異之來源。故團體歷程研究比團體效果研究，更進一步想去探討各變項如何發生影響作用的研究。從研究的觀點來看，團體力程式一個連續性、複雜化的轉變過程，在這過程中，許多變項交互作用在一起，最後產出結果來。從理論的觀點來看，團體歷程和團體效果之間，必然有在一些關係（潘正德，民 85）。陳秉華（民 80）進一步指出：諮商效果的變度包括傳統的鉅觀—結果（ macro—outcome ）和新的微觀—結果（ micro—outcome ），前者著重整個諮商結束後，貸給個案的全面性改變；後者則看中每次諮商過程中，帶給個案的各個小的影響。由上可知，團體歷程研究的對象是介於前置因素（領導員向度、成員向度團體處理向變）與後效因素（團體效果）之間的中介因素（團體過程向度、團體階段發展向變），其對團體效果的影響力，是直接而具體的（陳若璋等，民 76）。

二、團體歷程的研究變項

以國內有關團體歷程變項的研究來看，主要集中在：自我揭露變項（林瑞欽，民 72）；涉入程度變項與效果（程泰運，民 75）、團體氣氛變項（程泰運，民 75；謝麗紅，民 84）、團體欽密度變項（端木蓉，民 70）；口語互動行為變項（蔡茂堂等，民 70；吳英璋等，民 71；陳碧玲，民 79；潘正德等，民 84；潘正德，民 85）；領導行為變項與效果（程泰運，民 75；張素雲，民 73）治療因素與效果（李玉嬋，民 81；何紀瑩，民 83）；

過程與分析效果（李島鳳，民 82；潘正德等，民 84；謝麗紅，民 84；潘正德，民 85；民 86）；（引自潘正德，民 87）近年來，則開始以口語互動行爲團體歷程的重要研究變項（陳碧玲，民 79；趙喬，民 80；謝麗紅，民 84；潘正德等，民 84a）。此一轉變，至少有兩個意義；一爲有關團體歷程的研究，即使在同一變項上，常因前置因素或中介因素的影響，而得到差異甚大或完全相反的結果。二爲口語行爲直接反映出團體的溝通內容，及工作型態，因此比其他變項更容易找出影響團體效果的有意義變異之來源（方紫薇，民 79；潘正德，民 86）。換言之，口語互動行爲在團體歷程的研究中，已是愈來愈被重視的變項。

貳、口語互動矩陣的基本觀念

一、Hill 口語互動矩陣的意義

Hill Interaction Matrix（簡稱 HIM）最初是由 Hill 與 Coppolino 在 1954 年完成，並於 1962 年以目前的形式推展出來。在初期，HIM 是被用來了解並分析小團體的互動過程，如會心團體、訓練團體及討論團體等，但後來亦被應用於個別晤談上。此矩陣包含內容（content）及工作（work）兩個向度（型態），藉這兩個向度評量領導者與成員，或成員與成員之間的口語互動。其中，內容向度包括主題、團體、個人及關係。主題是指團體以外的話題如局勢、天氣等。團體是指與團體相關的話題；個人是指與團體成員相關的話題；關係是指與成員彼此間有關的話題。工作向度包含五大類，分別是反應式、傳統式、肯定式、推測式及面質式。反應式是最初層次的，即指對領導者的問話做簡單的回應。傳統式十分類似平常的聊天與寒喧，是社交導向的互動行爲。肯定式是指成員表現出對抗來自團體壓力的行爲，如爭辯、敵視、表達不滿，或以語言攻擊他人，表面上是在呈現問題，

但並未有尋求幫助的動機。以上三者屬於工作前型態。推測式是指討論或推論與成員相關的問題，團體中出現幫助者與被幫助者的溝通模式。面質式是指成員具有洞察力去了解其他成員的問題，真實地投入問題的解決與處理，或對質可能的逃避行為並面對核心問題，其中蘊含著緊張與冒險。以上兩者屬工作型態。HIM是將工作向度作水平排列；內容向度作垂直排列，形成 Hill 的矩陣（ Hill, 1977a, 1977b ； Silbergeld et al., 1980 ）。根據 Hill 的分類，應有 4 × 5 共 20 種口語類型，但由於反應式僅適用於嚴重心理困擾者，而不適於一般諮商團體，因此僅使用 16 種口語類型。對治療價值而言， 1-4 級第一象限為有些微的幫助； 5-8 級第二象限是有些幫助； 9-12 級第三象限是比較有幫助，而 13-16 級第四象限是最有幫助(陳碧玲，民79 ； Hill, 1977a, 1977b ； Silbergeld et al., 1980 ）。此外， HIM 又可依四個象限分成四組：主題中心工作前，主題中心工作，成員（個人）中心工作前，成員中心工作。

上述四象限能用以說明團體發展過程的脈絡，及成員個人的狀況如何影響團體發展(趙喬，民 80)。Gruner 和 Hill （ 1973 ）在「團體發展的三階段」中指出：第一階段為適應與熟悉（ orientation ），其中第一象限的口語行為參與量最多；第二階段為探索 （ exploration ），其中第二、三象限的口語行為參與量最多；第三階段為生產與製造（ production ），其中第四象限的口語行為參與量最多（ 引自趙喬，民 80 ）。

二、Hill 口語互動矩陣的優點

Sisson, Sisson & Gazda （ 1977 ）認為就助人關係而言，團體能營造出一種促使自己與他人成長的互動關係，因此，團體中的每個成員皆可能從團體得到幫助，而有助於團體成員的成長。Silbergeld, Manderscheid 和 Koenig （ 1977 ）亦指出：在

一個團體中，重要的不只是領導者與成員的關係，成員間的互動更是促使個人發展與成長的利器。因此，一個能測量與分析團體互動過程的工具，就變得十分重要了。

另外，Yalom（1985）認為，團體歷程的口語互動行為，是指團體成員間或領導者與成員間，正在進行的、流通的溝通（陳碧玲，民79）。在有關口語行為的研究中，Hill 的互動矩陣（Hill Interaction Matrix）及 Bales 互動過程分析系統（Bale's Interaction Process Analysis）是最常被使用的工具。就性質而言，Hill 的互動矩陣是一種多項度的行為系統，將團體歷程的口語互動行為分為內容和工作兩個向度，以評量成員與成員的互動，及領導者與成員的互動（Hill, 1977a；1977b）。這兩種向度的分類方式，可以真實又可靠的紀錄所有團體歷程中的口語互動資料（陳碧玲，民 79）。潘正德等（民84）亦發現並分類，且能有助於對每一個團體的每一個會期之溝通內容及工作型態座系統化的分析和了解。Garry 認為 HIM 再見夠或評估團體成員的進展方面，是一個很有意義的工具（陳碧玲，民79）。Boy（1971）更具體指出，HIM 具有四個優點：(1)它具有很高的表面效度；(2)它涵蓋所有團體歷程的口語敘述；(3)該矩陣很容易教導；(4)其主要焦點在溝通的過程，而非推論的理論架構（陳碧玲，民7 9）。Kanas 和 Smith（1990）進一步指出：HIM 的分類系統也可以教導給不同背景的治療者或輔導員，並用在不同性質、類型的團體上。由於 HIM 具備上述的種種點，多年來，它一直是研究小團體互動過程的主要工具。正如 Sisson（1977）所言，就信度與效度而言，HIM 可能是測量長期團體輔導過程最有效的工具。因此，Delucia（1997）認為HIM 可作為成員參與團體的意願，及偏愛的口語互動程度之最有用的預測工具。Werstlein 和 Borders（1997）亦認為，HIM 的分類系統可用作各類小團體口語互動內容與品質的評估工

具，且可用還作爲團體督導、訓練的重要內容。

參、Hill 口語互動行爲評量的影響因素

以 Hill 口語互動矩陣鍵夠的工具包括： HIM 、 HIM-G 、 HIM-A 、 HIM-B 四種。其中，最常爲研究所用的工具是 HIM 逐句 分析系統（ HIM ），又稱 HIM-SS（ statement by statement ）。 此一系統雖然費力，且經常进道分析計分的問題，但由於獲得的 資料豐富、詳細，故仍爲一般研究者所偏愛。而 HIM-G 則是試圖 取代 HIM 而設計，它包括七十二個評量題目，由裁判、觀察員、 領導員或任何沒有概念的人再觀察或聽了過程錄音帶後填答，大 約 20 分鐘可以完成。其信、效度約.80 以上（ Hill ， 1977a ； 1977b ）。 HIM-A 與 HIM-B 大致上具有相同的性質，其題項共有 六十四題，作答方便。

一、使用者的因素

Sisson ， Sisson 和 Gazda（ 1977 ）指出，在使用 Hill 互 動矩陣分析互動過程時，評量者須經過訓練或以前有過評量 HIM 的經驗，而且必須測試評量者間（ inter-rater ）信度以及評量 者本身（ rater ）的信度，以免影響其分類的正確性。 Hill 對 HIM-G 所做的評量者間（ inter-rater)的信度係數超過.80 以上 （ Hill ， 1977a ； 1977b ）。此外，Conyne 和 Rapin（ 1977 ） 以及陳碧玲（民 79 ）都指出：當治療者是編碼者（評分者）又 是研究者時，若再加上工具的使用等變數，可能會造成評量上的 不精確。另一個影響 HIM 效果的因素是，研究者常因使用 Hill 互動矩陣中的 16 級分類太冗長及分散，致常簡化只用 HIM 的四個 象限來歸類，因此使得實驗結果受限，如使用 16 級分類的方式， 可能會有較顯著的發現（ Lewis & Mider, 1977 ）（引自潘正德， 民 85 ）。潘正德（民 85 ）發現，使用 16 級分類確實太分散，導

致某一級或某一類型口語次數太少或爲零，因而影響統計分析。

　　此外，有時因受測者和評量者人爲的誤差因素，而影響 HIM
的分類效果，因此 Magyar 等人（ 1977 ）建議：

1. 使用 HIM-B 施測時，必須要求不同受測團體的受試者之間不
   能討論彼此團體的性質，以避免結果受到影響。
2. 爲避免評量者由於知道團體次數的順序所帶來的偏見，評分
   時，每一錄音（影）片斷不按團體次數的順序排列，而是隨
   機分配給不同的評量者，才能保持客觀性。

二、 HIM本身的因素

　　Silbergeld 等人（ 1977 ）的研究指出：隨著團體過程的發
展，領導者所引起的互動增加，互動時間長度反而縮短，而成員
的互動時間逐漸增長。此一結果對治療雖有助益，但卻無法直接
比較出平均個人的說話次數。因爲 HIM 的評分定義中，將連續的、
未被中斷的談話算做一個互動單位，所以某一成員連續長時間的
說話，和一個較短的說話單位，都同樣會被評入相似的內容和工
作型態。因此，他們認爲，HIM 的評分定義可做某些調整以反映
這些差異。此外，同一類型，甚至完全相同的口語對話，在不同
的情境，或互動關係中，可能代表不同的意義，與不同的口語類
型，如何避免這些實質問題可能導致誤差的出現，亦是值得重視
的。不過潘正德等（民 84 ）認爲：在編碼的過程中，由於口語
互動常有前後語句的相關性存在，因此，只要稍加留心，注意相
關因素，如：氣氛、互動方式、語氣、音調、對話者的關係等，
即可解決此一問題。雖然 HIM 的評分方式被廣泛而大量的採用，
近年來有許多評論質疑這種方式的適切性，並指出建立一種改良
的評分定義是必要的。如此可進一步比較口語互動次數的差異，
並避免同一語句永遠被編碼爲一種口語類型的缺失。

三、 Hill-G量表的缺失

　　另一個可能會影響 HIM 評量效果的因素，是評量工具之一的
HIM-G 量表。Hill 於 1965 年建立種較簡易的 HIM-G 量表，內容
包 括 七 十 二 個 題 目，供 評 量 者 勾 選，以 取 代 逐 句 式
（statement-by-statement）的評量方式。在 HIM-G 中，工作型
態的反應式（responsive）並未列入，所以 HIM-G 中包含 4×4
（內容×工作型態）16 級。每一級中有四個題目，從每一小級
中的得分總合起來在加起來以解釋和比較。Powell（1977）的
研究曾探討是否每一小級中的四個題目有足夠的內部一致性和
相關性，亦即探討是否已測量同一性質的口語行為。但研究結果
顯示，HIM-G 每一小及中的題目相關性不高，沒有足夠的信度以
測量所預測的行為，因此建議 HIM-G 應進一步修訂，或改以新的
題項取代目前的格式。至於已使用 HIM-G 的研究，Powell 建議需
對其結果的解釋重新再檢視。此一建議，也是國內研究考慮評量
工具時，捨棄 HIM-G，而寧願花費時被時間宇心力採用 HIM 逐句
分析的原因之一。

肆、Hill 口語互動矩陣對團體工作的貢獻

　　綜觀國內近年來有關 Hill 口語互動矩陣的研究（陳碧玲，
民 79；趙喬，民 80；潘正德，民 84；謝麗紅，民 85；民 86；
民 87a；民 87b），已支持該矩陣理論，並證實此一工具適用在
國人所帶領的團體，作為評估團體帶領者口語行為內容與工作類
的工具（謝麗紅，民 84；潘正德，民 86；民 87a）。此外，亦
可作為預測成員參與團體的意願、互動方式偏愛程度的預測變項
（DeLucia, 1997），及團體領導者的督導評量工作（Werstlein
& Borders, 1997）。綜合國內 Hill 口語互動矩陣的研究，大致
上已達到下列結論，對今後團體工作帶領者的訓練、督導，有一
定的貢獻：

（一）重視領導者口語行為與成員口語行為的關聯性：

　　團體歷程中，領導者與成員口語行爲有極爲相似的變化（陳碧玲，民 79；潘正德，民 87a）。潘正德（民 86；民 87a）、謝麗紅（民 84）更發現領導者與成員口語行爲有正相關存在。潘正德（民 87b）進一步指出，再口語類型上，關係、推測、第一、第四象限口語行爲達到顯著的正相關。團體領導者若能熟悉 Hill 的口語行爲之分類系統，適時使用合宜且高品質的口語行爲，將可催化、引導團體成員作有效的溝通、互動，同時在互動的過程中，領導者的口語行爲，無形中也成爲成員模仿、學習的對象。

（二）口語行爲與團體結果效果的相關：

　　口語互動行爲、同盟、團體氣氛之間有顯著的相關存在，這些歷程變項彼此相關且相互影響，而共同影響團體效果（謝麗紅，民 84）。團體、面質、第一項縣口語行爲與團體感受量表的結果效果有顯著的正相關（潘正德，民 87b）；主題、團體、傳統、肯定口語行爲與團體支持達到顯這的負相關；成員、象限三口語與團體支持達到顯著的正相關，關係口語與認知獲益達到顯著正相關，退冊口語與情緒獲益達到正相關，面質口語與情緒獲益、認知獲益達到正相關，第二象限口語與認知獲益達到負相關，象限四口語與情緒獲益、認知獲益達到顯著的正相關（潘正德，民 87a）。由上可知，較高品質的口語行爲中，成員、關係、推測、面質、第三、四象限口語行爲中，主題、團體、傳統、肯定、第二象限口語分別與結果效果達到負相關。在團體歷程中，帶領者如適量使用品質不高的口語行爲，試題高團體結果效果值得正視的問題。

（三）重視口語行爲與團體過程效果的相關：

　　成員、關係、推測、第三象限、第四象限、口語分別，與團體自評或分測驗達到顯著的正相關（潘正德，民 87a）。潘正德（民 86）亦發現，關係、推測、面質、第四象限口語與自我評

量有顯著的正相關。可見 Hill 互動矩陣中，較高品質的口語行為與團體過程效果達到顯著的正相關。

（四）重視口語行為與成員對團體領導者的整體評價的相關：

潘正德（民 87a）發現，團體口語與領導者評量表的得分達到顯著的負相關，成員、推測、第四象限口語與領導者的整體專業能力的評估，有正負或負面的影響，頗值得重視。

（五）口語行為對團體效果有某種程度的預測能力：

潘正德（民 86）發現，傳統、關係、第三象限口語可以解釋過程評量總變異量的 56%；關係、肯定口語可以解釋團體結果評量總變量的 36%。潘正德（民 85）發現，由自我評量、第二向縣與肯定口語，可以解釋家庭關係效標變項的總變異量的 80.52%。潘正德（民 87b）發現，第四象限口語可以解釋自我評量總變異量的 33%；面質口語能解釋團體感受量表總變異量的 20%。

（六）訓練團體帶領者熟練面質口語的技術：

Kanas 和 Smith 發現，最高程度的團體治療效果是面質口語行為。潘正德（民 86；民 87b）亦發現並支持此一觀點。不過謝麗紅（民 84）的研究卻發現，面質、肯定口語使用愈多時，容易引起逃避、衝突的團體氣氛；同樣的，若成員避免討論面對自己問題的責任，或彼此摩擦、衝突和不信任，則可能引發成員以肯定、面質口語來泰討彼此的關係及此時此地的互動。事實上，團體氣氛可能和過程效果（評量）有關係，但和結果沒以顯著的關係（潘正德，民 87a）。因此，面質口語行為的熟練，並在最適當的時機使用，是團體帶領者催化、引導訓練的主要技術。

（七）團體會期短，時間少，團體的帶領者尤應重視第三、四象限口語行為的使用：

國內的研究（謝麗紅，民 87a；潘正德，民 86）已大概能支持 Hill 互動矩陣理論的治療價值，其中第一象限為有些微幫助，

第二象限為有些幫助，第三象限為比較有幫助，第四象限為最有幫助（Hill, 1977a；Silbergeld et al., 1980）。就治療價值增加量而言,亦大多集中在第三、四象限口語行為（Rae et al., 1976）。由於國內團體的實施，再會期上約在 8 次至 12 次，總時間約在 16 小時至 25 小時，遠比國外的二十次以上會期，及 30 小時以上時數為少，因此團體各階段的發展並非直線式的循序漸進，郵遞一象限口語而第二、三、四象限口語行為（趙喬，民 80；潘正德等，民 84）。因此，大多團體領導者的個人領導風格（理論背景、專業知能、溝通方式），而呈現特有的口語行為,己乎在團體初期，及大量使用第三、四象限口語行為（潘正德等，民 85；潘正德，民 86；民 87a）。為有效帶領團體，治療價值較高的第三、四象限口語行為的使用，有必要加強。

（八）熟悉Hill口語互動矩陣，以提昇團體帶領者的專業素質，
　　　並作為有效的評估工具：

從口語行為的編碼分類，可以清楚地了解每一個團體，在團體歷程中，口語行為的變化趨勢（潘正德，民 86）。潘正德（民 87b）進一步發現，不同理論取向團體在團體歷程中，不論是內容、工作、象限口語，都有其常用的口語行為，且領導者間及單一理論取向團體內，在團體初期、中期、末期的口語行為大多有顯著的差異。換言之，透過 Hill 口語互動矩陣的分類系統，不僅紀錄同一團體內口語行為的變化趨勢，更可比較不同理論取向團體間的差異，因此，可作為團體歷程研究或督導、訓練的重要變向與工具（Werstlein & Borders, 1997）。

伍、Hill 口語互動矩陣使用的展望

自民國七十九年國內第一篇使用 Hill 口語互動矩陣研究報告以來，陸續有幾篇專門以 Hill 口語矩陣為主要研究工具的報告。從該矩陣在團體歷程研究的應用來看，其理論已被支持，且

證實爲有效的評量工具。再複雜的團體歷程諸變項中，口語已是
不可忽視的重要變項。由於 Hill 口語互動矩陣具備多項優點，
可預見的未來，該矩陣將是口語行爲研究最主要的工具之一。不
過，逐句編碼分類曠日費時，若能早日以國人爲樣本，修訂常模，
改爲紙筆問卷施測，使用率將大爲增加。其對團體歷程的研究，
訓練者訓練，專業督導品質的提昇將有很大的貢獻。

參考文獻

一、中文部分

方紫薇（民 79）團體評估與團體研究（一）。諮商與輔導，60
　　期，25-30。

陳若璋、李瑞玲（民 76）團體諮商與治療研究的回顧評論。中
　　華心理衛生學刊，179-215。

陳秉華（民 82）諮商改變歷程的研究新典範。發表於諮商歷程
　　研討會中。

陳碧玲（民 79）團體互動行爲模式之分析。彰化師大輔導研究
　　所碩士論文。

趙喬（民 80）訓練團體之領導者和成員互動關係對團體經驗內
　　涵之影響。輔仁大學應用心理研究所碩士論文。

潘正德（民 84a）團體動力學。台北：心理出版社。

潘正德、陳清泉、王海苓、鄧良玉、陳成鳳（民 84a）大學生團
　　體諮商歷程中的口語互動行爲分析暨影響團體效果相關因
　　素之研究。中原學報，23 卷，2 期，43-56。

潘正德（民 85）Hill 口語互動行爲與團體效果之關係暨相關因
　　素之研究。中華輔導學報，4 期。

潘正德（民 86）Hill 互動矩陣理論在成長團體的驗證。國科會
　　研究報告。

潘正德（民 87 ）團體效果、口語行為及相關因素之研究。中華心理衛生學刊，12 期。

謝麗紅（民 84 ）成長團體過程與團體效果之分析研究。彰化師範大學博士論文。

二、英文部分

Bender, R.L. (1980) & Kaul, T.J. (1978). Experimental group research: Current perspectives. In Garfield, S.L. & Bergin, A.E. (eds.) Handbook of psychotherapy and behavior change. New York: John Wiley.

Conyne, R.K. & Rapin, L.S. (1977a). A HIM-G interaction process analysis study of facilitator and self-directed grc . Small Group Behavior, 8, 333-340.

Conyne, R.K. & Rapin, L.S. (1977b). Facilitator and self-directed groups: A statement by statement interaction study. Small Group Behavior, 8, 341-350.

Conyne, R.K. & Rapin, L.S. (1977c). Programmed groups: A process analysis of facilitator and self-directed treatments. Small Group Behavior, 8, 403-414.

DeLucia-Waack J.L. (1997). Measuring the effectiveness of group work: A review and analysis of process and outcome measures, 22, 277-293.

Dye, C.A. (1974). Self-concept, anxiety, and group participation: As affected by human relations training. Nursing Research, 23(4), 301-306.

Fuhriman, A., Dtuart, D. & Gray, B. (1984). Conceptualizing small group process. Small Group Behavior, 15, 427-440.

Glistein, K.W., Wright, E.W. & Stone, D.R. (1977). The effects of leadership style on group interactions in differing sociopolitical subcultures. Small Group Behavior, 8(3), 313-331.

Guttman, M.J. (1987). Verbal interactions of peer led group counseling. Canadian Journal of Counseling, 21, 49-58.

Hill, W.F. (1977a). Hill Interaction Matrix (HIM). Small Group Behavior, 8, 251-259.

Hill, W.F. (1977b). Hill Interaction Matrix (HIM): The conceptual frame work derived rating scales and an updated bibliography. Small Group Behavior, 8, 260-268.

Kanas, N. & Smith, A.J. (1990). Schizophrenic group process: A comparison and replication using the HIM-G. Small Group Behavior, 14, 246-252.

Lambert, M.J. & Dejulio, S.S. (1977). Toward a validation of diverse measures of human interaction and counseling process. Small Group Behavior, 8, 393-395.

Magyar, C.W. & Apostal, R.A. (1977). Interpersonal growth contracts and leader experience: Their effects in encounter groups. Small Group Behavior, 8, 381-392.

Page, R.C. (1982). Marathon group therapy with users of illicit drugs: Dimensions of social learning. International Journal of the Addiction, 17, 1107-1115.

Page, R.C., Compbell, L. & Wilder, D.C. (1994). Role of the leader in the therapy groups conducted with illicit drug abuses: How directive does the leader have to be?

Journal of Addictions and Offender Counseling, 14(2), 57-66.

Powell, E.R. (1977). HIM correlation study. Small Group Behavior, 8, 3.

Rae, C.S., Vathally, S.T., Mandersheid, R.W. & Silbergeld, S. (1976). Hill Interaction Matrix (HIM) scoring and analysis programs. Behavior Research Methods and Instrumentation, 8(6), 520-521.

Roe, J.E. & Edwards, K.J. (1978). Relationship of two process measurement systems for group therapy. Journal of Counseling and Clinical Psychology, 46(6), 1545-1546.

Silbergeld, S., Manderschied, R.W. & Koenig, G.R. (1977). Evaluation of brief intervention models by the Hill Interaction Matrix. Small Group Behavior, 8, 281-302.

Silbergeld, S., Thune, E.S. & Manderschied, R.W. (1980). Marital role dynamics during brief group psychotherapy: Assessment of verbal interaction. Journal of Clinical Psychology, 36, 2.

Sisson, C.J., Sisson, P.J. & Gazda, G.M. (1977). Extended group counseling with psychiatry residents: HIM and the Bonney Scale compared. Small Group Behavior, 8, 351-360.

Stockton, R., Robinsion, F.F. & Morran, D.K. (1983). A comparison of the HIM-B with the Hill Interaction Matrix model of group interaction styles: A factor analytic study. Journal of Group Psychotherapy, Psychodrama and Sociometry, 36, 102-113.

Werstlein, P.O. (1997). Group process variables in group supervision. The Journal for Specialist in Group Work, 22(2), 120-136.

Yalom, L.D. (1985). The Theory and Practice of Group Psychotherapy (2nd ed.). New York: Basic Books.

學校輔導工作的統合與改革
―呼應教育改革運動的呼籲

林清文

壹、前言

　　教育改革運動在李總統登輝先生的倡導和各社會各界的關切聲中，由李遠哲博士召集學者、專家和社會各界代表，成立「行政院教育改革審議委員會」，彙集各領域關心教育改革人士的意見，逐期提出諮議報告書，並在八十五年底完成諮議總報告書，向時兼行政院長的連副總統戰先生提出報告。

　　在教育改革諮議總報告書中，確立教育改革運動的五大方向：「教育鬆綁」、「帶好每一位學生」、「暢通升學管道」、「提昇教育的品質」和「建立終身學習的社會」；以及八大教育改革之重點項目（行政院教育改革審議委員會，民 85a）。嗣後，教育部融合長期研議的教育施政構想，和教育改革總諮議報告書之具體建議，提出十二項「教育改革行動方案」，於八十七年五月廿九日經行政院核定，在未來五年內（民國 88 ～ 92 年度）將挹注壹仟伍佰柒拾壹億餘元的經費，作為全面推動教育改革的張

本。

　　學校教育品質的提昇的確是當前教育改革成敗所繫的核心
目標之一，由於教育功能的擴展，學校的任務不僅止於單純的教
學工作。在現代化社會中，學校更是傳承文化、培養學生能力、
陶冶社會化人格，促使學生適應社會結構的重要環境。增進學生
的人格發展和生活適應的學生輔導工作自然成為學校教育的重
要環節。透過學生輔導工作的推動與落實，可以和學校教學工作
互濟並彰，而達成學校教育的目標和功能。誠如教育改革運動成
員簡茂發博士所言：「所有教育改革的規劃必須和（學生）輔導
措施充分配合，才能達成全方位的教育改革目標」（簡茂發，民
86）。學校輔導工作的統合與革新，的確是當前學校工作和教育
改革的重要課題。

貳、當前學校輔導工作的割裂與教育改革運動的努力

一、學校輔導工作的發展與割裂困局

　　學生輔導工作向來與教學工作並列為我國傳統學校教育的
二大課題。早在宋、明歷史中即有庠序訓導制度的記載。及至而
今，訓導與教務、總務更成為各級學校分司設職，業務分工的重
要部門。所謂訓導，漢代許慎著說文解字解釋為：「訓，說教也」；
而清朝段玉裁的說文解字注進一步註解為：「說教者，說釋而教
之，必順其理」。依字義可知，訓字著重在說而教之，必順其理
的生活教育，而導則含有指引、引導或啟發之意。換句話說，「訓
導」本以增進學生人格發展（陶冶），生活適應為指歸；運用說
明解釋的方式來指引學生或啟迪學生，使學生心悅誠服，順理而
行。而毋庸強解為「訓誡」、「懲罰」、「管制」的負面意義。
古來許多名師訓導學生有成，後世傳頌不已，如「經師人師」、
「循循善誘」、「春風化雨」等，顯然不盡是以嚴懲為訓導。就

此而言，舊時所謂訓導，是一個中性而涵意寬廣的概念，未必偏廢今日輔導的方法、理念，而較近於歐美各級學校中的學生事務工作（ student affairs 或 pupil personnel services ）。

　　然而，在傳統父權倫理社會中，傳統學生訓導工作較爲強調規範和服從，而蒙上訓示、管敎的色彩，的確亦較無法顧及學生的心理需求和個別差異；而不能符合民主社會的時代思潮。隨著民主思潮和體制的生根落實，更多試行於西方民主社會的教育理論和方法，陸續被引介進入我國學校體制之中。透過以心理學理論和民主哲學爲基礎的輔導方法，協助學生人格發展和生活適應，不但成爲美國各級學校學生事務工作的主體（王麗斐、劉淑慧，民 80 ； Henderson & Gysbers ， 1998 ），也得以隨著九年國民教育的推行，以及其後的學校組織法規的修訂，而進入各級學校（ 張植珊，民 72 ；宗亮東，民 72 ）。

　　我國國民中學創制伊始，各校即成立「指導活動推行委員會」，以校長爲主任委員，訓導主任及各相關處室主任及敎師代表爲委員，研議全校指導活動推行事宜（何金針，民 71 ）。顯然，創制初衷的指導活動是統攝敎務、訓導等項業務之全校性工作；希望籍由「指導活動推行委員會」的研議，引進當代輔導工作方法和理念，擴展、更新傳統學校訓導工作的內涵和方法，有效增進學生人格發展和生活適應。透過「指導活動推行委員會」及更名後的「輔導工作委員會」的有效運作，正可期傳統學校訓導工作與時俱進，增加更多當代心理學理論和民主信念基礎，而發展出合乎社會背景和時代思潮的新風貌（黃正鵠，民 75 ）。惟其後中央及地方教育行政主管官署主導的學校組織法規修訂過程，忽略時代思潮的推移，和學校教育進步改革的趨勢，而在學校組織中，訓導、輔導處室並設，看似「重視輔導」，卻也坐實了「輔導」與「訓導」的對立。徒然失掉學校學生事務改革的契機。

　　在現行的國民教育法、高級中學法、職業學校法及各法的施行細則、規程，以及相關規章的規範下，以增進學生人格發展和生活適應爲宗旨的學生事務（即傳統所稱的「訓導」）工作硬被二分爲訓導（訓育）和輔導二事。例如，國民教育法施行細則即出現，「校長及全体教職員均負訓育責任」（第八條第二款）和「全体教師應負輔導之責」（第九條第三款）的重複規定。在學校組織體系中學校教育人員也被分爲涇渭分明的「訓導」與「輔導」二大陣營。如國民教育法規定：「國民小學及國民中學，視規模大小，酌設教務處、訓導處、總務處或教導處、總務處，各置主任一人及職員若干人。主任由校長就專任教師中聘任兼之，…國民小學應設輔導室輔導人員；國中學應設輔導室。輔導室置主任一人，由校長遴選具有專業知能之敎師聘兼之，並置輔導人員若干人，辦理學生輔導事宜」（第十條）。國民教育法施行細則進一步規定「國民小學及國民中學之輔導工作依下列各款辦理…全体敎師應負輔導之責，協助學生瞭解自己所具條件並適應環境，使其具有自我指導之能力，俾發展學生潛能，以達人盡其才及促進社會進步之目的…」（第九條）、「輔導室（輔導人員）：掌理學生資料收集與分析，實施學生智力、性向、人格等測驗，調查學生學習興趣成就與志願，進行輔導與諮商，指導學生升學與就業並辦理親職教育等業務」（第十三條第四款）、「應分別定期舉行敎務、訓導、總務、輔導會議，研討有關事項，並視實際需要組設委員會」（第十七條）。而後，訓導處主管訓導業務；輔導室專責輔導工作（馮觀富，民 78 ）。流弊所及，訓導人員不能輔導學生，輔導人員也不可訓育學生。

　　誠如中國輔導學會的創建者蔣建白博士所言，「輔導（ guidance ）是一種新興的教育方式，…非僅可以促成教育的功能，並且提高教育的成效。它可以運用於學生生活，使之更爲充實；可以運用於學生學業，使之更爲進步；可以運用於學生訓導，

使之更為有效」（引自馮觀富，民 82 ）。當代「學校輔導運動」主要的目標並不在於提出新的工作項目或建立新的處室部門，而是在將新的理念和方法引入學校既有的教育工作之中。從學校教育的發展歷史和改革趨勢觀察，不難明白「訓導正是學生事務的舊稱；輔導即是二十世紀後葉學生事務的新面貌」。從師生互動的層面看，我們得以將學生事務稱為學生輔導工作；從業務分類與行政管理的觀點言，我們也可以將學生輔導工作稱為學生事務。學生事務與學生輔導本應指稱相同的學校教育工作，其目標在增進學生人格發展、生活適應。

　　學校師生乃至社會大眾論及輔導，也習焉不察的以之與訓導相對稱；學者之間更有「訓導」、「輔導」異同的論點或論戰。一旦坐實「訓導」與「輔導」的不同與對立之後，「輔導之外的訓導」、「訓導為嚴父，輔導為慈母」等等錯誤觀念漸入人心，遂而混淆學生事務的整體性；形成「訓導、輔導處室的『雙頭馬車』」（行政院教育改革審議委員會，民 84b，頁 38 ），也造成學生事務工作統合的困難，導致學校輔導功能未能有效發揮。總括當前各級學校學生輔導工作統合的困難，主要可歸納為下述四個方面的問題：

　　1.學校輔導工作的組織和執行由多種法規規定，各種法規中，缺乏「學生事務」的統合性概念。對「輔導」一詞的語意概念籠統、紛歧，造成在學生事務工作的窄化。對於學生訓導或訓育工作，有過高的「規範」和「教化」目標的強調，使得當代學生輔導工作的精神—「自我決定、自我負責」與之格格不入，阻礙學生事務的成效與進步。

　　2.法規和實務中，「訓導」和「輔導」相互對稱或對立。例如，規範全體教員具有「輔導」和「訓育」學生的責任。在訓導處之外，另設有專責行平的學生輔導單位（在國中小設置常設業務單位「輔導室」；高級中學設置「輔導工作委員會」

和輔導教師），分別負責「訓導」與「學生輔導工作」，學
生事務被割裂爲分屬兩個部門的工作。職司學生事務的敎
師，在校園師生互動中，出現訓導和輔導的歧異、對立或矛
盾。

3.在國民中小學中，學生輔導工作流爲「標準課程化」。我國
學校輔導工作自民國五十七年建立國民中學體制，在國民中
學課程標準中，設置「指導活動」一科，規定所有國民中學
全面推行「指導活動」，其後並正名爲「輔導活動」；民國
八十二年修訂的國民小學課程標準，亦增設「輔導活動」的
課程時間。學生輔導工作流於內容和標準統一的敎學科目，
不但失去彈性配合學校敎育資源，因應學生需求的自主性，
輔導活動科專任敎師的設置也耗蝕大量的專業人力。

4.國民中小學中缺乏專任輔導人員的設置。目前高級中學得依
高級中學法（民國六十八年訂頒）規定，「設輔導工作委員
會，規劃協調全校學生輔導工作。輔導工作委會置專任輔導
敎師，由校長遴聘具有專業知能人員充任之」。而陸續修訂
的國民中學課程標準雖列舉輔導活動的實施方法包括「班級
輔導活動」和「一般輔導活動」二類，惟在國民中、小學輔
導工作的各項法規中，除輔導活動科任課敎師外，包括在訓
導處和輔導室的編制中，幾無設置專職輔導敎師或輔導、諮
商人員之規定。學生輔導工作成爲「兼職人員」課餘兼辦事
項；不但使得當代心理諮商專業無法有效引入學生輔導領
域，也無法眞正全面落實學生輔導工作。

二、敎育改革運動對於統合學校輔導工作的建議

鑑於當前青少年輔導工作的諸多困境，以及學校輔導工作未
能有效統合的種種問題，亟需從觀念、體制和方法上予以全面性
的改革，由李遠哲博士領導的行政院敎育改革審議委員會於第二期

諮議報告書中，始而針對中小學學生行為輔導，提出包括：「建立以學生為主體的教育觀」、「培養人性化的教師」、「建立學生行為輔導新體制」、「重視休閒教育，增設活動設施」、「全面檢討並修訂有關青少年的法律」、「重視學校的親職教育」、「建立青少年輔導之專職機構與規劃長期研究」和「全面檢討輔導工作六年計劃成效」等八項之建議。其中，有關「建立學生行為輔導新體制」的建議，並作如下之分項說明（行政院教育審議委員會，民84b）：

「目前中小學之訓導處與輔導處應合併設立，國民教育法施行細則第十三條第一項第二款規定之訓導工作應加以檢討，性質上屬於一般性之道德教育、生活教育、公民教育等，明定為教學活動；將性質上必須具備專業輔導知識，非一般教師普遍具有之對於特殊人格與心理之學生的教育，在法律上明定由輔導教師與其他專業人員為主體。至於體育與健康教育可由目前訓導體制中分離，而一般事務性工作，如出缺勤等依法由專人管理。應以『輔導學生，管理事務』的概念，重建學生行為輔導體制」；

「現頒有關訓育輔導法令及各級學校規程，對（學生）輔導方面有不合時代需求或窒礙難行者，應予檢討廢除或修訂」；

「適度減少導師及輔導老師之任教負擔，以增強其生活教育及輔導功能」（p41）。

第四期諮議報告書進一步建議，建立「學校教育法」，取代現行的「國民教育法」、「高級中學法」和「職業學校法」；並就學校體制的改革提出各項的基本原則。其中，在彈性組織原則下，建議「學校的基本組織，包括：校長、校務會議、教務處、學生事務處和行政處；生活指導除了學生事務處內設之專業輔導與諮商人員負責外，應屬所有教師之教育工作」（行政院教育改

革審議委員會，民 85b，頁 91）。在總諮議報告書「發展適性適才的教育：帶好每位學生」的綜合建議中，教育改革審議委員會再次強調「應以輔導而非管理學生的原則，統整目前中小學的訓導與輔導資源，並增設專業人員，合併目前中小學之訓導處與輔導室，重新設立學生行為輔導新體制，以使事權統一，並落實教師普遍參與輔導學生之理念」（行政院教育改革委員會，民 85c）。

　　從教改會各期的諮議報告和總諮議報告書中，可以發現教育改革審議委員會針對前述學校輔導工作統合困難的四個問題，擘劃出具有「更新學生輔導理念」、「簡化行政組織，統一事權」、「引進專業人員，提昇專業工作品質」和「教師普遍參與輔導學生」四項特色的「學生輔導新體制」，以統合學生輔導工作，提昇學校教育品質。

參、「教育改革行動方案」未能切中統合學校輔導工作的期待

　　教育部依據行政院教育改革推動小組第六次會議之決議，依循「教育鬆綁」、「帶好每位學生」、「暢通升學管道」、「提昇教育品質」與「建立終身學習社會」等五大方向，研訂「教育改革行動方案」，並經行政院八十七年五月廿九日核定。預定在民國八十八年至九十二年，挹注壹仟伍佰柒拾壹億餘元經費，全面推動教改工作。

　　「教育改革行動方案」內涵十二個項目；其中第十一項方案即為「建立學生輔導新體制」。方案中依行政院教育改革推動小組第七次會議「建立教學、訓導與輔導三合一學生輔導新體制」之決議，訂定「建立學生輔導新體制規劃委員會設置要點」（教育部，民 87），成立「建立學生輔導新體制規劃委員會」。預定在五年內，挹注十三億八千萬元，透過試辦、評估、改進（解決）與擴大推廣的程序，大力推動「建立學生輔導新体制—教學、訓

導、輔導三合一整合實驗方案」（教育部，民 87 ）。以期達成「建立各級學校教學、訓導、輔導三合一最佳互動模式與內涵，培養教師具有教訓輔統整理念與能力，有效結合學校及社區資源，逐步達成「建立學生輔導新體制」之目標。

　　方案中列示的工作項目（方案中稱為「方法」），除一般行政事務外，可大別為「組織調整」、「教學改進」、和「學生輔導」等三大類。其中，與「學生輔導」有關的項目包括：「培養全體教師皆具有輔導理念與能力」、「實施每位教師皆負導師職責」、「鼓勵每位教師參與認輔工作」、「建立學校輔導網絡，結合社區資源，協助辦理學生輔導工作」、「運用社區人力資源，協助學校推動教育工作」、「研訂學校教師輔導工作手冊」和「辦理學校教師、行政人員、義工及家長研習活動」等七項。此外，另有「調整學校行政組織及人員編制」、「調整學校訓導處之行政組織及人員編制，兼具輔導學生之初級預防服務功能」和「調整學校輔導室之行政組織及人員編制，加強各級心理輔導及諮詢服務工作」等三項「組織調整」工作。

　　當前教育改革運動對學生輔導工作的注意是不令人意外的，教育改革審議委員會建議「重建學生輔導新體制」，以改善學校輔導工作的品質和成效，的確是令人感奮的。然而在「學生輔導理念模糊、沈滯」、「傳統學生訓導、教化觀念糾葛」、「缺乏輔導專業認知」、「依循前期輔導計畫積弊」的沈重包袱之下，教育部「教育改革行動方案」十二項方案中，「建立學生輔導新體制—教學、訓導、輔導三合一整合實驗方案」雖是相應教育改革審議委員會之建議而提出，惟其內容未見教育改革審議委員會提示之「更新學生輔導理念」、「簡化行政組織，統一事權」、「引進專業人員，提昇專業工作品質」和「導引教師普遍參與輔導學生」的特色；而未能切合統合學生輔導工作，提昇學校教育品質的期待。具體而言，教育部「建立學生輔導新體制—教學、訓導、輔導三合一整合實驗方案」的限制和可預見的困

難包括：

（一）整體方案對於輔導新體制的規劃仍植基於「輔導」、「訓導」的二分思考，使得傳統學校訓導工作內涵，無法朝當代輔導運動和教育改革動向而進步、更新。

　　方案中以相當有限的經費（五年計編列新台幣壹拾參億捌仟萬元預算），分別針對各級學校現行學生訓導、輔導工作的實施，予以枝節、反覆的調變；而未能從法規修訂的層次，深入、周延檢討當前教育與輔導相關法規中，植藏「輔導」、「訓導」二元對立、割裂學生輔導工作的條文規定；透過法規檢討與修訂工作，一新學生事務工作的觀念和內涵。

（二）方案中的組織調整構想仍落入訓導、輔導二元對立的思維，而不能減少學校行政事務的負荷，以及學生輔導工作雙頭馬車的困局。

　　方案中預定「調整學校訓導處之行政組織及人員編制，兼具輔導學生之初級預防服務功能」和「調整學校輔導室之行政組織及人員編制，加強各級心理輔導及諮詢服務工作」。依據方案規定，實驗學校訓導處將改名為學生事務處，運用輔導的觀念及態度，實施訓育及生活教育，培養學生正確的價值觀及人生觀，並協助推動與執行全校性之初級預防服務工作。而中小學校輔導室亦得調整為輔導處，規劃、辦理全校性輔導工作，結合醫院心理治療人員，加強二級、三級預防服務工作，並為全校教師及學生家長提供輔導知能諮詢服務。

　　在上述的規定中，將學生事務工作拆解為「訓育及生活教育」和「全校性輔導工作」二個部份；讓學生事務處負責「實施訓育及生活教育，協助全校（輔導）初級預防工作」，而輔導處負責「規劃、辦理全校性輔導工作、加強預防服務和諮詢服務工作」。學生輔導新體制仍將回到訓導（訓育）、輔導二元割裂、對立的窠臼，甚或引發更多的矛盾。教育改革審議委員會提示「輔導學

生,管理事務」的學生事務整體觀點,在方案中仍無法獲得實現。

(三)忽略各校「輔導工作委員會」既有體制的機能,不利學校
　　輔導工作體制的經營和經驗累積。

　　輔導工作委員會為全校性的任務編組,用以引進輔導工作方法和理念,規劃全校學生事務的工作的方向和內涵,透過「輔導工作委員會」的有效運作,正可期傳統學校訓導或學生事務工作與時俱進,以利學生人格發展與生活適應。方案中忽視各校輔導工作委員會的機能和經驗,未能針對輔導工作委員會功能的提振,提出可行的規劃,夸言「建立各級學校教學、訓導、輔導三合一最佳互動模式與內涵」,多滋紛擾。

(四)削弱導師選任的價值與機能,不利「導師責任制」的實施

　　導師責任制在我國各級學校教育中,已不單為師生間的共知共識或學校的積習傳承,更是教育部訂頒權責明確的規章範則。隨著學生事務理念的進步,導師的角色和功能也逐漸從「訓導師」轉化為「輔導師」,而成為學校輔導工作網絡的重要環結。

　　導師功能的提振,有賴於有激勵性的工作體制、完善協調的支援網絡,以及慎選導師人選。學校校長應就教師的人格特質和輔導能力,選任導師。擔任導師職務固是責任的加重,也是能力的肯定和榮寵(黃國彥,民71)。在各級學校中,不能要求每位教師皆具備擔任導師的條件,也不該使導師職務成為教師丟不開的燙手芋。一旦「實施每位教師皆負導師職責」,將迫使學校大量增加增置導師的相關經費,也將斲損導師選任的機能,破壞導師責任制「責任與肯定兼具」的價值。

(五)忽略學生輔導專業分工的意義和事實需要,延續認輔制度
　　的困難與扞格。

　　認輔制度仍為「建立學生輔導新體制」方案中的主要項目。事實上,過去數年認輔制度在推動上即已迭遭困難和批評(陳韻如,民83)。各級學校在推動認輔制度上的扞格包括:

1. 認輔教師和行政主管、導師職務權責的混淆。學校教育工作分司設職，而有教務、訓導、輔導、總務等部門的業務分工，和班級導師的設置。行政主管人員和班級導師對全校或班級學生負有輔導之職責。本不待認輔制度的推動，始而對個別學生有「認輔」之責。在教育部認輔制度實施辦法頒行之後，各校甚至有以校長、訓導主任或導師為認輔教師者。其實，校長、導師對於「認輔學生」以外的全校或班級學生豈可無輔導之責，何「認輔」之需！

2. 認輔教師和輔導教師權責的混淆，甚至反客為主，加重學校教師的負荷。學校教師「普遍參與輔導學生」的意義，在於教師在課室或課間的師生互動中，發揮個人影響力，提供關心、示範和引導的輔導功能；而不是要求教師成為認輔學生的心理諮商人員。教育部提供各校的認輔教師輔導紀錄表格，甚至比諮商師的記錄表格更為細膩。不但誤導了認輔工作的本質，也使認輔教師疲於奔命，或視為畏途。其實，校園中教師對學生不露形跡的關切、因勢利導的談話，並不需要翔盡深入的記錄。

    在學生輔導專業分工體系中，學校科任教師、班級導師和輔導教師應本其職能而有適當之層次分工。班級導師與一般學科教師最適合透過關心、示範和引導，協助學生的成長與適應；而對於行為偏差學生的導正，則仍需借助諮商、小團體輔導甚至心理治療的專業工作者，才能真正達成「協助學生順利成長、發展」的目標。

3. 對認輔教師提供難及的輔導專業訓練；部份地區學校甚至要求認輔教師提出個案研究報告。認輔教師在學生輔導專業分工中的職能是關心、楷模和導引的工作，其輔導知能研習亦應以此任務的達成為主題，並以此相為期許，以此形成績效指標。認輔教師不需要和輔導教師相同的輔導專業訓練或督

導，而是要有針對認輔教師任務完成所需而設計的研訓方案。

4.缺乏輔導專業「轉介與網絡」的觀念，誤將輔導資源人士定位為「受命輔導者」。台諺有謂「不會剔頭，碰上鬍鬚客」。將學校中嚴重適應困難的學生「分派」給認輔老師，讓認輔老師「認份」、「專事司職」的受命輔導之責，正是給予認輔教師超乎能力範圍的負荷。自認能力不足以應付認輔個案學生的輔導需求，或許是許多學校教師排斥擔任認輔教師的重要原因之一。

　　在明確的輔導分工體系中，學校教師可以受邀成為學生輔導工作的資源人士，不需一力扛起個案學生輔導的全部工作，既不必自覺責任重大而抗拒，也不必認為獨受重託，超乎能力而惶恐。

5.缺乏整體運作環境，導致事倍功半。認輔制度的設計和學校教育既有的分工不協調、對於負面效果（如標籤作用）亦缺乏處理。整體而言，認輔制度的推動仍難免給人虛矯、滋擾的印象。

　　整體而言，「建立學生輔導新體制－教學、訓導、輔導三合一整合實驗方案」，仍未深入當前學校輔導工作「二元（訓導、輔導）分立」、「輔導活動標準課程化」和「專任輔導人員編制」等根本性問題，提出涵蓋法規修訂之周延、完整的解決方案；僅只在「調整訓導、輔導處室編制」、「改進教學」、「學生輔導」等層面提出若干枝節性的做法，甚至重蹈覆轍的實驗。

　　相對於教育部整體「教育改革行動方案」的壹仟伍佰柒拾壹億餘元總經費預算（教育部，民87），「教學、訓導、輔導三合一整合實驗方案」全部壹拾參億八仟萬元經費預算，甚至不及百分之一。其對於國人期望甚殷，學者且視為當前學校教育改革成敗所繫的學生輔導體制改革，難免予人「格局不大、誠意不殷」

的疑竇。

肆、學校輔導工作統合與改革的建議

在當前社會各界教育改革共識逐漸凝聚之際，教育部亟應審慎體察學校輔導體制不當之嚴重性與改革之迫切需要，把握行政院教育改革審議委員會「建立學生輔導新體制」建議案中所蘊涵，「更新學生輔導理念」、「簡化行政組織，統一事權」、「引進專業人員，提昇專業工作品質」和「教師普遍參與輔導學生」的四項精神特色，重新檢討方案內容、積極規劃各級學校學生輔導體制與做法，以有效統合學生輔導工作，提昇學校教育品質。具體而言，當前學生輔導工作改革的課題應包括：「釐清學生事務的理念和工作內涵」、「建立以服務和輔導為導向的學生事務工作團隊」、「尊重學校教育目標與學生事務工作的自主性」和「重新定位認輔制度，強化校園輔導工作網絡」。茲分述如次：

一、釐清學生事務的理念和工作內涵。

一九三〇年代，在學校教育進步改革的呼聲中，美國各州興起一股學生事務運動（ pupil personnel services movement ），以激發學校教育人員思索如何增進學生在校園中的有效學習（ Gysbers & Henderson ， 1994 ）。於是，以協助與輔導為導向的各種學生事務工作，得以引進學校中，成為校園中繼教學、行政之後的第三力量（ the third force ， Shaw ， 1973 ），而在我國學校教育傳統中，學生事務工作並不是學校教育的新興領域；學生事務工作向來稱為（學生）訓導，而與教學並列為學校教育中的兩大主要工作。在民主思潮和教育改革的趨勢之中，應重新釐清、檢討傳統的訓導理念和工作內涵，與時俱進，強化「服務」和「協助」功能，整合學生事務工作。

1.檢討、修訂教育與輔導法規，捨棄訓導、輔導二元並立的觀

點，以「輔導學生，管理事務」的概念，重新整合學生事務
工作。

2. 減輕學生事務工作「教化」色彩的強調，而以服務和協助的
觀念來推動學生事務工作。學生事務工作不應偏重於團體規
範的約束和教化，而在於透過服務和協助，協助學生學習民
主、法治的信念與平等、眞誠的人際關係。

3. 基於「輔導工作，人人有責」的理念，明確規範學校教師有
學生輔導的權責。學生事務工作的目標在於增進學生人格發
展與生活適應，應涵納學校全體教育人員的參予與努力，並
符合當代民主哲學與人本主義之信念。

4. 發展學生輔導的專業分工體系理念，釐清教師的學生輔導權
責，以使教師樂於從事學生輔導工作。學生輔導的落實涵蓋
整體學生事務或學校教育工作，惟全體教師居於不同的角
色、職務，應有不同層次的學生輔導職能和分工。學校的學
生事務工作應涵納一般性的學生輔導和專業諮商工作，以期
全體教師能依職能參與輔導工作。

二、建立以服務和輔導爲導向的學生事務工作團隊

學生事務工作不再以學生生活管教和訓育爲務，而以提供學
生生活協助與輔導爲主要的職責；其間包括：輔導、保健、臨床
心理、社會工作、學生觀護（ attendance ）和特殊教育。目前
各功能相近但卻可能出現「雙頭馬車」窘境的「訓導處」與「輔
導處（室）」不須繼續存在；未來可以整併兩處室的業務，結合
相關的專職及兼職人員，成立學生事務處，全力推展以學生協助
與輔導爲導向的學生事務工作。

在不斷因應學生需求的過程中，學生事務工作必然需要發展
新的學生協助與輔導方案，不但要視學校規模、條件與學生需
求，增聘不同專業層級的諮商師；同時也需要引進更多領域的專

業工作者，例如社會工作者、法律顧問、評量專家、精神科醫師、特教師。這些專業性的工作顯非學校輔導教師的專長領域。可行的做法包括：

1. 以「學生事務」概念統合學生「訓育（生活教育）、輔導和學生事務管理」的工作內涵。

2. 研訂學生事務工作組織。簡化目前學生輔導的行政業務，捨棄「輔導室」的編制，結合訓導處原有的業務內容、人員（現任的訓導與輔導處室主管，可採「遇缺不補」或視學校規模，擇優轉聘為「副校長」的方式處理），成立「學生事務處」，推展各種學生協助與輔導方案，增進學生人格發展，有效因應生活課題。以更統合包融的觀點實施學生事務工作，一來可避免輔導和訓育方法之間的扞格對立，也可使民主社會「自我決定、自我負責」的信念得以經由共享而傳遞。在學生事務處下，可依業務分工，設置下列各組：

   (1) 學生輔導組：負責學生輔導委員會議、學生事務行政、專案規劃與執行，輔導活動教學及學生課外活動及教師輔導知能研習、教師與家長諮詢事務；

   (2) 生活事務組：負責生活常規及紀律管理與執行事務；

   (3) 諮商與轉介組：負責學生諮商與心理評量，以及其他專業服務的轉介與協調；

   (4) 特殊教育資源組：負教特殊學生教育規劃與資源協調（可依需要設立）。

   而原訓導處下的体育教學應歸教學事務、衛生事務應歸總務與生活常規教育。校內除學生事務會議外，不另設輔導會議。

3. 尊重諮商專業的發展，提昇學校諮商師的工作品質。

4. 引入更多學生事務的專業工作者。

三、尊重學校教育目標與學生事務工作的自主性

　　基於學生個別差異的事實體認，以及因應學生個別需求的信念，學生輔導本應具有相當的獨特性和彈性。學生事務工作絕對不是「上級說要怎麼做，就怎麼做」，而可以落實成效的。學生輔導人員應該從相關法規的閱讀中，了解學生事務工作的法定權責範圍和要求，更要參酌本校的條件、特色與教育目標，以及學生的需求，規劃學生輔導方案。未來仍須以實務的觀點，來檢討現行相關法規的適切性。避免因過多的「輔導工作內容規定」，而不利各校輔導工作的自主推展和落實。

　　在法規的釐清之後，學校或地方教育人員可以參酌本地或本校既有的條件、特色與學生需求，發展地方或學校的教育目標，並以之規劃年度的輔導計畫和單項的輔導方案。其具體做法包括：

（一）減少學生事務過多的行政干預。

　　重新檢視學生輔導工作的內涵，可以學校教師釐清教師的教育使命和定位，讓學校教師對學生事務工作建立更適切的期待，同時減輕輔導人員的角色模糊與衝突。在討論輔導工作的內涵時應注意避免將輔導工作定位為青少年問題防治或偏差行為再教育的部門。要知道社會上的諸多青少年問題不一定都來自學校教育；而學校教育的改革也應具全面性的考量，教育行政主管部門「頭痛醫頭式」的「多方創造學生輔導業務」，反而扭曲輔導工作的內涵和本質，不見得能夠強化學生輔導的功能。而長期以承辦上級規定業務為主要工作內容的現象，也容易使得學校教育人員模糊了學生事務工作的內涵和自主性。

（二）鼓勵地方或學校基於地方或學校條件及學生需求，規劃學
　　　　生輔導工作的方向和內涵。

　　各縣市輔導工作輔導團，應涵納本地的輔導實務人員和專家，發展地方的教育與學生輔導的共同目標與內容；提供各校學生輔導人員工作協調、經驗交流以及學術研習。學校可以透過跨

處室的輔導工作委員會研析學生的輔導需求，釐訂學校的輔導目標，整合學校的學生輔導資源，規劃年度各項學生輔導方案及班級輔導活動，提供班級輔導活動實施和輔導知能研習，並依據本校預定的學生輔導目標，考核、檢討學生輔導方案的成效和人員績效。

（三）改變「輔導活動」設科教學的設計；納入各學學生輔導工
　　　作計畫。

　　班級輔導活動為學校輔導工作的動態核心，必須要依據學生的需求，以及學校輔導計畫來規劃內容和實施方式。將班級輔導活動定位為教學課程，並由教育部訂定其「標準」，其弊病在於不能切合學生的需求和學校內外環境的改變。未來應鼓勵各校由輔導教師依據輔導工作委員會的決議，動態規劃各年級班級輔導活動實施內涵和方式。

（四）協助導師實施班級輔導活動。

　　導師是學生輔導工作體系的第一線，經由師生間的互動，可以對班級學生提供關照、引導和楷模的輔導功能。而經由班級輔導活動的實施，導師可以提供有別於「課堂教學」的師生互動，增進導師功能的發揮（蘇麗雯，民 87 ）。願意擔任導師職務的教師，可以經由「輔導原理（概論）」和「班級經營」等教育學分的修習，取得基本知能。而在導師職務任期中，可以繼續參與學校輔導導師提供的班級輔導活動設計與內容實施研習。易言之，導師為班級輔導活動的實施者，而輔導教師則為班級輔導活動的規劃、設計和研習提供者。如此，一者可以提昇導師的功能，二者亦可以使為數可觀的輔導活動科教師回歸輔導教師的正途，大量充實學校的輔導人力。

四、重新定位「認輔制度」，強化校園輔導工作網絡

　　在專業分工精神之下，學生輔導網絡的建立，尤需重視轉介

服務的落實。Epstein（1988）認為強調轉介旨在尋求更多的資
源與服務，Shertzer & Stone（1981）強調轉介的對象包括校
外和校內的資源。顯然，轉介的重心在於引入校內、外機構或人
士的資源與服務，以期更有效的滿足學生需求，提昇學生輔導的
績效。在學生輔導工作體系中，認輔制度即應定位為學生輔導的
校內轉介服務。認輔制度的推動不在「闡揚教師的大愛」，也不
在「不斷提升認輔教師輔導專業素養」，或使學校教師「善盡輔
導責任」；而應在於透過制度化的校內轉介服務，開展與結合校
內外社區資源，建立學生輔導網絡。教育行政主管部門和各級學
校在推動認輔制度上，應把握校內資源轉介的分際：

（一）學校教師的定位是學生輔導的資源人士，而不是「認輔者」
　　　或專業的輔導工作者。

　　在轉介服務中，學校教師、社區家長依個人特有的專長、能
力、風格、學生影響力和意願，而成為學校輔導工作的資源人士。
資源人士在以其原有資源提供給個案學生相關的協助。資源人士
原就具有足以提供個案學生其他專業人員（包括輔導老師）不一
定能夠提供的資源，可以給學生幫助；因而資源人士不是「要準
備做一個輔導老師」的人。

（二）資源人士應以其本身具有的資源協助學生。

　　讓由學校教師志願擔任的資源人士變質為個案學生的「專責
輔導人員」，並要求這些老師接受輔導知能研習，至少有四個不
當之處：

　1.忽略資源人士本身具有的資源。學校教師被邀請成為學生輔
　　導的資源人士，是因為其本身的特色和既有資源或對學生的
　　影響力。學生可以從資源人士得到協助的正是他們既有的資
　　源和特色，而不是他們即將學習或甚至難能學習的「輔導專
　　業知能」。

　2.對資源人士做過多的要求。學校教師成為學生輔導資源之

外，仍有其所習學科專長必須不斷的進修深造，才能跟得上本科學能的進步，符合學生學習的需要。有些學校教師願意轉行深入研習「輔導知能」固應嘉許，並給予大力支持；但求學校教師通通轉行學習「輔導專業知能」，則置教師本科學能進修於何地？

3.否定輔導知能的深刻性。教育部頒布「認輔制度實施要點」強調「認輔制度的輔導對象爲適應困難學生或偏差行爲學生，這些學生原本即爲學校中的『弱勢族群』」，而期望「這些學生經過認輔教師們的關懷與協助，適應困難之現象得以紓緩，偏差行爲之傾向能有轉移，受教性提高，輔導的教育功能始能得致眞正的發揮」（鄭崇趁，民 84 ）。其實，讓適應困難的學生「適應困難紓緩、偏差行爲轉向」，正是需要長期接受完整輔導專業知能的輔導人員的投入和努力。

現行認輔制度的推動方式要求學校裡面多一些「像似輔導老師」的「認輔老師」，而少掉具有不同風貌的老師和社區資源人士，降低學生輔導網路資源的多樣性，反而不利學生的學習與適應。在學生輔導體系中，教師對學生的關照具有無可置疑的重要性，但對於學生的適應困難，不該簡單化約爲「關心不足」，認爲只要給予關心，所有適應問題就都不復存在。

（三）資源人士不需要接受專業督導，而應提供關係導向的資源
　　　人士座談會。

教育部頒認輔制度推動辦法規定「凡是參與認輔之教師，一年之內應參加爲期三天至一週之輔導知能研習一次，個案研討會兩次，接受「輔導計劃諮詢顧問」或「輔導計畫輔導團」督導兩次以上，第二年起應繼續參與個案研討會活動，並接受專業督導」。諮商實務督導的進行需要人員、場地、設備、學習進度、督導理論等等相關條件的配合。不適切的督導並不能統整實務經驗，增進實務人力；甚至可能背離督導倫理，傷害受督導者或學

生的權益。要求受邀成為學生輔導資源人士的學校教師或社區人士，並不切合實際，更潛藏危險。其實，資源人士需要的不是輔導知能或專業督導；資源人士自有其既有專業而非輔導人員所可督導，資源人士需要的是「轉介資源座談會」以及參與「個案研討會」。

在「轉介資源座談會」中，提供資源人士會面聯誼，表彰資源人士的協助和貢獻；說明轉介單位的期待和一般轉介程序的檢討。在「個案研討會」上，由輔導教師負責個案分析和輔導策略報告，資源人士一方面，聽取主治輔導人員提供的個案診斷和輔導策略，並提供相關的觀察資料和意見觀點，供診斷與輔導策略修正之參考。絕對不應由認輔教師負責進行個案研究報告。諮商個案研究是諮商專業教育中一門高階的統合課程，由未修習相關課程而參與學生輔導的一般學科教師負責，會形成其過重負荷。

（四）輔導教師對於個案學生負「輔導」之責，而不是分案。

邀請學校教師擔任學生輔導資源人士，而不是認輔教師，輔導教師在轉介後仍需要本於原有職責協助、關照當事個案學生。換句話說，校內轉介的觀點來看，輔導教師仍是所有認輔個案的主要輔導教師。認輔教師只需基於轉介資源的地位，就其所能提供的資源，給予學生協助。在學校內，輔導教師要對所有「認輔出去」的個案負輔導之責；輔導教師應提供必要追蹤輔導，並告知原班導師有關學生輔導動態；終結轉介之後，也要告知資源人士有關追蹤輔導結果。

（五）個案學生的轉介需求應審慎評估，不可為推動認輔制度而過度膨脹學生個案的轉介需求；對於需要校內外轉介服務的學生，輔導教師應有完整的輔導計畫和轉介評估。

顯然，認輔應是輔導工作轉介服務的一環，輔導教師的職責在於轉介服務，而不是分案。在個案轉介之後，學生得到協助的資源增加，但輔導教師的負荷並未減輕。，輔導教師不可以杖恃

「可分案給認輔教師」，而大量開發個案，「媒合認輔師生，批次分案」。輔導教師在學生個案的開發上，應懂慎評估學生需求的迫切性，和輔導工作能量，適度調節輔導個案數量規模，以便有效提供服務。過多的個案量必將成為輔導人員的過度負荷，在心力不足的情況下，草率將事，使得輔導的品質不穩定，績效降低，絕對不利專業形象的建立。學生輔導工作需要學校全體教育人員和其他資源的共同參與，學校各種輔導體系和制度的主要目標即在於涵納全體教育人員和資源，建立學生輔導網絡。認輔制度的推動亦應與各級學校現行的輔導委員會、導師責任制、專任輔導教師和各項學生輔導活動等措施結合，統合學生輔導資源，構成校內的學生輔導網絡，而不應以資源人士的「認輔」替代校內整體的學生輔導工作。

伍、結語

在社會各界的關注和教育行政主管部門的積極推動之下，教育改革運動已然成為我國社會再造的重要焦點。學生輔導工作的統合與革新，則是當前教育改革，提昇學校教育品質的核心目標之一。針對當前各級學校輔導工作統合的困局，行政院教育改革審議委員會積極呼籲建立具備「更新學生輔導理念」、「簡化行政組織，統一事權」、「引進專業人員，提昇專業工作品質」和「教師普遍參與輔導學生」精神特色的學生輔導新體制以有效統整學生輔導工作。惟教育部當前提出的「建立學生輔導新體制－教學、訓導、輔導三合一整合實驗方案」，在訓導、輔導二元對立的思考觀點下，未能深入檢討、修訂法規，以重新規劃學校學生輔導分工，反而削弱輔導工作委員會和導師責任制的機能，延續認輔制度的缺失和扞格，實不能有效統整學生輔導工作，遠離行政院教育改革審議委員會建立學生輔導新體制的呼籲。

本文認為當前學校輔導工作改革，應加強「釐清學生事務的

理念和工作內涵」、「建立以服務和輔導為導向的學生事務工作團隊」、「尊重學校教育目標與學生事務工作的自主性」和「重新定位認輔制度，強化校園輔導工作網絡」，以有效統合學生輔導工作，並副國人對於教育改革，提昇學校教品質之期望。

參考書目

一、中文部分

國民教育法。中華民國六十八年五月二十三日，總統臺統(一)義字第二五二三號公布。

高級中學法。中華民國七十四年五月一日，總統華總(一)義字第二○八二號令公布。

職業學校法。中華民國八十四年一月十八日，總統華總(一)義字第○二五一號令公布。

國民教育法施行細則。中華民國七十一年七月七日，教育部(七一)參字第二三○一一號公布；七十八年十二月十八日，教育部台(七八)參字第六二四二五號令修正發布。

高級中學規程。中華民國七十年二月三日教育部臺(70)參字第三四六九號令訂定發布；中華民國七十五年五月二十八日臺(75)參字第二二六七五號令修正公布。

職業學校規程。中華民國八十三年六月十七日，教育部台(83)參字第○三一三七二號令修正發布。

建立學生輔導新体制—教學、訓導、輔導三合一整合實驗方案。教育部台(87)訓(三)字第87091640號函頒。

教育改革行動方案。教育部台(87)訓(三)字第87091640號函頒。

認輔制度推動辦法。教育部台(87)訓(三)字第87091640號函頒。

國民中學課程標準。教育部台（87）訓（三）字第87091640號函頒。

國民小學課程標準。教育部台（87）訓（三）字第87091640號函頒。

王麗斐、劉淑慧（民80）他們是怎麼走過來的。載中國輔導學會編，輔導理論與實務。台北：心理出版社，44-65。

行政院教育改革審議委員會（民85a）：總諮議報告書。台北市：行政院教育改革議委員會印行。

行政院教育改革審議委員會（民85b）：第四期諮議報告書。台北市：行政院教育改革議委員會印行。

行政院教育改革審議委員會（民85c）：第三期諮議報告書。台北市：行政院教育改革議委員會印行。

行政院教育改革審議委員會（民84a）：第二期諮議報告書。台北市：行政院教育改革議委員會印行。

行政院教育改革審議委員會（民84b）：第一期諮議報告書。台北市：行政院教育改革議委員會印行。

余德慧（民71）學校社區資源的運用。載於吳武典編：學校輔導工作。台北：張老師出版社，391-407。

宗亮東（民72）中國輔導學會二十年來的回顧今後的展望。載中國輔導學會編：輔導學的回顧與展望。台北：張老師出版社。3-13。

何金針（民71）學校輔導組織與行政。載於吳武典編：學校輔導工作。台北：張老師出版社，173-184。

陳韻如（民83）開創輔導工作新紀元–認輔制度座談會記錄。台灣省中等學校輔導通訊，40期，19-23。

黃正鵠（民75）訓導工作的新模式–輔訓合一。載於大學教育與訓育論文。台北市：教育部訓育委員會編印，191-198。

黃國彥（民71）大專院校績優導師遴選辦法研究。教育部訓育

委員會委託研究報告。著者印。

馮觀富（民 82 ）國中、小學輔導與諮商理論、實務。台北市：
　　心理出版社。

馮觀富（民 78 ）目前國中小學輔導活動工作趨向。輔導月刊，
　　25 卷，7 、8 期，3-6 。

張植珊（民 72 ）我國近六十年的輔導運動及其發展動向。載中
　　國輔導學會編：輔導學的回顧與展望。台北：張老師出版社，
　　15-76 。

鄭崇趁（民 84 ）認輔制度的教育價值與時代意義。學生輔導通
　　訊，36 期，12-15 。

簡茂發（民 86 ）營造適性教育的校園環境，實行彈性化教學與
　　輔導措施—「教改與輔導」專題演講講辭。學生輔導通訊，
　　50 期，7-11 。

蘇麗雯（民 87 ）請把輔導活動課還給導師。諮商與輔導，151
　　期，46-47 。

二、英文部分

Henderson, P. & Gysbers, N. C. (1998). Leading and managing
　　your school guidance program staff. VA: American
　　Counseling Association, 79-116.

Shertzer, B. & Stone, S. C. (1981). Fundamentals of guidance.
　　USA: Houghton Mifflin Co. Ch16.

高中班級社會組織關係的輔導

林山太

　　我國高中學生正式的社會組織，一般來說即指班級，將同一年級同一組別的學生，依學校班級數，約略平均分配於數班。有的學校是純男生班、女生班，有的學校則部分男女合班，有的學校全部採男女合班。這種班級的結構相當的穩定，只是在高中一年級以試探課程爲主，到了高二，採選修類組，課程不同，而有了重新編班，編班的結果，若無特殊情形，則所組成的班級可維持到畢業。照理，在高二依學生性向能力、興趣組合，班級的結構應該是除共同科目外，選修科目引導了班級組成分子的彈性調整變動才對。但我國高中大都以升學考試科目爲選修科目。結果，應考各類組的科目，成爲必選的課程，選修成了有名無實。所以，雖然課程中有選修，但各類組的學生均選相同科目時數，當然，班級組織也就穩定。學生的社會組織除學校大系統外，班級是他們認同的有如家庭的系統。班級有了固定的活動空間－教室，亦即他們的家，領導經營者即爲導師，其餘的組織，依不同需求功能，分設班長、副班長、各類股長等。組織非常清楚，職務功能明確，這也是我國與歐美國家高中生組織差異甚大之處。

其他的組織，諸如社團組織，班聯會、學長姊家族、宿舍室友、校際聯合組織等，此等編組均為班級系統外的混編次級系統，彌補班級組織的單軌缺點，增進組織間的多向交流。本文所指班級即是較穩定封閉之現在我國高中的班級社會組織。

壹、班級社會組織的性質

歐美學校大都以學科經營，沒有固定組織，也沒有專屬的班級生活空間。學生的文具物品置放於置物櫃，沒課時散置於校園川堂、走廊、圖書室，及其他校園角落。我國班級是學校最基本的單位。有自己所屬的空間，有固定的組織成員。它是學校大系統中的一種社會體系。在這個體系中，它通常是由一位導師、數位專任教師，一位輔導教師和一群學生所組成；組織成員透過互動，相互依賴、交互影響，形成有共同意識的社會關係體系。我國的高中班級大致上有下列幾個特性：

一、班級是以有效學習為目的的團體

班級是以學習目標導向的組織，全體成員在此組織中，最優先的目標即是達成高中教育課程目標。它所要學習的範疇、內容、及達成學習的方法與情境的營造，人際互動關係的培養都是有目標有計畫有程序的安排。

二、班級成員的編入是非自發性

班級是人為組成的團體。它是學校整體大系統組織編配考量下的產物。換句話說，學生沒有自主選擇的被動組合。班級在行政編配組成後，交由導師及有關輔導人員經營。在教師的指導下，透過外鑠的力量，及組織成員認同過程而形成的社會組織。因此，其組織成員有在基本學習能力上同質性高者的班級，亦有異質性極高者。此外，還依學科不同，有異質性中再求同質性的

編組者。此種編班方式，學生不僅不能選擇班級，也不能選擇教師，是極為封閉式的組織型態。我國高中這種非自主性的組織，不若以課程為中心的組織開放。學生以課程為中心去選擇課程、教師。不同的成員的組合，在不同的空間學習。彷若逐水草而生的游牧組織，其社會觸角較豐富，學習的領域空間富彈性。以教授程為中心的班級經營，教師將學生視為顧客，以服務顧客滿意為優先，是每一位現代任課教師基本的專業態度。

三、班級是有領導者與被領導者動態關係的團體

班級正式組織的領導者即為導師，一切班級活動莫不以導師為領導的核心而展開，配合校務活動運作。因此導師所領導的班級經營方式及其人格特質、教學專業修為等，對青年學生的學習及行為表現，在每天的班級生活中有重要的影響力。除了導師與學生間的領導關係外，當然尚有其他教師的影響。不過，學生的非正式同儕團體的領導影響力量，不可忽視的也是班級生態的特色。

四、班級組織提供學生體驗社會互動的生活及影響學生人格發展的場所

班級是學生共同體驗、共同學習的地方。學生在日常教學歷程中，藉由社會互動的合作、競爭、衝突、適應、同化等方式的體驗，學習與人、事、物互動的社會關係，並進而影響其個人人格的發展。

五、班級社會組織在長期經營後，都會呈現出自己班的風格

班級組織在領導方式，教師期望，人際關係的社會互動，以及組織中份子的差異程度，會形成自己班級的風格（ personality ），自己班級的氣氛（ climate ），吾人不可將

班級視爲只是組成份子個別性格的組合。教師是塑造及改變班風
的關鍵靈魂人物。一個良好班風的班級，呈現出勤學、合作、和
睦溫暖、尊重關懷、衛生健康、理性開放、民主、有秩序、發展
學生社會責任的成長團體。

貳、教師與班級社會關係輔導

　　班級社會關係是否良好繫於教師。從教育心理學的觀點來看
教師，尤其是導師，是學生角色學習的重要他人（ Significant
other ）。雖然在高中時期，這種重要他人的地位已不如幼兒期
學生，凡事必套以「我們老師說如何如何」的權威。但一個具備
學生心目中良好教師形象的導師，對學生班級社會關係的影響，
還是很大。只要學生對你的班級教學與經營服氣，那你必然是居
於學生角色學習的重要關鍵人。教師是什麼的形象要比他教了什
麼來得重要。

　　理想的班級經營的教師應該是：

一、具備豐富的通識學養

　　教師配合時代的潮流，不斷的進修，充實知能，豐富通識課
程的學養；並能了解現時青年的次級文化，提供符時代性的輔
導。教師擁有豐富的通識學養，在教學歷程中，勢必會不拘泥於
教科書某一單科或單元的知識內容的傳授，他能重視知情意行合
一的教學目標導向學習，能旁徵博引，提供學生探索問題的空
間，繼續保持學生的好奇心與求知慾，他是學生心目中的「有學
問的老師」。

二、富敬業奉獻的專業精神

　　專業精神的涵義是教師確認本身角色的神聖性。肯定教育是
一種崇高的志業，貢獻其專門知識與專業知能，長期認眞的工

作，爲培育社會人才，建設美好幸福的生活，誠心誠意的奉獻。有專業精神的教師，會堅持著教育的理想信念，抱持著高度的服務熱忱，充分發揮豐富的專門知識和技能，依據教學原理原則，配合學生身心發展，與個別差異，善用各種教學方法，有愛心、耐心與信心的去輔導生，以求達成教育目標。有專業精神的教師不會有教學權高高在上，認爲我是教師，我專業自主，我怎麼教，你們怎麼聽，這是我的權力，也是我的責任，不去理會什麼樣的教學會更有效能，更能達到教學目標。有專業精神的教師會以學生是我們的顧客爲導向，以學生的學習權高於教學權去照顧學生，時時注意到學生與教師的互動情，適時的評鑑教與學的情形。一個具有專業精神的教師要去區分教學（ instructing ）和經營（ managing ），他不僅教學生知能，同時也重視營造一個健康有效能的班級情境。如果不能經營妥當，他將沒有機會教好學生。

三、具有充分勝任的專業能力

　　教師無論是對課程的選擇與安排，教學計畫的擬定、教學方法的運用、教學歷程的進行、教學結果的評量、教學媒體的設計與使用、班級師生互動關係的營造，都要能充分表現出勝任愉快的專業自主能力。從經驗發現，最好的教學就是最佳的「教室管理」。教師會獲得學生信任、依賴、仰慕、讚美、合作的滿足感。一個具有實力的專業教師，能獲得較高的「自我實現」的成就。社會變遷速率太快，教師欲擁有專業者的形象，要不斷的學習新知，廣增各類知識，才能和時代脈動結合。在資訊時代的教師都應具備電腦的知能，能進行電腦教學、軟體設計，以輔助教學提高品質。企業界有一句話：「品質，這是價值與尊嚴的起點」，值得深思。一個具有充分勝任專業能力的教師，在教學歷程與班級經營中，他能運用教學的專業能力做到：

1. 關心學生的個別差異的學習，給予低成就學生特別輔導，也給予高能力學生更多的挑戰。
2. 發展學生的自我導向，幫助學生肯定自我；獨立學習且對自己的學習負責。
3. 刺激學生的學習動機，引發學習的興趣與好奇讓學生能依自己的性向能力找到自己的方向做充分的發展。
4. 願意接近不受教的學生，透過學習與互動，改變消極的態度為積極的表現。
5. 規範學生言行一致，且積極參與學習活動。

　　一個專業的教師，也能善用教師期望，他像是一座磁場，吸引著他的學生。他的期望必須是合理的，科學的，是學生所能接受的。教師以合理的、公平的、就事論事的、鼓勵學生「做到的」，而不強調「沒做到的」也會創造快樂的班級。

四、重視知情意行統合的教學歷程

　　認知心理學分類出的教學目標，認知、情意、動作技能三個領域，互為影響。雖分開要求不同的目標層次，但情意教育與認知教育，實踐的能力是統合為一體。情意教育的落實植基於三個領域目標的互動，在教學過程中產生行為改變的結果，即要認知教學，也要實踐力行，亦即知、情、意、行合一。一個為達到升學目的，偏重主知主義的教師，可能迷信練習律、效果律的天經地義，以升學考試的知識範圍為範疇，學生幾乎接受同一式的教育，同一的教材，甚且以考試代替教學，以試卷替代課本或講義。班級社會的成員間，以極端的個人競爭，排比名次。合作交流幾乎蕩然無存。班級社會呈現過度的個人主義的封閉生活型態。一位能重視知、情、意、行統合教學的教師，其班會社會關係會呈現較為合作、和諧、互納、尊重、關懷的人際關係與開放的班級氣氛。哈佛大學教育學教授 Howard Gardner 認為現代每個人都

應具兩種不可或缺的智慧或能力，如果忽視這兩種能力的發展，那麼教育就是不完整的，此兩種智慧或能力是：(1)內省智慧（ Intrapersonal Intelligence ）：知道如何管理自己的感情。(2)人際智慧（ Interpersonal Intelligence ）：能體諒及與人相處和諧的智慧，能運用有效溝通技巧解決衝突的能力等。（ The Nuera School,1996 ）教師在教學歷程與班級經營若能重視這二種能力，則在培養學生健全人格的全人教育中，會加強幾個心智特質：(1)能有效地思考；(2)能清晰地溝通思想；(3)能明確地判斷是非；(4)能辨識普遍性的價值。（ 郭爲藩， 1992 ）學生在這樣的教師指導下進行學習，社會組織的互動頻繁、開放、積極，必然呈現出快樂健康的組織生活。

五、表現出學生喜愛的角色行爲或特質

在學生心目中有他喜愛的教師行爲或特質，如果教師自我形象能與學生期望接近，則師生關係緩和，教學效果高。國內何福田教授研究指出，受歡迎的國中老師的特點，依次爲：(1)講課認眞；(2)幽默風趣；(3)和藹可親；(4)公正不偏；(5)關心學生；(6)聲音宏亮有朝氣；(7)師生相處打成一片；(8)負責任、有責任感；(9)嚴予督導；(10)有經驗、教導有方；(11)學識淵博；(12)瞭解學生心理；(13)多獎勵、多勸解等。

不受歡迎的國中老師的特點：(1)偏心與偏見；(2)不會教書，照本直唸；(3)打罵學生；(4)死氣沈沈、呆板；(5)太兇、度量小；(6)教學不認眞；(7)胡吹亂扯；(8)語言模糊不標準；(9)服裝時髦；(10)聲音太小；(11)輕視、譏諷學生；(12)不準時、缺課；(13)課堂氣氛嚴肅、緊張等。

日本石三次郎以問答法調查兒童期到青年期學生心中目「最敬愛的教師」：(1)有良好的指導方法；(2)性格明朗，易於接近；(3)學識豐富。

　　學生心目中「不喜歡的教師」有：(1)急躁；(2)講解太快；(3)獨斷而驕傲；(4)不熱心；(5)陰險；(6)不瞭解學生；(7)不明朗；(8)語言不清晰；(9)填鴨式教學；(10)缺乏信心；(11)不公平；(12)板書不夠理想；(13)不易親近；(14)品格差；(15)家庭作業過多；(16)學識淺薄；(17)不親切；(18)管教過於嚴格；(19)不守時間；(20)無見識。

　　衛梯（ P.A. Witty ）研究歸納出學生最喜歡的教師應具備的條件：(1)非常熟練於教學；(2)對於學生問題感興趣；(3)使用賞識及讚美的方法；(4)端莊的儀容和愉快的態度；(5)合作的及民主的態度；(6)對於個人既慈善，又關懷；(7)有忍耐心；(8)興趣廣泛；(9)公平無私；(10)富幽默感；(11)有伸縮性；(12)良善的性情和一致行為。

　　美國魏勒特（ Jack O. Villetoe ）追蹤研究初任一年的教師的表現，發現教學失敗的原因是：(1)無法控制班級；(2)人格衝突；(3)不成熟；(4)缺乏組織力；(5)沒有信心；而教學卓越的教師形象是：(1)能控制班級；(2)熱心；(3)博學有見識；(4)誠懇。(5)師生關係親密。萊特（ Rodert Wright ）和桑恩德（ Jack Saunders ）在美國抽樣一千二百名國中生和教師，調查他們心目中的好老師，在學養能力與人格特質兩個向度的情形，結果學生與教師的意見非常一致。他們對好老師的描述，在學養方面：(1)考查公平；(2)精熟所擔任教學科目；(3)講解詳細；(4)協助學生解決疑問；(5)工作勝任愉快；(6)有才智；(7)規定合理的家庭作業；(8)語言表達能力強；(9)允許學生做決定；在人格特質方面：(1)友善；(2)告訴學生所犯的錯誤；(3)可信賴；(4)喜愛全體學生；(5)控制情緒與脾氣；(6)風趣；(7)願意和學生談論任何問題；(8)不輕浮。

　　以上是具專業地位的教師，在輔導班級社會關係，能否展現專業的風範，所應有的形象或特質。

參、班級社會組織中的人際關係

一、班級社會的人際關係的重要性

　　班級的人際關係主要者為師生關係與同儕關係。師生關係與學生之間的同儕關係和諧，非常有助於良好班級氣氛之建立。有良好之班級氣氛能促進學習，並培養對學習的積極態度；反之則減低了學習的企圖心、學習的數量與品質。一個良好的學校社會組織，不只是需要共同的目標、而且需要對道德、對秩序有新的觀點，包括對權威的尊重，彼此互相信任且真誠關懷每一個個人及他們的感受和態度。從這個觀點，人際關係是影響班級社會組織的重要因素。也是可以使教學歷程順利進行，達到教室社會體系的社會化功能的重要因素。

二、班級社會人際關係的類別

　　依人與人，人與團體，或團體與團體等略述其關係的類別

（一）師生關係

　　就班級經營的架構，班級中的師生關係最為重要，是校園倫理最重要的一環，它決定學校教育的效能。

（二）同儕關係

　　同儕團體是年齡、權力、地位大致相同的人所結合的團體。班級同儕關係是指同學與同學之間的人際關係。青少年的同儕團體具有增進成員社會化的功能。

（三）個人與班級的關係

　　個人對班級的知覺，形成其對班級的態度與信念，也是班級風格的重要關係。

（四）班級與班級間的關係

　　班級與班級之間透過在學校情境之互動過程（如：合作、競爭、聯誼、觀摩）而形成班級的關係，此種關係影響學校整體的

校風。

（五）班級與學校的關係

這是小團體對大團體的關係，班級內形成對學校知覺的共同意識而形成班級與學校的關係。此等關係透過社團活動，即學校慶典儀式、規章、活動，建立多向的關係，形成學校的共同目標，也塑造了學校文化。

（六）教師與家長的關係

學生的許多行為表現，往往來自於家庭因素及父母管教態度的影響，也間接影響到學校教育的成敗。因此，教師必須加強與家長之聯繫共同參與協助學生的發展，以促進良好親師關係。

（七）校際關係

學校與學校之校際關係，友校情感之交流或各項活動的之競爭，社團的聯誼互訪，也影響到班級中個人之學校意識。

（八）班級社區的關係

社區的關係會影響到學校效能之發展。良好的社區關係使得學校及班級能獲得支持及適度的支援。透過這層關係的發展，運用社區人力、物力資源及社區服務，建立社區意識。

肆、班級社會中的師生關係

一、師生關係的重要性

如前面所述理想教師的形象對學生班級社會關係有絕對的影響。建立良好的師生關係乃是教學成功的保證。舉凡教師人格特質、對學生的期待水準、教學藝術的專業素養，班級經營與領導的風格，在師生互動交感作用中，如師生間行為語言交互作用，都會影響到學生的人格特質及自我概念的發展。

以下簡要列舉良好師生關係所可能產生的結果：

1. 使學生喜歡上學，主動學習，願意親近老師，且對老師易產

生認同作用，與合作行爲，進而發生影響力。

2.讓老師樂於接近學生，幫助學生，獲有成就感的教學，進一步給予學生正面的教師期望。

3.班級形成安全、互信、愉快，願意主動學習的環境。

4.師生關係的和諧使學生經驗美好的人際相處經驗及團體生活，有助於其人格良好之發展。

師生關係是互動的，一位教師不只是扮演教學的角色，同時也是與學生建立眞誠友誼關係的人。情感表達、表現人性化的一面，以學生爲中心，在學習歷程中只扮演協助者與催化者的角色。依 Wallen,C.J.所提，教師的主要角色包括他是教學課程的經營者，是班級團體的領導者及諮詢者。團體領導者主要任務就是要營造一個健康的班級氣氛，以發揮其對個人及團體的影響力。(Wallen,1978)因此，我們認爲對學生尊重，給予關懷，以互信、眞誠相待且能營造良好班級氣氛的敎師，是比較有能力建立良好師生關係的。

二、影響師生關係的要素

在教學情境中的師生交互影響形成教室動力(Classroom Dynamics)影響師生互動關係。下列將擇要從教師人格特質、教師期望、班級經營領導方式及學習環境等方面來分析探討。

（一）教師人格特質與師生關係

安德生等氏(Anderson H.H. & Brewer, 1945 ; Blair G.M. et al, 1975)曾研究控制型人格及統合型人格的老師對班上學生行爲的影響。前者指的是希望別人照己行事，不顧他人而自作決定，慣用直接式命令；後者意指尊重他人經驗之價值，與人合作，常鼓勵學生共同參與工作或活動，鼓勵其自動自發。(朱敬先，民 82)研究發現教師傾向統合型人格者，則學生較能獨立解決問題，也較能表現合作性之行爲。教師具有尊重，開放、人

本溫暖的特質也使班級氣氛顯得溫暖、民主、信任。

根據調查發現，統合型人格的老師及具有前節所述學生心目中喜歡的好老師的特質包括：富有愛心、耐心、善用教學技巧、和藹可親、熱心、開朗、幽默感、民主……等。

（二）教師期望與師生關係

Good & Brophy（1984）研究認為教師期望影響學生自我應驗之步驟如下：

1.教師對特殊學生，期望特別行為與成就。

2.由於期望不同，教師對待不同學生的行為亦不同。

3.教師對待學生的態度，使學生知道教師所期望於自己的是什麼行為及成就，進而影響自我概念，成就動機及抱負水準。

4.若這種教師態度持續時，而學生並未主動抗拒或以某種方式改變，則此教師態度將影響學生行為及成就，高期望學生導致高成就，而低期望學生則低成就。

5.於是，學生之行為與成就就愈來愈與原初期望接近。（朱敬先，民82）

上述的研究皆指出教師對學生的期望，會對學生產生自我應驗的作用，當然在這過程中也影響到師生互動的內涵及對學生評價的高低。基於以上的說明，教師對學生切勿存有一成不變的期望，應發展最可能幫助每一位學生的自我期望，並且能在理由充足之下，修正學生不良的期望，也相信不管學生其目前地位如何都有能力改進（Davis & Thomas, 1989）。

筆者經驗體認：教師能參酌班級社會組織的實際現況及學生的個別差異，適切地表達教師期望，會影響學生的自我概念的發展、價值觀念的澄清，也影響到師生交互互動的關係。教師期望是合理的，是學生所能接受的，是有個別差異性的考量，是尊重學生的人格的，是不放棄任何一個學生的，則易得到學生的反響回應，取得合作，減少師生的衝突或對教師的抗拒。一位有愛心

的教師，在班級經營中，會時時去鑑定學生行為是否符合教師的期望。教師期望與學生表現的行為同一則班級社會效能高。否則教師需要重新檢視自己的期望是否合理。教師期望對班級社會組織發展具有非常大的影響力。

(三)班級經營領導方式與師生關係

　　國內外關於教師領導方式的研究不少，如盧美貴（民 70 ）的研究發現，領導方式中以高權威高關懷的領導方式最為理想，而低權威低關懷的方式則最差，其對學生的學習動機態度都產生不好的影響，這項研究發現值得參考。

　　依 Wallen 所提教師是一個團體的領導者，要能發揮其對團體的影響力，而主要影響在於團體凝聚力的形成，使成員有「我們」（ Weness ）的感覺。如何增進團體的凝聚力呢？

1.滿足團體的需求。

2.增加個人在團體中的聲望、威信。

3.參與學生合作性的活動，合作性的活動要比競爭性的活動更能使團體團結。

4.溝通互動式的教學活動，增加學生間互動的頻率。

5.區別出本團體與其他團體的不同。（ Wallen,1978 ）

　　教師的領導方式研究，陳密桃（民 70）曾以 Reddin 之理論（ 1970 ）將領導方式依工作取向及關係取向區分為四類型，藉以探討教師的領導型與班級氣氛之間的關係。（陳密桃，民 70 ）Reddin 的方法是將教師的領導方式分為統合型、奉獻型、獨立型、關係型等四種。茲就在教學情境下的效率說明如下圖：

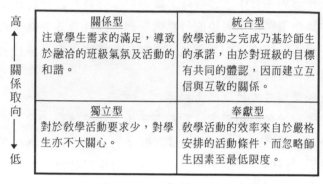

從上圖顯示統合型是屬於高工作需求、高關係需求型，師生彼此之間能達成互信、互敬的關係；奉獻型是屬於高工作需求、低關係需求型，師生關係的經營較為忽略；獨立型是屬於低工作需求、低關係需求型，師生關係疏離；關係型是屬於低工作需求、高關係需求型，注意學生需的滿足，班級氣氛較融洽。

教師在班級經營的領導，採民主開放參與式的方式，較能建立良好的師生關係及自律自治的班風。不過領導班級要能依教室情境的情形，採取權變式的領導，作風可因不同的條件、不同的行為或活動表現，有指揮式、協助式、授權式、督導式的領導作為，用眼用心去發現需要協助時機或學生。誘導比強迫好，多接觸、多關懷、去發現問題、設法解決問題，建立一個師生互信、安全而溫馨的班級社會。

（四）學習環境與師生關係

Gump（1980）基於對生態心理學（Ecological psychology）的研究，強調於學校相關問題的研究必須考慮三方面：(1)物理環境；(2)人的因素；(3)行為類型（黃德祥，民 78）。如果以Gump 的理論來解釋學生在班級情境中的社會行為與社會關係，係受到物理環境、人的因素以及教室運作模式三大因素所影響。其

中物理環境係指與班級生活有關的「無生命因素」，如建築物、設備、座位安排等因素。我們了解師生的溝通、互動並不一定限制於教學情境，有時是在校園中的某個角落，其互動之效果反而更好。因此學校內建築的設計、校園的規畫、美化、綠化，教室內的佈置、座位的安排，皆影響到師生關係及學生之社會行為。

　　國內外的研究上也有許多的發現，其中 Cotterell（1984）之研究發現在開放設計上的教室，學生工作以外的行為和同儕互動的機會也較多。Weinstein（1979）根據文獻發現，教室中具有高密度，會導致學生不滿意、互動機會減少和攻擊行為增加。（吳清山，民 81）學校各種環境的佈置，形成所謂的「潛在課程」。一個學校學習環境的佈置也反映了學校校長及教師的教育理念，間接影響到學生的學習效果及行為表現。因此學校建築及學習環境之佈置，應有助於教師教學和學生學習，其規劃應有助於師生互動或教師間互動，考慮人性的需求，提高學生與他人互動的空間，以增加其對學校的認同，隸屬和享受一種溫馨的學習園地。學校建築不只在營造一個物理環境、社會環境，更是在製一個意識環境與文化環境，整座校園就是教育的素材。（林山太，民 86）

三、師生關係的禁忌

　　師生關係是校園倫理的基石。其中有些師生關係的禁忌應避免：

（一）過度親近學生且遷就討好學生

　　這類教師常因自人格上的缺憾，如缺乏安全感，而想從學生方面去獲得，以維持其內心的平衡。或太過溺愛學生，凡事包容但又不點出改進之道。就怕學生利用老師的這個弱點，為滿足老師的需求，而恭維討好老師或矇騙老師，老師也討好學生，也睜一眼閉一眼。結果，教師反而忽略了自己應在教學專業上的努力

與責任。

（二）扮演高人一等，表現自己是完人

　　這類教師當學生發生問題時，總以自己的想法來批評而不聽學生的解釋，認為老師的權威是不容挑戰的；有時更表現得清高無比，言行無缺，刻意隱藏平凡人的小缺點；自己主觀性太強，固執己見，堅持要面子了；如此反而使學生感到緊張，而與老師疏遠或不服與反感，造成情境不安的氣氛。

（三）情緒不穩定、易感情用事，憑好惡行事，隨意批評

　　這類教師的情緒變化很大，管教原則不一致，憑自己之好惡而有所偏頗，常使學生手足無措，因而對老師感到反感，造成情境不安的氣氛。

（四）拒人千里、漠不關心、吝於鼓勵

　　這類教師不太參與學生的事務及活動，不去了解學生，進而協助學生，師生之間的情感趨於疏遠。由於不太了解學生，也就無從鼓勵學生。

（五）教學無計畫，教學歷程不完整

　　這類教師上課不太準備，時間管理不科學，上到那裡就到那裡，甚至天馬行空、毫無重點，引不起學生學習的興趣，不為學生所接受，結果師生關係疏離或衝突。

伍、班級社會中的同儕關係

一、青少年同儕關係的重要性

1. 增進青少年的自我了解、協助青少年從別人眼中了解自己。
2. 發展青少年的情緒成熟。在同儕間青少年可以從中透過分享、討論紓解情緒，在付出與接受之間培養與同儕之情誼。
3. 增進青少年的社交技巧、促進社會化。同儕的相處下，可以讓青少年了解到什麼是別人喜歡的行為，什麼是別人討厭的

行為，而能增加其社會知覺，進而社會化。

4.良好同儕關係，在生活及課業壓力大的情境中，具有穩定，減壓發洩的心理治療功能。尤其在青少年人格發展階段，同儕關係的良好與否關係著心理的健康。

二、影響青少年同儕關係發展的因素

分班級結構因素、個人因素、教師因素及班級物理因素等四項來討論：

（一）班級結構因素

班級結構分類，可分競爭性與合作性二類，不同的倡導，其同儕關係會呈現不同的特性，合作性結構者：(1)凝聚力強；(2)較少社會孤獨者；(3)有較高的社會接納；(4)較少衝突發生（黃德祥，民78）；在合作的班級情境下較會增進友誼，這對青少年的人際關係之發展有助益。在競爭性結構的班級，易使成員產生猜忌、指責、及不當的社會比較，關係呈現較冷漠緊張。近年來教育改革聲中，鼓勵開放式教學，在開放式的班級經營重視尊重學生的個別差異性的開發，讓學生共同參與課程與學習設計，採合作學習，小組分工作業，分享學習資源。在開放教室中的同儕關係呈溫和不緊張的氣氛，社交行為開放，友伴關係良好。

（二）個人因素

個人因素包括有性別、個人特質、社會活動之參與、成就表現等，現就其中個人特質、社會活動參與、參與班務及成就表現分述如下：

1.個人特質：平日觀察學生行為發現，表現刻苦勤學溫和親切、謙虛誠懇、幽默風趣、熱心有活力、善良慈悲、關懷包容等較受同儕歡迎。

2.參與社會活動：社會活動指的是參加社團活動，如樂隊、戲劇社、球隊等社交聯誼活動，它提供學生相聚相識、發展同

　　　僑關係以及學習社交生活的機會。

　3.參與班級服務：參與班務程度高，爲同學服務機會多，可以
　　　增加其與他人的互動。尤其是擔任重要幹部或小老師，會增
　　　加被同學接納的程度。

　4.成就表現：師生對於同學在課業或學藝、體育等表現出色者
　　　評價高。這種學生容易得到教師的酬賞，更使得這類學生受
　　　到同學喜歡的程度增加。

（三）教師因素

　　　教師因素指的是教師對學生的喜好程度會影響到該生在班
級上的同儕關係。如果教師對某學生表現較多的喜歡，間接影響
到其他學生對這位學生的喜好程度。一般而言受到老師喜歡的學
生其受到同學之喜歡程度較高。但如果教師過度的喜歡某些學
生，顯有偏心時，反而使他們受到排斥。

（四）物理因素

　　　班級中的物理因素，一般指的是班級中的硬體結構，如建築
物、空間大小、及教室佈置、座位安排等，其中座位安排與同儕
間的人際交往最爲有關。

陸、班級社會關係的輔導

一、班級社會關係的輔導原則

　　　班級社會關係的輔導原則，僅分師生關係與同儕關係兩方面
略述於下：

（一）師生關係方面

　1.教師方面

　　（1）把自己當成教學者又是經營者，執著教育理念，實施全人
　　　　格教育。教師他應不僅是教學者，他也是個經營者
　　　　（Wallen, 1978）。班級經營也不等於教室秩序（紀律）

的訓練管理；教學、輔導人格陶冶等均應包含在內。教師怎麼做事和怎麼教學要比他教什麼重要,也就是我們做人處事的方式比我們談論做事的方式直接有效影響學生,更能贏得學生的尊重。

(2)設身處地的態度去了解現代學生的心理。放下教師之權威,以關心的態度、運用同理心去了解學生之感受及想法;以不帶價值判斷的心情去接近學生,了解青少年的內心世界。 Wallen 曾提出四項有關教室管理的原則,其中含a.重視個別化的輔導;b.發展學生自我導向;c.刺激學生學習興趣與好奇、發展其潛能; d.能進入學生的內心世界(Wallen, 1978)。

(3)建立好領導方式,具備適當的管理技巧。建立良好的領導方式,妥善運用認知建構理論、行為改變技術、溝通技巧、諮商理論與技術,能適時多給學生肯定,支持與鼓勵;少用潑冷水、諷刺、怒罵、嚴懲等之有傷學生人格的方式處理班級行為問題。

　　Davis (1989)曾提出教室之管理原則有下五點可供參考: a.建立對學生之正向期望及良好關係,營造一種舒適、愉悅、認真、有條不紊的氣氛。 b.讓學生知道老師明白他們正在做什麼。 c.建立清楚及合理的規定,現定是要求履行,且儘可能地少列。 d.明確規定行為可接受的標準及不良行為的後果,而且在學期初就讓學生知道,並交付學生共同參與討論,建立共識或公約。 e.鼓勵學生參與做決定(decision making),讓學生體認到他們自己對自己的行為要負有責任。不僅有利於自己,也要奉獻給團體,才能贏得尊重。

(4)關心了解學生,給予積極之教師期望。深入了解學生的家庭、生理特質人格特質、智力、情緒、自我概念等,而後

給予適度而較高一些的期望。常以積極性語言代替消極性的語言，以影響其自我概念，提升學生的情緒商數。

(5)靈活運用教學方法。能依據實際需要，以學習者為中心，營塑有利學習教室情境，靈活運用各種教學方式，帶動學習，提昇其學習興趣及成就水準。一個真正的好老師應是會引發並鼓勵每一個學生對發現、對創造、對實驗、對操作的好奇心並鼓勵他們深思、推測、批判及創作。（Wallen, 1978）

(6)適度開放經驗，主動參與學生活動。教師的經驗是寶貴的，適度開放經驗給學生，並主動參與學生活動，接近學生，師生關係必能增進。

2.學生方面：

(1)建立對教師適宜之期望與信心。

(2)輔導養成良好溝通能力與態度，建立和諧、合作、關懷、包容、尊重的人際關係。

(3)具良好學習態度及高學習動機，建立合理性思考的模式，培養包容差異的多元價值觀。

(4)提供機會參與班級事務及活動，輔導表現利他與合群的行為，以及參與決定的責任分擔。

3.師生之間

(1)彼此建立合理期望，表現互相尊重的情感。

(2)建立良好之師生溝通模式，以溝通互動建立良好的學習情境。

(3)除了正常一般課程上課以及班會，社團活動，教師應多重視非正式之接觸與參與，使學生感受到教師的以身作則與關懷。

(4)抱持一起學習及成長之心態，除了關心課業外，對生活、交友、親子關係、生涯規劃等宜多互動輔導。

(5)保持一定分寸的師生倫理距離,不可因要建立良好關係, 表現出親切的形象,而忽視人際關係距離之分際,反而產 生無謂的困擾。

(二)同儕關係方面

1.利用觀察法、社會計量法或訪談學生週記批閱、班級團體輔 導、親師晤談等方式,了解學生目前之人際關係及是否有心 理困擾。

2.以接納、傾訴、同理心、建議的態度去了解同儕人際關係上 的事實,並以尊重的態度進行同儕團體關係的輔導。

3.同儕團體對學生的組織行為表現影響力大,在輔導上應多運 用同儕輔導之力量,影響並修正其不良之行為模式。

4.了解團體動力,以團體動力的觀點診斷同儕關係的發展及問 題,針對問題擬訂策略進行輔導,並做追蹤探究。

二、班級社會關係的輔導策略

(一)在班級生活與活動的運作上:

1.妥善安排民主參與的自治教育:培養學生具備民主法治素 養,發展社會責任,懂得責任的歸屬與區分,體認民主是一 種自律、一種責任,方能體貼與尊重別人或團體為他做了什 麼,他應該為團體或他人做什麼。有了這層的素養,就更能 體諒與包容他人,建立更好的社會關係。教師設計班會活動, 充分運用自治活動,帶動人人關心、人人受鼓勵、人人要負 責的班風。班會活動必須活潑化、多樣化,不要流為形式, 導師輔導學生共同擬訂班級生活公約、時事報告、心得報告、 理性思考訓練、溝通技巧訓練、角色扮演、展示會,才藝表 演、兩難問題析解辯論、腦力激盪、童軍小隊活動、自治體 驗活動等。

2.班級座位的安排:班級座位應適時調整,以利其有機會接近

不同的同學，發展其多接觸的社會關係。例如每一個月之後，就調整一次座位。但對於較內向性或孤獨的同學則可以特別安排較具親和力且有助人精神的同學在其旁邊或左右，適時主動親近之，引導之。

3. 班級幹部遴選：導師在遴選班級幹部時應多讓學生有機會擔任幹部或小老師，以擴展學生對班級事務的參與及服務層面，增加同儕間的互動，對較孤獨的學生可採漸進方式及遇到的困難，適時指導之、鼓勵之。

4. 班級環境的佈置：環境的佈置是潛在課程的一部分，教師從旁輔導，舉凡班級環境裏的色彩、圖案，教室佈置之理念及內容，應多考慮使有家的感覺。例：小盆景使之綠意盎然。全班每位同學及教師的生活照展現，使之溫馨滿室，其他如光線充足，良好通風，及小型圖書區的設置，作業資料的展示，建設性心語的園地等等。總之，教室環境的佈置，由師生合作，全體分組分工參與。透過這項活項建立良好的人際互動，營造一個溫馨且全班對它有認同感的地方。

5. 學校公共環境的認養：例如改變以往指定學校公共區域打掃的責任制，而代之以學生分組認養的方式，以一種主動、志願者付出奉獻的情懷來認養學校的公共環境的整潔養護及建設工作，從工作的投入，產生對環境的深情，透過工作的情境動力，培養學生良好人際互動，願意以主動付出與奉獻的心態來參與，將有助於其社會關係的發展。

6. 班級特色的經營：教師在一段時間的觀察與了解班級之後，依每個人的特色專長及共同凝聚出的班級文化，加上教師刻意的參與及引導，使之展現班級之特色，如愛唱歌的班級而有一起合唱的特色。球類方面、樂器演奏、文藝創作、詩詞吟誦、社會愛心服務等皆可以去經營出班級特色來。

7. 參與班際各種競賽、聯誼：班級導師可以鼓勵班上同學參加

班際間的活動，如辯論、表演藝術、球類比賽，校外參觀或郊遊，以拓展人際互動的層面。導師也可以有計畫的安排校外或班際之間的聯誼，如：以文會友，以球會友，讓學生有機會在大團體中與人認識、交往。任何校外的活動，在規劃安排作業上，都須先與學校行政有關單位接洽，尤其在安全措施上更要特別注意。除此，還必須會知家長同意支持。

（二）在教學活動的規劃上

1. 鼓勵追求進步之作法：國內升學競爭激烈，相對的學生在校學業的競爭也相當激烈，若再加上老師過於注重學生之間的比較，越發增加學生間為爭取課業成績領先的壓力，導致不能輸、不可失敗，要把別人打倒的精神壓力，造成讀書是不快樂的生活，也沒有勇氣或誠意與同學交往。將成績與自尊劃上等號的結果，造成同儕、親子、師生關係上日漸退縮與緊張。因此教師應鼓勵學生追求自我的進步，自己與自己比，今天的我比昨天的我進步，就是高貴。教師、父母強調他所做到的，而不是挑剔他未做到的。鼓勵他可以做的，而不是怒斥他所做的不是。

2. 倡導合作學習：合作學習方式很多，其中如把不同特質的學生分配在同一小組來學習，小組成員之間的關係是積極、互賴的；是面對面互動及注意個別績效及小團體效能的人際關係互動的學習型組織。學生在合作學習小組中不只是針對課程內容而學習，也要針對為人處事的人際能力去學習。教師可以倡導合作學習，讓學生間有許多互動的機會，也讓學生各展所長，互補缺點，各盡組織責任。

3. 個別化教學：教師根據學生個人的能力、經驗、動機、興趣等不同條件，針對個別差異而設計的教學稱為個別化教學。葛雷色（Glaser）曾提出五種個別化教育的途徑：(1)選擇合適的學生來學習既定的方案。(2)補救學前能力。(3)調適

學習方式。(4)補救與調適全併的方式。(5)提供各種學習目標讓學生去追求。

　　個別化的學習輔導，教師可針對學生個別需求，訂下精確學習目標，診斷學習的準備度及描述學習活動與達成學習目標的關係。教師或同儕檢視與督導學生的進度及調整教學與補救輔導的策略，以增進學生學習成就和自信心，促進對班級社會的濃濃感情，以及在團體中被重視的認知。

(三)在良好人際關係的培養上：

1. 小團體輔導及社會計量法的運作：透過小團體輔導及社會計量法的方式，提升人際溝通技巧。運用團體動力，設計人際有關的主題或活動。在互動、回饋等人際活動中，催化學生洞察個人在人際上的盲點，透過溝通交流了解自己的角色及團體規範，加深對自己行為與動機的了解，從中體驗人與人之間的接受與給予，衝突與協調的感受與處理之處。同時，在班級組織活動中，發展個體的自省功夫，理性思考的模式，建構生活的紀律，獲得組織成員的喜歡。教師從社會計量法及平日觀察了解班級社會關係的動力、助力及阻力，進而運用輔導策略、協助較孤獨者，改善人際關係。

2. 休閒生活的輔導：休閒是生活中的一部分，在未來更是生活的重要部分。因此休閒生活的安排與興趣的培養，在中小學階段是非常重要的。對於學生之休閒生活可以從旁輔導，關心學生平時休閒的方式，所花時間及金錢、與人接觸的質與量、獲得休閒活動訊息的方式、來源。儘量輔導其向休閒方式多元化，健康性，從班級社會組織中去發展休閒活動的適通切性與合群性。

3. 生活教育的注重：生活教育著重教訓輔合一的輔導，教師設計知情意行統合的教學歷程，在設計的活動中，培養合理的態度－對事方面合乎科學，對人方面合乎倫理。並且運用適

合的情境教育學生珍愛生命、尊重他人、照顧弱勢的情懷、對人包容、關懷、感恩的氣度，提昇生活適應能力，並體驗現代社會生活的人文關懷。

4. 交友方面的輔導：學生參加社團活動、社會公益活動，以增加學生社交層面及與同儕接觸機會，並引導學生了解友伴或異性關係的發展。宜由大團體中自然熟悉開始，進而結合三五好友的小團體。在這方面也可以藉由舉辦人際關係講座、兩性關係座談、出刊刊物等以提供正確之交友觀念，建立平等尊重的夥伴關係，與更多同學發展友好關係，能做到容忍各人的歧異，可以和不同想法的人做朋友。

參考書目

一、中文部份：

朱敬先（民 82 ）教學心理學。台北：五南圖書公司。

何福回（民 68 ）親職與師道。台北：正昇育科學社。

李園會（民 78 ）班級經營。台北：五南圖書公司。

吳清山（民 81 ）學校效能研究。台北：五南圖書公司。

吳清山等（民 82 ）班級經營。台北：心理出版社。

林山太（民 84 ）新設高中的校園規畫相關作業問題之探究。台北：中華民國學校建築研究學會。

林山太（民 86 ）中學情意教育的實務之探討。師資培育與情意教育學術研討會論文集。台北：輔仁大學教育學程中心。

陳密桃（民 70 ）國小級任教師的領導類型對班級氣氛及學生行為的影響。國立高雄師院教育學刊，三期， 161-207 。

郭爲藩（民 81 ）人文主義的教育信念。台北：五南。

單文經（民 83 ）班級經營策略研究。台北：師大書苑。

鈕文英（民 78 ）青少年人際關係的輔導。諮商與輔導， 44 期，

41-42。

彭駕騂（民 78）教師的心理衛生。台北：五南圖書出版公司。

黃德祥（民 78）國中與國小班級中影響學生社會行為與社會關係之相關因素研究。國立政治大學教育研究所博士論文。

黃政傑、李隆盛編（民 82）班級經營—理念與策略。台北：師大書苑。

劉焜輝（民 61）日本的生活教育。教育部訓育委員會。

劉念肯（民 81）班級經營的心理基礎。諮商與輔導，77 期，14-19。

龍冠海（民 72）社會學。台北：三民書局。

盧美貴（民 70）國小教師教導方式與學生學習行為之關係。台北：臺灣師大教育研究所集刊，23 輯

戴曉霞（民 85）現代與後現代：第一期及第二期教育改革審議委員會諮議報告書之比較研究。收於教育改革－從傳統到後現代。中華民國比較教育學會。台北：師大書苑。

蕭昭君譯（民 86）全是贏家學校。台北：天下。

二、英文部份

Allan C, Ornstein & Harry L. Miller (1980). Looking into teaching. Chicago: Ramd McNally College Publishing Company, 279-280.

Anderson H.H. & Brewer, H. H., (1945). Studies of teacher's classroom personalities. Applied Psychology Monographs. Stanford University.

Blair, G.M., Jones, R.S. & Simposn, R.H.(1975). Educational psychology. New York: Macmillan.

Carnegie & Dovothy Carmegies (1981). How to win friends and influence people. Simon & Sohuster, New York.

Cohen, S. (1973). Educational psychology: Practice what we preach. Educational Psychologist, 10, 80-86.

Cotterrll, J.L. (1984). Effects of school architectural design on student and teacher anxiety. Environment and Behavior, 16(4), 455-479.

Davis, G.A. & Thomas, M.A. (1989). Effective schools and effective teachers, Boston: Allyn and Bacon.

Gump. P.V. (1987). School and classroom environments. In A. Altman & D. Stokels (eds.). Handbook of environmental psychology. New York: A Wiley-Interescience Publicataion, John Wiley & Sons.

Reddin, W.J. (1970). Management effectiveness. New York: McGrawHill Book Company.

The Nueva School: Self-Science, A Program for Affective Education, http://www.nueva.pvtk12.ca.us/self-Science.html, 1996.

Wallen, C.J. & Wallen, L.L. (1978). Effective classroom management. Boston: Allyn and Bacon.

高中性教育團體輔導課程設計與實施

王川玉

壹、前言

「性」，是人類生活的一部分，它與個人人格的發展、人際關係的協調及家庭生活的幸福，息息相關。正確的性態度及性觀念，有助於幸福人生的追尋。隨著社會風氣的轉變，性意識抬頭了，性報導、性刺激也充斥各個角落，「性」已不再是社會上的禁忌話題。由於今日青少年性生理早熟、性好奇提高、性誘惑增強，卻又性適應準備不足，「性鬆綁」的結果往往形成「性知識缺乏，性行為開放」的不協調局面，帶來始料未及的惡果，例如未婚生子，不知如何收拾殘局；或採用墮胎以致終生不孕；參加性活動而感染性病，致使身體受到永久的傷害；為了賺取零用錢，自願充當 KTV 公主、摸摸茶小姐、地下舞廳小姐、午夜牛郎，或到鋼琴酒吧、酒廊陪酒等，甚至從事性犯罪活動或出賣靈魂的色情行業（王鍾和，民 86 ）。

這些異常而有害的現象，固然反映出社會病態的一面，也反映出教育上的隱憂。時代變，教育也要變，「性教育」課程的引

進與落實，應是根本防制之道。「性知識」在過去不是沒有講授，但多半難以啓口，含蓄保留，反而刺激了青少年「獨立研究」、「小組探索」的強烈動機，而這種探索往往也是神秘兮兮，暗中爲之的，傳播的往往不是正確的性態度與性知識，比「性無知」更糟糕。因此，理想的性教育內涵應該是在正確有效的課程引導下，使兩性獲得充分的認知，進而成爲一個包容、尊重、負責且剛柔並濟的男性和女性。至於性教育的輔導，教師除了要提供一般、普遍的資訊外，最好的實施方法應是透過團體輔導的方式，公開、坦誠地學習與討論。

筆者從事學校輔導工作多年，深知青少年的性好奇，只能開導，而不宜壓制。因此在省立板橋高中曾研究擬訂一套性教育團體輔導課程，並試行多次，發覺效果良好，爰藉此拋磚引玉，請讀者參考並指正。

貳、設計旨趣與課程大綱

性教育的內涵爲何？Kiander（1970）曾根據發展心理學的觀點列出性教育的九大主題如下（引自王鍾和，民86）：

1. 兩性關係
2. 約會
3. 生長與發育
4. 生殖
5. 遺傳
6. 與社會有關的社會情緒問題
7. 婚前準備
8. 婚姻調適
9. 爲人父母前的準備

晏涵文（民80）曾針對幼稚園、國小、國中至高三學生、家長及教師進行調查，統整出從幼稚園到高三不同發展階段的性

教育內容大綱,與 Kilander（1970）的建議相互呼應。

汪慧瑜（民 86）根據輔導實務經驗,參酌國內諸家對性教育的見解（包括主流與非主流的見解）,整理出性教育教學大綱如下:

1. 兩性生理學:(1)男性生殖器官;(2)女性生殖器官;(3)懷孕與避孕;(4)性病;(5)另類看法與討論。
2. 兩性心理學:(1)性別認同;(2)同性戀及雙性戀;(3)性犯罪與性戀態;(4)另類看法與討論。
3. 兩性社會學:(1)友情與愛情;(2)約會與交往;(3)婚姻與家庭;(4)另類看法與討論。

參酌以上文獻,針對高中學生的生理發展與心理需要,筆者乃著手設計高中性教育團體輔導課程。首先,決定下列編寫原則:

1. 兼顧兩性生理、心理、社會與倫理各個層面的重要知識與態度。
2. 引導學生以平常心討論「性」,也要讓學生了解性的變奏曲;冀使學生獲得完整的性知識,增進其抵抗力與免疫力。
3. 採取漸近的方式,在團體中先進行自我探索,再進到兩性關係的討論及危險性關係的認知,最後歸結到性責任,故本課程共有四大重點。
4. 儘量利用心理測驗、幻燈、錄影帶等,輔助活動的進行,提高學生學習的興趣,加強其印象。
5. 為減低焦慮、增進安全感,第一次聚會時,即共同訂定團體規範,強調坦誠與保密;每個單元並都安排有「經驗分享與問題討論」的時間,希望能「帶問題來,帶答案回去」,並藉公開討論,培養面對「性」的理性態度與習慣。

根據以上原則,本課程大綱如下:

第一階段主題：認識團體與瞭解自己	第二階段主題：兩性關係
單元一　相互認識及團體定向討論 單元二　心理測驗（前測） 單元三　兩性生殖器官的認識 單元四　肯定自我 單元五　培養成熟的情緒	單元六　異性人際社交方法 單元七　「喜歡」和「愛」不一樣 單元八　家庭成員的角色及責任 單元九　人類的性
第三階段主題：危險的性關係	第四階段主題：性責任
單元十　　性傳染病 單元十一　同性戀 單元十二　愛滋病 單元十三　性變態與性侵犯 單元十四　強暴	單元十五　婚姻與我 單元十六　心理測驗（後測） 單元十七　回顧與祝福

（以上單元，得視需要與時間選取合適單元實施，或作必要的修正與補充。）

參、實施方法

　　本課程適用於大團體（班級團體，30-40人），更適用於小團體10-15人）。實施時需靈活運用各種團體輔導方法，包括以下各種方法：

一、分組討論

　　將學生分成數組，提供議題或發下參考資料，閱讀後加以討論，討論後各組代表上台報告。

二、填寫問卷或測驗

　　事先準備問卷或測驗，學生填完後，儘快評閱，並加以解析（自我解析或教師解析），其結果與學生分享，歡迎學生提出問題或作回饋。

三、角色扮演

　　模擬兩性交往的情境（如聚會、約會），在自動、自發、自

然原則下，鼓勵學生參與演出，團體提供回饋。必要時，可再修正，再演。

四、幻燈、影片欣賞與討論

事先準備性教育有關幻燈或影片（如「從幼年到成熟」幻燈片），供學生觀賞，事先可稍作提示，事後一定要有「問題與討論」的時間。

五、專題時間

需針對與單元活動有關聯的主題，而且為學生所注意、所感興趣者，邀請專家專題講演（如北二區心衛諮詢中心馮榕醫師，設址：省立板中輔導室）或邀請輔導成功的案例「畢業校友」作經驗分享（如「同性戀」個案），此項社會資源可視學校環境與需要自行安排。

六、自由聯想

利用年輕人愛幻想的特性，鼓勵其海闊天空地思考，擴大思路、擴展心胸。最後，加以歸納分析和整理。

七、自我回饋記錄

每次單元活動結束之後，學生均可對下列三項問題作簡要的自我回饋。

1.對今天聚會我的感受及收獲是什麼？

2.對今天我在團體中表現感到最滿意的是什麼？

3.下次聚會我對自己及團體的期待是什麼？

肆、活動設計內容

活動一 相互認識及團體定向討論

（一）目的：

　1.培養友善安全的團體氣氛。

　2.建立成員彼此之良好關係。

　3.了解如何參與團體輔導。

（二）準備材料：海報紙、色筆。

（三）實施程序：

　1.「性的園地」：

　　歡迎來到「性的園地」，請找團體中三個人簽名＿＿＿＿＿＿＿、

＿＿＿＿＿＿＿、＿＿＿＿＿＿＿，並訪問他下列三個問題：

　　（1）血型為何？性格為何？

　　（2）你曾否看過有關「性」方面的書籍、刊物等。

　　（3）你知道我為什麼找上你嗎？

　2.自我介紹：每位同學以兩分鐘時間介紹自己的嗜好、理想等。

　3.選擇訪問過的成員之一，說出「我對你的印象」。

　4.教師說明團體的性質和目標。

　5.共同討論團體規範。

　註：參考「團體規範」如下：

　　（1）我很樂意來到〞談性的園地〞。

　　（2）我能積極和主動的參與這個團體，並能按時前來參加。

　　（3）在團體中我願培養坦誠、關懷、溫暖和重視的氣氛。

　　（4）我能尊重每個人發言的機會，並聆聽他們的說話。

　　（5）在團體的過程中，我願認真學習、思考、記錄和發表。

　　（6）在團體中分享的內容我能絕對保密。

　　（7）在團體中我願意學習瞭解自己（他人）、接納自己（他人）

　　　　和更愛自己（他人）。

活動二 心理測驗（前測）

（一）目的：

　1.了解個人的性態度及性知識。

　2.了解個人心理健康的狀況。

（二）準備材料：

　1.性教育問卷（高雄師大魏慧美教授編）

　2.柯氏性格量表（臺灣大學柯永河教授編）

（三）實施程序：

　1.實施性教育問卷：第一部份，性態度32題；第二部份，性知識30題。

　2.實施柯氏性格量表：第三部份測驗是「離群」量尺（高分者對人際關係冷淡、無興趣、有精神分裂症傾向）；第四部份測驗是「信心」量尺（高分者精力充沛、信心強、興趣向外）；第五部份測驗是「自卑」量尺（高分者悲觀自卑、生活態度消極）；第八部份測驗是「性壓抑」量尺（高分者性衝動及性興趣之壓抑強）。3.自我分析：解釋與分析測驗。

　4.問題與討論。

活動三　兩性生殖器官的認識

（一）目的：

　1.認識兩性生殖器官的構造與功能。

　2.認識懷孕過程與保健。

（二）準備材料：

　1.生殖器官結構圖。

　2.錄影帶：「懷孕生理」（臺北市家庭計劃推廣中心）

　3.幻燈片：「從幼年到成熟」（光啓社）

（三）實施程序：

　1.解說生殖器官的構造。

　2.觀賞錄影帶「懷孕生理」。

3.觀賞幻燈片「從幼年到成熟」。

4.問題與討論。

活動四　肯定自我

（一）目的：

1.自我認識、悅納自己和開拓自己。

2.學習讚美別人。

（二）準備材料：

1.每人白紙一張。

2.自我探索表。

3.錄影帶「自我肯定」（公共電視）。

（三）實施程序：

1.填寫「自我探索表」：分別寫出個人最喜歡、最後悔、最困擾和最有成就的事。各組成員互相回饋。

2.讚美技巧—腦力激盪

(1)自說己長：說自己的優點和長處時，不得使用「假如」或「但是」字眼，以促進個人自尊。

(2)聽說己長：聽別人說自己優點時，只須靜聽或點頭，不必發言感激，以促進肯定自我。

(3)教師提示：讚美自己、接受別人的讚美及分享互相讚美的經驗，可以促進個人自重和追求個人成長的動機。此外，讚美可以促進人際關係，化戾氣為祥和，帶來快樂、和諧。

3.觀賞錄影帶「自我肯定」。

4.問題與討論。

活動五　培養成熟的情緒

（一）目的：

1.了解情緒。

2.接納個人的身體和容貌、性格與能力。

（二）準備材料：

1.每一白紙一張

2.錄影帶「廬山眞面目」。（公共電視）

3.「情緒困擾」案例一則。

（三）實施程序：

1.請成員在紙上寫出自己目前得意及感到恐懼的事物。

2.觀賞錄影帶「廬山眞面目」。

3.案例說明（教師或成員都可舉例）。

4.問題討論與分享：

(1)我活著爲了什麼？

(2)我讀書爲了什麼？

(3)什麼因素會決定或改變我的人生觀？

活動六　異性人際社交方法

（一）目的：

1.了解異性交往的意義。

2.認識異性交往的步驟及其禮節。

（二）準備材料：

1.心形卡片。

2.錄影帶「青春行」（台北市家計中心）。

（三）實施程序：

1.教師先詢問學生有無「約會」的經驗。

2.自由聯想：「我心目中的異性朋友」。

3.自由發言：互相回饋和分享。

4.教師說明異性交往的步驟及其禮節。

5.角色扮演：用心形卡進行尋找拍檔活動。每人抽取半心卡片

一張，以能湊成完整的一顆心形者爲一組，然後扮演約會情形。

情境一　如何邀約或拒絕。

情境二　赴約時的禮節。

情境三　談話內容。

情境四　如何繼續或停止交往。

6.觀賞錄影帶「青春行」。

7.問題與討論。

活動七　「喜歡」和「愛」不一樣

（一）目的：

1.了解男女交往考慮的要件。

2.了解喜歡和愛的區別。

（二）準備事項：家長代表二人

（三）實施程序：

1.分組討論：(1)選擇男女朋友的條件；(2)男女交往的界限；(3)共同分享，小組代表報告。

2.經驗分享：(1)「喜歡」和「愛」的不同感覺；(2)家長的期望。

3.問題與討論。

活動八　家庭成員的角色及責任

（一）目的：

1.了解如何分擔家務事。

2.了解如何與家人溝通。

3.了解如何照顧家中老人或病人。

（二）準備材料：

1.每人白紙一張。

2.錄影帶「如何分擔家務事」（公共電視）

（三）實施程序：

1.觀賞錄影帶「如何分擔家務事」

2.個人在紙上列出「自己一天在家常做的事」。

3.角色扮演：⑴運用溝通技巧處理衝突；⑵照顧老人或病人。

4.經驗分享。

活動九　人類的性

（一）目的：

1.了解動物的性與人類的性之區別。

2.探討性興趣與性煩惱。

（二）準備材料：

1.每人白紙一張。

2.錄影帶「性、感情、婚姻」（公共電視）

（三）實施程序：

1.說明動物與人在「性」方面的差異。

2.觀賞「性、感情、婚姻」錄影帶。

3.請成員在白紙上寫下個人對「性」方面的煩惱或憂慮（ 3-5
　個問題）。

4.問題與討論。

活動十　性傳染病

（一）目的：

1.了解性病的嚴重性。

2.了解性病的種類及其預防。

（二）準備材料：幻燈片「揭開神秘的面紗—談性」（杏陵醫學
　　　　　　　　基金會）

（三）實施程序：

1.教師提出「性病的傳染途徑」、「性病的種類」及「預防方法」問學生知多少。

2.播放「揭開神秘的面紗—談性」幻燈片

3.分組討論：(1)性病的害處；(2)如何潔身自愛、避免性病。

4.問題與討論。

活動十一　同性戀

（一）目的：

1.了解同性戀的成因及其類型。

2.了解「斷袖」是癖，不是病。

（二）準備材料：

1.「同性戀」常識測驗（王川玉編，見附錄一）

2.「同性戀」案例一則。

（三）實施程序：

1.填寫同性戀常識測驗。

2.說明同性戀的成因及其類型。

3.同性戀案例說明。

4.問題與討論：(1)同性戀能治療嗎？(2)古今中外的同性戀者知多少？(3)了解同性戀問題，可避免許多不必要的困擾。

活動十二　愛滋病—廿世紀的黑死病

（一）目的：

1.了解 AIDS 的症狀及傳染途徑。

2.了解 AIDS 者的困擾。

3.了解 AIDS 的預防及健康維護。

（二）準備材料：

1.愛滋病常識測驗。

2.投影片「負責的愛、安全的性、預防愛滋」（杏陵醫學基金

會）

（三）實施程序：

1.實施「愛滋病」常識測驗。

2.說明愛滋病是什麼？愛滋病是如何得到的？如何預防？

3.問題討論：(1)必須強制接受篩檢的危險群，是那一類人？
(2)我要如何才不會受到愛滋病的感染呢？(3)帶原者不應
該做的事有那些？

活動十三　性變態與性侵犯

（一）目的：

1.了解性變態與性侵犯的成因。

2.了解性防衛的措施。

3.了解性侵犯後的心理調適。

（二）準備材料：

1.錄影帶「談狼色變—性變態」（公共電視）

2.錄影帶「控訴！性犯罪的法律追訴與救濟」（公共電視）

（三）實施程序：

1.說明「性變態的人格特質及性侵犯的成因」。

2.觀賞錄影帶「談狼色變—性變態」與「控訴！性犯罪的法律
追訴與救濟」

3.問題與討論。

4.經驗分享。

活動十四　強暴

（一）目的：

1.了解強暴的型態及其種類。

2.了解強暴造成的傷害。

3.了解預防強暴的安全措施。

4.了解被強暴後的處理工作。

（二）準備材料：錄影帶「快樂的上班族—求職防暴」（公共電視）

（三）實施程序：

1.說明強暴的型態及其種類。

2.觀賞錄影帶「快樂的上班族—求職防暴」

3.問題與討論：(1)強暴所造成的反應有那些？(2)預防強暴的處所安全和街道安全措施。(3)萬一被強暴後要立即做什麼？

4.團體分享及回饋。

活動十五　婚姻與我

（一）目的：

1.了解婚姻的意義與擇偶的條件。

2.了解並重視性責任。

（二）準備資料：錄影帶「果樹下的沈思—談婚前性行為」（公共電視）

（三）實施程序：

1.說明：婚姻的意義與擇偶的要件。

2.觀賞錄影帶「果樹下的沈思—談婚前性行為」

3.問題與討論：(1)性責任；(2)婚前性行為可能面臨的困擾

4.團體分享及回饋

活動十六　心理測驗（後測）

（一）目的：

1.瞭解個人和團體於參加團體後在性態度及性知識的認知程度是否有顯著的差異。

2.瞭解個人心理健康狀況的前後差異。

3.瞭解自己參加了這次團體活動後，覺得初始和現在有何改變

　與收穫。

（二）準備資料：

　1.性教育問卷（高雄師大魏惠美編）

　2.柯氏性格量表（台大柯永河教授編）

（三）實施程序：

　1.實施性教育問卷。

　2.實施柯氏性格量表。

　3.自我分析：解釋與分析測驗。

活動十七　感謝與祝福

（一）目的：

　1.參加活動的感想與期望

　2.眞誠的祝福

（二）準備資料：

　1.每人白紙一張。

　2.禮物（每人自備一件）。

（三）實施程序：

　1.給自己一封信（內容不拘）。

　2.分享時刻：成員自由發言，說出參加活動的感想與期望。

　3.眞誠的祝福：

　　(1)成員送給小組內每位成員一句最適切的祝福。

　　(2)互贈小禮物。

伍、實施成效與建議

　　爲使同學有機會理智地探討兩性問題，本校特於八十五學年度上學期舉辦一項「性教育輔導研習」，邀請高一、二年級三十七名（男 20，女 17）輔導股長參加，由作者親自帶領，根據上述性教育團體輔導課程，抽取十項活動實施，經過十次熱烈的活

動之後，同學們填寫一份「自我評量問卷」（見附錄二）調查結果發現許多有趣的問題，尤其最後二題的感想與建議，更道出了他們的心聲，值得重視。茲將這項活動計劃及問卷結果說明如下：

一、活動計劃：

日期	單元	活動名稱	活動內容
85.9.20（二）	一	認識團體	1.相互認識 2.說明團體的性質與目標 3.訂定團體規範
85.10.4（二）	二	肯定自我及培養成熟的情緒	1.填寫「自我探索表」 2.觀賞錄影帶 3.說明案例：「情緒困擾個案」與「憂鬱症個案」二則（參見王川玉，民83與民85） 4.問題討論與分享
85.10.18（二）	三	異性人際社交方法	1.自由聯想「異性對象的吸引力」 2.說明「異性交往的社交方法」 3.談「異性交往考慮要件」 4.經驗分享
85.11.1（二）	四	人類的性	1.比較動物與人類在「性」方面的差異 2.談「性興趣」與「性煩惱」 3.觀賞錄影帶「性、感情、婚姻」 4.問題討論與分享
85.11.15（二）	五	性傳染病	1.談性病的種類及其預防 2.觀賞幻燈片「揭開神秘的面紗–談性」 3.問題討論與分享
85.11.29（二）	六	愛滋病（AIDS）	1.填寫「愛滋病常識測驗」 2.談愛滋病的困擾 3.觀賞投影片「負責的愛、安全的性–預防愛滋」 4.問題討論與分享
85.12.6（二）	七	同性戀	1.填寫「同性戀常識測驗」 2.談「斷袖」是癖不是病 3.說明案例：「同性戀個案」一則（參見王川玉，民82） 4.問題討論與分享
85.12.20（二）	八	性變態與性侵犯	1.談「性侵犯的成因及預防措施」 2.觀賞錄影帶「談狼色變–性變態」或「不要與狼共舞」 3.問題討論與分享
86.1.10（二）	九	性責任	1.戀愛的階段 2.婚前性行為的影響 3.觀賞錄影帶「果樹下的沈思–談婚前性行為」 4.問題討論與分享
86.1.24（二）	十	回饋與祝福	1.參加活動的感想與期望 2.成員互相回饋

二、問卷調查結果分析

本問卷共有七個問題，調查結果如下：

（一）我對於這次兩性教育輔導研習活動最有興趣的項目是：（可
　　　複選）

1.性教育的意義（16.2%）

2.如何培養成熟的感情（67.5%）

3.如何與異性交往（67.5%）

4.「喜歡」和「愛」不一樣（62.1%）

5.不要與狼共舞（性侵犯的預防）（32.4%）

6.婚前性行爲的預防與處置（40.5%）

7.揭開神秘的面紗—談性（37.8%）

8.給少男的叮嚀—夢遺、自慰、昇華（8.1%）

9.人之初—乳房、懷孕、生育、避孕（18.9%）

　　本題爲複選題，調查結果顯示：這次兩性教育輔導研習活
動，學生最感興趣的是「喜歡和愛不一樣」（62.1%），其次爲「揭
開神秘的面紗－談性」（37.8%）及「婚前性行爲的預防與處置」
（40.5%）。結果顯示學生對兩性「情感問題」的興趣超過兩性
「生理方面」的興趣，此一趨勢頗爲健康，值得欣慰。

（二）如果再辦類似活動，我希望包括下列的內容：（可複選）

1.男（女）性生殖器官的功能與保健（43.2%）

2.經期的保健（8.1%）	8.遺傳（29.7%）
3.夢遺（2.7%）	9.性變態與性侵犯（48.6%）
4.自慰（8.1%）	10.同性戀（43.2%）
5.性行爲和受精作用（16.2%）	11.性責任（32.4%）
6.約會（64.8%）	12.選擇結婚對象（43.2%）
7.性病（16.2%）	13.其他（5.4%）

　　本題亦爲複選題，調查結果顯示：未來類似此次所舉辦的研
習活動，同學們最希望的研究主題爲「約會」（64.8%），其次爲

「性變態與性侵犯」（48.6%），再次為「同性戀」、「選擇結婚對象」、「男（女）性生殖器官的功能與保健」（各有43.2%），至於夢遺、自慰、經期保健、性行為、性病等課題所佔比率偏低（僅有2.7%~16.2%）。由於進入高中以後的青年男女已漸進入了「異性戀」期，開始對約會產生莫大的好奇，很希望有人指導如何與異性朋友約會。此時若能因勢利導，而不堅持禁止的態度，應能符合其需要，且可實施機會教育，本題的調查結果也顯示除了對「約會」話題有共同興趣之外，其餘話題的興趣相當分歧，顯示有關兩性課題的興趣也有相當的個別差異，譬如：夢遺、自慰、經期保健、性行為、性病等，或許異質團體比成長團體更需要討論這類的問題。另外有半數學生對「性變態與性侵犯」課題表示興趣，似乎與媒體的報導有關。

（三）這次參加兩性教育研習，對我的幫助如何？

1.很有幫助（75.6%）　　4.沒有幫助（0）

2.有幫助（15.5%）　　　5.很沒有幫助（0）

3.無意見（8.9%）

本題結果相當明確地顯示本研習活動深獲參與學生的肯定，有75.6%表示此一活動有助益，無人表示沒有幫助，故本活動大大滿足了學生的好奇心和求知慾。高中學生對兩性話題習於「獨立研究」或「私下交談」，現在有機會「化暗為明」，滿足了學生的需要，也減少了他們的焦慮，這對高中實施性教育也有很大的鼓舞作用。

（四）我認為兩性教育最好的實施方式是：（可複選）

1.大團體輔導（16.2%）

2.班級輔導（21.6%）

3.幹部講習（21.6%）

4.小團體輔導─團體諮商（10~12人）（81.0%）

5.個別諮商（16.2%）

本題可複選，結果顯示：參與研究活動的輔導股長，普遍覺得小團體輔導（團體諮商）的方式最適宜實施兩性教育（有 81%有此想法），這可能是因為小團體由 10~12 人組成，人數少，溝通與交談比較方便，親密感與信任感也易於建立，又強調安全與守密，較易開放自己；由於坦誠交往，較能彼此支持與認同，對於一些所謂敏感話題（如本活動之主題—兩性課題）特別合適。

（五）我覺得兩性教育在高中實施的必要性：

　1.有必要（91.8%）　　2.無必要（0）　　3.不確定（8.2%）

本題結果有一面倒的趨勢，91.8%表示「有必要」，8.2%表示「不確定」，無人表示「無必要」。就青年心理發展而言，高中時期已進入了「異性戀」階段，兩性教育正符合其需要，正式而公開地實施，應較為健康與自在；本研習活動甚受學生歡迎，已如第三題結果所示，既然覺得「有幫助」，填答本題時，表示「有必要」，也是順理成章。兩者的結果相當一致，正可印證本研習活動的價值。

（六）我參加兩性教育輔導研習之後，如果要我到班上宣導，是否願意？

　1.我願意（21.6%）　　　　　3.我不敢（18.9%）

　2.我會考慮（51.5%）　　　　4.我不願意（8.0%）

本題結果顯示：參加本項研習活動同學似乎都肯定其價值，但要他們到班上宣導，則有 51.5%表示「我會考慮」，僅 21.6%勇敢的表示「我願意」，另有 18.9%膽怯地表示「我不敢」。到底本身受益於兩性教育活動與化身為宣導者，兩者間有很大的差別。多數同學表現猶豫態度，應是由於他們從未參與這項宣導工作，同時本身擁有的知能也很有限；此外，各人人格特質也不一樣。同儕輔導員未來在工作內容上恐需加強「同儕輔導訓練」，以及充實其此方面之知識。

（七）接受兩性教育之後，我的感想與建議。（自由填答）

此一開放問題所得反應整理如下：

1. 感想：(1)此一活動使我知道和女生交往必需先了解她、尊重她，千萬不可因自己的利益而忽略她。(2)對性教育的認識越多越有幫助。(3)應留更多時間讓同學互相討論。(4)非常好。(5)有收穫，知道了一些平常不確定的性教育知識。(6)從教育著手的「性教育」是很直接正確的方法。(7)很好，希望下學期繼續。(8)希望能再獲得一些心理建設與人格培養的資料和測驗，以幫助了解自己。(9)獲益很多，建立了正確觀念。(10)讓我了解兩性教育不只是性關係，而是大範圍的男女關係教育，對我現在與未來都有幫助。(11)幫助了學會維持良好的兩性關係。(12)增加了關於「性」的知識。(13)使身心健全，並免去了不必要的疑惑。

2. 建議：(1)對於性教育方面的知識有更多的認知，可以多多對需要的人實施。(2)利用閒暇多看這類書籍。(3)增加同學發言的機會，以便知道同性和異性的想法是如何。(4)開放給同學，不只是輔導股長參加，讓全校有興趣者亦可以報名參加。(5)可再深入了解的性知識，且糾正一些錯誤觀念。(6)希望對「異性交往」和「同性交往」的心理建設再加強。(7)希望對有需要的人再施予個別輔導。(8)提醒並糾正一些不良書籍的誤導。(9)受益良多，但希望內容能更深入，且糾正一些錯誤觀念。(10)藉由小團體的討論，將獲得更多。(11)希望除了在「性教育」方面，也加入其它與日常生活有關的課題。(12)希望內容更充實。(13)「保護自己」方面的知識宜再加強，例如：被女性騷擾。(14)「同性戀」觀念的澄清。

陸、結語

「性教育」雖已獲得廣泛的注意與重視，但在校園裏要落

實，則需設計適切的教材和方式來實施，才不致弄巧成拙。將性教育以團體輔導的方式來實施，不失爲適當而可行的辦法。作者在本校所試行的性教育團體輔導課程效果相當良好，相信類似的方案，在其他高中（職）或國中，也值得嘗試與推廣。

參考書目

王川玉（民 82）同性戀常識測驗。省立板橋高級中學輔導室。

王川玉（民 82）同性戀個案研究。台灣省八十一學年度北區公私立高中(職)心理衛生諮詢服務中心個案研討會專題報告。

王川玉（民 83）情緒困擾個案研究。台灣省八十二學年度北區高中心理衛生諮商服務中心與北二區連絡網聯合個案研討會專題報告。

王川玉（民 86）憂鬱症個案研究。台灣省八十五學年度北二區公私高中個案研討會專題報告。

王川玉（民 86）性教育輔導研習自我評量問卷。省立板橋高級中學輔導室。

王鍾和（民 86）我國中小學之性教育。學生輔導，48 期，58-69。

行政院衛生署（民 81）高中性教育教材（學生手册）。台北：行政院衛生署。

行政院衛生署（民 81）高中性教育教材（教師手册）。台北：行政院衛生署。

汪慧瑜（民 86）我國中小學之性教育。學生輔導，48 期，108-112。

杏陵醫學基金會（民 82）揭開神秘的面秒–談性（幻燈片）。台北：杏林醫學基金會。

杏陵醫學基金會（民 82）負責的愛、安全的性–預防愛滋（投影片）。台北：杏林醫學基金會。

柯永河（民 75）柯氏性格量表。台北：中國行為科學社。

晏涵文（民 80 ）幼稚園至高三學生、家長及教師對實施性教育
　　內容需求研究。台北：國立台灣師範大學衛生教育研究所。

魏慧美（民 82）性教育問卷。高雄：國立高雄師範大學教育系。

附錄一

日期：　　　年　　　月　　　日

班級：　　　姓名：　　　　　　性別：

「同性戀」常識測驗

　　看看你（妳）有多少同性戀常識？下面有十個問題，請選擇「是」或「否」回答，每題一分，十分為滿分。

1. （　）同性戀就是男的想當女的，女的想當男的。
2. （　）所有男同性戀者都很娘娘腔，女同性戀者都很男性化，且會出現明顯的異性化行為。
3. （　）同性戀者對另一個同性有依戀的感情，如保護、關心、思念、依賴等戀愛中有的情愫。
4. （　）同性戀者會對同性有性幻想或性意識。
5. （　）男同性戀者討厭女生，女同戀者討厭男生。
6. （　）如果與同性戀者做朋友，會被拉入圈內，成為同性戀。
7. （　）同性戀和異性戀的差異好比是不同的人對食物的偏好不同，這種偏好，不應該一律與他個人的道德、品格和價值觀作太大的關聯。
8. （　）形成同性戀的因素可能有先天的，也有後天的。
9. （　）同性戀者只要曾與異性有過良好的性經驗，即可改變其同性戀傾向。
10. （　）同性戀不是病。

　　下列問題自由填答，如有需要可以到輔導室談談。

　　你有同性戀的傾向嗎？

□是　　（□我願意接受輔導　　□不願意接受輔導）

□否

標準答案：

1.（×）2.（×）3.（○）4.（○）5.（×）6.（×）7.（○）
8.（○）9.（×）10.（○）

問題註解：

第一題－「變性慾病」是指那些認為自己生錯性別而想變性者。
　　　　而「同性戀者」則是同性相吸，性愛對象是同性，不意
　　　　謂著他們想扮另一種性別。

第二題－男女同性戀者具有不同的人格特質，他們如同異性戀
　　　　者，你無法在人群中辨別出誰是同性戀者，雖然有娘娘
　　　　腔或男性化的人格樣態，但不是絕對的。

第五題－同性戀傾向並非基於討厭異性，而是被同性吸引；雖然
　　　　與同性相愛，並不意謂著抗拒或排斥異性。

第六題－同性戀者絕大多數來自異性戀家庭，也多數尊重朋友的
　　　　意願，只要意願堅定坦然明白告之，並不會被強行拉進
　　　　同性戀圈子。

第九題－據統計研究資料顯示：部份同性戀者即使曾與異性發生
　　　　過愉快的性經驗，也無法改變同性戀者的事實。

附錄二

性教育輔導研習自我評量問卷

一、我對於這次兩性教育輔導研習活動最有興趣的項目：（可複選）

（　　）1.性教育的意義

（　　）2.如何培養成熟的感情

（　　）3.如何與異性交往

（　　）4.「喜歡」和「愛」不一樣

（　　）5.不要與狼共舞（性侵犯的預防）

（　　）6.婚前性行為的預防與處置

（　　）7.揭開神秘的面紗-談性

（　　）8.給少男的叮嚀-夢遺、自慰、昇華

（　　）9.人之初-乳房、懷孕、生育、避孕

二、如果再辦類似活動，我希望包括下列的內容：（可複選）

（　　）1.男（女）性生殖器官的功能與保健

（　　）2.經期的保健　　　　（　　）8.遺傳

（　　）3.夢遺　　　　　　　（　　）9.性變態與性騷擾

（　　）4.自慰　　　　　　　（　　）10.同性戀

（　　）5.性行為和受精作用　（　　）11.性責任

（　　）6.約會　　　　　　　（　　）12.選擇結婚對象

（　　）7.性病　　　　　　　（　　）13.其他

三、這次參加兩性教育研習，對我的幫助如何？

（　　）1.很有幫助　（　　）2.有幫助　（　　）3.無意見

（　　）4.沒有幫助　（　　）5.很沒幫助

四、我認為兩性教育最好的實施方式是：（可複選）

（　　）1.大團體輔導

（　　）2.班級輔導

（　）3.幹部講習

（　）4.小團體輔導—團體諮商（10-12人）

（　）5.個別諮商

五、我覺得兩性教育在高中實施的必要性：

（　）1.有必要　　（　）2.無必要　　（　）3.不確定

六、我參加兩性教育輔導研習之後，如果要我到班上宣導，是否願意？

（　）1.我願意　　　　（　）3.我不敢

（　）2.我會考慮　　　（　）4.我不願意

七、接受兩性教育之後，我的感想與建議。（自由填答）

素人的生涯觀
—以台灣社會中大學生的訪談爲例

劉淑慧

壹、描述性取向的重要性

「人活著要追求什麼？人又要如何追求這一切？」生涯學者對此人生大問的回答包括：圓滿生涯就是要在現實生活中尋得適配工作（ Dawis, 1996; Spokane, 1996 ），在生活角色的安排中實現自我概念，並完成各階段的發展任務（ Super, Savickas, Super, 1996 ），而其實現方法則是理性決策與計劃能力（ Michell & Krumboltz, 1996 ），也就是要「知己知彼，理性抉擇，善用資源，縝密規劃，積極行動」（ Crites, 1981; Gelatt, 1962; Gysbers & Moore, 1987; Hilton , 1962; Janis & Mann, 1977; Katz, 1966, 1993; Peterson, Sampson, & Reardon, 1991 ）。

上述主張其實來自學術性的規範性觀點（ prescriptive approach ），試圖說明生涯之所「應是」，而其背後所反映出來的是西方社會中的個人主義（ individualism ）思潮，以個人自由與尊嚴爲核心，透過自我肯定與自我表達，尋求自我滿足與實

現，彰顯個人的獨特性，亦即，透過工具性理性（instrumental
rationality）與掌控，追尋自我設定的外在目標，以表達個人
內在特質。此個人主義取向顯然和傳統中國社會的集體主義
（collectivism）迥異，集體主義所看重的是內群體的人際和
諧，個人價值來自適切扮演社會角色，服膺社會規範，亦即，透
過自省與自我更正，學習控制個人情緒與欲望，瞭解與滿足他人
感受與反應，在各種場合應對得當，謙恭有禮與犧牲奉獻，以贏
得他人肯定與讚賞（楊中芳，民80；Christopher, 1996）。

台灣的生涯輔導與諮商之推展向來以美國潮流爲宗（例如：
行政院青年輔導委員會，民82；林幸台，民76；金樹人，民77，
民86；夏林清，民74；陳若璋，民78；黃惠惠，民78；潘家
群、陳美玉、曾力斐、蘇久美、蘇新其，民85），其所承襲的
個人主義取向眞能適合生存在台灣社會的人嗎？在諮商本土化
的發展中，這的確是一再被提起的核心議題（程小蘋，民81；
程玲玲，民78；楊中芳，民80；廖鳳池，民81），但一直眾說
紛紜、沒有定論，其主要爭議在台灣社會究竟還是不是以集體主
義爲宗，以及諮商員究竟要不要做社會教育或改革者。

本文暫且不在此議題上預設任何立場，而希望先採取描述性
取向（descriptive approach），更眞實地描述台灣社會中人
對生涯的看法與期待，以發現台灣諮商員與當事人在基本觀點上
的具體差異所在，以作爲進一步檢視與發展適切生涯理論與服務
模式之參考。

有鑑於此，劉淑慧（民85）提出「生涯觀」的概念，用以
說明個人對於自己應該如何經營生涯所抱持的觀點，並進行兩個
初探性研究，以建立探討生涯觀的架構。研究結果所形成的生涯
觀架構包含三領域：生命觀點、理想歷程、理想結果，生命觀點
是對生命與生涯的基本看法，理想歷程與理想結果則分別反映出
「如何經營生涯」的歷程（process）與方向（direction），

亦即，用什麼方式走，包含決策型態與經營型態，以及往哪裡走，乃生涯目標或圓滿生涯之內涵，反映出個人賦予自身生命之意義或方向（劉淑慧，送審中）。

在上述架構中，研究參與者描述得最詳盡而具體的部份是決策型態，與生涯文獻之著重生涯決策模式與型態之探討相仿，而不確定性則是生涯決策過程中不可避免的議題，因此，筆者針對不確定性的因應與決策型態，對九位大學生進行深入訪談，每位訪談三至四次，共計四至七小時。所得資料先轉錄爲逐字稿，再經三位資料分析者進行持續比較（Huberman & Miles, 1994），形成編碼架構（劉淑慧、朱曉瑜，送審中）。下文即根據編碼架構及參與者訪談資料之編碼結果，介紹說明大學生的生涯觀，並與學術觀點相對照比較。文中「」內敘述引自參與者述說，（ ）內則註明參與者代碼。

貳、大學生看理想決策型態

此處先說明參與者心目中的重大決定之意涵，再探討決策型態的向度，資料中所浮現的向度共分爲四大類，其一是感受，說明參與者在形成決定前後對做決定一事之感受，以及其對相關感受的處理；其二是形成方法，包括資料蒐集的原則、分析資料的機轉、篩選策略與做決定的時機；其三是對待態度，說明對所做決定與其結果的態度；最後是效用，根據參與者的主觀評判，說明決策方法與結果對其生涯發展與滿意度的影響。

一、定義

參與者對重大決定的看法相當一致，認爲重大決定「涉及改變」（P7），是「各階段的重要選擇」（P6、P13），決定「下一段路的生涯目標」（P8），可能「影響未來的生涯發展」（P5、P10、P13），或「讓生命歷程產生重大改變」（P15），「不同

方向帶來不同結果」（P6）。

二、感受

　　參與者在作決定前的整體感受包括三大類：

1. 比較溫和的感受是迷惘、迷惑、茫然（P5、P10）或徬徨
（P7），通常是因為不曉得該如何做，「甚至就開始發呆」
（P10）；

2. 比較強烈的感受是害怕、恐懼或膽怯（P7），因為「不知道
怎麼辦」（P12），不知道「做什麼決定比較好」（P8、
P14），「害怕沒有選到更好的路」（P5、P12），「也害
怕錯選將來後悔的路」（P5），擔心「之後的變化與影響」
（P10），總之「害怕...失去」（P12），因而感到惶恐、
懷疑、不放心（P8、P10）、膽顫心驚（P10），甚至可能
變成猶豫不決、優柔寡斷（P8、P10）；

3. 厭煩、苦惱，覺得「作決定很麻煩」（P6、P7、P14）、
「很困難」（P5），覺得非常疲累（P14）。

　　在作決定之後，可能出現的情緒則也有三類：

1. 懷疑、害怕、恐懼或膽怯（P10），「懷疑自己的決定好不
好」（P6），「尤其擔心那些不符合預期條件的部分」（P6），
「擔心自己不能勝任」（P6），「也擔心別人的負向批評」
（P8），「把事情搞砸」（P12）；

2. 平靜、輕鬆，好像「一塊石頭落地」（P7、P10），「鬆了
一口氣」（P13），因為「一旦做了決定，我就會接受，不
再猶豫或懊悔」（P5），因此就「順其自然、不再管它了」
（P14）；

3. 喜悅，因為「有機會去想一些事情」（P7）。

　　參與者處理情緒的方法通常是認知重建或轉換想法，例如，
告訴自己「有些事情本來就沒有人能夠知道，也不可能有百分之

百的把握」（ P10 ）、「即使做另一個選擇，也不知道會不會更
好」（ P6 ）、「所以我只想展望未來，不想懊悔過去」（ P5 ）、
「儘量用當時能夠想到的最好方法去做決定，即使最後得到不好
的結果，至少也已經盡力了」（ P15 ）、「不管走其他的路好不
好，至少相信自己選的路對自己好，慶幸、肯定當初的選擇」
（ P5 ）、「想想...獲得什麼」（ P12 ）、「做了才知道能不能夠
勝任」（ P6 ）。此外，讓自己面對作決定的需要，著手進行資料
蒐集與分析，這種以問題解決為焦點的做法，似乎也有間接舒緩
負向情緒的作用，例如，針對自己的不放心，可以「聽聽別人的
意見」（ P7 、 P8 ）。最後一種方式則是擱置不理或逃避，這種
方法通常是出現在初期的拖延策略，往往要「拖到最後不得已時」
（ P14 ），「等到真正需要時」（ P13 ）才開始面對並採取其他
積極處理方法。

　　在先前探討決策型態的文獻中，比較少注意到決策者在情感
反應上的個別差異，更不會注意到決策者處理情緒的風格，其
中，陳金定所提到的無力式以及 Arroba 的情緒型和抱怨型是少
數被指陳明顯情緒的決策型態，不過所涉及的都是強烈而負向的
情緒。倒是在生涯未定向的文獻中，不少學者指出焦慮不安可能
是某些人在面臨抉擇時一貫出現的情緒反映（ e.g. Fuqua &
Hartman, 1983; Newman, Fuqua & Seaworth, 1989; Van Matre
& Cooper, 1984 ），Jones 和 Chenery （ 1980 ）則主張將決策
者對所做決定的感受列為區辨決定狀態的指標，因而將對目前決
定狀態的安心程度（ comfort ）列為分類向度之一， Callanan
和 Greenhaus （ 1992 ）以及 Newman 、 Fuqua 和 Minger （ 1990 ）
的分類架構也都將焦慮或安心之情緒狀態列為分類向度，後來，
Wanberg 和 Muchinsky （ 1992 ）採用群聚分析考驗 Jones 的模式，
則提出修正，認為抉擇狀態之個別差異在關切程度（ concerned
indifferent ）而非安心程度。

相形之下，參與者對做生涯決定的情緒反應似乎頗能呼應學術觀點的描述，但提供了更為豐富的訊息，其中有幾點特別值得注意。首先，在形成決定前，參與者的情緒反應的確在輕微激起狀態到強烈負向情緒之間，但在形成決定之後，卻可能出現平靜、篤定乃至喜悅的正向情緒；其次，無法確定、害怕犯錯與擔心失去是主要的負向情緒來源；其三，除了焦慮之外，厭煩疲累是另一類重要負向情緒，前者容易導致猶豫不決，後者卻容易導致逃避放棄。此外，參與者在情緒處理策略上之偏重認知策略，也是值得注意的傾向。

三、形成方法

以下分別就參與者之資料蒐集原則、資料分析機轉、篩選策略與決定時機加以說明。在資料蒐集原則方面，可以看出下列四個向度上的差異：

其一是主動性，有些是主動展開蒐集動作（ P5 、 P6 、 P12 ），尤其是在重要的決定上，或自己真正想做的事情上（ P14 ）；有些則是在被動的因緣際會之下正好獲得資料（ P7 ）。

其二是系統性，有些是有系統、有計劃的蒐集與檢視資料（ P15 ）；有些則只是單純地相信多多益善，並沒有預擬明確的資料蒐集方向或程序步驟（ P7 、 P8 、 P13 ）。

其三是方向性，雖然大部分參與者都會同時考慮個人與環境條件，但有些特別著重外在環境資料（ P6 ），像是未來出路與發展（ P7 ）等客觀條件（ P12 ）；有些則特別著重內在個人因素（ P10 ），強調對自我的瞭解（ P15 ）。此外，也有參與者特別關注可能的優點（ P13 ）或負向結果（ P10 ）。

其四是開放性，開放性高者比較願意也希望蒐集到新的甚至不同的訊息，在蒐集到相互矛盾的資料時，比較不會陷入負向情緒中，而能夠進一步探究分析之（ P5 、 P7 、 P8 、 P10 、 P12 、

P13 ）；開放性低者則比較傾向於在資料蒐集過程中預設立場
（ P6 、 P8 、 P14 ），不喜歡可能帶來矛盾衝突的訊息（ P6 ），
遇到矛盾資料時，容易出現負向情緒，像是煩惱（ P14 ），通常
比較容易覺得資料已經飽和，早早停止蒐集行動（ P5 ），相對
地，也比較不容易受他人意見的影響，「只要有一兩個人贊成，
我就會去做」（ P5 ）。

在分析資料的機轉上，出現兩個向度：

其一是自主性，有些傾向於將決定權交給他人，這種情況尤
其容易出現在「小決定」（ P5 ）、「對自己不太清楚」（ P10 ）、
「沒有主見」（ P5 、 P7 ）、「有人壓我」（ P14 ）、「沒有辦
法一個人負責」（ P12 ）、「在那個時間跟環境下，大家都如此」
（ P15 ）；有些傾向於自己做主，其所持的理由或理念多半是「喜
歡」（ P6 ），因為「每個人適合的情況不盡相同」（ P10 ），「路
是自己要走的」（ P5 ），「事是為自己做的」（ P13 ），若是自
己做決定，「不能怪別人」（ P5 、 P8 ），「就會去面對」（ P5 ），
「比較不會抱怨」（ P6 ）「也比較不會後悔」（ P6 、 P8 、 P12 ），
甚至不惜冒著犯錯挫折的風險，「我寧可照著自己的判斷去做，
要是錯了，我自己會負責，我可不想為了怕錯而不做，或一輩子
活在別人的判斷之下」（ P15 ）。

其二是理智性，有些比較強調理智分析的好處，因為「所做
決定較圓融」（ P5 ），「觀念比較正確」，不會失之主觀（ P10 ），
「較少出錯」（ P5 ）；有些則強調感覺的重要性，因為「只有自
己所愛的才能持久」（ P8 ）；也有些人認為兩者一樣重要，必須
兼顧（ P15 ），或適用於不同情況（ P6 、 P7 ）。

在篩選策略上，出現幾種類型：

其一接近最大預期（ maximum expectation ）模式，將可能
的選擇與重要的條件一一列出（ P15 ），必要時還可排出條件之
間的「優先次序」（ P6 ），逐一分析每一個可能選擇在重要條件

上的優缺點（P5），在整體考量之下權衡輕重（P10），「從中選出比較有利或比較喜歡的」（P6）；

其二接近依序刪除（sequential elimination）模式，有時是因爲不確定自己想要什麼，就逐一刪除絕對不可能考慮的選擇（P7），有時則是因爲有強烈的好惡，只要不符合某些特別重要的條件，就不予考慮（P7、P10、P13、P14、P15）；

其三是最大吸引力（attraction-oriented）模式，「往往爲了某些很吸引我的條件，就衝動地做出決定，並相信自己非得這樣做不可，而不會事先分析後果利弊，也不會預先想到困難或退路」（P8）；

其四是走著瞧（trial and moving）模式，通常是因爲「主控權不在自己」（P6），或是認爲「做了才知道」（P6、P15），所以先做出暫時性的決定，再一邊觀望情勢，一邊決定下一步如何進行，「時候到了，情況出現了，我再從中選擇比較適合自己的路」（P15），因爲「接觸到的人事物變多，離事情也比較近，對未來的不確定性就比較能掌握」（P13）。

在做決定的時機上，特別被指陳出來的有衝動和拖延，前者強調「愈早下決定，愈可以早早展開進度，掌握時機，效果比較好」（P10），甚至可能過早形成決定，「想到什麼就立刻去做」（P5）；後者則長久等待，遲遲不做決定，通常比較傾向於多慮（P12），往往「直到最後不得不時才做出最後的決定」（P10），也可能是認爲根本「沒必要太早煩惱那麼多，反正到時候狀況說不定都不一樣了，之前想的根本都沒用」（P14）；其他沒有特別指陳的參與者，對決定時機可能沒有特定看法。

和生涯文獻相較之下，在資料蒐集原則上，系統性正反映出Johnson（1978）的自發型與系統型，方向性正好回應金樹人（民77）所關切的對自己或與職業世界的瞭解，顯示參與者可能因主觀上對知己或知彼的重視程度不同，而被金樹人歸爲不同決策型

態；主動性與開放性則比較出現在有關生涯探索與認同發展的文獻中（例如：Blustein, Ellis, Devenis, 1989; Marcia, 1966），卻甚少受到決策型態相關文獻的關注，然則，此二向度正如系統性與方向性，均可顯現決策者在資料蒐集上的不同風格。

在資料分析機轉上的理智性正好呼應多位學者曾提及的理智型與直覺型決策型態（陳金定，民76 ; Arroba, 1977; Harren, 1979; Johnson, 1978 ），而理智性與自主性兩個向度合起來，正可組成 Harren 的理智、直覺、依賴三大類型。

在篩選策略上，最大預期模式與依序刪除模式代表兩種訴諸理性的策略，前者是早期生涯學者極力推薦的最佳策略，其註冊商標是決策平衡單（例如：Jannis & Mann, 1977），後者則是生涯學者在體認人類理性思維限制之際，所提出來的妥協性作法，它依然以理性為宗，只是不再冀求全面而精確地分析所有可能性，以降低決策者的心力負荷，採用此策略的參與者選擇此模式的理由也的確是因為它既有訴諸理性的安全，又沒有最大預期模式的繁複困難。最大吸引力模式似乎和直覺型的資料分析取向密切關連，和 Johnson（ 1978 ）對自發型的描述也有異曲同工之處，像是：習慣對整個經驗作整體性反應，傾向於全然喜歡或全然不喜歡，涉入時會依自己對事物的個人感受做評估與選擇，通常會很快地對事物發展出好惡也很快地改變。在走著瞧模式中，決策者其實可能根據上述的任何一種模式形成初步的選擇，而此模式的特色在於此選擇具有高度的暫時性與試探性，決策者會觀察實際嘗試的結果或局勢的自然發展，慢慢修正形成後續的決定，通常要到最後關頭或情勢明朗之後，才會做出最後決定。走著瞧模式並未在決策型態的文獻中得到關注與探討，倒是和強調混沌理論（ chaos theory ）的學者相契合，Miller（ 1995 ）以及 Brack、Brack 和 Zucker（ 1995 ）曾不約而同地將混沌理論（ chaos theory ）應用到生涯困擾與個人困擾之諮商，他們強

調眞實生活中的複雜性以及隨之而來的不可預測性，認爲人不可能有絕對的把握預測未來，因而主張諮商員有必要協助當事人了解、接受甚至期待與尊重不確定性，視「我不知道」爲正常的狀態，不急於找出答案（目標），靜待方向由細細體會咀嚼「我不知道」的意義之中浮現，尤其重要的是對自己的決定抱持彈性和開放的態度，並做好面對任何「意外」的心理準備，走著瞧模式所顯現的開放態度，正可呼應這些學者所倡導的精神。

在決策時機上的個別差異曾出現在先前有關決策型態的研究中，參與者之所以拖延時機可能是因爲不認爲已到做決定的恰當時機，或根本不認爲有做決定的需要，或希望以時間換取更有利的決定條件，此與陳金定（民 76）的拖延式和 Arroba（1977）的猶豫型相似，及早決定者之希望及早塵埃落定，往往一面臨決策情境就馬上做出決定，則與陳金定（民 76）的衝動式相似。

綜合來看，資料蒐集原則、資料分析機轉、篩選策略與決定時機之間其實有一定程度的關連，似乎可以形成四大類決策形成方法。其一是理智型，傾向於主動有系統地蒐集資料，兼重個人與環境資料，並願意參考多元資料來源，憑藉自己的理智分析，在適當處理之後做出決定，其篩選策略是最大預期模式或依序刪除模式。其二是直覺型，傾向於主動但無系統地蒐集資料，偏重個人資料，並且容易相當主觀地過濾資料，憑藉自己的直覺感受，很快地做出決定，其篩選策略是最大吸引力模式。其三是授權型，授權對象可能應決策者主動尋找或邀請而來，也可能透過毛遂自薦的歷程而取得決策者的信賴，甚至可能不由分說地支配決策者，最典型的授權型希望授權對象能夠代爲決定，最好還能代爲鋪路打點，以便執行決策，比較不典型的授權型則可能將授權範圍侷限在單純地代爲蒐集資料，或代爲分析資料，乃至提出強力建議，因此，典型的授權型完全放棄自主性，在資料蒐集上相當被動，根本不關心資料蒐集的方向或程序，也不關心篩選策

略或時機，完全交由授權對象的決策風格做定奪。其四是開放型，在資料蒐集上具有高度開放性，在資料分析上強調自主性，其篩選策略是走著瞧，將每一個決定看成一連串小決定的組合，可能適時或很快地做出初步決定，但絕不急著做出最後決定。

在上述四種類型中，理智型和直覺型頗吻合 Johnson（1978）的自發型和系統型，授權型則類似 Harren（1979）的依賴型，此處以授權命名是為了反映參與者對其正向功能的肯定，並避免負向標籤造成刻板化印象，開放型和「混沌精神」高度契合，呼應新近反對獨尊理性之下的發展潮流，也間接顯示出不同於個人主義之價值觀，以自謙隨順與和諧共存取代了積極掌控與自我表現。

前述類型間的差異不僅存在個人與個人之間，也存在同一個人的不同決策事件之間，除了發展成熟所造成的不同階段差異之外，造成事件間型態差異的因素還包括事情重要性、方法複雜性、個人偏好的強烈程度、知覺到的可掌控程度或自信心、他人的支持或干預程度等等。因此，每個人都是以某種比例組合的折衷型，在不同事件上採用不同風格，甚至在同一事件上綜合不同取向。

四、對待態度

在對待所做決定的態度上，涉及下列向度：

其一是篤定（decidedness）程度，篤定程度高者「一旦選擇了，就不會再懷疑、猶豫、改變」（P5），「相信自己選的路對自己好」（P5）、「是對的」（P8），「反正這就是自己的選擇了，還是以比較正面的的角度去肯定它吧」（P8），他們會告訴自己：「即使做另一個選擇，也不知道會不會更好」（P6），反正「做了才知道」（P6），就去做做看再說；篤定程度低者則容易有較多的患得患失或猶豫不決，「常擔心所做決定不是最好

的，以後會不滿、抱怨、被指責」（P12），「邊做邊擔心自己把事情搞砸」（P12），萬一「發現自己已經沒有機會再選擇另外一個時，會覺得很失落」（P14）。不過，也有一部份參與者根本不強調這種篤定，他們強調保持開放性，希望「放開一點，讓選擇多一點，不必把自己設在一個一定要追求的目標上」（P13）。

其二是投入（commitment）程度，投入程度高者強調「決定之後就要全力以赴」（P6）；另一些參與者卻認為凡事「不必太積極」（P13），或主張看情形決定投入程度，在缺乏強烈動機或成功把握以及無法充分得到他人支持的情況下，不必一鼓作氣向前衝，甚至也不必太用心（P7、P8、P9、P14）。

其三是堅持（persistence）程度，堅持程度高者不輕易改變（P5），「通常會執著地努力，希望證明自己的決定是對的，也希望這樣的努力讓自己沒有遺憾」（P8），因此，即使是「硬著頭皮去做」（P8），也要盡力完成先前的決定（P10），甚至需要別人提醒改變的可能性才會考慮改變（P14）；也有參與者強調「既來之，則安之」（P8）、落地生根，認為「一旦做了選擇，就設法去適應，在裡面尋求解決…

快樂」（P8）。比較不強調堅持到底者，就會在遇到困難時，「重新評估這目標對我有多重要，可以帶給我什麼，值不值得花那些代價去努力爭取」（P5），亦即，根據事情的重要性來做判斷（P7）；不過，部份參與者所強調的卻是邊走邊學邊調整的重要性（P5、P8、P13、P14）。

其四是限制性（limitation），知覺到限制性者認為決定都是「不完美的」，因為「人生中也不可能有一條完全適合的路」（P15），所以根本不可能「找到一個符合所有條件的選擇」（P6），而且「不同時候就是會有不同想法」（P5），「我只能儘量用當時能夠想到的最好方法去做決定」（P15），甚至「不

管用什麼方法做決定，都沒辦法保證結果正確」（P6），因此，每個人頂多只是在想得到的範圍內，儘量找個比較能接受或比較不會後悔的方法。

在對待所做決定的結果上，相關的態度反映出三大類型：

其一是理性評估，以批判性的眼光評析結果，並跟著結果的如意程度起舞，因此，「如果決定之後的結果跟原先預期不同，可能會覺得後悔」（P10），甚至「不管結果怎樣，我通常都會抱怨結果中比較不好的部份」（P12）。

其二是坦然接納，有些參與者強調無條件地接受任何結果，因為「過去就過去了，…已經很難改變了，就繼續做下去，看著它的變化，然後接受後果」（P14），反正「完美的結果本來就不太可能，何況也不曉得怎樣才算完美」（P6），「每條路都有不同的發展，所以也沒有所謂的好跟壞」（P5），因此「會達到就是會達到，不會達到就是不會達到，相信是天注定的…我不認為第一選擇就一定是最適合我的…我會樂觀地看待每一次的決定結果，就不會強求一定要那個目標」（P13），總之，「只要抱持知足的心態，則無處不圓滿」（P5），所以不論結果如何，「只要自己覺得舒服或高興就可以了」（P6），重要的是繼續往下一個階段走（P5）。有些參與者則強調有條件地接受，只要「是我自己的決定」（P6、P10、P12），並且「儘量用當時能夠想到的最好方法去做決定」（P15），「而且努力過」（P6），即使結果不好，也沒什麼好後悔的，而且還願意「負責承擔後果」（P12、P15）。

其三是積極肯定，不論結果是否如預期，均予以肯定，其中一部份原因是基於那是自己的決定，是當時能夠想到的最好決定，因此，不僅要坦然接納，還要積極肯定自己「做決定的風格」（P13），另一部份原因則是相信「不管好或不好，都可以得到新的經驗」（P7），「每段歷程的存在對我都有不同的意義」

（P15），因此無論面對何種結果，都要「設法找出其中好的部份」（P5），「即使有缺點，我也會把它忽略掉」（P14）。

在對待所做決定的態度上，先前生涯決定狀態的相關文獻的確提及篤定程度（Jones, 1989; Jones & Chenery, 1980; Wanberg & Muchinsky, 1992）、投入程度（Blustein, Ellis, Devenis, 1989）與堅持程度（Johnson, 1978），有關生涯決策的限制性卻僅出現在相關學者對生涯決策本質的省思上（e.g. Heppner, 1989; Heppner & Krauskopf, 1987; Tversky & Kahneman, 1974），而不曾出現在探討決策歷程個別差異的文獻中。限制性雖然跟堅持程度有關，但卻顯現出對不完美與不確定性的覺察，其背後所反映的是對存在本質的省思，對某些參與者而言，正因體認人類存在不可避免的限制性，乃能以更寬廣的視野來看待每一個決定，因而更能接納自己所做的決定以及自己的決策風格。

此外，值得注意的是，傳統的生涯文獻似乎認為篤定程度、投入程度與堅持程度都是成熟生涯發展的正向指標，象徵積極進取的態度，部份參與者也認為愈篤定、愈投入、愈堅持愈好，但也有部份參與者提出更多元而有彈性的觀點，不認為篤定、投入與堅持絕對必要的，甚至主張在某些情況下的減少或避免反而是好的。

在對待決定結果的態度上，先前生涯決定與規劃模式（Crites, 1981; Gelatt, 1962; Gysbers & Moore, 1987; Hilton, 1962; Janis & Mann, 1977; Katz, 1966, 1993; Peterson, Sampson, & Reardon, 1991）多強調理性評估目標達成程度，據以檢討先前決定，以作為未來修正之參考，而參與者固然肯定此理性評估之重要性，但他們也同時強調坦然接納乃至積極肯定任何結果，亦即，在積極進取之外，他們也強調順應之價值。

五、效用

　　部分參與者認爲決定方式對生涯滿意度沒什麼影響，比較重要的是「做出正確的選擇」（P6），或設法讓「過程過得快樂」（P5），甚至任何條件都不重要，因爲「不論用什麼方式作決定，也不管做出什麼樣的決定，以及後來導引出什麼樣的生涯發展，…每段歷程的存在…都有不同的意義」（P15）。

　　重視決定結果的參與者強調決策方法要能減少風險，希望追求「客觀」（P6），藉以降低風險（P6、P7），減少差錯（P5、P10），感覺比較「安心」（P7）、「充實」（P5）；而且最好還能考慮到所有重要因素（P10），「清楚可能會發生什麼樣的事情，當事情發生時，比較知道要如何去處理」（P7）。總之，要設法得到「好的結果」（P6），讓「生活也平平淡淡的」（P14），沒有大變化（P12、P14），也「讓生涯走得平順」（P10、P12），一切以安全爲上（P8）。

　　不過，也有參與者不希望爲了減少風險而矯枉過正，擔心「變得沒有主見」（P5），甚至「被別人牽著走」（P5），或顧慮太多，過度勉強自己，以至於「沒有那種衝動了」（P8），因爲「有太多猶豫和不確定，造成行動太慢」（P10），「人生閱歷也會因此比較狹隘」（P12），甚至可能可以比較沒有成就（P14），認爲「比較理想的方式應該要更勇於承擔風險一點，不要怕不確定」（P12）。

　　強調決定方法者則強調只要是自己做的決定就好了（P5、P8、P13），喜歡自己有主見（P10），認爲「依照自己的意願做選擇，可以隨心所欲，過得很快樂」（P14），相信「自己會比較心甘情願地承受後果」（P6），欣賞自己能有自己的決定模式或風格（P10、P13），「反正自己想要這樣就這樣，何必要求太高」（P8），並肯定其獨特的好處，像是「因爲決定之前有一段時間都很輕鬆，只有到最後一定得決定時才比較難過，這總比一直煩惱好多了」（P14），「喜歡自己一旦決定就去做，有

了這種毅力就比較容易達成目標」（P8）。

　　其實，絕大多數的參與者都提到平安穩定與突破發展之間的雙趨衝突，以及風險與死寂之間的雙避衝突，這種過猶不及之間的掙扎其實很早就曾被指出過（Baumgardner, 1982），相較於前述生涯文獻主流對理性導向與個人主義之理直氣壯與奉行不逾，參與者在趨避之間的複雜情緒與反應，不但顯示出更多的猶豫、不確定、保留與矛盾，也透露出更多開放、自由、彈性與獨特的可能性。再者，參與者評估效用的角度，明顯反映出著重決定結果或歷程兩種截然不同的觀照角度，也是值得注意的個別差異之一。

參、大學生看不確定性的理想因應

　　此處先說明參與者對不確定原由的看法，接著說明參與者對不確定的感受及處理策略，最後則探討因應方法的效用，根據參與者的主觀評判，說明因應方法對生涯發展與滿意度的影響。

一、成因

　　大部分參與者都是在面臨抉擇時感受到不確定（P5、P6、P7、P8、P12、P13、P14），但也有部分參與者的不確定感出現在不確定能否達成任務（P7），或對當下抉擇感到懷疑或不肯定（P13），比較特殊的是，有參與者指出，「不確定的經驗在生涯方面好像比較少，因為我覺得很多事情終究得要自己做決定，偶爾想到時想一想、聊一聊，就過去了，並不會很認真地想或討論。反而是在生活小細節上，常常猶豫不決」（P14）。

　　他們對不確定性的歸因指向三個普遍性因素，其一是外在環境多變（P7、P8、P10），超出人力的掌控範圍（P6、P7、P10、P13、P14、P15）；其二是人心多變（P15），將來的想法、期待可能會改變（P7、P8、P12、P13、P15），甚至

4

人心難測，連自己現在的意向都很難釐清、掌握（P8、P12、P14）；其三是未來不可知（P5、P8、P13），時間帶來未知，未知引發不確定感（P15）。

此外，也有參與者認爲不確定性的存在與個人特質或狀況有關，例如，「我比較順其自然，比較隨興，不太約束自己什麼時候應該做什麼事情，也不會去想自己以後可能有什麼發展或際遇」（P8），相反地，也有參與者認爲「自己會東想西想，像翹翹板般地考慮很多束西，比來比去，一直猶豫，沒辦法做出一個比較好的選擇，就會覺得不確定」（P14）。

二、感受

參與者出現的情緒主要是惶恐、不安，「不清楚將來要做什麼」（P5），也「不知道未來會怎麼樣發展」（P6），「擔心未來種種可能變化與影響」（P10），尤其是「不好的後果」（P7），因此「害怕自己不能掌控」（P12），或「沒辦法做出一個比較好的選擇」（P14）；其次是焦慮（P7、P15）和無奈（P12）。此外，也有正向的慶幸、欣賞，「因爲不確定性，人生才會精采，如果什麼事都知道的話，就蠻無趣的」（P6），因此「不確定性反而會帶來新鮮感」（P8），甚至「讓人想要求進步或調整」（P8）。最後，還有中性的好奇心（P13）與平常心（P12、P13）。

相較於參與者在做決定上的情緒反應之負向性與強烈性，參與者對不確定性的情緒反應顯然較爲溫和而正向，這可能是因爲參與者平時對不確定性的知覺與感受不深，往往是在面臨抉擇時才注意到不確定的存在，而此際的情緒多與必須在不確定的情況下做出決定有關，比較少和不確定性的存在本身相聯結。再者，參與者所感受到的正向情緒正可回應生涯學者一再強調的正向態度（Brack, Brack, Zucker, 1995; Gelatt, 1989; Krumboltz,

1992; Miller, 1995 ），瞭解、接受甚至期待與尊重不確定性，不僅可免於汲汲營營抗拒不確定性所引發的焦慮不安，還能帶來正向的輕喜情緒。

三、處理策略

　　基本上，參與者都肯定不確定之必然存在，也都肯定不確定之中仍有可爲，例如，「未來雖然是未知的、不確定的，卻可以由自己去創造、去掌握，端看我要不要替自己爭取」（ P5 ）。

　　所謂的可爲有兩個不同的處理方向，其一是「掌握我所能夠掌握的」（ P6 ），其掌控策略包括設法尋找更適切的不確定性因應策略，例如：「看看古人或學者專家對於時間不確定性的看法以及他們所看到的不確定的意義，從中挑選一個觀點，或綜合自己的感知，跟自己的經驗相結合，形成一個因應方法。」（ P15 ）；或尋找著力點，「在不確定中找出一些必然性或必然過程，在這些必然過程上做努力」（ P15 ）；或設法蒐集資料，「希望他們給我一些建議或告訴我他們的想法」（ P14 ），「以了解未來的可能發展，減少不確定性」（ P12 ），「輔助我瞭解哪一條路比較好走，或增加我選擇的多樣性」（ P5 ），或「找出解決問題的方向或方法」（ P7 ）；或預先做好各種準備工作（ P5 ），「把那個階段應該做的事情做完」（ P6 ），「在心裡先打個底，...好先做些準備」（ P12 ），「把重點放在增強實力上，也就是先不去想不確定的部份，而是考慮怎麼做才可能減少以後的不確定」（ P14 ）。基本上，企圖掌控的背後反映出冒險進取的意願，相信「若眞想實現自己的想法，還是要敢冒險，才有發展性與創造性」（ P10 ）。

　　面對企圖掌控卻又無法完全掌控的情境，參與者的因應之道是調整自己對努力結果的期待，例如，「只要凡事盡心、盡本分，不愧於己，清楚並朝自己的目標邁進，不用要求做到多好」

（P5），「我其實不會預先做太多規畫，只會訂個粗略的目標，通常也不會預期一定要達到什麼效果」（P10）；並且強調彈性調整的必要性，例如，「先把那個階段應該做的事情做完，之後再看看還可以有什麼抉擇空間，或讓機會來選擇自己…在每一個可能的機會都做過之後，先試著找出一個最適合自己的，等確定往哪一個方向走之後，再投入較多的精力、時間」（P6），「先確定一個大方向，然後就逐步就緒地做，再隨著不同情境、環境、心情做調整，慢慢修正未來之路」（P15）。

　　另一個處理方向則強調接納不確定性，例如，「對於仍然無法確定的部份，我就學習順其自然，以順處逆，處之泰然」（P5），「無法找到必然性時，就順其自然地活著，接受不確定之必然性，並靜候結果揭曉」（P15），因此，可以「處變不驚」（P12）、「靜觀其變」（P12、P13），「等到事情真的發生時，才會開始想辦法，因為在碰到實際狀況之前，我很難去想像我可以做什麼，何況不確定的狀況也不一定會發生，就算發生了，到時候一定有解決之道」（P14），總之，「我會順其自然，時候到了，自然會做出決定，變得比較明確」（P13）。

　　必要時，還可以用樂觀開放的態度協助自己接受不確定性，「就是因為不確定，所以一件事能做到也好，不能做到也沒關係」（P13），反正「事情沒有自己想像的那麼可怕」（P12），「如果一開始就訂定明確的目標，未來就被限制住了，我比較喜歡讓它保持不確定，順其自然」（P13），「只要我有信心，即使我不知道會遇到什麼，我都應該過得去」（P5），「反正最後還是可以走出一條自己的路，並且走到自己的目標，所以多繞無妨」（P13），這種態度甚至可以讓不確定性變成一種令人可喜的助力（P13）。

　　這樣的接納不僅可以化解焦慮不安的情緒，也可以給自己更多時間，從容觀看、反應，例如，「靜候結果揭曉…時候到了，

情況出現了，我再從中選擇比較適合自己的路」（P15），「如果不能接受，再做改變」（P12）；並且可以做更好的準備，例如，「年齡越大才越能瞭解自我，也越能走出適合自己的路，所以我只想在過程中多瞭解自己的性向，以及自己內心的想法與人活著的意義」（P15），「長大後接觸到的人事物變多，離事情也比較近，對未來的不確定性就比較能掌握」（P13）。在獲得更多時間、更多瞭解之前，可以採取比較權宜的暫時性作法，例如，「先順著大家在走的方向走走看，若是自己一直感覺很不好，再來考慮別的選擇」（P8），反正到時候再跟著變動也不遲，可以「臨時改變自己的計畫，把某些事情整理一下，或調整進行時間」（P14）。基本上，從容等待與面對背後所反映出的是對多樣存在的包容，允許並尊重事物、自己及自己的因應如其所是，亦即，一切「就像疊房子一樣，是逐漸累積出來的」（P5），而「我現在就是這樣子…也只能如此了」（P8）。

更極端一點的作法則是擱置不理，甚至漠視逃避，例如，「對於那些無法掌握的，就不要去管它」（P6），「對於不確定的事情，就先擱在一旁」（P13），「儘量去想好的結果，不往壞的想，就比較輕鬆，不會擔心」（P7），「我盡量把握『去過去心、未來心』的原則，把重心放在當下的經營」（P5），「時候沒到就先不管」（P14）。

此外，針對種種負向的、浮動不安的情緒，可以積極正向的想法加以緩和或轉移，例如，「相信自己可以掌控整件事情」（P12），「相信自己只要努力就可以做好」（P7），相信「最後都會到達終點…會發生的就讓它發生，我不會很在意，也不會害怕…」（P5）；也可以藉由對峙的行為加以轉移，例如藉由「放緩步調」（P12）減緩焦躁不安的心緒。其他方法還包括藉助外力，例如，「如果發現有人做跟我相同的選擇，或支持我的選擇，我會比較安心」（P12）；或者宣洩情緒，例如，「一直念念念

…發牢騷」（P14）；或者乾脆「暫時把不確定感擱著」（P6）「不管」（P14）。

乍看之下，前述企圖掌控與接納順應兩大因應趨向的確呼應生涯文獻所提出的兩大方向，其一是繼續原先訴諸理性的初衷，企圖以更多的變項、更複雜的變項關係來減少不確定性，或企圖以妥協性的資料評估策略減少決策歷程所需的認知運作負荷度（Gati, 1986, 1990）。其二則強調以正向態度面對生涯不確定性，認為不確定性是不可避免的，個人需要學習的是與之共處，甚至刻意不做決定，並強調決策歷程中的自由省思，對於自己所蒐集與分析的訊息以及對自己所做的決定，均抱持開放而彈性的態度（Gelatt, 1989; Krumboltz, 1992; Miller, 1995）。其實，此二方向正可分別代表早期生涯學者所標榜的理性導向個人主義主張，以及晚近學者對另類價值的追求。

仔細觀察之下，則可進一步發現參與者觀點與生涯文獻在下列三點上仍有出入。其一，在明知不可掌控卻企圖掌控之際，生涯學者的妥協主要表現在資料處理精確度標準的降低，參與者的妥協之道則是調整自己對努力結果的期待，以及做好必須時時彈性調整的心理準備。其二，在生涯學者的主張中，所謂接受「我不知道」的狀態其實是一種耐心的等待，等待「知道」浮現，對參與者來說，擱置逃避本身就是一種因應方法，透過種種可以「不想」的方法，避免知覺到不確定的存在，也就避免種種可能負向情緒所造成的干擾。其三，在負向情緒的處理上，生涯學者傾向於採用認知重建或正向思考，參與者則在這些認知策略之外提出對峙行為、尋求支持、宣洩情緒、漠視等更多樣化的方法。

四、效用

基本上，各處理策略的主要效果在消除因不確定性而來的負向情緒，例如「能消除不安和焦慮的情緒」（P6）、「讓我比較

放心一點」（P7），減少「擔心」（P14），避免不必要的煩惱，「不用看、不用煩」（P14），「不用杞人憂天，庸人自擾」（P15）。

此外，有些參與者明確指出特定的處理策略在生涯目標達成上的實質幫助，而且不同處理策略有助於達成不同的生涯價值，例如：「這種正向的態度…可以協助我發展出比較好的人格，做一個好醫生、好父親、好子女等等」（P5），安全至上的處理策略則可帶來「生活平順」（P12）、生涯「平淡安穩」（P14）。

然則，不論是否能保證成事，許多處理策略的真正助益，在於讓參與者盡人事，做出「及時、得體的處理」（P14），或「把所有的可能性都做了，比較不會有遺漏」（P6），並因此而感到心安，例如：「雖然有些事我做不到，可是至少我已經想到我可以努力的方向」（P5），「反正該做的、能做的都做了，至少已經盡了力，比較不會有遺憾」（P6）。

不過，也有部份參與者認為「真正的關鍵在於自己夠不夠努力，所採取的方法是不是有效，或結果滿不滿意」（P7），因此任何處理策略本身對於生涯發展或滿意度都沒有絕對的影響，甚至認為「反正我就是這樣」（P8），所以即使有什麼影響也都不重要了。

至於參與者的種種失望與不滿，則可歸結為兩個方向，其一是企圖掌控卻掌控不力，例如，「對於一些選擇我沒有考慮得很清楚，只是如嘗試錯誤般地先走走看，真的行不通再換。如此雖然可以增加磨練和經驗，但這種猶豫不決也會浪費時間」（P8），其二是努力接納卻失之消極，例如，「這種避免煩惱的方法也可能有負向影響，讓我的未來努力方向充滿不確定性，做事比較無方向感，投入之心較少」（P15），「比較不積極」（P13），「沒有成就」（P14）。

和決策型態相同地，參與者對不確定性因應效用的主觀評論充分顯現出過猶不及之間的拿捏困難，所有參與者都同意「為可

為，順不可為」之大原則，問題是：要如何判斷可為或不可為呢？為與順又要做到什麼程度呢？個人與個人之間在因應風格上的個別差異即在於此，個人在不同事件上所呈現的差別待遇也在於此。這種折衷傾向顯示，不論是主張積極掌控（Gati, 1986, 1990）或正向接納（Gelatt, 1989; Krumboltz, 1992; Miller, 1995），在倡導特定因應方法之餘，生涯學者顯然更需要關心個人究竟要在何時以及如何使用不同因應方法。

肆、素人生涯觀在生涯理論與實務上的啓示

綜合前述發現與討論，尊崇理性的傳統學術性規範觀點與素人的描述性觀點之間的確有其一致性，卻也有不盡吻合之處。兩者的一致性表現在：(1)均注意到生涯決策與不確定性可能涉及習慣性的焦慮情緒，(2)均強調理性決策形成方法之長處，(3)均肯定積極進取之決策對待態度，(4)均肯定積極掌控的不確定性因應策略。傳統學術觀點與素人觀點的出入則主要在大學生：(1)對藉助外力及強調彈性開放的決策形成方式之肯定，(2)在積極進取的決策對待態度上之但書，以及(3)在平安穩定與突破發展以及積極進取與接納順應等矛盾價值上之兼顧企圖。

前述異同有兩個層面的意義。其一是大學生的確肯定理性導向的生涯決策與規劃方法，但不認為那是唯一的方法，也不認為那是適合所有情況的方法，因而傾向於在不同事件上採用不同做法，甚至在同一事件上折衷不同取向，顯示理性導向有其適用性，但不能完全滿足大學生的期待或需要。其二是大學生所指陳的另類方法不僅顯示出對理性導向的保留，更進一步肯定若干與個人主義取向相背的價值，亦即，不但放下個人主義所標榜的積極掌控與自我表現，更正面肯定集體主義所衍生的自謙隨順與和諧共存，顯示大學生的生涯觀既沒有典型的個人主義色彩，也沒有傳統的集體主義框架，而是往兼容並蓄的折衷方向發展。

如果生涯諮商員堅持採用傳統的生涯決策與規劃理念，很可能會在服務大學生的過程中出現諮商員與當事人的基本理念衝突，這種現象甚至可能不止出現在服務大學生之際，也會在服務台灣社會的其他族群時出現，諮商員究竟要選擇改變當事人還是順應當事人，若從泛文化的觀點來看，至今仍是爭議難解，若從整個生涯文獻的典範轉移趨勢來看，諮商員自身的調整卻是不可避免的。誠如 Krieshok（1998）所指出的，生涯領域獨尊理性的傳統已經漸漸鬆動，生涯諮商員不再理所當然地推薦理性導向的生涯決策與規劃方法，前述大學生的生涯觀已然回應並肯定此種轉變之必要性，也顯示台灣未來的生涯理論與實務之發展不能再以個人主義爲藍本，而需朝向更多元化與個別化的方向發展。

參考資料

一、中文部分

行政院青年輔導委員會編（民 82）。大學生涯發展輔導手冊。台北：行政院青年輔導委員會。

林幸台（民 76）。生計輔導的理論與實施。台北：五南。

金樹人（民 77）。生計發展與輔導。台北：天馬。

金樹人（民 86）。生涯輔導與諮商。台北：東華。

夏林清（民 74）。探索成功事業：自我發展手冊（二）。台北：張老師。

陳金定（民 76）。生計決策訓練課程對高一男生生計決策行爲之實驗研究。台灣師範大學教育心理與輔導研究所碩士論文。

陳若璋編（民 78）。美好未來不是夢—生涯探索與前程規劃。台北：心理。

程小蘋（民 81）。諮商本土化歷程中的一站：有關基本概念的

釐清。學生輔導通訊，22，22-27。

程玲玲（民 77）。美國和中國的心理健康之標準及其在諮商上的啓示。東吳政治與社會學報，1-23。

黃惠惠（民 78）。我的未來不是夢—生涯發展與規劃。台北：張老師。

楊中芳（民 80）。試論中國人的「自己」：理論與研究方向。載於高尚仁、楊中芳（編），中國人、中國心：人格與社會篇（93-146頁），台北：遠流。

廖鳳池（民81）。泛文化諮商員的中心課題：中華文化中「我」的地位之探討。學生輔導通訊，22，28-33。

劉淑慧（民 85）。人生觀—生涯領域錯失的一環？輔導季刊，32，52-59。

劉淑慧（送審中）。再看生涯觀的架構—理性之外還有什麼？輔導季刊。

劉淑慧、朱曉瑜（送審中）。大學生的決策型態、不確定性因應與生涯滿意度之相關研究。人文與社會科學研究彙刊。

潘家群、陳美玉、曾力斐、蘇久美、蘇新其（民 85）。生涯輔導手冊。台灣省政府教育廳。

二、英文部分

Arroba, T. (1977). Styles of decision-making and their use: An empirical study. British Journal of Guidance, 5, 149-158.

Baumgardner, S. (1982). Coping with disillusionment, abstract images, and uncertainty in career decision making. The Personnel and Guidance Journal, 61, 213-217.

Blustein, D.L., Ellis, M.V. & Devenis, L.E. (1989). The

development and validation of a two-dimensional model of the commitment to career choices process. Journal of Vocational Behavior, 35, 342-378.

Brack, C.J., Brack, G. & Zucker, A. (1995). How chaos and complexity theory can help counselors to be more effective. Counseling and Values, 39, 200-208.

Callanan, G.A. & Greenhaus, J.H. (1992). The career indecision of managers and professionals: An examination of multiple subtypes. Journal of Vocational Behavior, 41, 212-231

Christopher, J.C. (1996). Counseling's inescapable moral visions. Journal of Counseling and Development, 75, 17-25.

Crites, J.O. (1981). Career counseling: Models, methods, and materials. NY: McGraw-Hill.

Dawis, R.V. (1996). The theory of work adjustment and person-environment-correspondence counseling. In D. Brown, L. Brooks & associates. Career choice and development (3rd. ed., pp. 75-120). San Francisco, CA: Jossey-Bass.

Fuqua, D.R. & Hartman, B.W. (1983). Differential diagnosis and treatment of career indecision. The Personnel and Guidance Journal, 62(2), 27-29.

Gati, I. (1986). Making career decision: A sequential elimination approach. Journal of Counseling Psychology, 33, 408-417.

Gati, I. (1990). Why, when, and how to take into account the uncertainty involved in career decisions. Journal of Counseling Psychology, 37, 277-280.

Gelatt, H.B. (1962). Decision-making: A conceptual frame of reference for counseling. Journal of Counseling Psychology, 9, 240-245.

Gelatt, H.B. (1989). Positive uncertainty: A new decision-making framework for counseling. Journal of counseling Psychology, 36, 252-256.

Gysbers, N.C. & Moore, E. J. (1987). Career counseling: Skills and techniques for practitioners. Needham Heights, MA: Allyn and Bacon.

Harren, V.A. (1979). A model of career decision making for college students. Journal of Vocational Behavior, 14, 119-133.

Heppner, P.P. (1989). Identifying the complexities within clients' thinking and decision-making. Journal of counseling Psychology, 36, 257-259.

Heppner, P.P. & Krauskopf, C.J. (1987). An information-processing approach to personal problem solving. The Counseling Psychologist, 15, 371-447.

Hilton, T.L. (1962). Career decision-making. Journal of Counseling Psychology, 9, 291-298.

Huberman, A.M. & Miles, M.B. (1994). Data management and analysis methods. In N.K. Denzin & Y.S. Lincoln (eds.). Handbook of qualitative research (428-444). Thousand Oaks, CA: Sage.

Janis, I.L. & Mann, L. (1977). Decision-making: A psychological analysis of conflict, choice and commitment. New York: Free.

Johnson, R.H. (1978). Individual styles of decision making: A theoretical model for counseling. Personnel and Guidance Journal, 57, 530-536.

Jones, L.K. (1989). Measuring a three-dimensional construct of career indecision among college students: A revision of the vocational decision scale-the career decision profile. Journal of Counseling Psychology, 36, 477-486.

Jones, L.K. & Chenery (1980). Multiple subtypes among vocationally undecided college students: A model and assessment instrument. Journal of Counseling Psychology, 27, 469-477.

Katz, M.R. (1966). A model of guidance for career decision-making. Vocational Guidance Quarterly, 15, 2-10.

Katz, M.R. (1993). Computer-assisted career decision making: The guide in the machine. Hillsdale, NJ: Lawrence Erlbaum.

Krieshok, T.S. (1998). An anti-introspective view of career decision making. The Career Development, 46, 210-229.

Krumboltz, J.D. (1992). The wisdom of indecision. Journal of Vocational Behavior, 41, 239-244.

Mann, L., Harmoni, R. & Power, C. (1988). Adolescent decision-making: The development of competence. Journal of Adolescence, 12, 265-278.

Marcia, J.E. (1966). Development and validation of ego identify status. Journal of Personality and Social Psychology, 3, 551-558.

Michell, L.K. & Krumboltz, J.D. (1996). Krumboltz's learning theory of career choice and counseling. In D. Brown, L. Brooks & associates. Career choice and development (3rd ed., pp. 233-280). San Francisco, CA: Jossey-Bass.

Miller, M.J. (1995). A case for uncertainty in career counseling. Counseling and Values, 39, 162-168.

Newman, J.L. Fuqua, D.R. & Minger, C. (1990). Further evidence for the use of career subtypes in defining career status. The Career Development Quarterly, 39, 178-188.

Newman, J.L., Fuqua, D.R. & Seaworth, T.B. (1989). The role of anxiety in career indecision: Implications for diagnosis and treatment. The Career Development Quarterly, 37, 221-231.

Peterson, G.W., Sampson, J.P. & Reaedon, R.C. (1991). Career development and service: A cognitive approach. Pacific Grove, CA: Brooks/Cole.

Spokane, A.R. (1996). Holland's theory. In D. Brown, L. Brooks & associates. Career choice and development (3rd ed., pp. 33-74). San Francisco, CA: Jossey-Bass.

Super, D.E., Savickas, M.L. & Super, C.M. (1996). The life-span, life-space approach to careers. In D. Brown, L. Brooks & associates. Career choice and development (3rd ed., pp. 121-178). San Francisco, CA: Jossey-Bass.

Tversky, A. & Kahneman, D. (1974). Judgment under uncertainty: Heuristics and biases. Science, 185, 1124-1131.

Van Matre, G. & Cooper, S. (1984). Concurrent evaluation of career indecision and indecisiveness. The Personnel and Guidance Journal, 637-639.

Wanberg, C.R. & Muchinsky, P.M. (1992). A topology of career decision status: Validity extension of the vocational decision status model. Journal of Counseling Psychology, 39, 71-80.

改變吮吸行為的行為治療

趙梅如

壹、前言

從事教育工作者當然明瞭，教育工作並非只在知識的傳授。尤其當你站在講堂上，面對一群坐在教室裡，聆聽你上課的學生時，就會發現，在知識傳授之外，每個個體是那樣的不同，他們有不同的智力、性向、家庭背景、以及不同的需求。甚至有一些學生的行為，在你看來，是一種問題行為。而你秉著教育良知必須去面對他。

在我們能理解的理論裡，往往會告訴我們問題是如何發生的，我們應該如何處理。但百家爭鳴，每個理論有其對人的不同信念，因此也有不同的教育處理主張。例如，心理分析論認為人多受潛意識影響，人有本我、自我、超我的不同運作，影響個體行為，因此應透過心理分析找出原因；行為學派則認為人在環境中有不得已的苦衷，人受外在環境條件的制約而發出行為，發展習慣，人是被動的，因此改變或養成人的行為，則需藉助外在的力量外塑人的行為；但人本心理學則告訴我們，每個個體都應受

到尊重，每個人都有其存在的價值，因此只要提供足夠的條件，人會向上積極開展，以至自我實現。

其實這些理論都從不同的角度提供我們瞭解人。對於我們從事教育工作也帶來許多啓示。因此我們不必盡信某一種理論，而詆毀其他理論。而科學精神教導我們，應該去驗證，然後截長補短，互相爲用，實行最有益的人的信念及教學輔導策略。在從事教育工作的經驗中，有許多時候，眞的必須摒棄歧見，對我們的教育對象，施行最有益的策略，來幫助學生。

雖說這個世紀的這個時代，提倡人本思想、人本教育、機會均等、開放學習。但是在從事教育的過程中，發現許多關係的衝突，卻能從一個外在的改變而獲得全面的溝通瞭解。因此，從這個角度切入思考後便會發現，不論心理分析、行爲主義、人本思想，都是企圖瞭解人，從而找尋方法，改變人、幫助人，都是很「人本」的。

在一次偶然的機會裡，曾經使用行爲改變的方法幫助一位小朋友改變了她令父母討厭而懊惱的掀裙子的行爲；後又陸續使用行爲改變的技術改變小朋友的分心行爲、害怕黑暗等等，甚至對於大人的批評習慣，也能透過行爲改變，增強物的運用而達到改善，會以正向的讚美方式與人溝通。因此，只要運用得當，行爲改變的技術，常常能獲得不錯的效果。

由於有位鄰居好友的八歲女兒，發生不適於年齡的吮吸行爲，吮吸唇、吮吸手指頭、甚至吮吸腳指頭，而引起小女孩與母親間關係的緊張。當好友問起在教育上可有好辦法時，便計畫以行爲治療的方法，改變小女孩的吮吸行爲。以期達到吮吸行爲的完全消除，建立適當行爲，並進而改善親子關係的和諧。

貳、實施計畫

一、個案狀況説明

1. 個案是一位小女孩，小名ㄚㄚ，目前就讀於新竹市國小二年級，七歲又七個月。

2. ㄚㄚ的父親是電機博士，在國立大學任敎；母親大學畢業，目前在家當全職媽媽。ㄚㄚ的爸爸、媽媽都來自南部鄉下，是自小一齊長大的青梅竹馬的夫妻。現在居住於大學的宿舍區，因此，除了學校同學以外，回家後，ㄚㄚ的玩伴除了弟弟、妹妹，偶而也與鄰居一齊玩耍。ㄚㄚ有兩個妹妹（一位五歲，一位四歲）以及一位才二歲的小弟弟。她的家目前是屬於小家庭。

3. 就ㄚㄚ的成長背景而言，ㄚㄚ的父母剛結婚時都在台北工作，後來一齊赴美求學。但由於媽媽懷了ㄚㄚ，只好暫時放棄求學，只是後來一直沒有機會再求學。ㄚㄚ出生後的三年內，得到媽媽的全心照顧，直到妹妹出生。ㄚㄚ四歲時，爸爸完成學位，才擧家遷回台灣。

4. ㄚㄚ的母親是作者的鄰居，並且跟作者又同是南部小鎮的鄉親，娘家距離不過百尺,故常來往。ㄚㄚ因經常有吮吸行爲，因此，她的媽媽就會不斷的去糾正她，甚至非常生氣的責罵ㄚㄚ。但是，媽媽的糾正並沒有什麼效果，有時反而更引起媽媽的生氣，使親子間的氣氛更僵化。

5. ㄚㄚ的媽媽有時會說，是不是自己的八字與ㄚㄚ不合，她覺得看ㄚㄚ常常不順眼；甚至懷疑自己因爲懷了ㄚㄚ而不能再深造，因此潛意識裏恨ㄚㄚ，才會常常對ㄚㄚ惡言相向。

6. ㄚㄚ的媽媽很想改正ㄚㄚ的吮吸行爲。ㄚㄚ的媽媽認爲吮吸是很不雅觀的行爲，甚且有害於她將來唇形的發展。因此便請筆者建議個好方法。由於筆者在接觸兒童的問題行爲時，發現對於兒童一直不斷重複的不良行爲，大都有其背後的原因，但行爲改變技術的方法，卻是一個最容易產生效果的方

法，它通常可以透過增強的搭配，使行爲由外而內的產生改變，因此，便建議丫丫的媽媽不妨一試行爲治療的方法，來改變丫丫的吮吸行爲。

二、界定問題行爲

想改變的是丫丫的吮吸行爲。包括吮吸唇、吮吸手指頭及腳指頭。

三、觀察方式

由丫丫的媽媽負責觀察記錄，由作者設計並提供觀察記錄表。因爲丫丫的媽媽天天與丫丫生活在一起，又是母親，所以易於觀察（爲參與式觀察）。除了與丫丫的媽媽詳細說明觀察記錄方法外，並請丫丫的媽媽在觀察記錄時不做任何糾正行爲。

四、觀察時間

每天抽樣一小時，最好是抽樣不同時間。由於新竹市的國小，二年級學生星期三半天；星期六及星期天則不上課，因此，便將一星期的觀察時間取樣，列爲十個單位。即星期三、星期六及星期日各取兩個時段，其餘則取一個時段爲觀察時間。然後把一小時分成十二等分，每五分鐘爲一個記錄單位。

五、記錄方式

以間歇記錄法爲方法。此方法的優點是，觀察者可專注注意被觀察者的行爲，可關照到面，以行爲爲主，只要把「行爲」發生的時刻，填入該「時間小段」便可。而其缺點則爲發生的時數並不精確。間歇記錄法是把一小時分割爲十二格，每五分鐘爲一個觀察單位，凡是在此一五分鐘內有界定之行爲發生，則在此一時間單位的方格內劃下記號。

六、實施程序

共分四個程序階段：

第一階段為基線期，在此一時期，只對目標行為觀察記錄，不設增強物。

第二階段為處理介入期，設置增強物，凡在取樣時段內，不發生吮吸行為，便記一個點數。

第三階段為恢復期，撤銷增強物，以便觀察比較與基線期的差異情形。

第四階段為第二個處理介入期，繼續增強改變行為。

七、劃下基線圖

第一個星期（4月7日至4月12日），不做任何處理或對丫丫任何承諾，只請丫丫的母親按計劃觀察記錄並且不做任何糾正。基線圖如圖一：

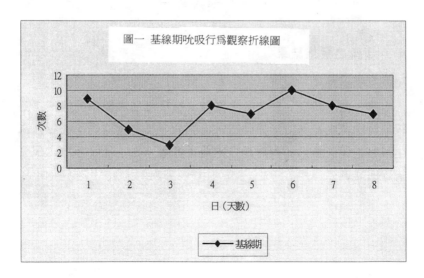

圖一 基線期吮吸行為觀察折線圖

八、確定增強物

　　與丫丫討論丫丫最想得到的東西是什麼？ 討論了很久發現丫丫並無特別想要什麼，於是便與丫丫約定，當丫丫在觀察時間內不發生吮吸行為，便能得到同數的卡片（一小時共計十二格，全得便是十二張）。然後丫丫便能將卡片拿來與阿姨（丫丫稱作者阿姨）交換小禮物。作者將許多小禮物賦予張數，因為，平常丫丫到作者家來玩時，就很喜歡作者家的許多小禮物，是作者平時準備以獎勵小朋友有好表現時用的。

九、說明實施程序

　　於基線圖劃定後，就與丫丫及丫丫的媽媽共同商量計劃之進行。首先詳細說明實驗程序以及獲得增強物的原則，以確定丫丫以及丫丫的媽媽都已經完全瞭解實施辦法及其行為達到的標準條件。並請丫丫的媽媽在適當的時機給丫丫口頭增強。

參、結果與討論

一、治療之實施結果

（一）實施階段一

　　第一個處理介入期（有增強物）吮吸行為之觀察折線圖與基線期折線圖之差異情形如圖二.1。恢復期（無增強物）吮吸行為之觀察折線圖與第二個處理介入期（有增強物）吮吸行為之觀察折線圖如圖二.2。

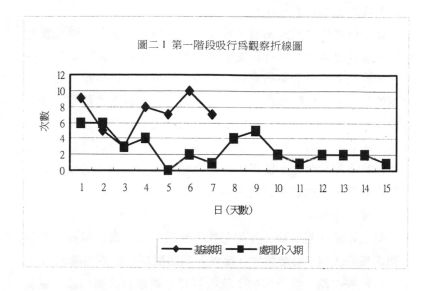

圖二 1 第一階段吸行為觀察折線圖

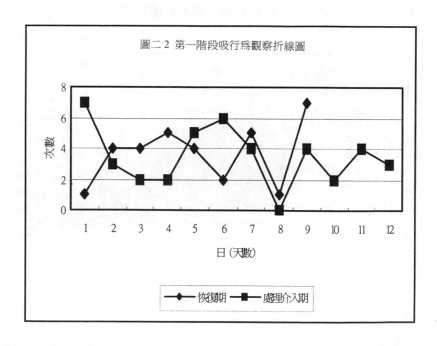

圖二 2 第一階段吸行為觀察折線圖

（二）行為治療計畫之改變

　　從治療實施的記錄來看，雖有改善，但卻仍然需要增強物的維持。而且個案的吮吸行為並未完全消除。因此，便也請丫丫的媽媽再繼續進行一星期的觀察，不設置增強物，以便藉由此一恢復期的記錄，分析瞭解行為治療的效果如何。而在此觀察記錄進行當中，發生了一件戲劇性的事件，便是丫丫突然很想要一個電子雞，因此丫丫的媽媽認為這是一個好機會，希望能再繼續進行此一行為改變。因此，便規畫了本治療的第二階段。而原來進行中的恢復期，就成了第二階段的基線期。

（三）實施階段二

　　第二階段之基線期（無增強物）吮吸行為之觀察折線圖與第一個處理介入期（有增強物）吮吸行為之觀察折線圖如圖三.1。第二階段恢復期（無增強物）吮吸行為之觀察折線圖與第二個處理介入期（有增強物）吮吸行為之觀察如圖三.2。

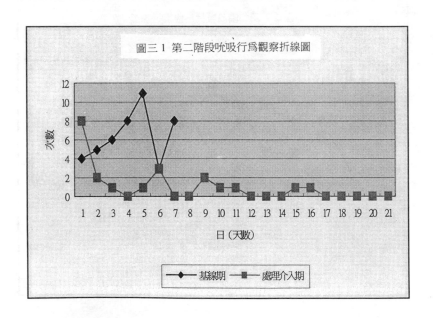

圖三.1　第二階段吮吸行為觀察折線圖

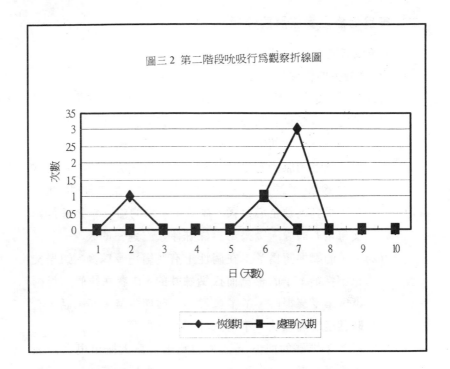

圖三 2　第二階段吮吸行爲觀察折線圖

（四）資料結果說明

　　由第一階段及第二階段的折線圖顯示：

1. 第一階段處理介入期的平均數雖比基線期的平均數下降許多（6.87 − 2.43 = 4.44），但第二個處理介入期的平均數高於第一個處理介入期的平均數（3.43 − 2.43 = 1.00），且第二個處理介入期的平均數只與恢復期的平均數相差 0.7（4.13 − 3.43 = 0.70），顯現行爲改變行爲的治療計劃愈來愈無效。

2. 第二階段第一個處理介入期的平均數低於基線期的平均數（6.43 − 0.75 − 5.68），且第二個恢復期期雖已無增強，平均數依然維持在 0.5，而第二個處理介入期的平均數甚至於降至 0.1，將近零水準，顯現治療已發生效果。

二、行為治療之實施討論分析

（一）吮吸行為發生原因之分析

1、行為發生的條件

(1)丫丫在家排行老大，底下還有兩位妹妹及一位弟弟。丫丫的父親是家中唯一的男孩，上有五位姊姊，因此丫丫的祖父母非常期望丫丫是位男孩，而這也是家中會有四個小孩子的原因。並且，丫丫的媽媽每次懷孕都有相當大的壓力。丫丫出生三年以後，媽媽才生第二胎。因此，丫丫得到媽媽全心照顧，在丫丫生命的前三年幾乎得到父母全心的愛。後來弟弟妹妹才接二連三的來。

(2)丫丫的媽媽認為丫丫在個性上有些霸道及執拗。如果父母不採納丫丫的意見而採納妹妹的，或者妹妹們因幫媽媽做事受褒揚時，丫丫會很不高興而生氣、不說話，有時甚至責罵妹妹，不要妹妹幫媽媽做事。

(3)據丫丫媽媽的回憶，丫丫的吮吸行為大概出現在四歲（也就是老二出生不久），而且越來越頻繁，甚至從原來的吸唇變成也吸手指頭及腳指頭。而丫丫的老師則表示，在學校並沒有發現丫丫有此一行為發生。

2.行為發生的心理原因分析：

(1)丫丫的吮吸行為，對丫丫所代表的意義可能是一種回到小時候的心裡行為。吮吸代表在媽媽懷裡能受到媽媽全心而安全溫暖的照顧。

(2)丫丫行為越來越頻繁可能是因為吮吸行為可以得到媽媽的注意。因為媽媽會不斷的糾正她的吮吸行為，使丫丫覺得媽媽又在注意她了。因此，吮吸變成丫丫引起媽媽注意的特定行為，媽媽的糾正，對丫丫來說卻可能剛好是增強。

(3)從丫丫媽媽對其性格的描述上來看，丫丫的內心一定很

期望能受到父母的重視和讚揚，只是丫丫不知道如何正
確表達而已。也或許，丫丫的吮吸行為來自於一種不知
如何表達自己的焦慮轉移。

(4)由於弟弟的出生，很可能引起丫丫更大的挫折，因為祖
父母及父母都一直期待家中能添丁。在這些挫折的心態
下，因此丫丫吮吸退化行為就更強烈了。

3.行為不發生的比較原因分析

從上述的說明及分析來看，丫丫的吮吸行為似乎只發生在
家裡並沒有發生在學校，原因可能是以下二點，以致丫丫此
一行為並不會在學校產生困擾，但卻會對家裡產生影響。

(1)丫丫在心裡所想爭取的只是父母的注意，在學校丫丫並
沒有像在家中需要爭取注意的情境。

(2)可能丫丫在學校也會出現吮吸，但由於不曾引起老師的
注意或糾正，因此吮吸行為得不到增強而取消了。

4.產生的影響

(1)因為媽媽常常糾正無效而生氣，故而影響母女間的關
係，也影響家庭氣氛。

(2)丫丫長此以往受到責罵，產生心理挫折，將使其行為愈
來愈強烈，也甚至影響她將來的心理發展及成長。

(二)實施策略之效應分析

由丫丫的媽媽當觀察記錄者及採用參與方式有以下好處：

1.媽媽的觀察記錄可以使丫丫覺得媽媽有在注意她，使原本的
丫丫消極引起媽媽注意，轉變為媽媽的積極關心注意。

2.媽媽觀察記錄時不要有糾正行為，可以防止媽媽責罵所帶來
的錯誤增強，以及防止親子間關係的惡化。

3.參與式的觀察使丫丫知道媽媽正在看她，媽媽的注視本身對
丫丫就是一種最好的增強，足以強化丫丫的行為表現，使丫
丫不會吮吸，因此能使丫丫有效的訓練其自控能力。

（三）增強物的效應分析

　　本行為治療計畫共歷經兩個階段。第一階段的增強物之設置與討論如前述。但本研究的戲劇性變化，在於實施結束時，個案突然產生想要「電子雞」的需求，因此，作者與個案的媽媽決定再進行另一個階段的行為治療。

1.增強物設置的兩個階段

　（1）使用卡片法的增強方式

　　　a.在一小時的觀察時間裡，凡一個五分鐘裡沒有發生吮吸行為，就給一張卡片。

　　　b.凡積滿足夠的卡片數，就可與阿姨兌換商定好的獎品。在這一階段丫丫總共得到254張卡片，換了一盒彩色筆（80張卡片），一個沙漏（30張）、一對髮飾（20張）以及一個芭比娃娃（120張）。

　　　　但是後來丫丫表示不知道還想換什麼，有不想再繼續的情形出現。在與丫丫晤談後，丫丫的媽媽告訴作者，丫丫的行為又與以前一樣了，甚至更差。因此，作者請丫丫的媽媽再做一個星期的觀察記錄，後因丫丫想要一個電子雞，而有第二階段的實施。

　（2）改用積點法的增強方式

　　　　或許來自同學的刺激，丫丫向我們表示她想要一個電子雞，因此我們共同約定，如果丫丫能連續十天，每天得到11個積點以上（一天共有12個積點），則丫丫可以得到電子雞。

2.增強物的效應

　　　首先，在第一階段時，雖然丫丫也願意參與此一行為改變的計畫，但丫丫卻沒有很想要的東西，因此，在兌換獎品時，丫丫會發生不曉得還要換什麼東西的情況，表示增強物對丫丫並不具太大的吸引力。

　　直到ㄚㄚ想要「電子雞」，而第二階段改用積點法，鼓勵ㄚㄚ努力積點以獲得電子雞。此一增強物是ㄚㄚ想要得到的，因此，增強物的吸引強度大大提高。因此，就此一分析獲得一個啟示，便是增強物的設置是非常重要的，必須是個案想要的目標物，才能產生增強效果。

　　本治療計畫的第二階段能產生如此大的效果，行為頻率能從六、四降至近於零水準，主要是增強物皆為個案所欲求，一為媽媽的注意，另一為電子雞。可見增強物效應所發生的威力。

肆、評價

　　此一行為治療計畫歷經兩個月（四月七日至六月八日），分兩個階段完成。其第一階段的結果並不理想，從資料分析來看，個案的吮吸行為發生頻率，雖有下降，確是只在處理介入期。而沒有增強物的恢復期，則明白顯示個案的吮吸行為並消除。直到第二階段，在增強物的效應下，即增強物皆為個案希望得到的（媽媽的關注及電子雞），則使吮吸行為的發生頻率幾近於零，是一個成功改變行為的行為治療計畫。茲就此計畫實施之優缺點結論如下，並就此實施此行為治療方案之經驗提出修正之建議。

一、行為治療實施計畫之評價

（一）行為治療實施計畫之優點

1. 先分析行為原因再設計計劃，故計畫較能符合目標，且較能達成行為的確切改善。

2. 此一行為治療實施計畫實施參與觀察法

　　(1)由於認為個案的吮吸行為來自於個案希望媽媽的注意與關懷，而本研究實施由個案的媽媽觀察記錄，可使媽媽的注意成為正向積極的關心，對個案就是一種很好的

增強。

(2)由媽媽觀察記錄也恰好能適時導正媽媽原本因錯誤責罵所引起的錯誤增強。

(3)參與觀察的方式可使個案直接感受媽媽的關心注意。

(4)參與觀察的方式可引導個案產生自控能力。

3. 由於計畫設計皆是他們所需要的，個案能被媽媽注意；媽媽想藉由計畫改變孩子的行為，因此她們都願意參與實行，使計畫的實行能很順利。

4. 在增強物漸失去效果時，能有效檢討，改變方式，因此終能達到改變行為的目的。

5. 詳細記錄，故能得到確實資料；常常晤談，隨時提供計畫實施參考，故能因此回饋而正確的檢討及修正計劃。

6. 增強物最後能把握到個案所需要者，並且媽媽在觀察期間適時的口頭獎勵，皆給予個案最有效的增強，使個案能而且樂意改正行為。

7. 此一行為治療實施計畫的最大功效，除了使個案的吮吸行為消除外，則是：(1)個案瞭解媽媽對自己是關心的；(2)而且也改變了媽媽的錯誤糾正行為，改善為不批判、多口頭獎勵的積極關懷行為；(3)使親子關係改善，能有最有效的溝通方式。

（二）行為治療實施計畫之缺點

1. 只由一人實行觀察，因此不能求得 IOR（內在觀察信度）。

2. 抽樣時間每天只抽樣一小時，在初期可以，但應隨著計劃的實行，漸漸加長觀察時間，會更理想。

3. 第一階段之增強物設計，未能有效掌握個案的真正需求，因此使個案動機相形削弱。故選擇增強物時，應與個案確實討論，以免增強物之效果不彰。

二、建議

　　本行為治療歷經兩個階段，在第一階段的行為治療實施中，似乎並未能完全改變個案的行為，而在第二階段的治療計畫之實施，卻有良好的成果。期間有一些優點，也有一些缺失，如能發揮優點，修正缺失，則實驗研究計畫及實施結果，將能更臻完美，而確實達到目標。因此，將就此一行為治療的設計與實施經驗，提出建議。

　　行為治療實施計畫，若能周詳計畫，嚴謹施行，將能發揮最大功效。

（一）在實施前應詳實計畫

1.蒐集相關資料，分析行為原因，再設計計畫，如此計畫才能有效達於目標。

2.應與個案深入晤談，確實瞭解個案喜好，找出最有效力的增強物，才能使個案產生強烈動機，維持參與意願。

3.正確選擇記錄方法及增強方式，必須方便、可行且符合設計需求之方式。如此，才能獲得確實資料，以及達到增強的有效實施。

4.確實評估觀察方式的優缺點及產生的影響，以決定觀察方式是參與或非參與。以便選擇最有利於個案改變的觀察方式。

（二）在計畫實施進行中

1.能隨時評估治療效果，有效檢討，觀察方式是否合宜？增強物是否有效？行為原因分析是否有新發現？研究計畫是否有必要修正？

2.能隨時晤談個案、相關人員，瞭解實況，以補計畫設計及實施進行之不足。

3.能有效評估，並有效修正，採取必要的改變策略，則實施計畫才能有轉機，以漸進達於目標。

（三）在計畫實施進行完成時

1. 系統而確切的科學方法，分析實施結果資料。
2. 依原因分析及計畫目的，檢討及評估計畫實施的結果。
3. 追蹤觀察個案，才能真正確定行為治療效果。

三、困難及感想

（一）困難

1. 在瞭解個案狀況後，於行為治療計畫之實施的各項設計與安排，常常覺得有選擇上的兩難困境，例如何種時間取樣較適宜？何種記錄方式較能實行？由誰記錄？參與記錄好呢？還是非參與的記錄方式好？總是有無法周到顧全的焦慮。

2. 在確定增強物時，與個案討論良久，難以確定個案的需求，無法找到具吸引力的增強物時，有點束手無策。最後雖然自行出主意，並被個案接受，但卻非理想策略。因為動機的引發與持續是相當重要的。

3. 當開始時，我覺得個案的媽媽，對個案吮吸行為的強烈反應行為，便是一個需要改變的問題行為。因為他的反應，甚至有負向強化個案行為的影響。但對大人建議進行行為治療，自覺有許多的阻礙與困難。因此，對自己的卻步並不滿意。

4. 當個案的媽媽建議由她負責觀察記錄時，雖很高興個案媽媽的參與投入，但因自己也有時間上的困難，而同意時，覺得自己應該再從多角度深思評估才好，尤其應從對個案最有利的角度思考。

（二）感想

1. 行為的背後原因可能很多，要一次分析明白，並不可能。此次的行為治療給我的感想是，應該要常常聽聽個案的聲音以及相關人員的想法，透過不斷的晤談，從多角度關照，才能有新發現，有利於行為原因的確切瞭解及行為治療。

2. 此次行為治療讓我體會到增強物的重要。一個有效的增強

物，可以使個案產生強烈需求與動機，使個案能持續此一行
為動力，而達到治療目標。反之，則個案興趣缺缺，使行為
治療效果難彰。

3.只要願意試試看，可以發現許多好途徑。例如，讓個案的媽
媽記錄觀察，結果竟無心插柳的改變了媽媽的強烈反應行
為，代之以觀察行為需求的不批判、眼神關愛及口頭鼓勵
也給了個案一個最有利的增強物（媽媽的注意）。是始料未
及。又例如，個案突然的想要電子雞，所意外多出的第二階
段行為治療，而發現的增強物效應等等。

4 行為治療的方法有許多，可能因為不同的對象、不同的行為、
不同的發生原因、不同的資源條件、不同的人、不同的理念，
而有不同的處理方式，而這一切的原則，則又是經驗的多歷
練能做到的。因此，我想經驗對一位從事輔導的人是非常重
要的。

5.當此一行為治療的實施結果曲線圖，在筆下緩緩展現時，那
種領會人性、驗證理論、完成的成就感、助人的快樂等等，
真非筆墨能形容。

　　從 Skinner 以及其後的許多人努力及貢獻，使我們對人的不
良行為問題或良好行為的養成，能運用行為治療的方法設計有效
達成，使人能更適應環境，並且也發揮教育、輔導的有效功能。
因此，只要設計得當，又能行之有效，則行為治療稱得上是教育
與輔導的法寶。

心理出版社有限公司圖書目錄

※為1998年6月後新書

A. 心理叢書

【一、心理學系列】

【二、一般心理系列】

【三、心理治療系列】

【四、心靈探索系列】

B.輔導叢書

【一、一般輔導系列】

【二、社會工作系列】

永然法律事務所聲明啟事

　　本法律事務所受心理出版社之委任為常年法律顧問，就其所出版之系列著作物，代表聲明均係受合法權益之保障，他人若未經該出版社之同意，逕以不法行為侵害著作權者，本所當依法追究，俾維護其權益，特此聲明。

　　　　　永然法律事務所

　　　　　李永然律師

一般輔導 52

輔導學大趨勢

主　編　者：中國輔導學會
執行主編：張毓如
總　編　輯：吳道愉
發　行　人：邱維城
出　版　者：心理出版社股份有限公司
社　　　址：台北市和平東路二段 163 號 4 樓
總　　　機：(02) 27069505
傳　　　眞：(02) 23254014
郵　　　撥：19293172
 E-mail　：psychoco@ms15.hinet.net
駐美代表：Lisa Wu
　　Tel　：973 546-5845　　Fax：973 546-7651
法律顧問：李永然
登　記　證：局版北市業字第 1372 號
印　刷　者：翔勝印刷有限公司
初版一刷：1999 年 1 月
初版二刷：1999 年 4 月

定價：新台幣 550 元
ISBN 957-702-297-9

國家圖書館出版品預行編目資料

輔導學大趨勢 / 中國輔導學會主編. – 初版.
 – 臺北市:心理,1999〔民 88〕
　　面;　　公分. -- (一般輔導 ; 52)
　ISBN 957-702-297-9(平裝)

　-

　1.　　心理輔導 – 論文、講詞等
　2.　　輔導(教育) – 論文、講詞等

178.307　　　　　　　　　　　　87015939